权威·前沿·原创

皮书系列为

“十二五”“十三五”国家重点图书出版规划项目

智库成果出版与传播平台

中国"三农"网络舆情报告（2020）

THE REPORT ON ONLINE PUBLIC OPINIONS ON CHINA'S AGRICULTURE, RURAL AREAS AND FARMERS (2020)

研　创／农业农村部信息中心

社会科学文献出版社
SOCIAL SCIENCES ACADEMIC PRESS (CHINA)

图书在版编目(CIP)数据

中国“三农”网络舆情报告. 2020 / 农业农村部信息中心研创. --北京：社会科学文献出版社，2020.11
（“三农”舆情蓝皮书）
ISBN 978-7-5201-7672-9

Ⅰ.①中… Ⅱ.①农… Ⅲ.①三农问题-研究报告-中国-2020 Ⅳ.①F32

中国版本图书馆 CIP 数据核字（2020）第 235117 号

“三农”舆情蓝皮书
中国“三农”网络舆情报告（2020）

研　　创 / 农业农村部信息中心

出 版 人 / 王利民
责任编辑 / 薛铭洁　陈　颖

出　　版 / 社会科学文献出版社 · 皮书出版分社（010）59367127
地址：北京市北三环中路甲 29 号院华龙大厦　邮编：100029
网址：www.ssap.com.cn
发　　行 / 市场营销中心（010）59367081　59367083
印　　装 / 天津千鹤文化传播有限公司

规　　格 / 开 本：787mm × 1092mm　1/16
印 张：24　字 数：357 千字
版　　次 / 2020 年 11 月第 1 版　2020 年 11 月第 1 次印刷
书　　号 / ISBN 978-7-5201-7672-9
定　　价 / 158.00 元

中国“三农”网络舆情报告（2020）研创委员会

主　　任　王小兵

副 主 任　张　国

委　　员　刘军萍　史建新　钟　锋　傅铭新　任万明　陈芜川

主　　编　钟永玲

副 主 编　李　想　高兴明　吴炳科　殷　华　焦铁锋　张亿一

撰 稿 人　（以姓氏笔画为序）

刁承军　于海珠　马　妍　王玉娇　王平涛
王燕飞　艾　青　石　扬　叶　庆　白冰茹
冯　前　边隽祺　任万明　刘文硕　刘仲敏
刘　青　刘　佳　刘海潮　安军锋　孙　力
李文静　李　智　李婷婷　李　想　李　静
杨　志　杨彦平　杨　捷　吴炳科　何宇炜
邹德姣　张亿一　张文静　张　百　张军力
张　珊　陈　渝　罗　晋　金　鑫　赵劲松
赵　娟　赵　婧　赵　霞　钟永玲　饶珠阳
贺德华　徐月洁　殷　华　高兴明　郭振环
郭　涵　黄腾仪　梁贻玲　傅铭新　焦铁锋
鲁　明　雷政达　穆　瑶

主要编著者简介

王小兵 农业农村部信息中心主任，研究员。主要研究方向为农业农村信息化、“三农”政策、农业市场监测预警。围绕大数据、农业农村信息化、农业市场化相关领域，在《经济日报》《农民日报》《农村工作通讯》《大数据》等重点报刊发表专业文章多篇，包括《农业信息化与大数据》《大数据驱动乡村振兴》《聚焦聚力 推进农业大数据发展应用》《以智慧乡村行动示范引领乡村振兴战略实施——从海南省石山互联网农业小镇看乡村振兴》等。主持中央农办、农业农村部软科学课题《农业全产业链大数据建设研究》。组织编制《“十三五”全国农业农村信息化发展规划》《“互联网+”现代农业三年行动实施方案》等规划计划。

张　国 农业农村部信息中心副主任，研究员。主要研究方向为农业农村信息化、农产品流通、农产品营销、农业品牌化。国家发改委生活性服务业标准化专家、国家开发银行农产品流通项目专家、中国物资与采购协会冷链委专家、农业部冷链物流标准工作组副组长等。组织编写《中国农业农村信息化发展报告》《中国农产品批发市场发展报告》《中国农业展会发展报告》《中国农产品品牌发展研究报告》《全国农产品产地市场发展纲要》等，参与编写数十个以国务院、相关部委及农业部名义发布的“三农”政策文件。

钟永玲 农业农村部信息中心舆情监测处处长，高级经济师。主要研究方向为涉农网络舆情、农业经济。负责实施农业农村部舆情监测及信息化进展追踪项目。主持农业农村部软科学课题《大数据视角下的“三农”网络舆情传播规律及引导机制研究》《农产品滞销网络舆情的生成机理及引导研究》等。在《经济日报》《农民日报》《中国信息界》《信息化研究》等权威报刊发表（及合作发表）专业论文80余篇。主编或参编《中国“三农”网络舆情报告（2019）》等论著十余部。获得北京市科技进步三等奖2项。

李 想 农业农村部信息中心舆情监测处副处长，副研究员。主要研究方向为涉农网络舆情、农产品市场与政策。主持和参与包括国家社科基金项目、国务院发展研究中心课题、农业农村部软科学课题等20余项课题研究，并参与多个重大项目实施。作为副主编或参编出版《中国主要农产品供需分析与展望》《中国农业发展报告》《中国农产品流通产业发展报告》《农业信息化研究报告》等十余部著作，在《农业现代化研究》《经济要参》《农村经济》《世界农业》《中国农业科技导报》等刊物发表相关研究文章。

摘　要

2019年是新中国成立70周年，也是决胜全面建成小康社会、打赢脱贫攻坚战的关键之年，“三农”领域捷报频传。本报告基于2019年全网“三农”舆情大数据的监测、统计、分析，分专题、分地区研究了中国“三农”发展的网络舆情状况，全面盘点、分析“三农”领域的重大事件和热门话题，并对2020年中国“三农”网络舆情的热点和趋势进行了展望。

本报告指出，2019年，中国农业农村发展实现稳中有进、稳中向好。精准脱贫成效显著，粮食总产量创历史新高，农业农村改革持续深化，农村民生进一步改善，农村社会保持和谐稳定。2019年“三农”舆情总量继续较大幅度增长。全年涉农新闻和帖文总量944.62万篇（条），同比增长46.11%。从关注内容看，乡村振兴战略实施、农牧渔生产与粮食安全、农产品市场、农业农村改革发展、农村社会事业、农业科技是媒体和网民关注比较集中的话题，各地欢庆第二个中国农民丰收节祝福祖国、李子柒田园生活主题短视频走红海外、袁隆平获授共和国勋章，是舆情热度排名前三位的热点事件；从传播特点看，媒介技术不断进步，媒体融合模式日臻成熟，给“三农”传播带来了更加多元的新渠道和新载体，优质内容深度分发，“三农”话题的吸引力持续提升；从舆论引导看，政府部门“三农”宣传服务见真章、出实效，新闻施政和信息惠农能力充分彰显，凝聚强劲正能量，爱国奋斗成为“三农”舆论场主旋律。

本报告重点对农牧渔生产与粮食安全、乡村振兴、产业扶贫、农产品质量安全、农业农村信息化、农村人居环境整治等6个“三农”专题舆情进行了深入分析。监测研究发现，在农牧渔生产与粮食安全方面，“重农抓粮”政策部署受到聚焦，新中国成立70周年来粮食安全取得的历史性成就备受瞩目，粮食丰收“密码”引发多角度热议，各地各部门在生猪“稳产保供”方面的积极成效也受到肯定。在乡村振兴方面，全国乡村产业持续稳定发展态势备受瞩目，农业农村改革在激活农村资源要素方面的积极作用广受肯定，乡村治理过程中各地具有鲜明特色的善治之路引发舆论浓厚兴趣。在产业扶贫方面，各地创新实践和取得的成效引发积极关注，全社会合力推动消费扶贫大格局备受肯定。扶贫传播中各类媒介间的“跨界合作”高潮迭起，呈现多元良性互动格局。在农产品质量安全方面，2019 年中国农产品质量安全形势保持稳定，全年未发生重大农产品质量安全事件。国家农产品质量安全保障举措接连出台，各地质量兴农探索实践不断创新，受到舆论聚焦。在农村人居环境整治方面，农村“厕所革命”、农村生活垃圾和污水治理等各项重点任务落实落细，推动村庄面貌发生巨大变化，舆论点赞美丽乡村在建设过程中由“一时美”向“持久美”转变。在农业农村信息化方面，数字乡村建设的政策部署受到舆论聚焦，农业生产经营和乡村治理中的智能化、信息化应用广泛吸睛，电商各具特色的助农模式备受肯定。

本报告对李子柒田园生活短视频走红海外、大学生回乡养虾遭哄抢、赤邓村“最严村规”、上蔡县“手割小麦防污染”事件、央视曝光阳澄湖水体污染 5 个热点事件舆情进行了梳理分析。研究发现，各地涉农热点舆情事件发生的领域愈发广泛，政府对负面舆情高度重视，事件发生后能够第一时间响应，处理也较为得当有效。李子柒田园生活短视频走红海外现象给中国对外传播带来的借鉴意义引发深度思考，短视频支农兴农的广阔前景值得期待。

本报告对天津市、河北省、吉林省、江苏省、山东省、广西壮族自治区、重庆市、陕西省、甘肃省、宁夏回族自治区十个省区市 2019 年“三农”网络舆情传播特点及热点话题、热点事件进行了分析。研究发现，各地推进乡村全面振兴的创新实践受到舆论持续聚焦，70 年农业农村的巨大发展成就被热情讴歌，夯实贫困地区特色产业发展基础，积极探索具有地方特色的产业扶贫模式及取得的成效被广泛传播，现代农业绿色高质量发展的向好态势提振信心，农村人居环境整治带来的乡村美丽蝶变受到称赞。

本报告还对国外媒体和港澳台媒体关于2019年我国“三农”的报道情况及关注重点进行了梳理分析。总体看，中美经贸摩擦涉农内容、非洲猪瘟疫情及其他因素影响中国猪肉价格等话题受到国际舆论聚焦，中国乡村振兴战略的推进实施以及“一带一路”框架下的国际农业合作也是境外媒体报道的热点，信息化与大数据助力农村减贫脱贫的中国经验为世界提供了借鉴。

关键词：“三农”舆情 粮食安全 乡村振兴 脱贫攻坚 农业农村信息化

目 录

Ⅰ 总报告

Ⅱ 分报告

Ⅲ 热点篇

Ⅳ 区域篇

Ⅴ 境外篇

总 报 告

General Report

B.1
2019年"三农"网络舆情分析及2020年展望

钟永玲 李 想 张 珊 李婷婷*

摘 要： 2019 年"三农"舆情总量继续较上年明显增长，乡村振兴战略实施、农牧渔生产与粮食安全、农产品市场、农业农村改革发展等话题引发广泛关注。媒体融合发展以及媒介技术进步给"三农"传播带来更加多元的新渠道和新载体。以短视频为代表的各大内容平台进一步下沉布局，推动"三农"信息生产不断升温和优质内容深层分发。"三农"人物的榜样

* 钟永玲，农业农村部信息中心舆情监测处处长，高级经济师，主要研究方向为涉农网络舆情、农业经济；李想，农业农村部信息中心舆情监测处副处长，副研究员，主要研究方向为涉农网络舆情、农产品市场与政策；张珊，农业农村部信息中心舆情监测处舆情分析师，主要研究方向为涉农网络舆情；李婷婷，农业农村部信息中心舆情监测处舆情分析师，主要研究方向为涉农网络舆情。

力量如春风化雨，他们诠释的家国情怀和使命担当引发高度情感认同和对标奋进。政府部门“三农”宣传服务见真章、出实效，新闻施政和信息惠农能力充分彰显，凝聚强劲正能量。展望2020年，新冠肺炎疫情防控常态化背景下保供给、保增收、保小康相关重大部署将推高“三农”对应话题的舆情热度，新一代信息技术的加速应用将推高舆论对数字农业农村的关注热情，民生视角下的农村基层治理将受到持续关注，生态安全视角下的野生动物保护、长江禁渔及养殖转产将成为新的关注热点。

关键词：　“三农”舆情　粮食安全　脱贫攻坚　数字乡村　乡村治理

2019年是新中国成立70周年，也是决胜全面建成小康社会、打赢脱贫攻坚战的关键之年。我国农业农村发展实现稳中有进、稳中向好。精准脱贫成效显著，粮食总产量创历史新高，农村民生进一步改善，农村改革持续深化，农村社会保持和谐稳定。乡村振兴、乡村治理、重点农产品保供稳价提质、农村人居环境整治、产业扶贫等话题受到舆论高度聚焦。短视频、5G直播等信息技术推动“三农”优质内容深层分发，融合传播、全媒体表达奏响礼赞丰收、祝福祖国、讴歌“三农”新时代的最强音。

一　2019年“三农”网络舆情总体概况

据对网络媒体涉农新闻和社交媒体涉农帖文监测，2019年“三农”舆情总量继续较大幅度增长。全年涉农新闻和帖文总量944.62万篇（条），同比增长46.11%。总体看，乡村振兴战略实施、农牧渔生产与粮食安全、农产品市场、农业农村改革发展、农村社会事业、农业科技是媒体和网民关注比较集中的话题。各地欢庆丰收祝福祖国、李子柒田园生活短视频走红海外、袁隆平获授共和国勋章，是舆情热度排名前三位的热点事件。

（一）2019年“三农”网络舆情话题结构变化特点分析

1. “三农”新闻舆情量同比增长37.97%，乡村振兴战略实施话题居于首位，农产品市场话题挺进前三

监测数据显示，全年涉农新闻舆情量为177.67万篇，同比增长37.97%。其中，乡村振兴战略实施话题最受媒体关注，新闻量达35.10万篇，占新闻舆情总量的19.76%。全国两会期间，习近平总书记参加河南代表团审议时，对乡村振兴战略再次做出明确部署，强调“现代农村农业发展大有可为”，引发热烈反响。各地乡村产业发展新气象、乡村治理新局面成为媒体报道热点，乡村振兴释放的强劲动能振奋舆论。农牧渔生产与粮食安全话题的新闻量位列第二，达29.53万篇，占16.62%。保障重要农产品有效供给是全年“三农”工作的重中之重，也是媒体聚焦的热点话题。中央和各地政府部门在粮食稳产保供、生猪稳供保价方面有效施策，全国粮食总产量再创新高，生猪生产恢复发展的势头良好，农丰粮稳的积极态势彰显了农业“压舱石”的沉稳有力。农产品市场话题的新闻量位列第三，为19.77万篇，占11.13%。受农业内外部多重不确定因素影响，猪肉和部分水果蔬菜价格出现了较大幅度波动，牵动舆论神经，政府部门一系列“保供稳价”政策措施的落地见效赢得肯定，农产品市场话题排行也由上年的第六位跃升至第三位。此外，农业农村改革发展话题也是报道热点，新闻量位列第四，为16.00万篇，占9.01%（见图1）。农业农村改革稳慎、有序推进态势广受关注，农村集体经营性建设用地入市、农村土地承包关系长久不变等相关的立法完善和政策保障持续强化，各地试点探索的“宅基地跨镇流转”“土地经营流转上市交易”等成效显著。在新中国成立70周年之际，农业农村长足发展交出的“强富美”答卷也被媒体大量宣传。

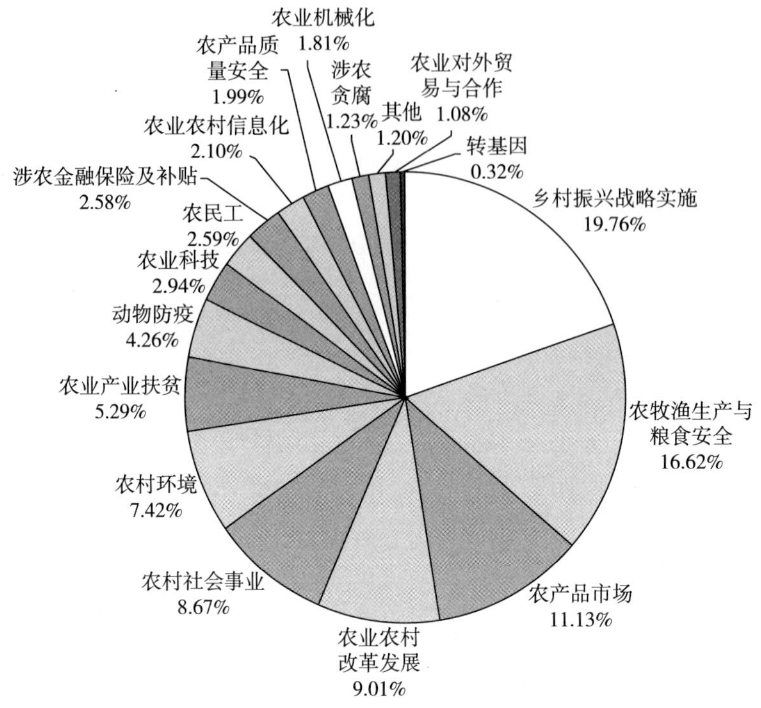

图1　2019 年媒体新闻舆情"三农"话题占比

资料来源：农业农村部三农舆情监测管理平台、新浪舆情通。（下同）

2. "三农"帖文舆情量同比增长48.14%，农牧渔生产与粮食安全话题跃升为最受网民关注的焦点话题

监测数据显示，2019 年涉农帖文舆情量为 766.95 万条，同比增长 48.14%。其中，农牧渔生产与粮食安全话题最受网民关注，帖文量达 144.08 万条，占 18.79%。网民对"米袋子""菜篮子""肉盘子"等热点民生予以持续关注，稳定粮食产量、恢复生猪产能相关的政策措施有效落地，大豆振兴计划、高标准农田建设、草地贪夜蛾防控阻击战、生猪养殖用地保障等相关话题接连登上社交媒体热搜榜。政府部门"保供提质"组合拳准确对接了民众的"舌尖"新期待，也成为推动话题热度上涨的重要因素。乡村振兴战略实施话题帖文量位列第二，达 103.65 万条，占

13.52%。网民对乡村振兴战略实施报以高度热情，宣传乡村发展、助力乡村振兴的线上线下活动在社交媒体中蔚然成风。农村社会事业话题帖文量位列第三，达81.04万条，占10.57%。农村医疗、教育、文化等问题也是网民关注的热点话题。2019年，河南、黑龙江、贵州等地相继出现“村医集体辞职”事件，引发多个阅读量数千万次的微话题。湖南湘西“女教师质疑乡村小学频繁迎检”事件也被网民热议，微话题阅读量累计达3亿次。李子柒拍摄的田园风格短视频更是掀起了网民讨论热潮，成为舆情热度排行第二位的年度热点事件。此外，农业科技话题也引发网民浓厚兴趣，帖文量位列第四，达69.10万条，占9.01%（见图2）。种业科技创新培育出的优质水稻、小麦等农作物品种广受关注，科技特派员在科技兴农富农方面的积极贡献被大量点赞，农业科技对现代农业发展的强大支撑作用获得网民高度认同。

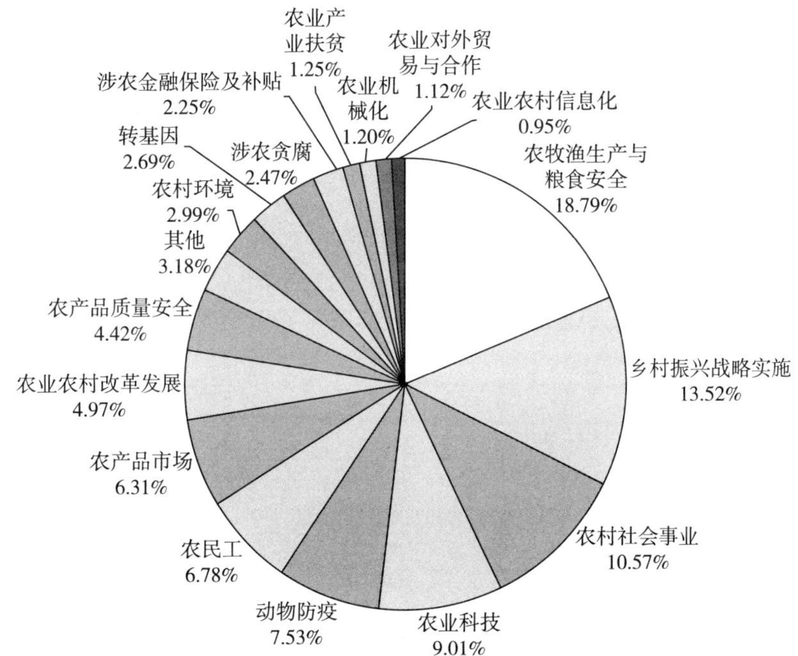

图2　2019年涉农帖文各类话题舆情量占比

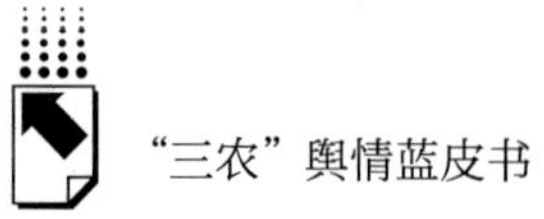

(二)2019年"三农"舆情热点事件排行

本研究对全年"三农"舆情热点事件在各类媒体平台上的传播量进行加权计算，得出热点事件的舆情热度值，进而整理出排名前100位的热点事件（见表1）。

表1　2019年"三农"舆情热点事件TOP 100

排名	热点事件	首发媒体	舆情热度
1	各地欢庆中国农民丰收节,祝福新中国70周年华诞	新华网	120991
2	李子柒田园生活短视频走红海外	新浪微博"@雷斯林 Raist"	66989
3	袁隆平获授共和国勋章	新浪微博"@央视新闻"	61587
4	国家扶贫日,"中国脱贫成绩单"受关注	新华社客户端	47721
5	2019年中央一号文件发布	新华网	30977
6	中央和各地打出生猪稳产保供"组合拳"	新华网	28542
7	广西百色市扶贫干部黄文秀在突发山洪中不幸遇难	广西云客户端	27097
8	中央农村工作会议召开	新华网	23985
9	水果价格上涨,有关部门权威回应成为"定心丸"	新浪微博"@中国新闻网"	21765
10	全国两会代表委员热议"三农"	新华网	21714
11	世界粮食日,中国粮食丰收"密码"受关注	新浪微博"@人民日报"	21043
12	全国人大常委会审议通过《〈土地管理法〉修正案》	新浪微博"中国新闻网"	19129
13	中国杂交水稻在非洲创高产纪录	中央电视台	18164
14	习近平总书记参加河南代表团审议,就实施乡村振兴战略发表重要讲话	新华网	17082
15	中共中央、国务院印发《关于保持土地承包关系稳定并长久不变的意见》	新华网	17067
16	中央农村工作领导小组办公室、农业农村部印发《关于进一步加强农村宅基地管理的通知》	农业农村部网站	16878
17	各地多措并举防控草地贪夜蛾	微信公众号"中科院之声"	16860
18	国务院新闻办发表《中国的粮食安全》白皮书	新华网	14546
19	首届中国－非洲经贸博览会成果丰硕	湖南省政府网站	12906
20	农业农村70年发展取得辉煌成就	国家统计局网站	12752
21	第十七届中国国际农产品交易会实现多个"首次"	微信公众号"南昌发布"	10656
22	湘西女教师发文质疑乡村小学"频繁迎检"	微信公众号"山花诗田"	10516
23	全国首个"镇改市":浙江省苍南县龙港镇正式挂牌撤镇设市	浙江省政府网站	10278

续表

排名	热点事件	首发媒体	舆情热度
24	“智慧”春耕广泛吸睛	《新华每日电讯》	10178
25	“双11”农产品销售再创佳绩	新浪微博“@天猫”	10060
26	百县千红新农人Vlog大赛优秀作品大量涌现	新浪微博“@微博县域”	9998
27	中共中央印发《中国共产党农村工作条例》	新浪微博“@新华视点”	9155
28	习近平回信寄语全国涉农高校广大师生	新华网	9095
29	中共中央办公厅、国务院办公厅印发《关于加强和改进乡村治理的指导意见》	新华网	8971
30	国新办中美经贸磋商有关进展情况新闻发布会中的涉农舆情	中国政府网	8922
31	有关部门和各地政府联合开展农村假冒伪劣食品专项整治行动	农业农村部网站	8718
32	国庆假期乡村旅游气象新	新浪微博“@孝感日报”	8526
33	大连查获斑海豹幼仔盗捕案	《半岛晨报》	8207
34	演员王凯、刘涛助销山西平顺县石匣村潞党参	新浪微博“@得舍王凯工作室”	8010
35	文化和旅游部、国家发改委公布第一批全国乡村旅游重点村名单	四川电视台客户端“四川观察”	7907
36	微电影《啥是佩奇》引舆论关注乡村发展	新浪微博“@电影小猪佩奇过大年”	7602
37	“3·15”晚会曝光“化妆土鸡蛋”问题	中央电视台	7580
38	湖北潜江“小龙虾学院”首批毕业生月薪过万	《北京青年报》	7377
39	中共中央办公厅、国务院办公厅印发《关于促进小农户和现代农业发展有机衔接的意见》	中国政府网	7280
40	柔道冠军马瑞斌举报家乡村支书贪腐	新浪微博“@马端斌”	7239
41	贫困县农产品频登“618”电商购物节“爆款土货”榜单	新浪微博“@央视财经”	7229
42	农业农村部公布全国乡村治理示范村镇候选名单	农业农村部网站	7186
43	“农民院士”朱有勇用科技助力精准扶贫	中央电视台	7158
44	中共中央办公厅、国务院办公厅印发《数字乡村发展战略纲要》	新华网	7093
45	淘宝直播启动“村播计划”	新浪微博“@臭臭新说”	7051
46	第三代杂交水稻平均亩产1046.3公斤，再创新高	红星新闻	6880
47	共青团山东省委员会联合演员郑云龙推介山东特色农产品	新浪微博“@青春山东”	6403

续表

排名	热点事件	首发媒体	舆情热度
48	习近平回信勉励福建寿宁县下党乡的乡亲们	新浪微博"@新华视点"	6372
49	台风"利奇马"对寿光蔬菜大棚和蔬菜价格影响甚微	新浪微博"@寿光市融媒体中心"	6239
50	国务院办公厅印发《关于切实加强高标准农田建设提升国家粮食安全保障能力的意见》	中国政府网	5982
51	海水稻在塔克拉玛干沙漠边缘测产，亩产546.74公斤	新华网	5883
52	中国人民银行等五部门印发《关于金融服务乡村振兴的指导意见》	中国人民银行网站	5865
53	河南通许36名村医集体辞职事件	微信公众号"卫柏兴说医改2"	5820
54	科技特派员制度推行20年成果丰硕	新华网	5806
55	11部门印发《关于进一步推进移风易俗建设文明乡风的指导意见》	农业农村部网站	5785
56	"布衣院士"卢永根逝世	华南农业大学网站	5679
57	国务院检查组赴14个省(市)开展农村人居环境整治大检查	新华网	5506
58	春节期间车厘子量价齐升，舆论调侃"车厘子自由"	微信公众号"星言说"	5390
59	河北"清洁煤"多人中毒身亡事件	微信公众号"中央广电总台中国之声"	5264
60	2019年全国食品安全宣传周启动	中国经济网	5181
61	农业农村部就11月份生猪生产形势有关情况举行新闻发布会	农业农村部网站	5145
62	国务院印发《关于促进乡村产业振兴的指导意见》	中国政府网	5105
63	各地打响村庄清洁行动春节战役	农业农村部网站	4868
64	农业农村部发布《关于积极稳妥开展农村闲置宅基地和闲置住宅盘活利用工作的通知》	农业农村部网站	4766
65	三全水饺、金锣香肠等食品检出非洲猪瘟病毒	新浪微博"@北漂陀飞轮加3"	4764
66	农业农村部命名第二批国家农产品质量安全县(市)	农业农村部网站	4518
67	中国科学家成功解析非洲猪瘟病毒结构	中国青年报客户端	4103
68	甘肃礼县苹果丰产价低，政府部门联合社会各界积极助销	微信公众号"素食街"	4095

续表

排名	热点事件	首发媒体	舆情热度
69	农业农村部就10月份生猪生产形势有关情况举行新闻发布会	农业农村部网站	3896
70	2019年全国粮食总产量66384万吨再创新高	国家统计局网站	3873
71	大学生返乡创业养虾遭哄抢事件	《华夏早报》	3853
72	江苏高邮开展“土地庙”专项整治	高邮文明网	3719
73	国务院办公厅印发《关于加强非洲猪瘟防控工作的意见》	中国政府网	3675
74	加拿大输华猪肉检出瘦肉精	新浪微博“@新华视点”	3610
75	农业农村部部长韩长赋在全国两会“部长通道”答记者问	中国新闻网	3561
76	全国多地春季菜价“不降反升”现象受到关注	新浪微博“四川手机报”	3548
77	《习近平关于“三农”工作论述摘编》出版发行	新浪微博“新华视点”	3537
78	山西襄汾赤邓村“最严村规”事件	微信公众号“临汾网”	3535
79	农业农村部就农村人居环境整治推进工作有关情况举行新闻发布会	农业农村部网站	3479
80	河北曲周“袁府”违法占用农田事件	新浪微博“@中新社河北分社”	3466
81	河南上蔡县“手割小麦防污染”事件	河南电视台	3310
82	拼多多“农货节”带动超1.1亿单农货上行	新浪微博“@拼多多”	3237
83	《求是》杂志发表习近平总书记重要文章《把乡村振兴战略作为新时代“三农”工作总抓手》	《求是》	3186
84	浙江安吉“捐赠白茶苗扶贫”事件	新华网	3174
85	自然资源部、农业农村部印发《关于设施农业用地管理有关问题的通知》	自然资源部网站	3105
86	农业农村部新闻办就实施家庭农场培育计划有关情况举行新闻发布会	农业农村部网站	3064
87	农业农村部就三季度重点农产品的市场运行情况举行新闻发布会	农业农村部网站	3058
88	农业农村部就乡村治理有关情况举行新闻发布会	农业农村部网站	3051
89	全国夏粮总产量14174万吨，取得丰收质量的全面提升	国家统计局网站	2936
90	全国新农民新技术创业创新博览会汇聚农村“双创”最新成果	新浪微博“@南京日报”	2900
91	CCTV－17农业农村频道正式开播	新浪微博“@中国新闻网”	2848

续表

排名	热点事件	首发媒体	舆情热度
92	农业农村部就保障粮食安全和农产品供给情况举行新闻发布会	农业农村部网站	2761
93	农业农村部、财政部联合发布2019年重点强农惠农政策	农业农村部网站	2759
94	中国农科院兰州兽医研究所布鲁氏菌抗体阳性事件	知乎	2746
95	屈冬玉当选联合国粮农组织总干事	新浪微博"@央视新闻"	2670
96	云南扶贫干部激动喊话贫困户获舆论力挺	新浪微博"@云南资讯头条"	2623
97	第三届中国国际茶叶博览会在杭州开展	新浪微博"@浙江发布"	2592
98	首个以蔬菜为景观的展园"百蔬园"亮相世园会	新浪微博"@北京农业"	2505
99	中央农村工作领导小组办公室、农业农村部等8部门印发《关于推进农村"厕所革命"专项行动的指导意见》	农业农村部网站	2445
100	国新办举行新闻发布会介绍首次开展"菜篮子"市长负责制考核情况	中国政府网	2435

注："三农"舆情事件热度 = 新闻量 ×0.6 + 微信量 ×0.2 + 微博量 ×0.1 + 论坛量 ×0.05 + 博客量 ×0.05，下同。

资料来源：农业农村部三农舆情监测管理平台、新浪舆情通。

根据统计分析结果，全年有25个事件的舆情热度超过10000，比上年增加4个。总体看，热点事件舆情走势上半年起伏相对较小，下半年呈现明显波动，9月舆情热度达到全年峰值（见图3）。其中，中国农民丰收节再次成为舆论瞩目的焦点，列2019年"三农"舆情热点事件排行第1位。在新中国成立70周年之际，各地开展了形式多样的丰收颂祖国活动，引发热烈反响，事件舆情热度达到120991，较上年上升7902。"三农"领域的模范人物备受瞩目，排行前十的热点事件中有3个与此相关。12月，李子柒拍摄的田园生活短视频走红海外，舆情热度达66989，居年度排行第2位；9月，袁隆平获授共和国勋章，舆情热度达61587，居年度排行第3位；6月，广西百色市扶贫干部黄文秀在突发山洪中不幸遇难，舆情热度27097，居年度排行第7位。农业农村改革相关舆情热度继续升温。2月，2019年中央一号文件舆情热度达30977，较上年上升4386，居年度排行第5位；12月，中央农村工作会议舆情热度达23985，较上年上升4904，居年度排行第8位；

3月，全国两会代表委员围绕乡村振兴对农业农村发展建言献策，舆情热度达21714，较上年上升5671，居年度排行第10位。此外，重点农产品的价格和供应有关情况也被高度关注。8月，中央和地方应对猪肉价格上涨打出稳产保供“组合拳”，舆情热度28542，居年度排行第6位。5月，针对部分水果价格上涨情况，国家统计局、商务部等有关部门接连发布权威解读，舆情热度21765，居年度排行第9位。

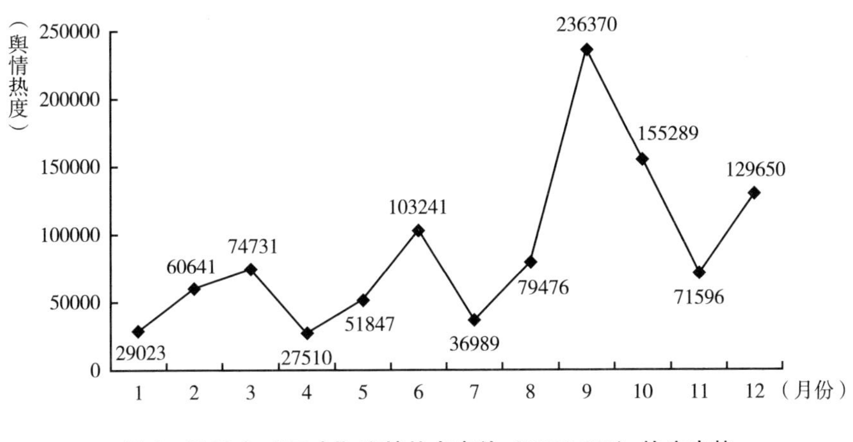

图3　2019年“三农”舆情热点事件（TOP 100）热度走势

二　2019年“三农”网络舆情传播特点

（一）技术赋能媒体融合，“三农”传播形态不断创新

2019年1月25日，习近平总书记在十九届中央政治局第十二次集体学习时提出了“四全”媒体概念，从全程、全息、全员、全效四个维度解读全媒体内涵，对“加快推动媒体融合发展　构建全媒体传播格局”提出一系列新要求。一年来，各大媒体积极贯彻实施，媒介技术不断进步，媒体融合模式日臻成熟，给“三农”传播带来了更加多元的新渠道和新载体，也为全媒体时代“三农”发展提供了更为有力的舆论支持。

总体看，媒体和技术的融合给“三农”内容生产带来的新气象尤为亮眼。5G直播、AI主播等智媒技术在“三农”重大节日和盛会中初露锋芒，推动了舆论关注热情的持续高涨。9月23日迎来第二个中国农民丰收节，5G技术首次应用于丰收节直播，200多家媒体和平台通过5G超高清、5G+VR，多形态、立体化、并发式呈现了全国70个庆丰收活动现场，当天共计超过1亿人次观看丰收盛况。① 全国两会、第十七届中国国际农产品交易会等盛会期间，新华社用立体AI主播“新小浩”播报会场热点、传递“三农”声音，新颖形式吸引网民纷纷点击观看。同时，主流媒体与新媒体平台融合给“三农”传播渠道拓展带来新机遇也值得期待。在抖音等短视频平台中，“主流媒体内容+新媒体渠道”在“三农”重大主题宣传中的积极传播效应逐渐凸显。中央一号文件发布后，中国网抖音号“中国网直播”发出的相关短视频播放量累计超过1200万次。《农民日报》围绕丰收节设置抖音话题，点击量过亿次。农视网抖音号“中国三农发布”在开通的50天内吸引120万粉丝，农村土地制度改革、生猪生产扶持政策等短视频作品播放量累计近3亿次。此外，中央和地方媒体融合共建的县域融媒体中心也成为讲好“三农”故事的重要一环。中央广播电视总台推出了“全国县级融媒体智慧平台”，各地融媒体用大众喜闻乐见的方式推进信息下乡和服务下乡。山东开展的“打造乡村振兴齐鲁样板”系列短视频征集活动，两个月内征集作品近2000部，网民总参与量超过1.7亿次。②

（二）优质内容深层分发，“三农”话题的吸引力持续提升

移动互联网催生了“三农”信息普惠，乡村振兴战略的稳步推进也带来了更多传播动力，农村市场和乡村元素正在成为新增流量的重要来源。2019年，以短视频为代表的各大内容平台进一步下沉布局，通过专业化的

---

① 曹为鹏：《5G超高清首次实现70个庆丰收现场联动直播》，人民网，http：//tv.people.com.cn/n1/2019/0923/c421419－31368510.html。

② 《@所有人“打造乡村振兴齐鲁样板”获奖名单揭晓！来看看有没有你!》，齐鲁网，https：//www.qlwb.com.cn/2019/0924/1461106.shtml。

生产运营和多种方式的奖补激励，推动“三农”信息生产不断升温和优质内容深层分发。农民日报社和字节跳动为优秀“三农”内容创作者颁发“金稻穗奖”，今日头条、西瓜视频联合启动“三农创作者维权计划”，快手启动幸福乡村“5亿流量”计划，“父老乡亲”已成为内容创作主力军。互联网内容科技公司新榜发布的报告显示，62.6%的短视频发布来自村镇用户，44.9%的城市用户对乡村风格的内容感兴趣。[①] 在社交媒体中，助力脱贫攻坚、宣传美丽乡村建设、展示新农人创业创新成为“三农”重点话题。图文、短视频、直播相辅相成，故事性、趣味性明显提升，一大批制作精良、意味深长的乡村题材作品受到热捧，大量的乡间好物也因此被看见、被喜欢、被消费。7月，新浪微博发起“百县千红新农人”VLOG大赛。两个月时间内，16省43县400多位新农人参赛，发布更新了1200多条VLOG，共介绍了37种农产品和22个乡村旅游目的地，累计引发20亿次的微话题阅读量。[②] 广西龙脊梯田、贵州肇兴桐寨、四川豆瓣酱、正宗陕味小吃等多地美景美食被舆论津津乐道。直观、幽默的内容传播还推动了各地标志性农产品品牌知名度提升。大闸蟹开捕季节，“@我们视频”微博直播阳澄湖大闸蟹开捕，相关微话题阅读量达2.9亿次。小龙虾上市季节，新浪微博“@淘宝吃货”发起“盱眙小龙虾pk潜江小龙虾”，引发19万人次在线观看。大葱收获后，山东章丘2.4米高的大葱引发网民调侃“还没葱高”，微话题“山东的葱到底有多高”“大葱比你高了多少”等受到热烈围观。

此外，“李子柒”“滇西小哥”等优秀“三农”内容创作者的海外传播力也备受瞩目。他们成功入驻YouTube等海外视频网站，通过唯美清新的视频展示中国乡村的古风生活、特色美食和传统文化，收获了数百万海外粉丝，成为内容出海、国际文化交流的积极范例。

---

① 《新榜：2020年内容产业年度报告》，中文互联网数据资讯网，http：//www.199it.com/archives/995186.html。

② “@微博县域”：《#百县千红新农人#话题突破20亿!》，新浪微博，https：//weibo.com/5804913696/I8Ainv2RE? filter = hot&root_ comment_ id = 0。

（三）榜样力量春风化雨，爱国奋斗成为"三农"舆论场主旋律

2019年，"三农"领域模范人物群星璀璨。"杂交水稻之父"袁隆平、"布衣院士"卢永根、"农民院士"朱有勇、"扶贫之花"黄文秀等奋斗在农业科研和脱贫攻坚一线的工作者成为"流量巨星"。在百度沸点年度榜单上，袁隆平荣登"年度沸点人物榜"榜首。[①] "袁隆平获共和国勋章"的相关消息在新浪微博中共计引发150万次的点赞。作物遗传学家卢永根院士逝世引发舆论深切追思，人民日报秒拍视频发出的报道《痛惜！布衣院士卢永根逝世　将毕生积蓄捐给教育事业》，播放量达1600万次。植物病理学专家朱有勇院士用科技帮助云南贫困地区"拔穷根"，5年收了1500名农民学生，还把"林下种植三七"专利技术无偿分享给贫困村民。[②] 相关事迹引发各类媒介平台的积极传播。新浪微博中，"@央视新闻"设置的微话题"院士将10亿专利无偿送给农民"阅读量达1.3亿次。广西百色市扶贫干部黄文秀在突发山洪中不幸遇难，她的驻村日记和扶贫工作点滴在互联网上大量传播，百余万网民通过线上"点燃蜡烛""献花"等方式进行送别、致敬。"三农"人物的榜样力量如春风化雨，他们诠释的家国情怀和使命担当引发高度情感认同和对标奋进。多地农业高校学生有感于袁隆平、朱有勇等农业科研专家"把论文写在祖国大地"，纷纷在跟帖留言中立志要扎根田野、做好大国农业的守护人。黄文秀在扶贫工作中的倾情投入、奉献自我等优秀品质在各地掀起学习热潮，多地扶贫干部表示"攥紧黄文秀留下的接力棒"勇毅前行。

此外，在第二个中国农民丰收节期间，广大农民用丰收献礼新中国70周年华诞，传递出的淳朴爱国情感引发热烈反响。各地出现了形式多样的"丰收颂祖国"活动，"四千亩蔓越莓拼成五星红旗图案""2000只鸡花式走位表

---

① 《百度沸点重现国人年度记忆，这一年的关注点都在这了》，中国经济网，http://www.ce.cn/xwzx/gnsz/gdxw/201912/17/t20191217_33909329.shtml。

② 《这位院士来到边疆山村，收了1500个农民学生！5年后……》，微信公众号"人民日报"，2019年11月27日。

白祖国”“新疆村民用玉米和辣椒拼出‘祖国万岁’”等图文视频消息大量出现。新浪微博相关微话题阅读量共计2.4亿次。舆论称赞这是“最接地气的国庆表白”，透着强大的精气神，将书写更加灿烂的“三农”篇章。

（四）政府部门宣传服务见真章，“县长直播带货”成为新常态

2019年，政府部门“三农”宣传服务见真章、出实效，新闻施政和信息惠农能力充分彰显，凝聚强劲正能量。一年来，有关部门对热点民生问题的权威回应广受肯定。针对水果、猪肉等农产品价格起伏，中央和地方联手打出了保供稳价组合拳，农业农村部、国家统计局、商务部等部门接连解读价格上涨原因及未来走势，有效满足了舆论对权威信息的需求，起到引导理性认知、稳定预期的作用。“农业农村部回应猪肉价格上涨”等微博话题阅读量过亿次，单条报道的最高点赞量达65万次。同时，政府部门通过新媒体、新技术推动信息公开，传递出的加强开放沟通、及时互动传播的主动姿态也获得良好反响。从新闻发布会情况看，场次增加、设备升级、开放性增强等特点显著。农业农村部全年召开33场新闻发布会，创历史新高，同时增加了4K超高清摄像头、5G直播等设备和技术，实现了视频直播和第一时间“拆条”发布视频新闻，增强了现场感、及时性，推动了舆论关注热度的升温。11月，农业农村部在“奶业振兴成效有关情况”新闻发布会上，首次采用视频直播方式对社会公众同步发布，当天共计约6万人次在线观看。随后，农业农村部就“10月份生猪生产形势有关情况”召开新闻发布会，抖音等新媒体平台成为引流新渠道。中国农业电影电视中心抖音号“农影智造”发布的相关短视频，点击量达838万次，点赞量5.2万次。

此外，融媒体、电商、直播等成为政府部门助农增收的利器。在农产品上市季节，各地政府部门整合媒体和社会资源开展了一系列线上线下活动，取得显著效果。比如，海南省海口琼山区有关部门联合聚划算发起“卖空海口火山荔枝”挑战赛，广东省农业农村厅联合媒体发起“广东荔枝520”品牌推介活动，湖南靖州县政府联合媒体和网络大V发起“靖州杨梅原产

地探访”等活动，出现了“3 天卖出 8 万件靖州杨梅”[①]“3 天卖出 300 多吨海口火山荔枝”[②] 等火暴场景。同时，“县长直播带货”成为新常态。截至 2019 年 11 月，已有 24 个省份的 534 位县长或副县长走进淘宝直播间推销本地特产。[③] 他们巨大的“反差萌”和超强的“带货”能力强烈吸睛，为农产品出村、精准扶贫等工作开展带来创新实践。

三　2019年“三农”常热话题舆情分析

（一）乡村振兴动能强劲，“农村发展大有可为”引发共鸣

2019 年，乡村振兴话题热度持续升温，相关新闻报道量居年度话题榜首位，网民帖文量居第 2 位，新浪微博中共有 221 个相关微话题，阅读量累计 16.9 亿次。从热点舆情看，全社会合力推进乡村振兴的动力高涨。全国两会期间，习近平总书记六下团组，四次讲话关切“三农”事业，对乡村振兴战略再次做出明确部署，强调“现代农村农业发展大有可为”[④] 引发各界强烈共鸣。全国两会代表委员为乡村振兴建言献策的比例也持续提高。舆论称，乡村发展已不是农业界代表的“专利”，越来越多的“非农”群体开始关注这片大有可为的土地。新浪微博中，宣传乡村发展、助力乡村振兴的相关活动蔚然成风。“@ 微博同城”发起微话题“我心中的美丽乡村”，呼吁网民为自己心仪的乡村提名宣传，为振兴乡村加油助力。在话题发起的

---

① “@ 微博县域”：《扶贫三农头条报第四期来了!》，新浪微博，https://weibo.com/u/5804913696?refer_flag=1001030103_&is_all=1&is_search=1&key_word=%E6%89%B6%E8%B4%AB%E4%B8%89%E5%86%9C%E5%A4%B4%E6%9D%A1%E6%8A%A5%E7%AC%AC%E5%9B%9B%E6%9C%9F#_rnd1585241385333。

② 《“聚划算”3 天卖出 300 多吨海口火山荔枝》，微信公众号“海南省农业农村厅”，2019 年 5 月 22 日。

③ 车辉：《县长直播带货的背后》，新华网转载《工人日报》，http://www.xinhuanet.com/politics/2019-11/17/c_1125240659.htm。

④ 《习近平：农村发展大有可为》，新华网，http://www.xinhuanet.com/video/2019-03/11/c_1210078130.htm。

28天时间里，网民共推荐了1000多个乡村，覆盖全国300多个地区，该微话题的阅读量达到1.7亿次。“@智惠乡村志愿服务中心”发起微话题“乡村振兴共创行动”，通过分批分类分点下村志愿服务，助推乡村振兴战略实施。众多网络大V对此广泛传播，还有演艺界明星加入志愿者服务活动，该话题阅读量在发起的10天内突破2亿次。

一年来，产业振兴、乡村治理、农村改革等相关的政策利好和有益探索纷至沓来，乡村振兴的强劲动能振奋舆论。乡村产业“风劲扬帆”的新气象备受关注。2019年6月，国务院印发《关于促进乡村产业振兴的指导意见》，全国乡村产业振兴推进会随后召开，各地积极细化政策、推进落实。《经济日报》等媒体汇总各地“农业+多业态”融合下的加工产业、休闲农业、特色农业等的蓬勃发展态势，称乡村产业正在广袤乡村发展壮大，势不可挡。各地创响的原生态特色农业品牌引发持续热议，“乡字号/土字号”入选“汉语盘点2019”十大新词语；[①] 同时，乡村“善治”新局面广受期待。党中央国务院对乡村治理做出一系列重大决策部署，中共中央印发《中国共产党农村工作条例》，中办、国办印发《关于加强和改进乡村治理的指导意见》，农业农村部等11部门联合出台意见为乡村移风易俗建立“航标”。各地在减负“人情债”、落实村务公开、防治“蝇贪”等方面主动探索，“合约食堂”“乡风公益超市”等创新不断，党建引领、多元参与、议题协商等共治模式精彩纷呈。新华社称乡村治理呈现新局面，德治法治自治“三治融合”释放乘数效应。此外，农业农村改革“蹄疾步稳”的有序态势备受肯定。新《土地管理法》在农村集体经营性建设用地入市等方面做出多项创新性规范，党中央国务院印发专门意见再次强调土地承包关系“长久不变”，农业农村部等部门在家庭农场培育、土地经营权入股发展农业产业化经营试点、农村宅基地管理等方面提供有力制度支撑。各地试点探索的“农民股改分红”“宅基地跨镇流转”“土地经营流转上市交易”等成效显著。舆论

① 史竞男：《“汉语盘点2019”年度字词出炉：“稳”“我和我的祖国”当选年度国内字词》，新华网，http：//www.xinhuanet.com//2019-12/20/c_1125370124.htm。

表示，乡村振兴战略实施两年来，资金撒下去、人才沉下去、项目建起来、农民富起来等乡村振兴战略的具体表现，在越来越多的地方成为现实，期待未来出现更多的创新模式，让农村这片大有可为的土地绽放光芒。

（二）改革见证"强富美"，70年"三农"巨变实力圈粉

在新中国成立70周年之际，农业农村70年发展的巨大成就被大量宣传。主流媒体通过对比宏观数据、讲述微观故事，全方位呈现农业农村长足发展交出的"强富美"答卷。相关报道在各类平台中大量传播，"辉煌历程""成就瞩目"等成为标题高频词。有关部门和各地政府也通过发布报告、举行新闻发布会等方式，对农业农村70年发展历程进行深度解读，引发良好反响。在庆祝中华人民共和国成立70周年活动第三场新闻发布会上，中央农村工作领导小组办公室主任、农业农村部部长韩长赋重点介绍了70年来"三农"领域的五大历史性成就。其中讲到的"成功解决了14亿中国人的吃饭问题""基本消除了农村绝对贫困"等，引发舆论的广泛援引和积极评价。新浪微博中，国家统计局发布的数据"70年来全国粮食总产量增长4.8倍""70年来农村居民人均可支配收入实际增长40倍"等微话题阅读量达5000万次。"河北农林牧渔业总产值70年增长280倍""黑龙江粮食产量70年增15倍"等各地政府亮出的成绩单也广受肯定。舆论称中国农业是民族复兴中"最深沉的力量""最扎实的根基""最坚实的底色"，认为70年"三农"巨变值得大书特书。

从关注情况看，70年来我国不断提升的粮食安全保障能力备受瞩目。《人民日报》官方微博消息"70年来，中国用不到世界1/10的耕地和约占世界1/4的粮食产量，养育了世界近1/5的人"，引发8.2万次的点赞。新华社官方微博发起微话题"70年里的餐桌"，用70秒视频展示了70年餐桌变化，视频播放量达213万次。舆论表示，从吃饱吃好到吃健康，中国人餐桌的变化折射了国家富强昌盛的时代变迁。同时，农村居民生活水平的大幅提高、农村环境的明显改善，也是热点议题。媒体和网民纷纷发布图片、视频消息，多角度展现了农村在交通、住房、通信等方面的巨大变化。"从一

条土路到阡陌交织""从茅草屋到高楼房""从通信基本靠吼到手机寸步不离"等对比性描述不断出现。有舆论说，国家推动和农民探索，这两种力量相互激荡、形成合力，塑造着70年来农业改革、农村建设的前进姿态，拓展着农民致富梦想的实现空间，这些宝贵经验将使中国农业坚实前行，又一个崭新的"三农"发展"黄金时代"向我们走来。

（三）"脱贫成绩单"含金量十足，产业领跑"深贫区"成效显著

脱贫攻坚是2019年中央一号文件的"头号硬任务"。中央和地方瞄准突出难题，主攻深度贫困，扶贫工作不断加速提质。全年取得的"95%以上贫困人口脱贫"[①]"约340个贫困县脱贫摘帽"[②]等成绩引发热烈反响，媒体由此发出了"中国脱贫攻坚取得决定性胜利"的高度评价。同时，产业扶贫成效显著，67%的脱贫人口主要通过产业带动实现增收脱贫。[③]媒体对此充分肯定，称产业扶贫挺起了高质量脱贫的"铁脊梁"。脱贫攻坚的斐然成绩引发高热话题。新浪微博中，媒体用"数说图解"形式晒出"减贫成绩单"，被网民大量点赞，相关微话题阅读量累计4.7亿次。舆论认为这是"含金量十足"的成绩单，凸显了果敢的决断力和高效的执行力，映射了贫困群众生活的巨大变迁，坚定了全面取得脱贫攻坚胜利的信心。

在攻坚克难的关键阶段，"三区三州"等深度贫困地区受到重点聚焦。产业领跑"深贫区"呈现的持续增收格局广受关注，产销对接、消费扶贫、电商扶贫助力农产品上行的积极举措深入人心。农业农村部先后在北京、甘肃等地牵头组织"三区三州"贫困地区农产品产销对接专场活动，"采购金

---

① 王立彬、侯雪静、于文静：《乡村振兴正当时——盘点2019年我国农村经济社会发展新气象》，新华网，http://www.xinhuanet.com/politics/2019-12/19/c_1125365934.htm。

② 阮煜琳：《盘点2019：中国脱贫攻坚取得决定性胜利》，中国新闻网，https://www.sogou.com/link?url=DSOYnZeCC_rz88Xns-EirBVBXAc9_CZBE-bVDdrfYf8QmBFOszgXpIQ8oe37Fjy_0ztd7q5nl6o。

③ 《产业扶贫取得重大进展 67%脱贫人口通过产业带动实现增收》，农业农村部网站，http://www.moa.gov.cn/xw/zwdt/201912/t20191219_6333644.htm。

额54.8亿元”“现场签约45.57亿元”[①] 等购销成果被广泛传播。新浪微博中，微话题“三区三州扶贫助威行动”阅读量达2亿次，并为四川大凉山雷波县土鸡蛋等特色农产品养殖和销售带来切实成效。“兴农扶贫”也成为各大电商关键词，直播成为促销农产品的重要手段，淘宝直播“村播计划”、字节跳动“山货上头条”项目等助力贫困地区农特产品频登“爆款”榜单。“618”电商购物节期间，“贫困县爆款土特产销量上涨1591%”[②] 的数据成为媒体报道焦点。社会各界线上线下传递出的扶贫济困正能量引燃舆论场。有媒体说，农产品销售不断刷新纪录的背后，是助农模式和科技的创新，是调动全社会参与兴农脱贫的诚心，更是中国农民拥抱数字农业时代的民心。

（四）粮食增产彰显“压舱石”沉稳有力，现代农业提振“中国饭碗”自信

2019年，稳住粮食生产是农业农村工作的头等大事，也是舆论关注热度贯穿全年的重点议题。新春伊始，重农抓粮信号强劲释放，中央一号文件顶层部署“稳定粮食产量”，农业农村部全面部署“毫不放松抓好粮食生产”，各地农业农村部门多措并举稳面积、稳政策、稳产量。媒体对此持续跟进，全年开展实施的高标准农田建设、绿色高质高效行动、大豆振兴计划、草地贪夜蛾防控阻击战等，频频登上新闻媒体的头版和社交媒体的热搜话题榜。夏粮和秋粮收获后，各地产能提升、增产提质的积极气象被集中报道。“河南优质小麦种植面积三年翻番”“山东刷新全国冬小麦小面积单产纪录”“长江中游双季稻亩产1365公斤创新高”等消息被大量传播，“中国人端中国碗，中国碗装中国粮”成为舆论核心表达。12月，“全国粮食总产量66384万吨再创新高”的相关消息再度引发高度关注，“粮食又双叒

① 乔金亮：《助力“三区三州”贫困地区脱贫农产品产销对接现场签约超45亿元》，《经济日报》2019年4月5日，第3版。

② 陈果静：《今年618有点“土”：贫困县农产品销量上涨1591%》，中国经济网，http://www.ce.cn/xwzx/gnsz/gdxw/201906/18/t20190618_32392898.shtml。

（ruò）叕（zhuó）丰收”“粮囤子满当当，做事心不慌”等评论体现出的喜悦之情溢于言表。《人民日报》等媒体发文解读粮食丰收的“密码”，称政策托底稳面积、科技支撑提单产、防灾抗灾减损失、量增质优有底气，我国农业这块“压舱石”稳得很！

在一系列政策推动下，一大批融合互联网信息技术的农业新机具、新设施广泛应用。2019 年，全国农作物耕种收综合机械化率超过 70%，小麦、水稻、玉米三大粮食作物生产基本实现机械化。[①]“高效、科技、智能”的农业生产也由此成为关注热点。新华社等媒体通过视频、直播等方式鲜活展示了“时尚”春耕、“智慧”三夏、“加速度”秋收，相关视频的最高播放量超过百万次。卫星导航大农机、大数据思维“慧”种地等新气象被积极传播，“3 天收完 560 亩小麦”“从夏收到夏种仅用 10 天”等显著成效广受肯定。无人驾驶收割机、无人驾驶播种机等开启的“无人作业”模式还吸引了国外网民在线咨询问价。“高精尖强”的农耕技术引发广泛共鸣，现代农业不断提振“中国饭碗”自信，舆论赞叹“科技兴农的田野风光无限”。

（五）“一头猪”“一篮菜”牵动民生，保供提质对接“舌尖”新期待

2019 年，“菜篮子”“果盘子”是热点民生议题。在消费升级大潮下，我国农产品市场运行的总体态势广受关注，“供给充足”“运行基本平稳”成为传播关键词。同时，受农业内外部多重不确定因素影响，部分农产品价格出现较大幅度波动，屡屡成为网民热议话题。中央和各级地方政府打出“保供稳价提质”组合拳，准确对接“舌尖”新期待，一系列政策措施的落地见效赢得肯定。

其中，猪肉价格起伏是舆论关注焦点。受“猪周期”、非洲猪瘟疫情影响，加之一些地方不当行政干预，我国生猪产能明显下滑，猪肉供应相对偏

① 许肖茜、于文静：《全国农作物耕种收综合机械化率超 70%》，新华网，http：//www.xinhuanet. com/politics/2020 －01/08/c_ 1125434990. htm。

紧。猪肉价格由此呈现的较快上涨态势受到热议，网民调侃“猪肉贵过唐僧肉”，相关话题多次登上社交媒体热搜榜。对此，我国政府上下联动稳产保供。国务院办公厅、农业农村部先后印发指导意见和行动方案，推动生猪生产恢复发展和产业转型升级。农业农村部还会同国家发改委等多部门出台17条支持举措，各地也在保障生猪生产、防控非洲猪瘟疫情等方面多点施策。上述“实招硬招”的密集出台引发舆论关注热度的不断高涨。新浪微博中出现大量与“生猪稳产保供”相关的微话题，阅读量共计达15亿次。进入2019年10月，生猪生产整体进入止降回升转折期，猪肉价格也呈现回落态势，再度掀起新一轮的关注热潮。新浪微话题“猪肉价格已开始回落”，阅读量近4亿次。网民纷纷发布餐桌上的烤肉、红烧肉等美食图片，开启“花式炫肉”模式，称猪肉降价给“不安的内心打了一剂稳定针”。舆论积极评价生猪稳产保供政策，建议进一步完善制度细节，抓好属地管理责任，并呼吁以此轮价格波动为契机，改革猪肉供需机制中存在的弊端。

受不利天气影响，部分水果蔬菜呈现上半年持续走高、下半年季节性下跌态势，也成为关注热点。果蔬价格走高期间，新浪微博中出现了“水果自由”“蔬菜自由”相关的一系列高热话题。果蔬价格走低后，个别品种产量高、销售慢、价格低问题被媒体报道。果蔬价格波动情况受到各级政府部门的高度重视。国务院常务会议对“保障水果蔬菜等鲜活农产品供应”做出强调部署，各地政府着力从生产扶持、品牌建设、质量保障等方面加以落实。2019年，我国首次发布中国农业品牌目录名单，首次开展“菜篮子”市长负责制考核，新命名211个国家农产品质量安全县（市）。一系列“提质稳价”举措引发积极肯定。舆论表示，猪肉和水果价格大幅波动提醒我们，农业供给侧结构性改革要把提高重要农产品的产能稳定作为一个主要目标，转型升级和稳产保供相结合，提升绿色、高质量、有规模的产能。

（六）农村人居环境整治加快推进，舆论寄望“好事办好”

2019年，农村人居环境整治由点到面加快推进，成为舆论关注的常热话题。针对村庄清洁行动、农村厕所革命等全年重点工作，各级新闻媒体通过头版报道、专版报道、系列报道等方式，重点呈现农村人居环境整治“百舸争流千帆竞发”新热潮。新闻媒体还通过“AB 面”“红黑榜”“电视问政”等方式，宣传经验、深挖短板、曝光问题，积极助力农村人居环境整治的全面推进。新浪微博中也出现了“农村人居环境整治”“垃圾分类农村也要有行动”“村庄厕所革命”等热点话题，阅读量共计 1500 余万次。

从热点舆情看，农村人居环境整治的部署规划和各地实践受到聚焦。农业农村部会同有关部门持续完善顶层设计，不断强化财政支持，出台了一系列目标明确的行动方案和指导意见，接连打响了村庄清洁行动春节、春季、夏季和秋冬战役，并启动了 70 亿元农村厕所革命奖补政策。对此，舆论纷纷点赞政策部署的“长效性”和财政支持的“大手笔”，对多部门联合发力的预期成效表示期待。同时，各地农村人居环境整治中的“妙招”“利器”也被积极关注，新闻媒体以“浙江经验”“上海实践”“长沙样本”等典型推介形式大量发文。各地的“垃圾兑换银行”“垃圾分类艺术馆”“集中式人工湿地”等新举措和新技术，被媒体以图文、视频形式鲜活展示，引发网民浓厚兴趣，相关视频消息的最高播放量达数百万次。舆论用“成效显著”“亮点突出”等词汇评价全年工作成效。农业农村部发布的“90% 村庄开展清洁行动”“卫生厕所普及率超过 60%”“生活垃圾收运处置体系覆盖 84% 以上的行政村”① 等数据被积极传播。

此外，农村人居环境整治过程中存在的问题也受到关注。中央电视台、《半月谈》等媒体多次曝光部分地区农村厕所改造后“不实用遭弃用”等问题。2019 年 11 月下旬，国务院开展农村人居环境整治大检查，一些地区存在的垃圾清运管理缺位、河长制形同虚设、“化粪池成了鸡食槽”等问题，再次引发集中报道。舆论表示，农村人居环境整治是惠民工程、是长期工程，切忌脱离实际做表面文章，要久久为功，把好事办好办实。

---

① 《农村人居环境明显改善 生活垃圾收运处置体系已覆盖 84% 以上行政村》，农业农村部网站，http：//www. moa. gov. cn/xw/zwdt/201912/t20191225_ 6333925. htm。

（七）数字技术开启"三农"新未来，"互联网改变乡村"成为核心表达

2019 年，数字技术与农业农村各环节各领域加速融合发展。"互联网 +"大潮下的农业农村信息化发展广泛吸睛，5G、区块链、AI 等前沿科技频频出现在"三农"热点话题中。数字技术在农业农村发展中的巨大潜力成为各界广泛共识，相关政策布局成为舆论热点议题。中央一号文件对"实施数字乡村战略"做出部署。中办、国办印发《数字乡村发展战略纲要》，提出四个阶段性战略目标、十大重点任务，全面勾画了未来 30 年数字乡村图景。同时，中办、国办还针对小农户和现代农业发展有机衔接印发专门意见，提出实施"互联网 + 小农户"计划，让小农户搭上信息化快车。对此，媒体予以持续关注，认为中央已经为培育和壮大农业农村数字经济做好顶层设计，给广大农民送来了实实在在的"数字大礼包"，显示了国家在推动农业农村信息化统筹发展、城乡信息化融合发展方面的坚定决心。一些农民网友也积极跟帖留言，对数字技术开启的农业农村新未来满怀期待，表示要学好用好互联网，不在数字化大潮中掉队，成为信息时代的新农人。

同时，数字技术赋能农村创业创新的显著成效越来越多地进入公众视野，媒体和网民也更为主动地关注和讨论此类话题，乐于用图文、视频记录新农民新技术新业态，"互联网改变家乡"成为舆论核心表达。各地在农业生产智能化、农产品销售线上化、乡村治理智慧化等方面的积极实践常出常新，无人机种田、直播卖货、"最多跑一次"村务自助机、进村到户扫码回收垃圾等"数字红利"令舆论如数家珍。在 2019 年"返乡体"文章中，讲述互联网带来的乡村巨变成为重要内容呈现。广东、四川、湖北、云南等地网民纷纷发出《我不识字的妈妈学会了用微信》《岳父开微店记》《一个红色革命老区的互联网今生》《石龙村的山歌在微信群里》等回乡见闻，感慨"互联网来到我的家乡之后，一切都变了"。新浪微博中出现了"各地涌现快手村""新・留守青年"等微话题，以短视频形式介绍各地乡村青年借助互联网在家乡创业的奋斗故事。相关微话题阅读量累计 6200 万次，相关短

视频播放量累计700万次。舆论表示，互联网是农业农村发展的见证，也正在成为乡村力量崛起的根据地。

四 2020年“三农”网络舆情热点展望

2020年我国将全面打赢脱贫攻坚战，全面建成小康社会，迎来“十三五”规划收官，是具有里程碑意义的一年。“三农”作为党和国家重中之重的工作，将继续受到舆论高度关注。以下几个因素或将影响“三农”相关话题的关注热度。

（一）保供给、保增收、保小康相关重大部署将推高“三农”对应话题的舆情热度

2020年“三农”工作具有特殊重要性，工作成效对脱贫质量和小康成色起到关键作用。2019年中央农村工作会议、2020年中央一号文件相继明确了坚决打赢脱贫攻坚战、补上全面小康“三农”领域突出短板、保障重要农产品有效供给、促进农民增收等重点目标任务。然而，新年伊始，新冠肺炎疫情突如其来，对我国经济社会发展带来前所未有的冲击。在此背景下，统筹做好疫情防控和保供给、保增收、保小康相关的“三农”政策部署、创新实践和典型示范，将持续受到舆论关注。产业扶贫巩固脱贫成果、三产融合推动乡村振兴、确保粮食和生猪等重要农产品供给保障、深化农村改革促进农民增收、有效治理补齐农村人居环境短板等，将成为舆论关注热点。

（二）新一代信息技术的加速应用将推高舆论对数字农业农村的关注热情

2019年被舆论称为5G元年。5G等信息技术在“三农”领域初试锋芒，精彩纷呈。2019年中国农民丰收节期间，5G技术成为新闻传播的重要手段，舆论称这是5G技术在农业农村领域的首次应用，将为农业农村信息化

开启新篇章。2019 年全国新农民新技术创业创新博览会上，5G 农业数字化联盟、区块链 + 生猪养殖等创新悉数亮相，树立了农村创业创新“航向标”。2020 年，在新一代信息技术的推动下，“网上春耕”“直播销售农产品”“智能化垃圾分类”“乡村网格化管理”等数字化升级应用将进一步推广，农业生产经营和乡村治理服务中的新技术新产品新模式将带动舆论关注热情持续提升，数字农业农村建设迈出的新步伐将引发舆论更多期待。

（三）民生视角下的农村基层治理将受到持续关注

2019 年，各地在农村基层社会治理方面主动探索、妙招频出，农业农村部专门发布了全国 20 个乡村治理典型案例，受到舆论的广泛肯定和积极传播。同时，部分农村地区在文明乡风建设、农村环境污染治理等具体工作过程中存在的形式主义、“一刀切”等问题和弊端也引起舆论注意。全年出现了湘西女教师发文质疑乡村小学“频繁迎检”、山西襄汾赤邓村“最严村规”、河南上蔡县“手割小麦防污染”等多个热点舆情事件。农村社会和谐稳定是实现全面建成小康社会的关键环节。2020 年中央一号文件对全面提高乡村治理效能做出重要部署，再次强调了对农民切身利益的保障。由此预测，农村基层治理工作将继续受到舆论高度关注。

（四）生态安全视角下的野生动物保护、长江禁渔及养殖转产将成为新的关注热点

生态环境和野生动物保护一直是舆论关注的敏感话题。2019 年，水生野生动物面临的生存危机受到聚焦，“白鲟灭绝”“拯救江豚”等新浪微博话题的阅读量均达到数亿次。农业农村部持续加大对水生野生动物的保护力度，于 2019 年末针对长江流域重点水域发布了为期 10 年的常年禁捕通告，迅速成为岁末年初的高热话题，相关新浪微话题阅读量达 7.4 亿次。由此预测，随着长江十年禁渔新政的正式实施，水生野生动物保护以及渔民退捕上岸后的生计保障问题将成为新的关注热点。此外，进入 2020 年以来，新冠肺炎疫情防控工作不断升级，打击野生动物违规交易、革除滥食野生动物陋

习相关的立法执法工作接连开展，相关话题频频登上社交媒体热搜榜，特种养殖行业面临的现实困境也被舆论高度关注。在此背景下，特种养殖退养转产也将成为热点议题。

参考文献

李慧：《守住“三农”战略后院——盘点 2019 年农业农村发展亮点》，《光明日报》2019 年 12 月 21 日，第 3 版。

朱隽、顾仲阳：《大国粮仓根基牢固》，《人民日报》2019 年 8 月 12 日，第 1 版。

刘少华：《走在希望的田野上》，《人民日报》（海外版）2019 年 9 月 5 日，第 5 版。

钟永玲、李想、张珊：《八大热点　网看“三农”——2019 年“三农”网络舆情回眸》，《农民日报》2019 年 1 月 14 日，第 1 版。

王凯迪、周德书：《习近平全媒体思想引领下媒体融合路径研究》，《今传媒》2019 年第 9 期。

分 报 告

Sub-reports

B.2 2019年农牧渔生产与粮食安全舆情报告

李 想 张文静*

摘 要： 2019年我国农牧渔生产稳步发展，粮食生产实现“十六连丰”。现代农业元素是热点舆情传播的内容支撑，舆论引导新形态为舆情传播注入更强劲动力。保障重要农产品有效供给是舆论关注热度贯穿全年的核心话题，“重农抓粮”政策部署受到聚焦。新中国成立70周年之际，中国粮食安全的历史性成就备受瞩目，粮食丰收“密码”引发多角度热议。生猪生产成为下半年关注重点，各地各部门“稳产保供”的积极成效受到肯定。

* 李想，农业农村部信息中心舆情监测处副处长，副研究员，主要研究方向为涉农网络舆情、农产品市场与政策；张文静，北京乐享天华信息咨询中心舆情分析师，主要研究方向为涉农网络舆情。

关键词： 粮食安全　生猪生产　质量兴农　高标准农田　新型农业经营主体

2019 年我国粮食总产量达 66384 万吨，比 2018 年增加 594 万吨，创历史最高水平，粮食生产实现了历史性的“十六连丰”。全年农牧渔生产与粮食安全话题的舆情总量 173.61 万篇。其中，新闻报道量 29.53 万篇，社交媒体相关帖文量 144.08 万篇。稳定粮食生产是贯穿全年的舆情热点话题，“重农抓粮”政策部署受到聚焦。新中国成立 70 年来我国粮食安全保障能力持续提升备受瞩目，粮食丰收的“密码”引发多角度解读和热议。生猪生产是下半年关注重点，各地各部门“稳产保供”举措和积极成效受到肯定。

一　热点事件排行分析

通过对 2019 年涉及农牧渔生产与粮食安全的新闻、帖文进行监测，并加权计算，得出相关事件的舆情热度，据此列出排行前 40 位的热点事件（见表 1）。

表 1　2019 年农牧渔生产与粮食安全热点事件 TOP 40

排名	热点事件	首发媒体	舆情热度
1	袁隆平获授共和国勋章	新浪微博“@ 央视新闻”	61587
2	世界粮食日，中国粮食丰收“密码”受关注	新浪微博“@ 人民日报”	21043
3	中国杂交水稻在非洲创高产纪录	中央电视台	18164
4	各地多措并举防控草地贪夜蛾	微信公众号“中科院之声”	16860
5	国务院新闻办发表《中国的粮食安全》白皮书	新华网	14546
6	全国稳定生猪生产保障市场供应电视电话会议召开	新华网	13709
7	中央农村工作会议：保障重要农产品有效供给始终是“三农”工作的头等大事	新华网	13256
8	中央一号文件：夯实农业基础，保障重要农产品有效供给	新华网	10749
9	“智慧”春耕广泛吸睛	《新华每日电讯》	10178
10	中共中央办公厅、国务院办公厅印发《关于促进小农户和现代农业发展有机衔接的意见》	中国政府网	7280

续表

排名	热点事件	首发媒体	舆情热度
11	第三代杂交水稻平均亩产 1046.3 公斤，再创新高	红星新闻	6880
12	全国两会"农牧渔生产与粮食安全话题"	新华网	6233
13	国务院办公厅印发《关于切实加强高标准农田建设提升国家粮食安全保障能力的意见》	中国政府网	5982
14	"海水稻"在塔克拉玛干沙漠边缘测产，亩产 546.74 公斤	新华网	5883
15	国务院新闻办就稳定生猪生产保障市场供应有关情况举行新闻发布会	中国政府网	5502
16	农业农村部就 11 月份生猪生产形势有关情况举行新闻发布会	农业农村部网站	5145
17	农业农村部印发《加快生猪生产恢复发展三年行动方案》	农业农村部网站	5124
18	农业农村部等部门出台 17 条政策措施支持生猪生产发展	农业农村部网站	4207
19	农业农村部就 10 月份生猪生产形势有关情况举行新闻发布会	农业农村部网站	3896
20	2019 年全国粮食总产量 66384 万吨再创新高	国家统计局网站	3873
21	农业农村部就实施家庭农场培育计划有关情况举行新闻发布会	农业农村部网站	3064
22	全国夏粮总产量 14174 万吨，取得丰收质量的全面提升	国家统计局网站	2936
23	农业农村部就保障粮食安全和农产品供给情况举行新闻发布会	农业农村部网站	2761
24	全国春季农业生产暨农业机械化转型升级工作会议召开	新华网	2190
25	广东出台"猪十条"：猪肉供给纳入"菜篮子"市长负责制考核	广东省农业农村厅网站	1969
26	农业农村部等七部门联合印发《国家质量兴农战略规划(2018～2022 年)》	农业农村部网站	1851
27	袁隆平团队长江中游双季稻产量创新高，亩产达 1365 公斤	《科技日报》	1764
28	农业农村部发布《大豆振兴计划实施方案》，豆农热情高涨	农业农村部网站	1733
29	四川出台促进生猪生产保障市场供应九条措施	四川省农业农村厅网站	1732
30	10 部门印发意见推动水产养殖业绿色发展	农业农村部网站	1698
31	专题片《中国粮的奇迹》播出	中央电视台	1502
32	国内首台纯电动无人驾驶拖拉机田间试验获得成功	《河南日报》客户端	1471

续表

排名	热点事件	首发媒体	舆情热度
33	农业农村部发布《2019 年种植业工作要点》	农业农村部网站	1221
34	网帖"近 14 亿人的口腹之欲,是如何被满足的"引发热议	美国问答 SNS 网站 Quora	1164
35	黑龙江大豆单产 447.47 公斤创新纪录	新华网	1092
36	全国促进生猪生产保障市场供应电视电话会议召开	新浪微博"@ 泸州电视台泸州网"	1091
37	农业农村部召开新闻发布会,介绍内陆禁渔期制度及长江流域重点水域禁捕情况	农业农村部网站	979
38	农业农村部印发《奋战 100 天夺取夏粮丰收行动方案》	农业农村部网站	924
39	"无人驾驶收割机"开启三夏"无人作业"模式	新浪微博"@ 新华视点"	858
40	11 部门联合印发《关于开展农民合作社规范提升行动的若干意见》	农业农村部网站	805

资料来源：农业农村部三农舆情监测管理平台、新浪舆情通。

对以上 40 个热点事件进行分析，总结出以下舆情特点。

（一）全年出现4次舆情波动，9月舆情热度达到峰值

从各月舆情热度走势看，全年共出现 4 次波动，保障重要农产品有效供给是关注热度贯穿全年的核心话题。其中，粮食稳产保供是上半年的关注重点，生猪稳产保供是下半年的关注重点。“袁隆平”“杂交稻”“海水稻”等农业科技创新相关的关键词也是舆情燃点。2～3 月出现第一次舆情小高峰，中央一号文件对“保障重要农产品有效供给”做出顶层设计，全国春季农业生产暨农业机械化转型升级工作会议对“稳定粮食播种面积”“提升粮食和农业综合生产能力”等展开重点部署，农业农村部公布“种植业工作要点”、发布“大豆振兴计划实施方案”、开展“奋战 100 天夺取夏粮丰收行动”。在春耕备耕的关键节点，上述政策部署密集发布，传递出“重农抓粮”的强烈信号，受到舆论高度聚焦。5～6 月出现第二个舆情小高峰，在夏收重要节点，各地多措并举防控草地贪夜蛾，农业农村部召开新闻发布会介绍“保障粮食安全和农产品供给情况”，成为应时应季的热门话题。同

时，中国杂交水稻在非洲创高产纪录的相关消息也引发舆论关注热情的持续高涨。2019 年 8 ~9 月，舆情热度再次升温并达到峰值。生猪稳产保供部署举措被集中关注，全国稳定生猪生产保障市场供应电视电话会议召开、农业农村部等部门出台 17 条政策措施支持生猪生产发展、广东发布“猪十条”、四川发布“猪九条”，中央和地方接力打出的政策“组合拳”推动舆情热度再攀新高。此外，“袁隆平获共和国勋章”是推动 9 月舆情热度攀至全年顶点的关键因素。10 月舆情热度仍然居高不下，在新中国成立 70 周年之际，我国不断提升的粮食安全保障能力备受瞩目，国务院新闻办发布《中国的粮食安全》白皮书、世界粮食日关注粮食丰收“密码”，与粮食安全相关的热点事件成为高热话题。12 月，中央农村工作会议对“保障重要农产品有效供给”做出部署，农业农村部就生猪生产情况召开新闻发布会、发布三年行动方案，国家统计局公布“2019 年全国粮食总产量 66384 万吨”，上述事件共同推动当月舆情热度再次攀升（见图 1）。

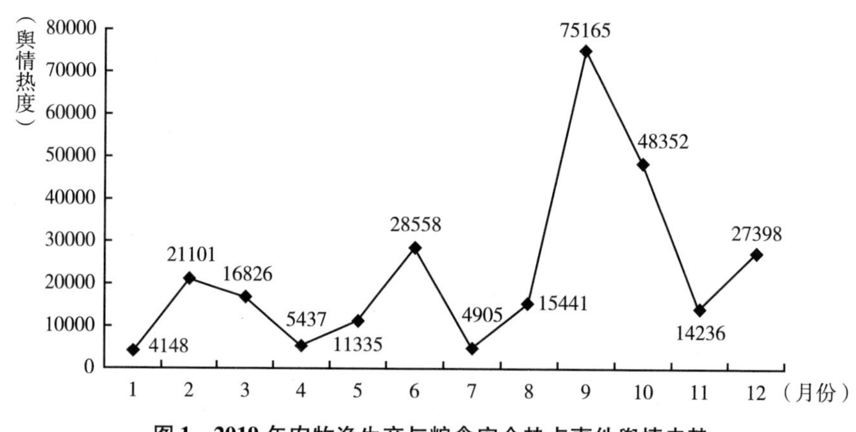

图 1　2019 年农牧渔生产与粮食安全热点事件舆情走势

资料来源：农业农村部三农舆情监测管理平台、新浪舆情通。（下同）

（二）农牧渔生产政策保障被集中关注，“袁隆平获授共和国勋章”受到聚焦

从热点事件的主题分布看，农牧渔业生产部署和政策举措相关热点事件

最多，有24个，主要集中在粮食、生猪等重要农产品有效供给的政策保障方面。其中，高标准农田建设、质量兴农、新型农业经营主体培育、农机化转型升级等部署举措是粮食生产保障的关注重点。中央和各地政府在促进产能恢复、稳定市场供应方面的“组合拳”是生猪生产保障的关注重点。农业“向优向绿”相关热点事件有5个，关注点主要有两方面。一是融合互联网信息技术的农业新机具、新设施在农业生产中的广泛应用，“无人驾驶”农机成为吸睛焦点。二是夏粮和秋粮收获后，国家统计局对全国粮食产量数据的发布和解读。农业科技创新相关热点事件有5个，其中有4个是水稻科技创新，“中国杂交水稻在非洲创高产纪录”最受关注，舆情热度达18164，居年度热点事件排行第三位。粮食安全相关热点事件有4个，其中2个是高热话题，分别列年度热点事件第2位和第5位。农业灾害相关的热点事件有1个，春耕期间，草地贪夜蛾首次传入中国，引发持续跟进报道，各地“蛾口夺粮”的防控举措被重点关注。还有1个热点事件是“袁隆平获授共和国勋章”，列年度热点事件排行首位，舆情热度高达61587（见表1、图2）。

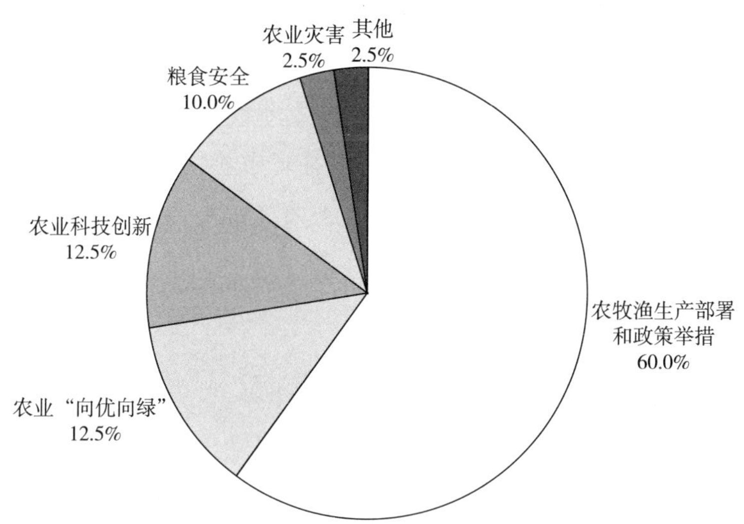

图2　2019年农牧渔生产与粮食安全热点事件主题分布

（三）政府网站是首要信源，媒体“官微”成为微博场域传播主导

从事件首发媒体看，政府网站是信息发布的首要平台，有20个热点事件来源于此，主要包括农业农村部网站、国家统计局网站、中国政府网、广东省农业农村厅网站、四川省农业农村厅网站，生猪稳产保供支持政策、小农户和现代农业发展有机衔接的扶持举措、高标准农田建设的实施方案等是关注热点。新闻媒体也是信息发布的重要平台，首发的热点事件有13个，新华网、中央电视台等中央媒体是报道主力，农牧渔业生产的顶层部署、科技创新以及丰收成果被重点宣传。新浪微博首发的热点事件有4个，全部来自新闻媒体官方微博。从近两年发展趋势看，媒体“官微”已成为微博场域的传播主导，视频呈现、微话题设置成为推高事件舆情热度的有效方式。此外，还有3个事件分别首发自微信、新闻客户端和境外网站。针对部分地区出现的草地贪夜蛾虫害，中国科学院官方微信“中科院之声”及时行动，对草地贪夜蛾的物种特征和传播途径展开图文介绍，发挥了积极的科普效果。国内首台纯电动无人驾驶拖拉机在洛阳进行田间试验，《河南日报》充分把握地缘优势和移动互联网应用趋势，通过新闻客户端首发报道，引发良好舆情反响。在美国问答社区 Quora 上，针对国外网民发问“中国是怎么生产这么多粮食，足够养活十多亿人的?”，一位剑桥大学博士详细介绍了生态循环农业、农业物联网等现代化生产技术创造的中国农业奇迹，该文在国内社交媒体中阅读量突破百万次，引发网民强烈共鸣（见图3）。

二　热点舆情回顾

（一）稳定粮食生产毫不放松，“重农抓粮”政策部署受到聚焦

稳定粮食生产始终是“三农”工作的重中之重，也是网络舆论场的常热话题。2019年中央一号文件要求“稳定粮食产量”，中央农村工作会议强调

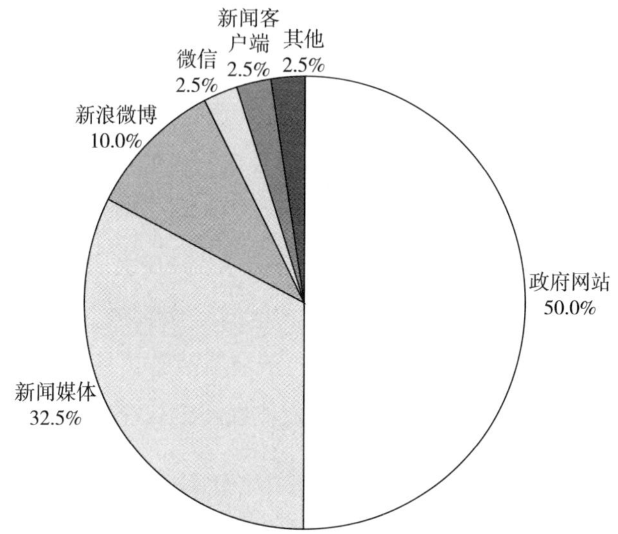

图 3　2019 年农牧渔生产与粮食安全热点事件首发媒体分布

“下大力气抓好粮食生产”，农业农村部进一步部署“毫不放松抓好 2019 年粮食生产”，各省（区、市）多措并举稳产量、提产能，持续释放出“重农抓粮”的明确信号。舆论对此高度关注，热点内容主要集中在以下三个方面。

1. 质量兴农迎来“大手笔”，高标准农田建设发布“时间表”

2019 年，舆论对质量兴农的显著成效报以持续热情。新华社等媒体用“高效、科技、智能”等词汇评价全年粮食生产呈现的突出特点，“产能提升”“增产提质”成为夏粮和秋粮丰收报道中的高频词。一年来，国务院和有关部门积极引导农业绿色高质高效创建，在农业机械化转型升级、农业高质量发展、高标准农田建设等方面的强化部署备受关注。新春伊始，各地各部门积极落实国务院针对农业机械化转型升级印发的指导意见，中央财政安排 180 亿元补贴农机购置。农机支持政策为春耕生产注入源源动力，各地呈现的“农机唱主角”“大农机耕种”“无人机施肥”等新气象成为报道焦点。2 月，农业农村部等七部门印发《国家质量兴农战略规划（2018 ~ 2022 年）》，对现代农业生产体系、产业体系、经营体系做出全面布局。舆论纷纷为质量兴农的“大手笔”“大气魄”点赞，对绿色化、标准化生产带来的农业发展变革表示期待。2019 年 11 月，国务院办公厅印发专门意见，从加强高标准农田建设的角度部署提升国家粮食安全保障能力，做出了"提产能、增资金、重质量"的明确指令，引发大量划重点式解读。舆论普遍认为，这是当前和今后一个时期加强高标准农田建设的"时间表""路线图"，关键是要落实好。

2. 新型农业经营主体支持力度不断加码，小农户搭上现代农业快车

2019 年，"新农人"继续成为亮点，他们"做直播""签订单""育新种"，用新的农业生产方式获得好收成，新浪微话题"这就是新农人"阅读量达 3100 万次。新型农业经营主体在农业农村现代化发展中的积极作用进一步凸显，有关部门不断加码的扶持力度广受肯定。7 月，农业农村部、财政部联合印发通知，部署做好新型农业经营主体培育工作。9 月，农业农村部等 11 部门接连印发两个指导意见，组织实施"家庭农场培育计划"和"农民合作社规范提升行动"。对此，有舆论用"真金白银"予以评价，期待制定更具包容性、更大灵活性的政策，满足新型农业经营主体多元化和多样化的需求。同时，小农户扶持政策的精准度也进一步提高，中央和各地积极为小农户对接现代农业铺路搭桥。2 月，中办、国办印发意见促进小农户和现代农业发展有机衔接，做出了提升发展能力、提高组织化程度、拓展增收空间等全方位部署。江苏、山东、湖北等地也从保护土地承包权益、健全农业社会化服务、支持发展新业态等方面推动政策落地见实效。舆论认为，"大国小农"是我国现阶段客观现实，要从小型农业机械、农村小水利建设、新型小粮仓、小额金融信贷等"小"处发力，提供精细服务，切实加强对亿万小农户的扶持。

3. 国产大豆支持政策振奋舆论，"大豆振兴"成网络高频词

2019 年，随着美国再次挑起对华经贸摩擦，舆论对大豆的关注热度不断升温。春耕时节，国产大豆支持政策广受关注。中央一号文件强调"实施大豆振兴计划"，农业农村部、财政部部署提高补贴标准、扩大种植面积、鼓励优质新品种研发等举措提升大豆供给能力，黑龙江、吉林等省发布了大豆补贴的具体标准。媒体对此持续报道，认为国产大豆迎来了前所未有的机遇

和挑战，并喊话农民“国家政策好，大豆要抓牢”。2019 年 5 月，各地大豆种植面积增加、豆农热情高涨等新气象振奋舆论。新浪微博“@ 央视新闻”发出的视频报道“各地农民响应大豆振兴计划　今年我国大豆种植面积大幅增加”，播放量达 630 万次。舆论发出了“支持国产大豆”“自力更生　战豆到底”等评论，认为大豆振兴要扩面更要提质，通过科技研发、监管保障、市场完善等手段，改善种植结构、提升比较效益，让国产大豆赢得未来。

（二）70年粮食安全成就瞩目，粮食丰收“密码”成为热点议题

2019 年，在新中国成立 70 周年之际，中国粮食安全的历史性成就备受瞩目。国务院新闻办发表《中国的粮食安全》白皮书，农业农村部、国家统计局以及各地政府纷纷亮出粮食生产“成绩单”。其中，“70 年来全国粮食总产量增长 4. 8 倍”[①] “粮食产量先后迈过 11 个千亿斤台阶”[②] “黑龙江粮食产量 70 年增 15 倍”[③] 等数据信息在各媒体平台中大量传播，也成为新闻标题中的重点设置。媒体还通过数据对比、视频呈现，生动展示 70 年来我国不断提升的粮食安全保障能力，引发积极反响。世界粮食日期间，“@ 人民日报”发布“珍惜粮食”的微博视频，称“70 年来，中国用不到世界 1/10 的耕地生产了约占世界 1/4 的粮食产量，养育了世界近 1/5 的人，为世界粮食事业做出‘中国贡献’”。该条微博的播放量达到 550 万次，点赞量超过 8 万次。新浪微博“@ 新华视点”发出秒拍视频，用 70 秒看 70 年餐桌的变化，也广泛吸引了舆论注意，微话题“70 年的餐桌”的阅读量突破 2000 万次。网民说，70 年餐桌的变化是中国人民奋斗史的一个缩影，让 14 亿人吃饱吃好是伟大的事业，大爱祖国!

2019 年，我国粮食总产量创历史新高。对此，媒体联系 70 年来中国粮

① 《70 年来全国粮食总产量增长 4. 8 倍》，新华网，http：//www. xinhuanet. com/2019 – 08/05/c_ 1124839018. htm。

② 张蕊：《70 年粮食产量迈过 11 个“千亿斤台阶”》，http：//www. nbd. com. cn/articles/2019 – 09 – 30/1375638. html。

③ 王妮娜：《“北大荒”巨变成“大粮仓”黑龙江粮食产量 70 年增 15 倍》，中国新闻网，http：//www. chinanews. com/cj/2019/08 – 22/8935120. shtml。

食生产释放的巨大潜力，用“又双叒（ruò）叕（zhuó）丰收”等语句表达丰收之喜，并对“中国饭碗”掂成色、亮底牌，多角度解读粮食丰收的“密码”。有舆论列举了家庭联产承包责任制、取消农业税、农村土地“三权分置”、乡村振兴战略等一系列改革举措，认为不断创新完善的体制机制充分彰显了中国特色粮食发展的制度自信，夯实了粮食安全的根基。有舆论列举了南繁育种、“互联网＋北斗＋农机”等现代种业和现代农机，认为不断增强的农业科技为粮食生产插上“翅膀”，成为粮食产业高质量发展的“推进器”。还有舆论关注了新型职业农民在促进现代农业发展方面的积极作用，呼吁让敢于创新开拓的“新农”引领方向，让有经验有干劲的“老农”成为中坚力量，让有学历有情怀的“知农”成为可持续发展的强力推动者。

（三）生猪生产成下半年热点，“稳产保供”积极成效受到肯定

2019 年，受非洲猪瘟疫情冲击和一些地方不当行政干预等多种因素影响，我国生猪产能明显下滑，猪肉供应相对偏紧，价格上涨较快。特别是 8 月以来，全国多地“猪肉批发价格突破 30 元/公斤”的相关消息推高舆情热度，猪肉价格多次登上社交媒体热搜榜。猪肉价格上涨受到各级政府的高度重视，一系列政策“组合拳”有力推动了猪肉价格的止涨回落，也有效引导了舆论对猪肉价格的理性认知，热点舆情主要集中在以下三个方面。

1. 中央和地方在生猪“稳产保供”方面的重磅举措成为“定心丸”

8 月下旬至 9 月上旬，国务院多次做出安排部署，并就“稳定生猪生产促进转型升级”印发专门意见。同时，农业农村部会同国家发改委、财政部等多个部门在加强基础设施建设、强化补贴补助、保障养殖用地、减免运输费用等方面精准施策，出台 17 条政策措施。各地恢复生猪生产举措也密集出台，如湖北建立稳定生猪生产通报约谈制度，广东将生猪出栏量纳入“菜篮子”市长负责制考核，河南取消生猪养殖附属设施 15 亩用地上限，四川发布“猪九条”，等等。上述举措在各媒体平台中积极传播，“各地各部门全力保障猪肉市场供应”“官方 20 天连续出手 12 次”“8 部门为了‘稳猪’拼了”等汇总式报道大量出现。舆论发出了“亮点多　出招硬　落

实快”等评价，对生猪生产的恢复性发展表示信心十足。

2. 有关部门对猪肉价格、生猪生产相关问题的回应解读成为舆论引导“风向标”

农业农村部、商务部等部门全面分析猪肉价格上涨原因，详细介绍生猪产能恢复情况，持续发布猪肉价格监测数据，引发高度关注。2019 年 8 月末，新华社就生猪生产、猪肉供应等问题采访农业农村部相关司局负责人，新浪微博“@ 人民日报”就此设置微话题“农业农村部回应猪肉价格上涨”，一天时间内的阅读量突破 1 亿次。11 ~ 12 月，农业农村部先后就 10 月、11 月生猪生产形势有关情况召开两场新闻发布会，相关视频报道在抖音、秒拍等短视频平台中备受关注，播放量共计达到 1200 万次。此外，商务部、国家统计局发布的猪肉价格监测数据也引发多个阅读量过亿次的微话题。有关部门对相关热点问题的及时公开、积极回应，有效满足了公众对权威信息的需求，淡化和疏导了猪肉价格上涨带来的过激情绪，舆论视角也从吐槽肉价上涨转向对猪肉供需机制的关注，完善防疫体系、禁限养不能简单“一刀切”、养殖环评标准还须细化等思考和建言纷纷出现。

3. 猪肉价格回落引发高热舆情

10 月开始，全国生猪生产进入止降回升转折期，多次猪肉价格止涨回落态势受到舆论持续关注。新浪微博中，猪肉价格“回落”“下降”相关的微话题频登热搜榜，引发网民热烈围观，阅读量共计达 5 亿次。舆论表示，猪肉价格回落释放了供求关系向好的积极信号，表明政策“组合拳”效果渐显，期待持续加大保障力度，让猪肉价格下降的幅度再大些，能够“大口吃肉”“大快朵颐”。

三　舆情传播特点与启示

（一）现代农业元素是热点舆情传播的内容支撑

2019 年，农牧渔生产与粮食安全话题受到媒体和网民的高度聚焦，相关帖文信息量、新闻报道量分别居"三农"热点话题的第一位和第二位。从传播情况看，"硬核内容＋传播新形态"成为舆情热度持续高涨的重要因素。"硬核内容"即农业生产展示出的硬实力，是热点舆情传播的内容支撑，具体包括两个方面。一是现代化农业生产方式不断刷新舆论认知。在春耕夏收和秋收时节，卫星导航大农机、大数据思维"慧"种地等现代农业信息技术已成为媒体报道中的常态话题。航拍全景镜头让现代农业的宏大气势得以充分展示，吸引大量网民点击观看，单条视频出现了数十万甚至上百万次的播放量，不断刷新着舆论对农业生产的认知。二是农业科技创新成果持续提振舆论信心。农业科技创新给农业生产带来的增产提质备受瞩目。"全国粮食总产量再创新高"进一步提振舆论对"中国饭碗"的自信，"我国杂交水稻在非洲创高产纪录"①"第三代杂交水稻亩产 1046.3 公斤再创新高"②"黑龙江大豆单产 447.47 公斤创新纪录"③ 等相关消息成为社交媒体中的高热话题，出现了数十万次的点赞量，"自豪""致敬"等成为网民的主要情绪表达。总体看，科技化、信息化、机械化等现代农业元素已成为舆情燃点。未来，随着农业转型升级的提速扩面，主流媒体还须在挖掘和满足受众需求方面多下功夫，提升立意、优化内容，让现代农业带来的"丰收之喜"常热常新。

（二）舆论引导新形态为舆情传播注入更强劲动力

2019 年，农牧渔生产与粮食安全话题传播中的新方式、新路径，成为舆情热度高涨的强劲推动力。从传播方式看，趣味化、萌态化的表达成为主流媒体舆论引导中出现的新特点。其中，给粮食作物设计拟人卡通、动漫人物成为新趋势。在新华社、中央人民广播电台推出的《奋斗的豆》《粮食传

① 《我国杂交水稻在非洲创高产纪录!》，央视网，http://news.cctv.com/2019/06/28/ARTI955r9f5WIXxaA6qyh82b190628.shtml。

② 《重大突破！第三代杂交水稻首次测产亩产达 1046.3 公斤》，央视网，http://news.cctv.com/2019/10/24/ARTIcTvyzKTIpdOqDdPIuduQ191024.shtml。

③ 王建：《亩产 447.47 公斤！国产大豆单产创新纪录》，新华网，http://www.xinhuanet.com/2019-11/07/c_1125204499.htm。

说》等视频作品中，出现了“豆哥”“薯妹”“谷姐”等形象人物，通过轻松幽默的聊天对话，宣传政策、科普知识，引发良好反响。短视频《奋斗的豆》播放量达150万次。专题节目《粮食传说》在多个音频视频App平台上受到欢迎，成为亲子共赏的有益范例。从传播路径看，新浪微博、秒拍、抖音等新媒体成为热点话题的聚集平台，视频成为重要传播手段。一年来，新闻媒体和自媒体发布了大量短视频、VLOG、直播等视频消息，生动记录农业生产各关键节点，持续拨动舆论神经。2019年初，新浪微博“@我们直播”直播“江西安义种粮大户给农民发奖518万”，引发10万人次在线观看。春耕时节，新浪微博“@新华视点”发布短视频《丰收麦田里的“科技快闪”》，播放量达到78万次。6月，“央视新闻”发布秒拍视频《我国杂交水稻在非洲创高产纪录》，播放量达2900万次。从传播效果看，农牧渔生产与粮食安全话题在社交媒体中的热度看涨，舆论引导新形态拉近了年轻人和农业的距离，年轻受众对话题的兴趣度和参与讨论积极性有所提升。此外，大学生“追星”袁隆平现象也为舆论引导提供了新思路。如媒体所言，“将饭碗牢牢端在自己手里的中国行动，还得有后来者，这个社会致敬什么样的人，就会诞生什么样的人”。[①] 让科学家成为时代明星，让年轻人担起农业农村现代化建设的重任，需要凝聚多方力量，其中的媒体责任必然不可或缺。

参考文献

朱隽、顾仲阳：《大国粮仓根基牢固——保障国家粮食安全述评（上）》，《人民日报》2019年8月12日，第1版。

顾仲阳、郁静娴、葛孟超：《粮食生产能否保持后劲?》，《人民日报》2019年11月18日，第1版。

① 彭艺：《从开学礼变成“追星会”说起》，华声在线，http：//opinion. voc. com. cn/article/201909/201909180730104610. html。

乔金亮:《掂一掂中国饭碗的成色——保障国家粮食安全述评(上)》,《经济日报》2019 年 8 月 14 日,第 1 版。

乔金亮:《亮一亮中国饭碗的底牌——保障国家粮食安全述评(下)》,《经济日报》2019 年 8 月 15 日,第 1 版。

高云才、常钦:《生猪生产回暖势头显现》,《人民日报》2019 年 11 月 23 日,第 7 版。

孔德晨:《猪肉价格回落释放积极信号》,《人民日报》(海外版)2019 年 12 月 9 日,第 3 版。

焦宏:《加快养殖政策落地　确保猪肉稳价保供》,《农民日报》2019 年 11 月 18 日,第 1 版。

B.3
2019年乡村振兴舆情报告

李想　赵娟*

摘　要： 2019年，舆论高度关注乡村振兴战略实施。产业振兴政策驱动力不断增强，全国乡村产业持续稳定发展态势备受瞩目，“乡字号/土字号”入选“汉语盘点2019”十大新词语；农业农村改革激发活力，相关顶层设计和法律保障成为热点议题，农村改革试验区的实践示范成为报道热点；乡村治理相关决策部署接连发布，各地具有鲜明特色的善治之路引发舆论浓厚兴趣。从传播特点看，乡村振兴稳步推进的良好态势为媒介高质量内容生产提供了丰富素材，媒体技术创新和宣传工作机制建设带来传播新气象。

关键词： 乡村振兴　产业振兴　乡村游　农村改革试验区　乡村治理

2019年，乡村振兴战略实施受到媒体和网民的高度关注。全年网络媒体相关新闻和社交媒体相关帖文量合计达138.8万篇（条）。其中，新闻报道量35.1万篇，帖文量103.7万条。全国乡村产业持续稳定发展态势备受瞩目，乡村治理“三治”组合拳释放“乘数效应”，农业农村改革在激活农村资源要素方面的积极作用广受肯定。舆论表示，乡村振兴战略实施近两年

* 李想，农业农村部信息中心舆情监测处副处长，副研究员，主要研究方向为涉农网络舆情、农产品市场与政策；赵娟，北京农信通科技有限责任公司舆情分析师，主要研究方向为“三农”网络舆情。

来，资金撒下去、人才沉下去、项目建起来、农民富起来等乡村振兴战略的具体表现，在越来越多的地方成为现实，期待更多的创新模式赋能乡村，让乡村在新时代大舞台上绽放光芒。

一　热点事件排行分析

通过对2019年乡村振兴战略实施话题的新闻、帖文进行监测，并加权计算，得出相关热点事件的舆情热度，据此列出排行前40位的热点事件（见表1）。

表1　2019年乡村振兴热点事件TOP 40

排名	热点事件	首发媒体	舆情热度
1	各地欢庆第二个中国农民丰收节	新华网	130915
2	2019年中央一号文件发布，强调全面推进乡村振兴	新华网	30977
3	全国人大常委会审议通过《〈土地管理法〉修正案》	新浪微博“@中国新闻网”	19129
4	习近平总书记参加河南代表团审议，就实施乡村振兴战略发表重要讲话	新华网	17082
5	中共中央、国务院印发《关于保持土地承包关系稳定并长久不变的意见》	新华网	17067
6	中央农村工作领导小组办公室、农业农村部印发《关于进一步加强农村宅基地管理的通知》	农业农村部网站	16878
7	百县千红新农人Vlog大赛优秀作品大量涌现	新浪微博“@微博县域”	9998
8	中共中央印发《中国共产党农村工作条例》	新浪微博“@新华视点”	9155
9	中共中央办公厅、国务院办公厅印发《关于加强和改进乡村治理的指导意见》	新华网	8971
10	有关部门和各地政府联合开展农村假冒伪劣食品专项整治行动	农业农村部网站	8718
11	国庆假期乡村旅游气象新	新浪微博“@孝感日报”	8526
12	文化和旅游部、国家发改委公布第一批全国乡村旅游重点村名单	四川电视台客户端“四川观察”	7907
13	微电影《啥是佩奇》引舆论关注乡村发展	新浪微博“@电影小猪佩奇过大年”	7602
14	湖北潜江“小龙虾学院”首批毕业生月薪过万	《北京青年报》	7377
15	农业农村部公布全国乡村治理示范村镇候选名单	农业农村部网站	7186

续表

排名	热点事件	首发媒体	舆情热度
16	共青团山东省委员会联合演员郑云龙推介山东特色农产品	新浪微博“@青春山东”	6403
17	中国人民银行等五部门印发《关于金融服务乡村振兴的指导意见》	中国人民银行网站	5865
18	中央农村工作领导小组办公室等11部门印发《关于进一步推进移风易俗建设文明乡风的指导意见》	农业农村部网站	5785
19	国务院印发《关于促进乡村产业振兴的指导意见》	中国政府网	5105
20	农业农村部发布《关于积极稳妥开展农村闲置宅基地和闲置住宅盘活利用工作的通知》	农业农村部网站	4766
21	大学生返乡创业养虾遭哄抢事件	《华夏早报》	3853
22	江苏高邮开展“土地庙”专项整治	高邮文明网	3719
23	山西襄汾赤邓村“最严村规”事件	微信公众号“临汾网”	3535
24	自然资源部、农业农村部印发《关于设施农业用地管理有关问题的通知》	自然资源部网站	3105
25	农业农村部发布全国20个乡村治理典型案例	农业农村部网站	3051
26	国家邮政局等七部门发布《关于推进邮政业服务乡村振兴的意见》	国家邮政局网站	2167
27	“五一”假期大美乡村人气旺	新浪微博“@宜昌发布”	2057
28	“赏花经济”带火乡村游	新浪微博“@婺源发布”	1957
29	乡村治理“象山模式”：村民“说事”成为善治新范本	中央电视台	1585
30	文化和旅游部办公厅、国家发改委办公厅发布《关于开展全国乡村旅游重点村名录建设工作的通知》	文化和旅游部网站	1371
31	河南新县田铺大湾古村落成“网红”打卡地	新华网	1180
32	关注农村“一丧三年紧，一婚穷十年”现象	微信公众号“半月谈”	1137
33	全国乡村产业振兴推进会在江苏扬州召开	新华网	1110
34	农业农村部就农村改革试验区工作进展有关情况举行新闻发布会	农业农村部网站	1095
35	2019年度农村集体产权制度改革试点单位公布	农业农村部网站	957
36	山东章丘大葱选美比赛，2.435米高大葱获得“葱状元”	新浪微博“@淘宝吃货”	822
37	山西河津龙门村村民分红1200万元	微信公众号“河津融媒”	754
38	农业农村部实施新型职业农民培育三年提质增效行动	新华网	732
39	部分农村地区“小村大债”现象引发关注	《经济参考报》	649
40	媒体曝光“告不倒的村支书”，呼吁莫让村霸成基层治理堵点	《中国青年报》	522

资料来源：农业农村部三农舆情监测管理平台、新浪舆情通。

对以上 40 个热点事件进行分析，总结出以下舆情特点。

（一）全年舆情走势出现两次明显起伏，9月舆情热度最高

从热点事件各月舆情热度走势看，2 月和 9 月出现两次高峰。2 月，中央一号文件发布，将实施乡村振兴战略定调为“总抓手”，强调“全面推进乡村振兴”，引发舆论高度聚焦，舆情热度达 30977，居 2019 年乡村振兴热点事件排行第 2 位。同时，中国人民银行等五部门针对金融服务乡村振兴印发指导意见，也成为推动当月舆情热度升温的积极因素。9 月迎来第二个“中国农民丰收节”，各地策划了一系列农民参与度高、互动性强的活动，5G 等传播新技术也进一步增强了宣传效果，助推舆论关注热情持续高涨，舆情热度值达 130915，成为 2019 年“三农”领域关注热度最高的热点事件。同时，中共中央印发《中国共产党农村工作条例》，中央农村工作领导小组办公室、农业农村部印发通知进一步加强农村宅基地管理，也被舆论积极关注，共同推动 9 月舆情热度攀至全年顶点（见图 1）。

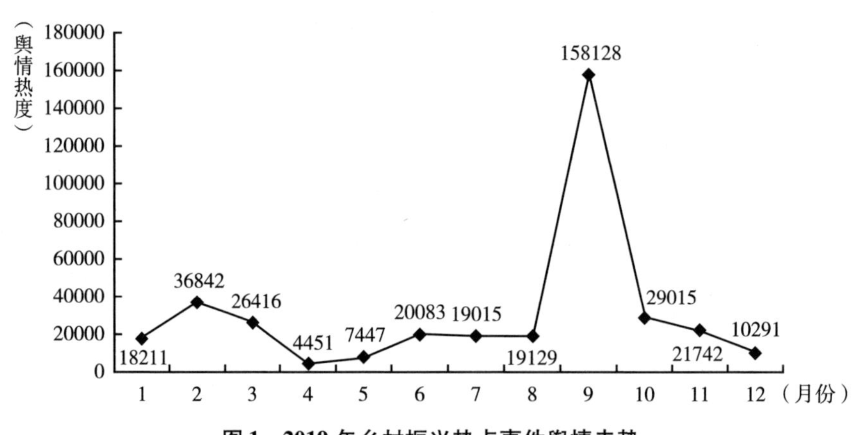

图 1　2019 年乡村振兴热点事件舆情走势

资料来源：农业农村部三农舆情监测管理平台、新浪舆情通。（下同）

（二）乡村振兴话题呈现全媒体关注、多部门助力的鲜明特征

从事件首发媒体看，新闻媒体和社交媒体首发的热点事件数量分别有

14 个和 12 个（其中微博 9 个、微信 3 个），基本平分秋色，一定程度上反映出乡村振兴话题的全媒体关注态势。从内容上看，新闻媒体和社交媒体首发的热点事件均涵盖了乡村振兴战略部署、各地探索实践、乡村社会问题等三大主题，但侧重点略有不同。新闻媒体对各主题的关注较为均衡，上述三大主题首发事件的数量分别为 6 个、5 个和 3 个。社交媒体对各地探索实践的兴趣度更高，上述三大主题首发事件的数量分别为 2 个、8 个和 2 个。特别是在新浪微博中，乡村旅游、农特产品成为乡村产业发展的“网红”代言，被传统媒体、政务媒体、自媒体等多类微博账号积极推介。此外，政府网站是乡村振兴政策公开的重要平台（见图 2），首发的热点事件有 13 个，涉及农业农村部、自然资源部、文化和旅游部、中国人民银行、国家邮政局等多部门，传递出多方合力推动乡村振兴的政策信号。

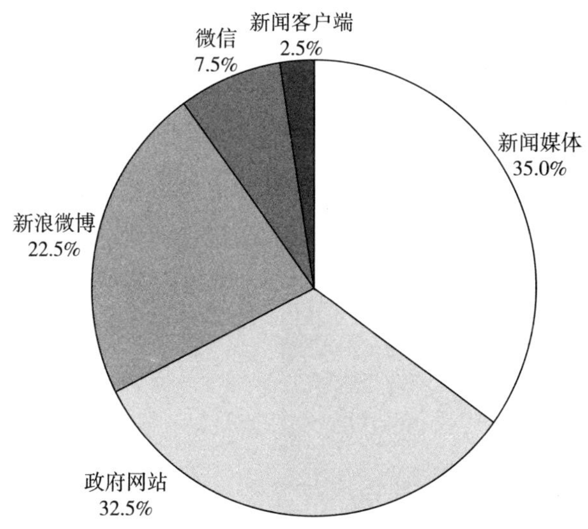

图 2　2019 年乡村振兴热点事件首发媒体分布

（三）乡村振兴战略部署相关事件关注热度高，各地探索实践相关热点事件数量多

从热点事件的主题看，乡村振兴相关热点事件大致分为三类：乡村

振兴战略部署和改革举措（以下简称“乡村振兴战略部署”）、各地乡村振兴探索实践（以下简称“各地探索实践”）、乡村社会问题。从数量上看，各地探索实践相关热点事件最多，有18个，其中有10个涉及产业振兴，乡村旅游和地方特色农产品营销成为关注重点；有5个涉及乡村治理，农业农村部发布全国20个乡村治理典型案例、乡村治理“象山模式”等积极示范，引发大量宣传，山西襄汾赤邓村“最严村规”事件、江苏高邮开展“土地庙”专项整治等探索引发多方讨论；还有3个涉及各地农村土地制度和集体产权制度的改革成果。乡村振兴战略部署相关的热点事件有17个，关注热度整体较高，2019年乡村振兴热点事件排行前十位中有9个与此相关。从内容看，上述17个事件涵盖了立法完善、用地保障、人才培育、金融支持等多个层面，体现了“全面推进乡村振兴”的战略方针。此外，乡村社会问题相关的热点事件有5个（见图3），部分农村地区“一丧三年紧，一婚穷十年”“小村大债”“告不倒的村支书”等问题被集中关注，大学生返乡创业养虾遭哄抢事件也引发舆论多角度思考。

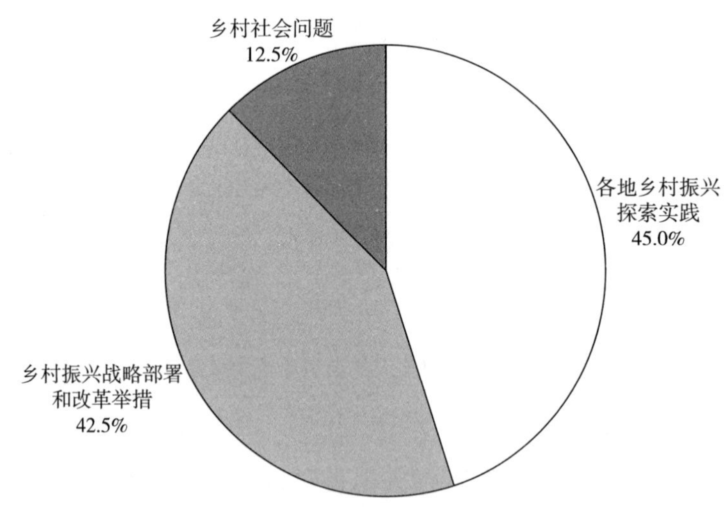

图3　2019年乡村振兴热点事件主题分布

二 热点舆情回顾

2019 年，乡村振兴战略实施开局良好，战略导向作用充分发挥，各地有效推动乡村振兴战略落实落地，农业农村优先发展从价值共识变为坚定行动，乡村大发展热潮备受瞩目，舆论关注热点主要集中在以下三个方面。

（一）乡村产业立潮头，“乡字号/土字号”入选年度十大新词语

产业振兴是乡村振兴的首要任务。2019 年，中央和各地高度重视乡村产业发展，聚焦重点、聚集资源、聚合力量，不断增强产业振兴的政策驱动力，受到舆论积极关注。6 月，国务院印发的《关于促进乡村产业振兴的指导意见》，对乡村产业发展做出了定位更加准确、路径更加清晰、要求更加具体的规划指导，被称为乡村产业发展的“纲领性文件”，释放出的强大政策红利振奋舆论。7 月，全国乡村产业振兴推进会召开，农业农村部、国家发改委、财政部等部门从各自职责出发，在破解乡村产业发展“人、地、钱”难题、优化乡村产业发展空间布局、促进乡村产业高质量发展等方面合力布局。随后，各地在细化政策措施、健全协调机制等方面加快部署。陕西开展乡村产业“3 + X”行动、吉林建立农村一二三产业融合发展联盟、广东设立乡村产业振兴专项组、湖南将乡村产业振兴列入年度考核等举措被广泛关注。舆论表示，乡村产业化提速，产业建设和投资的前景愈加明朗，乡村的发展机会来了！

同时，全国乡村产业持续稳定发展态势备受瞩目。《经济日报》等媒体汇总各地“农业 + 多业态”融合发展下的循环农业、体验农业、智慧农业等蓬勃发展图景，总结了融合发展水平提升、加工产值持续增加、特色产业渐成规模等新气象，点赞“风劲扬帆正当时，乡村产业立潮头”。其中，特色农业产业呈现品牌化、绿色化发展的趋势备受肯定。《人民日报》指出，各地用新型经营理念和生产方式发展特色种植养殖业，通过包装、加工和市场推广拉长产业链，让农产品“牌儿”亮、“范儿”足、“身价”涨。一年

来，五常大米、栖霞苹果、周至猕猴桃、金乡大蒜、安化黑茶、孝义核桃、华容芥菜等彰显地域特色的“乡字号”“土字号”品牌成为“爆款”“网红”代言，“乡字号/土字号”也因此入选“汉语盘点 2019”十大新词语。①此外，休闲旅游产业加速发展，农业农村部、文化和旅游部、国家发改委等部门接连推介全国各地乡村游的特色村落和精品线路，引发舆论高度关注。“全国乡村游重点村”在新浪微博中成为热搜关键词，相关微话题阅读量合计达 6900 万次。“乡村游”成为各大节假日期间的热点话题，各地乡村赏花游、丰收游、文化游精彩纷呈，河南新县田铺大湾古村落成“网红”打卡地、广东珠海斗门乡村振兴示范点成为游客“新宠”、浙江乡村“一村一景”“一户一特”吸引外国游人等新气象不断涌现。舆论用“订单爆满”“接待人数再创新高”“乡村民宿一房难求”等语句描述乡村游的旺盛人气，称“村里住几天”成为乡村经济发展新亮点，乡村的美食美景和风情文化已成为全球游客了解中国的新窗口。

（二）农业农村改革激发活力，“村民分红”成为网络热词

2019 年，改革被舆论称为乡村振兴的“重要法宝”“关键一招”。一年来，农业农村改革全面深化，舆论用“增活力”“添动能”等短语评价改革创新在激活农村资源要素方面的积极作用，相关的顶层设计和法律保障成为热点议题。其中，农村集体经营性建设用地入市、闲置宅基地盘活相关的政策法律保障被称为“最大亮点”。中央一号文件分别用“全面推开”“稳慎推进”定调农村集体经营性建设用地入市改革和农村宅基地改革，新《土地管理法》对农村集体经营性建设用地入市、闲置宅基地盘活进行立法保障，农业农村部发布专门意见《积极稳妥开展农村闲置宅基地和闲置住宅盘活利用》。上述举措引发持续关注和积极肯定。有舆论说，这是重大制度创新，有助于挖掘内需潜力，盘活农村土地资源，增加农民财产性收入，实

① 史竞男：《“汉语盘点 2019”年度字词出炉：“稳”“我和我的祖国”当选年度国内字词》，新华网，http：//www. xinhuanet. com//2019 - 12/20/c_ 1125370124. htm。

现城乡土地要素与资本、劳动等要素自由结合，将成为推动乡村振兴、实现城乡融合发展的重要抓手。还有舆论认为，相关的法律细则有待完善，须进一步规范土地出让流程，明确村民个体与村集体的权利边界，处理好农民权益保护和收益分配之间的关系，警惕土地市场炒作和房价炒作，防止“圈地运动”。此外，中央对土地承包关系“长久不变”的重点强调被称为“定心丸”。2019 年 11 月，中共中央、国务院印发《关于保持土地承包关系稳定并长久不变的意见》，其中“长久不变”一词出现了 20 多次，引发高度关注。有舆论说，这是关于农村土地政策的重大宣示，让一些观望心态和疑虑担心“药到病除”，土地稳，人心定，干劲足。还有舆论认为，稳定承包权并不是终极目标，更重要的是在此基础上深化农村改革，让财产性收入日益成为农民取之不竭的增收渠道，让农民在长久不变的土地政策中“深耕”出新希望。

同时，各地围绕农村土地制度改革、农村集体产权制度改革等重点领域和关键环节，开展了多角度、深层次的实践探索。浙江义乌市、湖南浏阳市等地试点宅基地跨镇“拍卖”，安徽小岗村、山东邹城市推出“股权证”质押融资，江西丰城市、湖南汉寿县通过“一权一资产一域一托管”模式盘活农村集体资产等好做法、好经验大量涌现，引发媒体的广泛关注和积极宣传。农村改革试验区给全局性改革提供的实践示范成为报道热点。5 月，农业农村部就“农村改革试验区工作进展有关情况”召开新闻发布会，介绍了黑龙江克山县、上海闵行区、贵州六盘水市等改革试验区在创新土地规模经营、明晰农村集体资产产权等方面的显著成效，通报了“农村改革试验区承担中央部署改革试验任务 226 批次”“有 144 项试验成果”① 等改革成果。舆论称农村改革试验区是农村改革的“先行军”“排头兵”，为他们交出的亮眼成绩单点赞。此外，受益于农村集体资产股份合作制改革和农村“三变改革”，各地纷纷为村民分红、发年终奖，也成为岁末年初的热点话

---

① 《农业农村部举行农村改革试验区工作进展有关情况新闻发布会》，农业农村部网站，http：//www. zcggs. moa. gov. cn/tpxw/201906/t20190606_ 6316343. htm。

题。“山西河津龙门村村民分红1200万”“湖北一村庄股改分红243万元”“杭州一村子发金条银条”等图文视频消息接连出现，相关新浪微话题的阅读量共计6350万次。“家家有份”“排队领钱”等景象让网民称羡，“村民分红”“土豪村”等成为网络热词。舆论称，农业农村改革日益深化，改革红利不断释放，各地村美民富的产业格局值得期待。

（三）乡村治理大幕开启，“三治”组合拳释放“乘数效应”

2019年，乡村治理大幕开启，党中央、国务院做出一系列重大决策部署，引发舆论关注热情持续高涨。2019年6月，中办、国办印发《关于加强和改进乡村治理的指导意见》，部署十七项举措破解“村霸”“苍蝇式腐败”“天价彩礼”“三留守”等热点问题，强调“以自治增活力、以法治强保障、以德治扬正气”。由此，“‘三治’组合拳”成为网络高频词。新华社等媒体表示，乡村治理被提到前所未有的新高度，呼吁各地在抓实、抓细、抓新方面下功夫，让善治举措切实落地惠民。9月，中共中央印发的《中国共产党农村工作条例》，成为首个农村工作的党内法规，引发积极期待。舆论表示，巩固乡村阵地，保护乡风文明，《条例》来得正当其时。10月，农业农村部等11部门印发《关于进一步推进移风易俗建设文明乡风的指导意见》，对遏制农村陈规陋习、树立文明新风做出全面部署，再次成为关注热点。有媒体指出，实施乡村振兴战略，要鼓口袋更要富脑袋，中央出台意见为移风易俗建设立好“航标”，瞄准当下村规民约中最大的痛点开出药方，及时且必要。

同时，各地在乡村基层社会治理方面主动探索、妙招频出，走出了具有鲜明地方特色的善治之路，激发舆论浓厚兴趣。6月，农业农村部就乡村治理有关情况举行新闻发布会，会上发布的全国20个乡村治理典型案例被重点关注。北京市顺义区“村规民约推进协同治理”、河北省邯郸市肥乡区“红白喜事规范管理”、安徽滁州天长市“积分＋清单防治小微腐败”等有益举措在互联网上广泛传播。舆论表示，这些典型案例为推进乡村治理提供了有效借鉴，各地要从中发现规律、找到方法，让乡村治理因地制宜、取得实效。此外，各地乡村治理中出现的新模式、好办法成为媒体报道热点。山东微山县推行“目标认领”激发党建活力，浙江象山县探索“说议办评”共建共治共享的乡村治理生态，湖南江永县、贵州天柱县通过“合约食堂”掀起红白喜事节俭风潮，四川广汉市西高镇设立“乡风公益超市”助力乡风文明，重庆綦江区建立“三级和议”议出和谐乡村，等等。舆论指出，乡村治理的关键在于回应村民关切，党建引领、多元参与、议题协商等共治模式积极释放了“乘数效应”，有效形成了“大事一起干、好坏大家判、事事有人管”的乡村治理新格局。

此外，乡村治理中存在的问题和弊端也引起媒体注意。有媒体关注了“模范村干”“明星支书”成为村霸、涉黑人员当选村干部等问题；有媒体报道了部分农村地区负债问题，列举了“某县的村级债务规模达7.9亿”“最多的一个村负债超过1000万元”“有的村白条打了近40年”等数据；①还有媒体曝光了一些上级部门盲目治理“一刀切”，发布“短命政策”“甩锅”责任等行为造成的乡镇政府“权小责大”“有责无权”问题。舆论呼吁脱虚向实，重视群众最现实、最急迫的问题，引入治理新资源、尝试治理新模式，彻底消除乡村治理的痼疾顽症。

三　舆情传播特点与启示

（一）乡村振兴稳步推进的良好态势为媒介高质量内容生产提供丰富素材

实施乡村振兴战略是新时代“三农”工作的总抓手，各地各部门高度统一、高位推动、高效落实，乡村振兴的制度供给不断强化、各项重点任务成效显著。乡村振兴稳步推进的良好态势为媒介内容生产提供了素材丰富、正能量强劲的主题内容。各地的宜居乡村、富民产业、特色风情在媒体报道

① 张丽娜、王靖、安路蒙：《“小村大债”让基层负重前行》，经济参考网，http://dz.jjckb.cn/www/pages/webpage2009/html/2019-05/27/content_53792.htm。

宣传下熠熠生辉，第二个中国农民丰收节庆祝活动高潮迭起，"采摘挑战赛""果品争霸赛""稻田音乐节""丰收运动会""赏花打卡"等创意活动四季常新，持续吸引各界热情关注，引发了线路、美食、游记等大量延展话题，呈现参与者众、互动性强、趣味性浓等传播特征。乡村振兴也因此成为2019 年媒体和网民共同关注的焦点话题，相关新闻报道量居年度话题榜首位，网民帖文量居第 2 位，新浪微博中共有 221 个相关微话题，阅读量累计16. 9 亿次。新闻媒体舆论场和社交媒体舆论场高度契合、相得益彰，"乡村发展大有可为"成为共识，为乡村振兴战略实施营造了积极、热烈的舆论氛围。

（二）媒体技术创新和宣传机制建设带来传播新气象

2019 年，5G + VR、5G + 无人机等信息技术成为媒体报道的新引擎，移动化、可视化、智能化的新媒体技术被广泛应用于乡村振兴内容生产，增强了话题的吸引力，拓展了传播的广度，并为美丽乡村推介、农特产品销售等带来显著成效。一年来，短视频、直播、VLOG 等成为乡村振兴话题宣传的重要手段和流量担当。央视新闻中心官方微博以短视频形式推荐各地乡村美景和民俗活动，一个月内引发了 1. 3 亿次的话题阅读量和数百万次的播放量，起到积极引导作用。网民在评论中纷纷为各地乡村的秀丽风景和特色文化点赞，并称"下一个旅游景点就是你了"。中国农民丰收节期间，媒体直播丰收节活动盛况，多地的在线观看量达数十万甚至上百万次，各地直播销售农产品还出现了"秒速带货"的新场景。同时，短视频、直播的兴起降低了自媒体的内容生产门槛，政府部门和社会各界顺势而为，积极推进宣传工作机制创新，通过设立"金稻穗奖"、启动"农民主播培育计划"、举办"乡村达人全民直播节""百县千红新农人 VLOG 大赛"等一系列活动举措，鼓励乡村自我发声，涌现出了一大批农民主播、乡村新闻官等内容生产新主体。他们站在乡村振兴第一线，连接媒体平台和电商销售平台，讲述好故事、传递好声音，推动了传播模式的变革，也为乡村振兴战略实施注入新动能。

参考文献

习近平：《把乡村振兴战略作为新时代“三农”工作总抓手》，《求是》2019 年第 11 期。

全国人民代表大会农业与农村委员会：《乡村振兴战略实施情况的调查与思考》，《求是》2019 年第 3 期。

人民日报评论员：《走乡村善治之路》，《人民日报》2019 年 6 月 9 日，第 1 版。

王立彬、侯雪静、于文静：《乡村振兴正当时 盘点今年我国农村经济社会发展新气象》，《新华每日电讯》2019 年 12 月 20 日，第 8 版。

乔金亮：《乡村亮点频现 振兴动能强劲》，《经济日报》2020 年 1 月 7 日，第 10 版。

班娟娟：《2019“三农”改革路线图划定农地制度改革进入深化施工期》，《经济参考报》2019 年 1 月 2 日，第 A2 版。

B.4
2019年产业扶贫舆情报告

李婷婷　王燕飞*

摘　要： 2019年，产业扶贫取得重大进展，各地创新实践引发积极关注。全社会合力推动的消费扶贫大格局备受肯定，“兴农扶贫”成为电商关键词。部分地区在巩固和扩大脱贫成果过程中存在的共性问题值得警示。在脱贫攻坚和新媒体技术发展的共同赋能下，各类媒介间的“跨界合作”高潮迭起，扶贫传播呈现多元互动良好格局。扶贫榜样引发广泛共鸣，扶贫传播需要“好故事”凝聚共识、汇聚力量。

关键词： 脱贫攻坚　产业扶贫　消费扶贫　扶贫干部

2019年，中国脱贫攻坚取得决定性胜利，为2020年全面打赢脱贫攻坚战奠定了坚实基础。作为脱贫攻坚“主攻手”，产业扶贫取得重大进展，各地产业发展支撑脱贫增收呈现良好态势，创新实践引发集中报道。全社会合力推动的消费扶贫大格局备受肯定，互联网成为消费扶贫的重要平台，贫困县农产品电商销售呈现的火暴态势振奋舆论。部分地区在巩固和扩大脱贫成果过程中存在的“拦路虎”“绊脚石”也引发思考和建言。总体看，产业扶贫话题继续受到舆论关注，全年网络媒体相关新闻和社交媒体相关帖文量合计达19.0万篇（条），同比下降4.8%。其中，新闻报道量9.4万篇，下降

* 李婷婷，农业农村部信息中心舆情监测处舆情分析师，主要研究方向为涉农网络舆情；王燕飞，北京农信通科技有限责任公司舆情分析师，主要研究方向为涉农网络舆情。

27.1%；帖文量9.6万条，增长35.7%。两个媒介平台“一降一增”的新特点表明，社交媒体正在成为脱贫攻坚重要言论阵地，产业扶贫的全媒体报道格局逐步完善。

一 热点事件排行分析

通过对2019年产业扶贫话题的新闻、帖文进行监测，并加权计算，得出相关热点事件的舆情热度，据此列出排行前30位的热点事件（见表1）。

表1 2019年产业扶贫热点事件TOP 30

排名	热点事件	首发媒体	舆情热度
1	国家扶贫日，“中国脱贫成绩单”受关注	新华社客户端	47721
2	广西百色市扶贫干部黄文秀在突发山洪中不幸遇难	广西云客户端	27097
3	2019年中央一号文件发布，决战决胜脱贫攻坚成为“头号硬任务”	新华网	15609
4	中央农村工作会议：打赢脱贫攻坚战是全面建成小康社会的重中之重	新华网	11509
5	“双11”天猫兴农脱贫会场多地农产品“提前卖爆卖空”	新浪微博“@天猫”	10076
6	演员王凯、刘涛助销山西平顺县石匣村潞党参	新浪微博“@得舍王凯工作室”	8010
7	贫困县农产品频登“618”电商购物节“爆款土货”榜单	新浪微博“@央视财经”	7229
8	“农民院士”朱有勇用科技助力精准扶贫	中央电视台	7158
9	共青团山东省委员会联合演员郑云龙推介山东特色农产品	新浪微博“@青春山东”	6403
10	习近平回信勉励福建寿宁县下党乡的乡亲们	新浪微博“@新华视点”	6372
11	浙江安吉“捐赠白茶苗扶贫”事件	新华网	3174
12	云南扶贫干部激动喊话贫困户获舆论力挺	新浪微博“@云南资讯头条”	2623
13	“五一”大美乡村人气旺，乡村旅游成为脱贫主战场	新浪微博“@宜昌发布”	2057
14	第十七届中国国际农产品交易会首次发布中国农业品牌目录	微信公众号“微观三农”	2051
15	中央脱贫攻坚专项巡视反馈情况公布	中央纪委国家监委网站	1549

续表

排名	热点事件	首发媒体	舆情热度
16	"三区三州"旅游大环线专列开启旅游扶贫新路径	新华网	1382
17	农业农村部等四部门联合印发《关于实施"互联网+"农产品出村进城工程的指导意见》	农业农村部网站	1344
18	国务院办公厅印发《关于深入开展消费扶贫助力打赢脱贫攻坚战的指导意见》	中国政府网	1337
19	财政部等三部门联合发布《政府采购贫困地区农副产品实施方案》	财政部网站	1278
20	国家发改委等15部门联合发出《动员全社会力量共同参与消费扶贫的倡议》	国家发改委网站	1235
21	农业农村部会同国务院扶贫办举行"龙头企业带万户生猪产业扶贫项目"集中签约活动	农业农村部网站	1136
22	全国产业扶贫工作推进会召开	新华网	830
23	"三区三州"贫困地区农产品产销对接活动取得积极成效	新浪微博"@农视网"	746
24	国务院扶贫办印发通知,要求进一步落实贫困县约束机制	国务院扶贫办网站	588
25	扶贫猪项目遭遇"雁过拔毛"	中央纪委国家监委网站	545
26	"110"网络扶贫创新活动在云南怒江启动	今日头条	531
27	河北易县与中国农业大学共同推出巢状市场小农扶贫模式	《经济参考报》	398
28	中纪委网站整理公布部分网民关于扶贫领域形式主义现象和问题的留言	中央纪委国家监委网站	306
29	"扶贫干部离任,扶贫产业停摆"现象受到关注	《半月谈》	234
30	扶贫"一卡通"中出现的腐败问题引发思考	《新华每日电讯》	181

资料来源：农业农村部三农舆情监测管理平台、新浪舆情通。

对以上30个热点事件进行分析，总结出以下舆情特点。

（一）全年舆情出现3个明显波峰，10月舆情热度达到峰值

从2019年热点事件各月舆情热度走势看，全年共有3个明显的波峰，分别出现在2月、6月和10月，整体呈现层递增长态势（见图1）。脱贫攻坚顶层部署和减贫成就、消费扶贫、一线扶贫干部事迹成为影响全年舆情走势的主要因素。2月，中央一号文件发布，决战决胜脱贫攻坚成为"头号硬任务"，

受到舆论高度聚焦，舆情热度达到15609，在产业扶贫年度热点事件中排第三位。2019年6月，广西百色市扶贫干部黄文秀在突发山洪中不幸遇难，一线扶贫工作者的实干奉献精神由此引发高热话题，“传承与致敬”成为核心表达，该事件的舆情热度达到27097，在产业扶贫年度热点事件中排第二位。同时，“618”电商购物节期间，多地贫困县农产品频频登上“爆款土货”榜单，引发热烈围观，助力当月舆情热度走高。10月迎来国家扶贫日，中国减贫成就备受瞩目，出现了阅读量数亿次的新浪微话题，该事件的舆情热度达到47721，在产业扶贫年度热点事件中排第一位。同月，共青团山东省委员会联合演员郑云龙推介山东特色农产品、云南扶贫干部激动喊话贫困户两个事件在社交媒体中引发积极反响，为当月舆情热度登顶加薪助燃。此外，11月和12月的舆情热度也明显居高，“双11”天猫兴农脱贫会场出现的“提前卖爆卖空”场景振奋舆论，中央农村工作会议对“打赢脱贫攻坚战”的重磅部署引发热烈期待，这两个事件分别成为影响11月和12月舆情热度的关键因素。

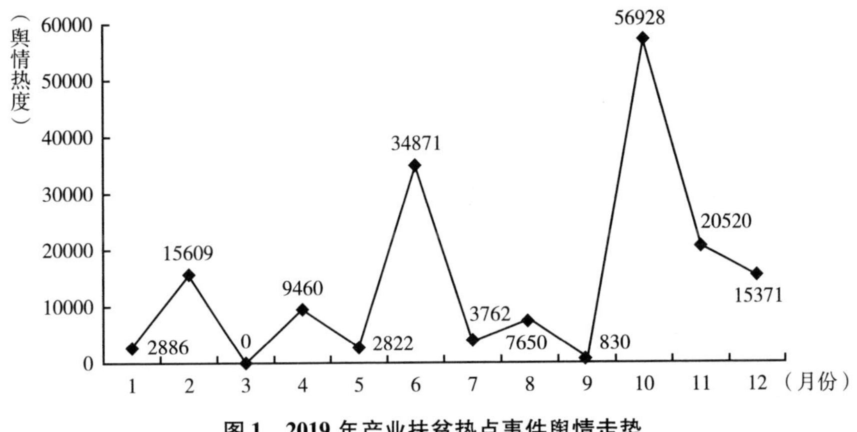

图1　2019年产业扶贫热点事件舆情走势

资料来源：农业农村部三农舆情监测管理平台、新浪舆情通。（下同）

（二）产业扶贫政策部署和各地实践相关的热点事件数量同比增加，产销对接、消费扶贫受到集中关注

从主题分布看，各地产业扶贫实践相关的热点事件有15个，占比

50%，较 2018 年增加 2 个。其中，产销对接、消费扶贫关注热度最高，“双11”“618”等购物节效应以及演艺明星助销推介的引领效应凸显。各地扶贫产业发展呈现的龙头企业联农带贫、乡村旅游助力增收、“巢状市场”拓宽销售渠道等模式和路径也被积极关注。扶贫政策部署相关热点事件有 9 个，占比 30%，较 2018 年增加 2 个。其中，中央一号文件、中央农村工作会议对脱贫攻坚的顶层设计被高度聚焦，国务院和有关部门对消费扶贫的部署和倡议受到集中关注。扶贫贪腐和干部作风问题相关热点事件有 3 个，占比 10%，较 2018 年减少 3 个，贪占挪用、虚报冒领、形式主义等问题较为突出。还有 3 个事件与扶贫人物有关，其中两位是一线扶贫干部，一位是用科技助力精准扶贫的农业科学家，他们扎根乡村、真情帮扶的初心和本色赢得社会各界由衷敬意（见图 2）。

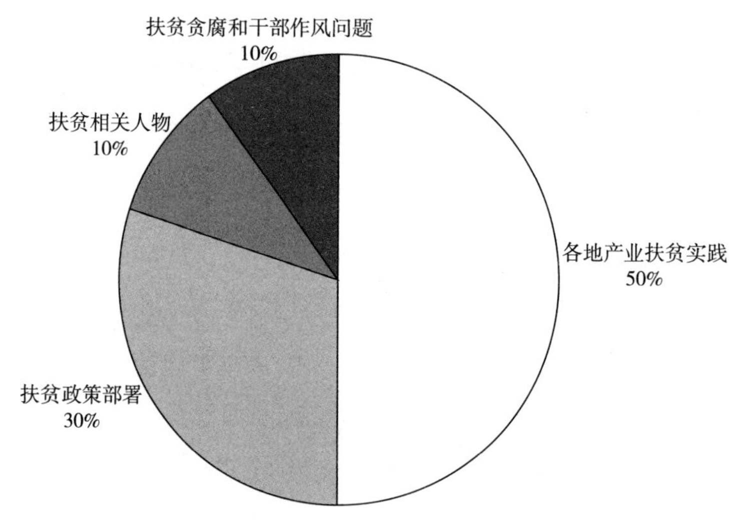

图 2　2019 年产业扶贫热点事件主题分布

（三）新闻媒体、政府网站和社交媒体“三足鼎立”，各展所长

从首发媒体看，各有 9 个事件分别首发自新闻媒体、政府网站和社交媒体（其中，微博 8 个事件、微信 1 个事件），占比均为 30%（见图 3）。上

述三大媒体平台在产业扶贫热点事件传播中各展所长，呈现“三足鼎立”态势，内容上各有侧重。新华网、《半月谈》等新闻媒体充分发挥专业化能力，对脱贫攻坚的顶层设计和创新实践展开重点宣传和思考建言。农业农村部、国家发改委等网站积极践行政务信息公开，成为脱贫攻坚相关政策发布、问题通报的权威首发平台。新浪微博全面彰显了互动营销价值，为贫困地区农产品销售、乡村旅游推介进一步拓宽了路径。此外，新闻客户端的传播力显著增强，2019 年产业扶贫热点事件排行第一和第二位的热点事件均首发于此。

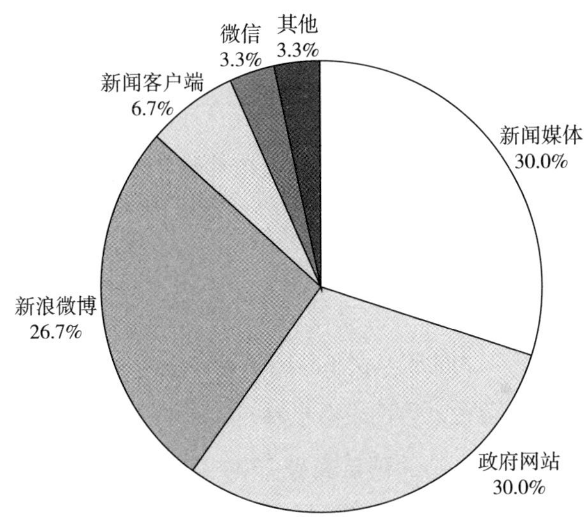

图 3　2019 年产业扶贫热点事件首发媒体分布

二　热点舆情回顾

（一）中国“减贫成绩单”引发热烈反响，产业扶贫创新实践引发积极关注

2019 年中央一号文件将脱贫攻坚作为“头号硬任务”予以部署。中央和地方瞄准突出难题，主攻深度贫困，扶贫工作不断加速提质。全年取得的

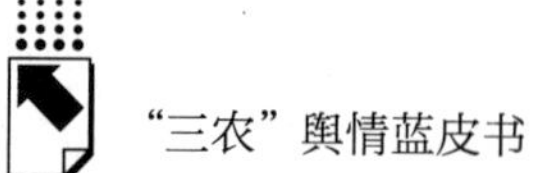

“95%以上贫困人口脱贫”[①]“约340个贫困县脱贫摘帽”[②]等成绩引发热烈反响。新浪微博中，媒体用“数说图解”形式晒出“减贫成绩单”，获得网民大量点赞，相关微话题阅读量累计达4.7亿次。

舆论发出了“中国脱贫攻坚取得决定性胜利”的高度评价，认为这是“含金量十足”的成绩单，凸显了果敢的决断力和高效的执行力，反映了贫困群众生活的巨大变迁，坚定了全面取得脱贫攻坚胜利的信心。

作为脱贫攻坚“主攻手”，2019年产业扶贫取得重大进展，67%的脱贫人口主要通过产业带动实现增收脱贫。[③]各地产业发展支撑脱贫增收呈现良好态势，其中的新气象新业态引发持续关注，热点内容主要集中在以下两个方面。

1. 扶贫产业特色鲜明，品牌引领效应凸显

各地立足资源优势，大力发展特色种植养殖业、农产品加工业和旅游文化产业，由此带来的脱贫增收效益引发广泛报道。“小土豆种出了大名堂”“土鸡蛋变成‘金蛋蛋’”“乡村旅游成为脱贫主战场”等消息大量出现。舆论称特色鲜明的扶贫产业“大显神通”，给贫困户种出“摇钱树”，让脱贫攻坚挺起“铁脊梁”。同时，农业品牌热度不断提升，第十七届中国国际农产品交易会上首次发布了中国农业品牌目录名单，微话题“300个特色农产品区域公用品牌发布”的阅读量突破1300万次。各地将品牌培育与特优区创建紧密结合，“一村一品”“一乡一业”“一县一特”等建设举措引发广泛宣传。农产品“品牌扶贫”深入人心，利川红、恩施玉露、正阳花生、凉山苦荞、玉树牦牛等贫困地区特色农产品越来越多地成为电商平台上的爆款。京东贫困县农特产2019年度TOP100热销单品数据显示，在消费者

---

① 王立彬、侯雪静、于文静：《乡村振兴正当时——盘点2019年我国农村经济社会发展新气象》，新华网，http://www.xinhuanet.com/politics/2019－12/19/c_1125365934.htm。

② 阮煜琳：《盘点2019：中国脱贫攻坚取得决定性胜利》，中国新闻网，https://www.sogou.com/link?url=DSOYnZeCC_rz88Xns－EirBVBXAc9_CZBE－bVDdrfYf8QmBFOszgXpIQ8oe37Fjy_0ztd7q5nl6o。

③《产业扶贫取得重大进展 67%脱贫人口通过产业带动实现增收》，农业农村部网站，http://www.moa.gov.cn/xw/zwdt/201912/t20191219_6333644.htm。

TOP 搜索热词中，“产地 + 特色农产品”的搜索热词持续增多[①]，体现出了品牌培育在产业扶贫中日益凸显的引领效应。

2. 扶贫模式见成效，融合发展拓宽增收空间

各地通过龙头培育、产业融合、利益联结，创建出一批可复制、见成效的扶贫模式，受到舆论肯定。其中，“龙头企业、园区、合作社 + 贫困户”等有效带贫模式被重点关注，农业农村部会同国务院扶贫办举行的“龙头企业带万户生猪产业扶贫项目”集中签约活动引发大量报道，“投产后可新增年出栏生猪 2200 万头的产能，带动贫困地区 3.3 万农户”[②] 等成效受到舆论积极期待。“扶贫车间”“产业化联合体”“农业科技创新驿站”“家庭手工业摊点”等产业扶贫新模式新业态也频频成为新闻标题的重点设置，海南“百村千户”科技扶贫示范、福建宁德下党村“茶园定制”扶贫、河北易县“巢状市场小农扶贫”、江苏灌云县“订单扶贫”等有益实践被广泛宣传。各地还积极推动一二三产业融合，规划现代种养、加工流通、休闲旅游等一体化发展，“农旅融合”“茶旅融合”等典型示范表现亮眼。舆论发出了“产业链延长”“农产品附加值提升”“贫困户内生动力增强”等评价，称扶贫模式的创新实践开辟了乡村产业新路径，开拓了贫困户增收新空间。

（二）消费扶贫大格局备受肯定，“兴农扶贫”成为电商关键词

2019 年，消费扶贫成为助脱贫、促发展的重要途径和有效手段，全社会合力推动的消费扶贫大格局备受肯定。一年来，相关顶层设计和制度引领不断强化，习近平总书记在解决“两不愁三保障”突出问题座谈会上强调“组织消费扶贫”，国务院办公厅就“深入开展消费扶贫助力打赢脱贫攻坚

---

① 《京东发布产业互联网扶贫报告　砥砺前行结硕果》，新华社客户端，http://www.xinhuanet.com//tech/2019-10/18/c_1125120794.htm。

② 《“龙头企业带万户生猪产业扶贫项目”集中签约活动在京举行　投产后可新增年出栏生猪 2200 万头的产能，带动贫困地区 3.3 万农户》，农业农村部网站，http://www.moa.gov.cn/xw/zwdt/201912/t20191226_6333990.htm。

战"印发指导意见，财政部、国务院扶贫办等3部门针对"政府采购贫困地区农副产品"发布实施方案，农业农村部、国家发改委等15部门联合倡议"动员全社会力量共同参与消费扶贫"。舆论对此持续关注，认为这是给贫困地区送来的政策"大礼包"，呼吁完善消费扶贫的长效机制，为城市的"菜篮子"和贫困地区的"钱袋子"搭建起长久稳固的"枢纽"。同时，各地各部门在线下扶贫产品展销、线上扶贫产品推介等方面不断探索，消费扶贫取得的显著成效也被广泛报道。其中，贫困地区农产品产销对接是关注热点。针对"三区三州"、中西部五省贫困地区、西南贫困地区等脱贫攻坚重点地区，农业农村部接连组织10场产销对接和招商对接活动，现场签约超过150亿元。① 舆论就此发出了"产销衔接更精准""销售渠道更稳定""产销双方得实惠"等评价，对"部省合力推进"的积极态势表示肯定。各地"农超对接""农社对接""农批对接"等有益实践也被集中宣传，北京新发地市场开设扶贫馆、天津市津南区建立消费扶贫农特产品展销中心、河北海兴县设立"电商消费扶贫专柜"等消息大量涌现。舆论表示，消费扶贫打通了产业扶贫的"最后一公里"，激发了贫困地区的市场意识和市场活力，提高了扶贫的质量和效率，丰富了百姓餐桌，实现了不同地区的优势互补、互利共赢，一举多得、大有可为。

互联网成为消费扶贫的重要平台，"兴农扶贫"成为电商关键词。在"618""双11"等网络购物节期间，贫困县农产品销售呈现的火暴态势引发集中关注，"全国832个贫困县在淘宝和天猫上共实现销售额51亿元"②"京东生鲜扶贫爆品销量同比增长300%"③ 等信息在各媒体平台大量传播。"618"期间，贫困县土货销量"十强县"、贫困县爆款土货"TOP10"等榜单引发热烈围观。湖南平江县的豆腐干获得销量冠军，被评价为"一县一

① 《产业扶贫取得重大进展　67%脱贫人口通过产业带动实现增收》，农业农村部网站，http://www.moa.gov.cn/xw/zwdt/201912/t20191219_6333644.htm。

② 《天猫618看年中新消费趋势：90后消费贡献超50%》，光明网，http://economy.gmw.cn/xinxi/2019-06/28/content_32957924.htm。

③ 《京东生鲜618扶贫"水陆空"爆品领跑销量，同比增长300%》，科技快报网，http://www.citreport.com/content/55294-1.html。

品”电商扶贫的成功案例；安徽太湖县卖出50万只走地鸡，被网民笑称“全村的鸡都被吃光了”；重庆秀山土家族苗族自治县卖掉了60万个哈密瓜，有媒体统计“至少需要50辆卡车才能拉完”。网民感慨，“土”味成为“618”新潮流，电商开启了扶贫新模式。2019年“双11”期间，天猫兴农脱贫会场“提前卖爆卖空”现象被集中报道。据新华网消息，天猫兴农脱贫会场11月11日中午的成交额，已超过上年“双11”全天，有的贫困县农产品没等跨越“双11”零点就已“卖空”。[①] 其中，甘肃礼县苹果、山西平顺党参、甘肃临洮百合等热销农产品在品牌、供应链、营销等方面的积极示范受到关注。舆论认为，“特色、优质、品牌”是这些爆款农产品的共同特点，“双11”的爆发力固然重要，但更重要的是，在一个个脱贫爆品背后，是一个个贫困地区农业产业链的重塑。此外，“县长直播卖货”现象引发积极评价。舆论表示，直播卖货已成为精准扶贫工作中具有技术创新的扶贫方式，各地为农产品代言的“网红式干部”也成为基层治理中的新现象，要用体制机制为这些新方式、新气象保驾护航，让脱贫攻坚之路走得更顺畅。

（三）扶贫中的“拦路虎”“隐性病”等引发热议

2019年，部分地区在巩固和扩大脱贫成果过程中存在的难题和问题被舆论集中关注，如部分产业持续增效较难等“拦路虎”、金融帮扶隐忧和部分干部懈怠情绪等“隐性病”、扶贫资金跑冒漏滴等“绊脚石”，认为其中的一些共性问题值得警示。热点内容主要有以下三个方面。

1. 产业发展难持续，“造血”功能有待提高

媒体报道了部分地区出现的“扶贫大棚受冷落”“新建不到两年的扶贫车间人去厂空”“干部一走产业就散”等现象，其中暴露的扶贫产业同质化、技术上缺乏指导、经营管理水平低、市场调研不足等问题引发多角度讨论。有舆论认为，扶贫项目要因地制宜、科学评估、紧跟市场，切忌盲目跟风、夸

---

① 《天猫双十一脱贫农货半天成交超去年全天》，新华网，http：//www. xinhuanet. com/tech/2019－11/12/c_ 1125220644. htm。

大宣传、上级摊派，要做好风险把关，考量扶贫补助减少或取消后产业能否带来持续收益，不能为了暂时性的扶贫效果而忽视后续长远发展问题。有舆论表示，产业扶贫要处理好政府部门和市场之间的关系，政府部门既不能“大包大揽”也不能“一投了之”，要对市场主体做好监管避免产业扶贫“跑偏”，也要完善制度对“扶上马”的产业再“送一程”，营造良好的产业发展环境至关重要。还有舆论指出，提高贫困户的“造血”能力、发挥贫困户的主体作用，是产业扶贫的关键所在，要通过市场机制把扶贫干部和社会力量的帮扶能量转化成当地群众的自我动能，产业扶贫的效力才能实现更大的扩展。

2. “福利化”扶贫引发争论，舆论提醒兜底莫要“兜过头”

有媒体称，部分地区扶贫政策过度兜底，出现了“住院不出院”“修房靠政府”“搞卫生找村干部”等乱象。还有媒体指出，部分地区“光给分红，不带动发展”，有的将产业扶贫资金直接入股到当地企业，贫困户享受利润分红；有的将政府出钱购买的牛仔、猪仔交由企业喂养，年底给贫困户分红；还有的用产业扶贫资金购买商铺，出租所得收益用于贫困户分红。对此，有舆论认为，扶贫不是福利，过度帮扶易助长一些贫困户“坐享其成”的等靠要心理，要把扶贫同扶志、扶智结合起来，变“你来扶贫”为“我要脱贫”，激发贫困户内生动力，才能斩断穷根。还有舆论指出，“福利化”扶贫有助于解决残障群众的贫困问题，关键在于精准，要做好对普惠行为的“减法”，对特殊贫困人群的“加法”，使“红利”分到点上、扶贫扶到根上。

3. 扶贫贪腐和作风问题仍然存在，舆论寄望精准施治

2019 年，中央和各地纪检监察部门以“典型案例”形式，通报了部分地区扶贫领域存在的贪腐和作风问题。其中，扶贫猪项目遭遇“雁过拔毛”、扶贫项目成了镇委书记“提款机”、惠农扶贫“一卡通”成了“唐僧肉”、虚增牛羊数量骗取扶贫款等贪占挪用、虚报冒领问题受到关注。有舆论指出，扶贫资金来源多、涉及部门多且互不隶属、主体责任监督滞后或缺位，导致基层公共权力“脱轨”，为“蝇贪蚁腐”提供了滋生土壤。有舆论认为，要对扶贫腐败“零容忍”打击不手软，也要在机制层面“零失察”，须强化“互联网 + 监督”的意识，把扶贫资金“晒”上网，实现全程监督、

全民监督。同时，“迎检电视机”“危墙刷油漆”“拍照留痕”“填表扶贫”等弄虚作假、形式主义作风也引发热议。舆论认为，脱贫攻坚越是深入，越要在“精准”上下功夫，需要在工作方法和作风上更加突出一个“实”字，舍得下一番“绣花功夫”。

三　舆情传播特点与启示

（一）“跨界合作”精准有效，扶贫传播呈现多元互动良好格局

2019 年，产业扶贫呈现跨部门、跨区域、跨媒介、跨平台的积极态势，各方力量在贫困地区农特产品销售和品牌建设等方面合力攻坚，持续激发了舆论关注热情和参与动力，出现了“三区三州扶贫助威行动”等阅读量亿次级的新浪微话题。同时，在脱贫攻坚战略和新媒体技术发展的共同赋能下，新闻媒体、社交媒体、政务媒体、短视频平台、网络大 V 等各类媒介以扶贫内容生产者和扶贫行动践行者的双重身份参与宣传实践，开展了“‘110’网络扶贫”“微博扶贫助威团”“新媒体扶贫 365 计划”等大量创新活动，提供的农特产品宣传推介、流量分发、新媒体运营培训等扶贫支持精准有效。一年来，各类媒介间的“跨界合作”高潮迭起、亮点纷呈。6 月，快手与央视财经、共青团中央联合推介河北阜平县大枣，在微博、微信、新闻客户端等多个平台形成传播矩阵，创下了“一小时销售 5 万单阜平脆枣”的佳绩。9 月，天津市政府部门和新浪扶贫合作办公室共同发起“微博苹果节”，创下了“一条微博 2000 单苹果销售”的佳绩。12 月，音乐人高晓松联手网络主播李佳琦参与淘宝扶贫公益直播，创下了“直播 5 秒售空 40 万斤贫困县大米”的纪录。总体看，2019 年产业扶贫相关网络舆情呈现融合传播、多元互动的良好格局，进一步激发了贫困群体的自主行动力量。未来，各类媒介还须在丰富内容生产、拓宽传播路径等方面通力合作，进一步提高扶贫信息传播的精准度，让扶贫传播产生经济效益和社会效应，助力脱贫攻坚圆满收官。

（二）扶贫榜样凝聚共识，"好故事"提振脱贫攻坚精气神

2019 年，扶贫领域涌现出一大批优秀扶贫干部和脱贫典型示范。其中，"农民院士"朱有勇用科技助力精准扶贫，"扶贫之花"黄文秀用扶贫工作成效诠释了初心使命，浙江安吉黄杜村"茶苗扶贫"事件彰显了中华民族扶贫济困、守望相助的优良传统，福建寿宁县下党乡脱贫摘帽力证了"滴水穿石"的脱贫攻坚精神。这些"人"和"事"以图文、视频等方式全媒体呈现，并通过议程设置进一步延展话题，引发了广大网民的思想共振和心灵共鸣，为脱贫攻坚营造了积极舆论氛围。新浪微博中出现了"致敬扶贫英雄"等阅读量数千万次的微话题。新华社发出 H5《致奋斗在脱贫战场上的你》，号召为奋战在扶贫攻坚一线的工作者送祝福，稿件发出 48 小时覆盖超过 1.7 亿人次，共计有 1000 余万扶贫工作者收到祝福，祝福的发送端和接收端共跨越了 2.1 亿公里，被称为"绕地球 5000 多圈的祝福"。上述传播效果表明，脱贫攻坚需要榜样引领，扶贫传播也需要通过榜样精神凝聚共识、汇聚力量。2020 年，脱贫攻坚将进入全面冲刺阶段，各类媒介还须发挥各自优势，聚焦扶贫成就、挖掘扶贫典型、推广扶贫经验，成为扶贫开发工作的记录者和推动者，让脱贫"好故事""好声音"传播更广、触达更深，传递脱贫攻坚正能量，提振脱贫攻坚精气神。

参考文献

盛玉雷：《消费扶贫，拓展脱贫新路径》，《人民日报》2019 年 11 月 1 日，第 5 版。

姜刚、周楠、何伟：《贫困县摘帽后，还有哪些"隐性病""拦路虎"》，《新华每日电讯》2019 年 4 月 12 日，第 16 版。

刘楠、周小普：《扶贫语境下多元传播网络的互动、赋能与共同体构建》，《首都师范大学学报》2019 年第 5 期。

B.5

2019年农产品质量安全舆情报告

张 珊　邹德姣　金 鑫*

摘　要： 2019年我国农产品质量安全形势稳中向好，舆情总体平稳，微博信息量占全年舆情总量的近六成。国家农产品质量安全保障举措接连出台，各地质量兴农探索实践不断创新，受到舆论聚焦；农产品质量安全谣言仍然多发，权威部门及时辟谣，媒体科普及时跟进，个别谣言危害相关产业发展受到舆论谴责；农产品抽检频次高、密度大，一些品牌农产品（食品）的质量安全问题形成舆情热点；境外食品安全问题产生辐射作用，受到舆论关注。

关键词： 质量兴农　农产品质量安全追溯体系　农资打假　食用农产品合格证　农村假劣食品治理

2019年，我国农产品质量安全形势总体稳中向好，积极态势提振舆论信心，全年质量安全网络舆情整体平稳。农产品质量安全已进入探索建立新的更加科学完善的监管制度、切实增加绿色优质农产品供给的攻坚期，媒体对相关监管举措保持高度关注。

---

* 张珊，农业农村部信息中心舆情监测处舆情分析师，主要研究方向为涉农网络舆情；邹德姣，北京世纪营讯网络科技有限公司舆情分析师，主要研究方向为网络舆情；金鑫，北京世纪营讯网络科技有限公司舆情分析师，主要研究方向为网络舆情。

一　舆情概况

（一）舆情传播平台分布

2019 年，共监测到农产品质量安全舆情信息 129 万条（含转载）。其中，微博帖文信息 736173 条，占舆情总量的 57.04%；新闻信息 229404 条，占比 17.78%；客户端信息 167955 条，占 13.01%；微信 83206 条，占 6.45%；论坛、博客帖文合计 73811 条，占比 5.72%（见图 1）。

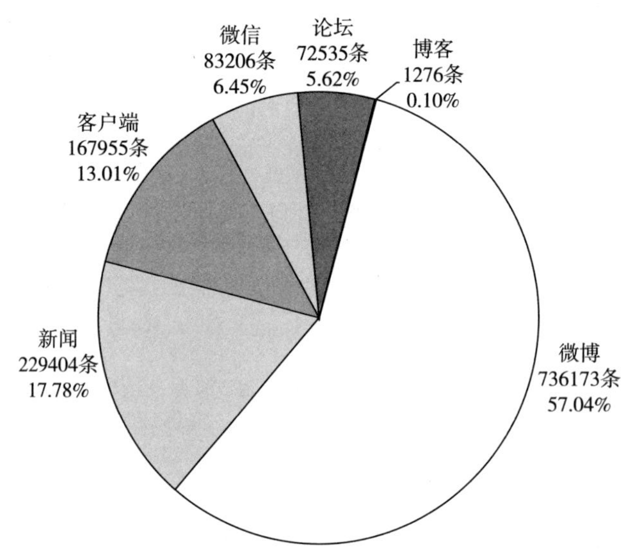

图 1　2019 年农产品质量安全舆情传播渠道

资料来源：农业农村部三农舆情监测管理平台、新浪舆情通。（下同）

（二）舆情传播走势

从传播走势看，2019 年上半年，农产品质量安全舆情波动较明显。2019 年 3 月，“全国农资打假专项行动”“2018 年农资打假为农民挽回经济损失 1.25 亿元”“质量兴农规划出台”等话题引发舆论集中关注，推动当月舆情量达到全年峰值。2019 年下半年，舆情走势相对平缓，“农产品质量安全法修订草案公开征求意见”“全国试行食用农产品合格证”“37 亿走私有毒坚果流入国内”“宁夏假冒伪劣和‘毒’枸杞事件”等热点话题和事件受到关注（见图 2）。

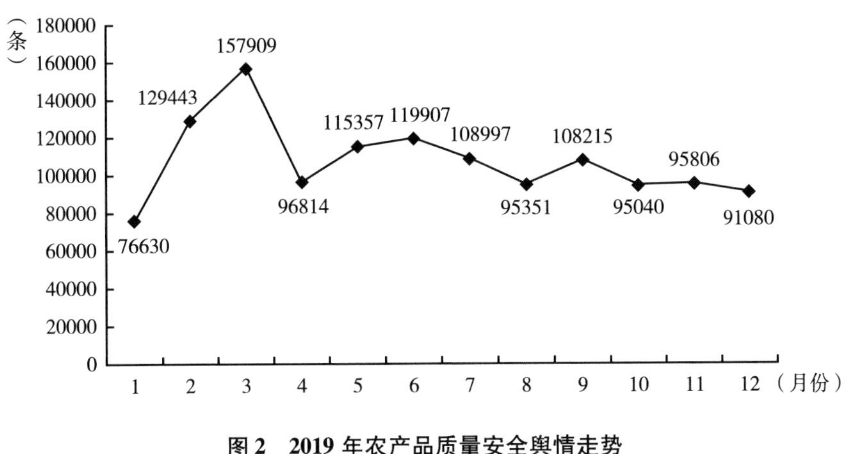

图 2　2019 年农产品质量安全舆情走势

（三）热点事件排行

从 2019 年农产品质量安全舆情热点事件 TOP 30 来看，相关部门保障农产品质量安全的政策措施是舆论关注的热点，全年有 14 个热点话题进入 TOP 30 榜单；第四季度热点话题和事件较为密集，占据榜单近半数；品牌农产品（食品）的负面舆情更易在短期内快速传播和扩散（见表 1）。

表 1　2019 年农产品质量安全舆情热点事件 TOP 30

排名	热点事件	月份	首发媒体	舆情热度
1	各地农村整治假冒伪劣食品	1	人民网	19299
2	中共中央、国务院《关于深化改革加强食品安全工作的意见》发布	5	央视网	16285
3	多个速冻产品检出非洲猪瘟病毒	2	界面网	9710
4	新修订的《中华人民共和国食品安全法实施条例》发布	10	中国政府网	4988

续表

排名	热点事件	月份	首发媒体	舆情热度
5	洽洽瓜子一周两次上"黑榜"	8	《消费者报道》	3932
6	37亿走私有毒坚果流入国内	11	央视网	3797
7	宁夏假冒伪劣和"毒"枸杞事件	10	《新京报》	3403
8	农业农村部等七部门联合印发《国家质量兴农战略规划(2018～2022年)》	2	农业农村部网站	3069
9	"炒猪团"恶意投放非洲猪瘟病毒饵料	12	《半月谈》	3038
10	农业农村部等十部委印发《关于加快推进水产养殖业绿色发展的若干意见》	2	央广网	2465
11	广东正规肉联厂"洗白"病死猪	12	广东广播电视台"今日一线"	2345
12	我国生鲜乳抽检合格率连续多年超99.7%	11	《光明日报》	2229
13	"网红"坚果霉菌超标16倍	1	江苏广电融媒体新闻中心	1729
14	农业农村部在全国试行食用农产品合格证	12	农业农村部网站	1374
15	明年起饲料中全面禁止添加抗生素	12	《科技日报》	1124
16	三聚氰胺等抽检合格率100%	11	央视网	738
17	波兰问题牛肉流入欧洲多国拉响食品安全警报	2	央视网	650
18	德国召回逾千种疑被李斯特菌污染的肉类商品	10	新华社	531
19	今年农产品质量安全例行监测合格率达97.4%	12	《农民日报》	377
20	华威奶粉检出致病菌事件	3	《新京报》	323
21	广州盒马鲜生海鲜检出抗生素	4	财经网	321
22	多国婴幼儿奶粉被检出芳香烃矿物油残留物	10	德国公益组织"食品观察"网	231
23	我国食品中兽药残留限量标准增至2191项	10	农业农村部网站	190
24	私宰窝点给牛肉注水	1	腾讯新闻客户端	183
25	7批次有机茶叶产品认证证书被撤销	8	《南方都市报》	178
26	舆论关注紫菜甲醛超标风波	9	扬州电视台《关注》节目	159
27	农产品质量安全法修订草案公开征求意见	6	《新京报》	125
28	法国多种有机食品被测出致癌物	7	中国新闻网	112
29	农业农村部举办第二届国家农产品质量安全县和农产品经销企业产销对接活动	11	农业农村部网站	71
30	2019年农产品质量安全工作要点	2	农业农村部网站	71

资料来源：农业农村部三农舆情监测管理平台、新浪舆情通。

二　舆情特点分析

（一）多部门持续发力守护民众食用安全，政府公信力提升

从农产品质量安全舆情热点事件 TOP30 来看，政府保障性政策措施话题占比近半。农业农村部等相关部门密集出台政策、通报治理现状和成果受到社会各界关注。比如多部门针对农村假冒伪劣食品的整治行动、在全国试行食用农产品合格证等都受到舆论广泛欢迎。农业农村部在奶业振兴成效发布会上直言“国产奶放心喝”，部分公众表示支持并认可国产奶品质，不再是原来一边倒的讥讽态度。从这个角度讲，政府公信力正在提升。

（二）社交媒体成农产品质量安全谣言滋生的新温床，相关部门响应提速

一年来，各地农产品质量安全谣言仍旧层出不穷。以微信为代表的社交媒体具有广大活跃用户群，其朋友圈、微信群等功能被用作加速传播的工具，成为谣言滋生的新温床，如“葫芦岛市商贩给黄花鱼上色”“广西平南摊贩用红色素处理死猪肉”等小视频均在朋友圈和微信群快速扩散。后经相关管理部门及时调查核实，并在短时间内发出辟谣声明，才平息了舆情。9 月 18 日，媒体报道某品牌紫菜检出甲醛残留超标的消息。消息曝出两天内，中国藻业协会等多家相关机构就纷纷做出说明和辟谣，并谴责媒体报道不准确，误导公众，有效降低了不实信息对行业产生的不良影响。

（三）抽检通报引爆品牌农产品及其经销商负面舆情

2019 年 4 月，广州市市场监管局通报 9 批次食用农产品不合格。各大媒体敏锐地发现其中 2 批次不合格水产品来自知名生鲜零售商盒马鲜生，旋即“广州检出盒马鲜生海鲜含抗生素”的消息传播开来。一时间舆情滔滔，追问“抗生素是从哪里来的?”有之，怀疑盒马鲜生“急速扩张后遗症显

现"的有之，调侃其成"惹祸先生"的有之。此外，三全水饺等多个速冻产品检出非洲猪瘟病毒、洽洽瓜子一周两次上"黑榜"、华威奶粉检出致病菌等热点事件被媒体曝出，均让网民"不淡定"，企业声誉受损。

（四）海淘常态化使得境外农产品质量安全备受关注

近年来，国内兴起食品"海淘"热潮，但境外农产品质量安全事件频发，也让大众忧心。2019 年 2 月波兰"问题牛肉"事件影响了欧盟 14 个国家，一度成为焦点事件。10 月，多国知名品牌婴幼儿奶粉中检出芳香烃矿物油残留物的消息也引发高度关注。在贸易全球化和海淘常态化的背景下，过去被长期信赖的境外农产品一旦曝出问题，极易引发国内舆论恐慌。国内网民在对进口农产品（食品）采购表示担忧的同时，也会质疑国内同类产品的质量安全状况，从而进一步引发舆论热议。

三　热点舆情分析

（一）农产品质量安全保障举措持续加码，重拳打击农村假劣食品成效好

党和国家历来高度重视农产品质量安全工作。2019 年，农业农村部多次召开会议，研究部署农产品质量安全整治、提升工作，强调用"四个最严"[①] 聚焦问题整治，筑牢食品安全防线。战略层面，3 月，农业农村部等七部门联合印发了《国家质量兴农战略规划（2018 ~ 2022 年）》，引发舆论高度关注。舆论表示，"一个国家农业强不强，归根到底要靠质量来衡量"[②]，并将该《规划》称为新时期推进质量兴农的行动指南。舆论指出，农业"风向标"变了，高质量发展将成为主流方向。"质量兴农"还入选了

① 四个最严，即最严谨的标准、最严格的监管、最严厉的处罚、最严肃的问责。

② 《质量兴农关键是提升品质和安全》，《经济日报》2019 年 4 月 1 日，第 7 版。

2019 年农资产业十大关键词。[①] 7 月，备受关注的《农产品质量安全法》修订草案公布，舆论表示，修订农产品质量安全法能更好守护“舌尖上的安全”。标准制度方面，2019 年 9～10 月，农业农村部与国家卫健委、国家市场监管总局联合发布食品安全国家标准，农药和兽药最大残留限量标准分别增至 7107 项和 2191 项，两套标准体系建设进入新阶段。农产品质量安全追溯体系建设工作也取得积极进展。10 月，农业农村部出台《省级追溯平台与国家追溯平台对接总体实施方案》，要求加快省级追溯平台与国家追溯平台的对接。截至 11 月，已有 3.7 万个企业入驻国家农产品追溯平台[②]，24 个省（区、市）建设了省级追溯平台。年底，农业农村部在全国试行食用农产品合格证制度，舆论对此表示期待。媒体指出，在全国正式实行食用农产品合格证制度是老百姓对美好生活的期待和向往。[③] 论坛活动方面，8 月，首届农产品质量安全高峰论坛在宁波举行，用现代信息技术手段变革农产品质量安全管理模式成为与会专家学者的共识。专家表示，“互联网＋”监管、“信用＋”监管已成为农产品质量安全工作的主攻方向。[④] 11 月，农业农村部开展了自 2016 年以来的第二批国家农产品质量安全县（市）创建活动，各地媒体纷纷报道入围的县（市）的喜讯，为当地农产品捧回“国字号”招牌表示祝贺。2019 年 2 月，农资打假工作从“专项治理行动电视电话会议”拉开帷幕，5 月发布《2019 年全国农资打假和监管工作要点》，再到 6 月的“2019 年放心农资下乡进村宣传周”活动，一系列工作举措备受关注。年底，“农资打假”入选《中国农资》杂志中国农资产业年度关键词。舆论表示，各部门农资打假维护了农资市场秩序，保障了农业生产需要和农民群众合法权益。

---

① 《2019 中国农资产业年度关键词出炉》，农资网，http://www.ampcn.com/news/show_19282.html。

② 《3.7 万企业入驻农产品追溯平台 追溯成本拟有适度补贴》，新京报网，http://www.bjnews.com.cn/feature/2019/11/15/650317.html。

③ 周志宏：《“食用农产品合格证”值得期待》，红网，https://moment.rednet.cn/pc/content/2019/12/29/6441946.html。

④ 《监管更精准　服务更智慧》，《农民日报》2019 年 8 月 28 日，第 7 版。

自2018年12月以来，农业农村部等六部门在全国集中开展了农村假冒伪劣食品专项整治行动，各地纷纷部署落实相关工作，打响了农村假劣食品治理工作攻坚战。六部门下发《致广大农村居民（消费者）的一封信》，提醒农民“知假辨假不买假”。浙江联防联动、河南强化政治担当、湖南靶向治理、陕西实施分类整治等各地特色治理方法，让治理工作取得实效。舆论表示，各地“重拳”出击，对全国农村市场进行了一次全面的“大扫除”，遏制了突出问题，维护了农村食品市场秩序。2019年3月，六部门向社会公布的农村假劣食品十大典型案例引发舆论聚焦。舆论表示，这是曝光，也是警示。

（二）各地质量兴农打出组合拳，农业转型升级迸发强大动能

在国家质量兴农战略落实过程中，各地纷纷制订“路线图”和时间表，通过出台地方《质量兴农战略实施方案》、实施质量兴农计划、推出具体举措和行动等方式，在促进农业转型升级和高质量发展方面打出组合拳，取得明显成效，“标准化”“追溯”“品牌”成为舆论关注的关键词。浙江黄岩通过升级改造整合原有的农资监管和农产品质量安全追溯平台，打造出全新的“肥药两制”平台①，在全国首创网室栽培杨梅技术，开展柑橘有机肥替代化肥试点工作等方式积极探索质量兴农之路，探索出橘产业“生产＋加工＋科技＋旅游”一二三产业融合发展新模式，推动乡村全面振兴。福建加快无公害农产品认证制度改革和食用农产品合格证制度试行工作，深入实施农业绿色发展四个专项行动，化肥、农药使用量同比分别减少2%、3%。② 新罗区百香果通过标准化建设获得国家地理标志商标，让老果焕发生机，从网红迈向产业红，并朝着“品牌化、规模化、国际化”方向迈进。山东通过科技助力、制定农业标准等手段深入实施质量兴农战略，全省建成

① 《浙江：“肥药两制”改革促高效生态农业》，中国新闻网，http：//www. zj. chinanews. com/jzkzj/2019－11－09/detail－ifzqrwnu3270930. shtml。

② 《福建省今年采取多种措施推进质量兴农》，东南网，http：//fjnews. fjsen. com/2019－03/17/content_ 22079921. htm。

农产品市级、县级追溯平台19个和159个，发放无公害农产品证书1137张，农业品牌数量居全国之首。舆论表示，质量兴农让山东的绿色产品多了，更多农产品叫得响了，极大丰富了市场供给。广东江门从首创农资全程信息化追溯模式、率先施行溯源+农产品责任保险“农安保”，到建立四级农安检测监管网格化体系，再到实施标准化品牌培育，带动了当地农业可持续发展。舆论表示，江门质量兴农之路，为广东乃至全国探索出保障农产品质量安全的“江门经验”。四川全年新立项制修订省级农业地方标准51项，建设乡镇监管标准化服务站120个，完成1408家主体2589个产品入驻追溯平台，“三品一标”农产品数量累计达5400个，大宗农产品监测总体合格率99.2%。[①] 陕西通过农产品质量安全监管、农田土壤污染治理等四大举措推进质量兴农，全年“菜篮子”监测合格率高于全国平均水平1.7个百分点，组织申报涉农省级标准130项，新制、修订省级标准60项，建成延安苹果、西安设施蔬菜、宝鸡奶山羊等13个绿色农产品标准化集成示范基地。[②] 有舆论认为，质量兴农已成为各地农业发展主旋律，中国农业在转型升级中迸发出了强大的动能，唯有继续以质量兴农战略规划为引领，推动农业由增产转向提质，才能交出乡村振兴优异答卷。有媒体评价称，各地实施强有力的质量兴农举措，不但提升农业质量效益和综合竞争力，也为实现农业丰产和农民增收打下坚实基础。

（三）农产品质量安全谣言依然多发，权威部门科普辟谣回应公众关切

2019年，备受舆论关注的农产品质量安全谣言主要有以下几个类别：一是农药残留类谣言。其中最受瞩目的是美国环境工作组织一年一度的“最脏水果排行榜”。4月，美国的环境工作组织（Environmental Working

① 《四川2019年大宗农产品例行监测合格率达99.2%》，中国新闻网，http://www.chinanews.com/gn/2020/01-06/9052401.shtml。

② 《陕西“菜篮子”产品监测合格率99%今年将建立农产品质量安全管控闭环》，西部网，http://sannong.cnwest.com/bwcp/a/2020/05/29/18794479.html。

Group，EWG）公布的“最脏水果排行榜”不但受到各大媒体的关注，而且在微博微信上快速传播，“草莓农药残留量最多”连续4年高居该榜榜首。但其“最脏果蔬排行榜”的权威性受到专业人士的质疑。美国普渡大学生物与食品工程博士云无心曾表示，判断蔬果是否安全的标准是“是否检测到农药残留超标”，而不是“是否检测到农药残留”，也不是“检测到多少种农药残留”。[①] 葡萄皮上的白霜、吃到嘴里发涩的黄瓜、又红又大的草莓等均有农药残留的消息被反复传播，科普网站和权威媒体通过列数据、摆事实的方式辟谣，呼吁大家“别信”。二是有毒有害类谣言。2019年9月，一则“英国专家称吃鸡肉增加患癌风险”的消息传遍网络。据英国《星期日泰晤士报》报道，英国牛津大学的研究人员发现，禽肉的摄入与恶性黑色素瘤、前列腺癌和非霍奇金淋巴瘤的患病风险存在正相关。很快，微信公众号“科普中国”就辟谣称，没有足够且明确的证据证明吃鸡肉会增加癌症的发病风险，所谓的“吃鸡肉致癌”，只是一种“噱头类言论”。网上还盛传蘑菇富集重金属、大闸蟹会致癌、鱼腥草致癌等信息，业内人士纷纷发声，不要“妖魔化”相关农产品。三是非法添加类谣言。9月，扬州电视台《关注》栏目报道紫菜甲醛残留超标的消息在网上不断发酵，引发担忧。[②] 相关行业协会纷纷澄清紫菜有害物质检测有更为科学严谨的检测方法，而不是采用所谓的“快检”法，用颜色判定甲醛超标更是荒谬和不专业。其中，晋江市紫菜加工行业协会称，紫菜绝对不可能存在甲醛超标，同时谴责媒体报道存在严重的误导，给紫菜产业带来负面影响。此外，辽宁葫芦岛商贩给黄花鱼上色、湖南浏阳米厂生产“泡泡糖”大米、广西平南摊贩用红色素处理死猪肉等视频和图片消息在网络疯传，相关部门迅速调查，结果证实为谣言。

科普网站和食品质量安全专家对于网售现挤奶是否安全、虾头为何发

---

① 《草莓竟成最“脏”水果？专家：有农残不等于不安全》，《科技日报》2018年4月24日，第4版。

② 《紫菜长“红斑”？这……》，扬州电视台《关注》，https：//www.sohu.com/a/341566420_763414。

黑、小龙虾重金属到底有没有超标、水产品里有寄生虫如何放心吃、“垃圾鱼”是否如传说的那样脏、猪肉里的颗粒物是什么等问题进行解答释疑，回应公众关切，也受到舆论欢迎。2019 年由于非洲猪瘟疫情的持续发展，有关病死猪的谣言也相应增多，如“江西高安有人拉病死猪到市场卖”“湖南岳阳菜场肉贩销售病死猪肉”“江苏如东市场售卖冻死猪和病害猪肉”“云南宁洱向思茅市场出售问题猪肉”“山西闻喜病死猪炼油”“广西南丹县吃猪肉全家中毒死亡”等，相关部门及时开展调查工作、公布真相，消除了大众恐慌情绪。

（四）农产品抽检频次高、成绩好，“网红”产品及经销商负面舆情热度高

农产品各类抽检通报信息备受舆论关注。2019 年，我国农产品质量安全例行监测合格率达 97.4%，基本与 2018 年持平。农业农村部不但加大“双随机”[①] 抽检力度，增加产地、“三前”[②] 环节抽检比例，还将监测指标增加到 130 项，与 2017 年相比，增幅近 40%。“我国生鲜乳抽检合格率连续多年超 99.7%”“我国乳制品连续五年合格率超 99.9%”“三聚氰胺等抽检合格率 100%”等相关乳品信息更是舆论关注的热点话题。网民围绕“我国生鲜乳质量安全目前处于历史最好水平”“国产奶完全可以放心喝”“奶制品三聚氰胺抽检合格率连续 10 年 100%”等微话题展开讨论，观点分歧较大。一部分网民认可国产奶品质，认为三元、光明等品牌乳品可以放心喝；还有网民认为国内生鲜乳标准与国际标准有差距，对国产奶质量仍心存疑虑。

此外，地方抽检农产品相关消息也被媒体关注。4 月，广州市场监管局通报盒马鲜生的黄金贝和花甲王均检出氯霉素，迅速引发舆论聚焦。虽然盒马鲜生采用“下架销毁”和“终止与供应商合作”等举措回应舆论，但仍

---

① 双随机，即在监管过程中随机抽取检查对象，随机选派执法检查人员。

② 三前，即食用农产品从种植养殖环节到进入批发、零售市场或生产加工企业前。

难逃批评之声。微博"盒马鲜生海鲜含抗生素""盒马鲜生食品氯霉素超标"等微话题阅读量合计超过2000万次。网民认为应该追根溯源，从源头上控制好水产品质量。另外，"网红"坚果霉菌超标16倍、多个速冻产品检出非洲猪瘟病毒等消息都吸引大量民众注意。

（五）境外农产品质量安全事件频发，辐射范围广、影响大

2019年2月，波兰"问题牛肉"事件引发舆论高度关注。据新华社报道，波兰向欧盟国家出口2.7吨疑似问题牛肉。[①]"波兰屠宰场杀病牛"的偷拍视频被大量传播。问题牛肉丑闻持续发酵，波兰承认"这些牛肉被剔掉烂肉然后盖上合格章后出口"、欧盟多成员开始追查并销毁问题牛肉被多方报道，多数自媒体在转载该事件时均表示"进口牛肉出大事了"。网民评论称国外的食品也不安全，有网民担心问题牛肉流入中国市场。7月，法国多种有机食品被检测出致癌物的消息也被国内舆论关注。据《欧洲时报》报道，法国宣称绿色无污染的有机牛奶、鸡蛋和橄榄油等食品被检测出含有致癌物。[②] 此前2月份法国市场在售28%的有机农产品存在异常现象也被曝出，半数有机农产品的标签其实并未经过权威机构验证。舆论指出，有机农产品也并不意味着更健康。10月，德国公益组织"食品观察"发布报告称，多国的婴幼儿奶粉中检出芳香烃矿物油残留物[③]，引发舆论高度关注。雀巢等8款涉事奶粉品牌、残留物产生原因及其危害均是舆论集中关注的话题。该机构表示，矿物油含量在每公斤0.5~3毫克之间，暂不会引发任何急性疾病症状，并猜测残留物可能来自生产机器或者纸质包装上的油墨。微博微话题"德国曝奶粉芳香烃门""德国机构称部分婴儿奶粉检出矿物油残留"等阅读量合计20万次。事件曝光后，涉事奶粉品牌大多做出了官方声明，

① 《波兰向欧盟国家出口2.7吨疑似问题牛肉》，新华网，http：//www.xinhuanet.com/world/2019-02/01/c_1210052770.htm。

② 《有机食品更健康？法国多种有机食品被测出致癌物》，中国新闻网，http：//www.chinanews.com/gj/2019/07-15/8894888.shtml。

③ 《德国机构称部分婴儿奶粉检出矿物油残留》，新华网，http：//www.xinhuanet.com/2019-10/25/c_1125152450.htm。

澄清"并未在产品配方中添加矿物油"。德国食品协会科学总监认为，食品观察的报告是对"当前婴儿食品的歪曲见解"。国内网民对事件也颇为关注。主要有以下五类观点：一是购买涉事品牌奶粉的网民非常担心，希望查明真相；二是希望对国产奶粉进行芳香烃检测；三是肯定国产奶粉品质，呼吁消费者不要迷信海淘奶粉，提醒网购奶粉需要更加慎重；四是猜测此次事件中芳香烃或许来自生产过程污染，网民称之为"工业化"的副作用，无法避免的同时"不足为虑"；五是质疑非官方检测机构的权威性，呼吁大家不要轻易相信并未得到证实的消息。此外，美国召回超过69000磅疑受金属物污染的冷冻鸡肉、德国召回逾千种疑被李斯特菌污染的肉类商品、法国召回40万桶被沙门氏菌污染的奶粉等消息都被舆论关注。

四　启示与展望

（一）强化政策解读，讲好监管故事

从2019年的各项农产品质量安全保障举措看，密集打出重磅组合拳，除了大力推进标准化种植养殖外，监管、处罚和问责愈加严格，这同时也倒逼各类主体加强农产品质量安全自我管理。在各部门的努力下，农产品抽检合格率居于较高水平，工作成效明显。下一步，还要继续向公众解读好这些政策措施，宣传好质量安全监管工作成效。"怎么说""如何说"都决定着沟通的效果，"说得好""说得巧"不但能让大众理解政策，支持政府工作，同时也能凝聚人心，提升管理部门公信力。

（二）加大科普宣传，消除认知偏见

由于公众认知差异和信息差异，加之社交媒体传播的便捷性，农产品质量安全谣言层出不穷，新谣言不断被炮制，旧谣言不停被翻新。建议相关部门首先要加强监测，及时追根溯源，完整呈现事件的真实情况，消除公众疑虑，掌握话语主导权；其次，还应该探寻谣言舆情发生发展的规律，"预

见”谣言的发生，比如草莓上市季节，“草莓畸形是用了膨大剂”“草莓是最脏水果”等谣言传播甚广，相关部门应多渠道科普宣传，提前打好预防针，有效改善大众认知偏见，防患于未然；最后，依法严厉打击农产品质量安全造谣传谣行为，对有害信息传播形成震慑。

（三）研究舆情发展规律，广泛凝聚共识

农产品质量安全关涉大众切身利益，对相关话题民众参与热情高，情绪与观点在舆论场相互碰撞。以“广东正规肉联厂‘洗白’病死猪事件”为例，事件曝光之初舆论“震惊”，随后矛头指向监管。广东主流媒体传播“主管部门连夜通宵查处涉事肉联厂”[①]“19 人被抓”“涉事企业已停业整顿”[②] 等消息后，舆情趋于平稳。相关部门可在把握网民心理及需求的基础上，利用权威媒体、业内专家、网络大 V 等意见领袖的优势资源传递官方态度，引导大众尊重理性声音，安抚激动情绪，最大限度地凝聚共识。

（四）加强国际合作，共享“舌尖安全”

随着农产品国际贸易日益频繁，农产品质量安全无国界已是社会共识。2019 年波兰“问题牛肉”事件波及欧洲 14 个国家，婴幼儿奶粉中检出芳香烃矿物油残留事件也涉及德国、荷兰、法国等多个国家，这些事件虽未波及国内市场，但从中我们也应吸取经验教训，规范畜禽屠宰，加强产品检疫检测，防止安全事故重演，守护好大众的“舌尖安全”。

---

① 《佛山相关部门连夜通宵查处涉病死猪肉正规肉联厂》，广东广播电视台《今日一线》，http：//v. gdtv. cn/news/zbgd2019/2019 - 12 - 01/2216523. html。

② 《19 人被抓涉事企业已停业整顿》，时间财经，https：//item. btime. com/447j2q619t899p9o25clfi8pk07。

B.6

2019年农业农村信息化舆情报告

张珊　穆瑶*

摘　要： 2019年，农业农村信息化快速发展，推动现代农业转型升级作用进一步凸显。数字乡村建设的政策部署受到聚焦，乡村发展的"数字红利"引发期待。农业生产经营和乡村治理中的智能化、信息化应用广泛吸睛，"互联网+"给农村"双创"带来的活力振奋舆论。电商各具特色的助农模式广受肯定，农村电商存在物流、人才等短板问题，引发思考和建言。从话题舆情传播特点看，新媒体为多元传播搭建舞台，短视频为农村"双创"带来新机遇，娱乐化传播助力农产品"触网"畅销。

关键词： 农业农村信息化　数字乡村　农村电商　短视频　农村创业创新

2019年，我国农业农村信息化稳步推进，顶层部署进一步强化，基层创新应用亮点频出，相关话题持续受到舆论关注。全年网络媒体相关新闻以及社交媒体相关帖文量合计达11.1万篇（条）。其中，新闻报道3.7万篇，同比增长60.9%；帖文量7.4万条，同比下降25.3%。总体看，数字乡村建设的政策部署受到聚焦，乡村发展的"数字红利"引发期待。农业生产经营和乡村治理中的智能化、信息化特点广泛吸睛，"线上掘金"的网红农民、网红村

* 张珊，农业农村部信息中心舆情监测处舆情分析师，主要研究方向为涉农网络舆情；穆瑶，麦之云（北京）信息咨询有限公司舆情分析师，主要研究方向为网络舆情。

表现亮眼，"互联网+"给农村"双创"带来的活力振奋舆论，"互联网改变乡村"成为核心表达。电商各具特色的助农模式广受肯定，农村电商存在的物流短板、人才短缺、货物质量参差不齐等问题引发思考和建言。

一　热点事件排行分析

通过对2019年农业农村信息化话题的新闻、帖文进行监测，并加权计算，得出相关热点事件的舆情热度，据此列出排行前30位的热点事件（见表1）。

表1　2019年农业农村信息化热点事件TOP 30

排名	热点事件	首发媒体	舆情热度
1	李子柒田园生活短视频走红海外	新浪微博"@雷斯林 Raist"	66989
2	"双11"农产品销售再创佳绩	新浪微博"@天猫"	18460
3	"时尚"春耕广泛吸睛	《新华每日电讯》	10178
4	百县千红新农人Vlog大赛优秀作品大量涌现	新浪微博"@微博县域"	9998
5	贫困县农产品频登"618"电商购物节"爆款土货"榜单	新浪微博"@央视财经"	7229
6	中共中央办公厅、国务院办公厅印发《数字乡村发展战略纲要》	新华网	7093
7	淘宝直播启动"村播计划"	新浪微博"@臭臭新说"	7051
8	各地欢庆中国农民丰收节，直播销售农产品活动受到关注	新华网	3590
9	拼多多"农货节"带动超1.1亿单农货上行	新浪微博"@拼多多"	3237
10	全国新农民新技术创业创新博览会汇聚农村"双创"最新成果	新浪微博"@南京日报"	2900
11	中央一号文件：实施数字乡村战略	新华网	2156
12	国内首台纯电动无人驾驶拖拉机田间试验获得成功	《河南日报》客户端	1471
13	农业农村部等四部门联合印发《关于实施"互联网+"农产品出村进城工程的指导意见》	农业农村部网站	1344
14	"微博苹果节"为苹果区域公共品牌打call	新浪微博"@微博县域"	1210
15	高晓松与李佳琦直播5秒售空40万斤贫困县大米	新浪微博"@速达现场"	1195
16	商务部公布2019年电子商务进农村综合示范县名单	商务部网站	1070

续表

排名	热点事件	首发媒体	舆情热度
17	中国首个移动互联网领域“三农”信息奖项“金稻穗奖”颁奖典礼	《农民日报》客户端	899
18	“无人驾驶收割机”开启三夏“无人作业”模式	新浪微博“@新华视点”	858
19	人民网新电商研究院发布《农村电商发展趋势报告》	人民网	643
20	阿里数字农业事业部亮相黑龙江，将在全国落地1000个数字农业基地	新华网	627
21	农业农村部办公厅印发《关于全面推进信息进村入户工程的通知》	农业农村部网站	605
22	淘宝村十年发展“星火燎原”：从3个增加到4310个	中央电视台	576
23	“110”网络扶贫创新活动在云南怒江启动	今日头条	531
24	国家发改委等四部门印发《关于支持推进网络扶贫项目的通知》	国家发改委网站	428
25	亚洲最大单体大棚即将收获，产量是传统大棚的20倍	新浪微博“@中新视频”	419
26	山东大学生村官开通微博“齐鲁青年矩阵”话题，借势推广“一村一品”	新浪微博“@兴隆村官朱小宝”	364
27	苏宁拼购发布“包山包湖包海”计划，实现农产品产地直采	微信公众号“苏宁蓝话筒”	340
28	第四届中国—中东欧国家农业部长会议就“加强农业数字化领域合作”达成多项共识	微信公众号“浙江发布”	262
29	全国县域数字农业农村发展论坛举办	农业农村部网站	251
30	江西农村人居环境“码上通”上线	江西新闻客户端	172

资料来源：农业农村部三农舆情监测管理平台、新浪舆情通。

对以上30个热点事件进行分析，总结出以下舆情特点。

（一）全年出现3次舆情高峰，新农人、新农业发挥舆情助燃关键作用

从各月热点事件舆情走势看，2019年3次舆情高峰分别于3月、8月、12月出现，“互联网+”大背景下的新农人和新农业成为推动舆情热度升温的关键因素。3月，各地春耕生产全面展开，一大批融合互联网信息技术的农业新机具、新设施广泛应用，“时尚”春耕成为热点议题，引发当月舆情

走势大幅上扬。2019 年 8 月，新浪微博组织发起的百县千红新农人 Vlog 大赛如火如荼地开展，各地新农人踊跃参与，宣传乡村美食美景的优秀作品持续吸引网友目光，推动当月舆情热度再攀新高。12 月，李子柒拍摄的田园生活短视频走红海外，成为现象级的网络热点，在新浪微博中引发数十亿次的微话题阅读量，推动当月舆情走势攀至全年顶点。此外，11 月的舆情热度也居于高位，“双 11”农产品销售再创佳绩，“天猫双 11 农产品销售额破 70 亿”① 等数据备受瞩目，成为当月舆情热度走高的重要因素（见图 1）。

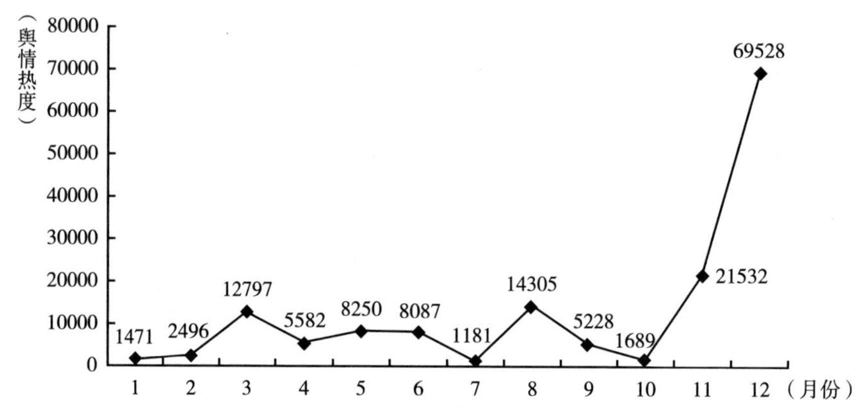

图 1　2019 年农业农村信息化热点事件舆情走势

资料来源：农业农村部三农舆情监测管理平台、新浪舆情通。（下同）

（二）农业农村信息化应用相关热点事件数量同比增加，农村电商关注热度继续上涨

从主题分布看，农业农村信息化应用相关的热点事件数量最多，有 14 个，较 2018 年增加 4 个，涵盖了农业农村生产经营精准化、乡村治理数字化等各环节。农业生产中的智能作业、各地农民通过短视频直播创业创新等积极场景热点频出，农业农村信息化催生的新农人新技术新业态广受关注。农

① 《天猫双 11 农产品销售额破 70 亿 阿里戴珊：让数字农业普惠每一位农民》，中国青年网，http：//news. youth. cn/jsxw/201911/t20191111_ 12116687. htm。

村电商相关的热点事件有9个，较2018年增加1个；事件舆情热度总计41753，较2018年增加17205。各地农产品在“双11”“618”等电商购物节期间的优异表现受到聚焦，阿里、拼多多、苏宁拼购等电商平台在推动农业产业结构升级方面积极行动也被集中关注。农业农村信息化政策举措相关的热点事件有6个，较2018年减少5个。主要原因在于，随着乡村振兴战略、数字乡村战略的全面实施，农业农村信息化相关工作持续推进，接续性工作成为常态，舆情关注热情也随之下降。总体看，数字乡村战略相关部署成为关注焦点，中共中央办公厅、国务院办公厅印发的《数字乡村发展战略纲要》受到聚焦。此外，作为中国首个移动互联网领域“三农”信息奖项，由农民日报和字节跳动公司联合发起的“金稻穗奖”的揭晓也被积极关注（见图2）。

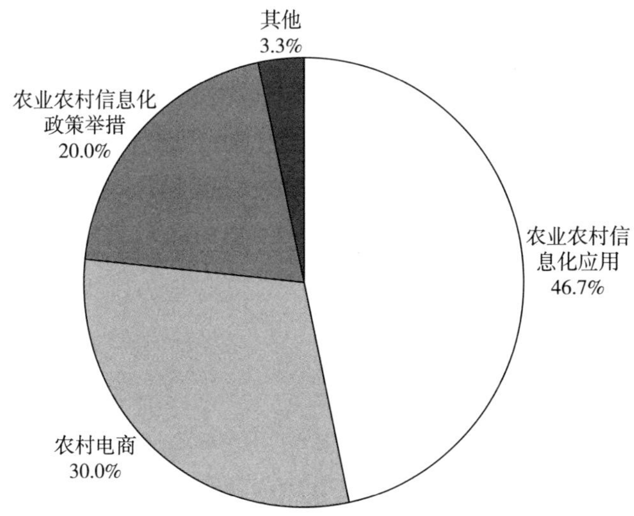

图2　2019年农业农村信息化热点事件主题分布

（三）新浪微博首发优势显著，传播平台进一步拓宽

从首发媒体看，新浪微博首发的热点事件数量最多、增速最快、热度最高。2019年有12个热点事件首发于此，占比40%，其中有7个事件居于农业农村信息化年度热点事件排行前10位。与2018年相比，2019年新浪微博首发的热点事件增加了7个，增长1.4倍。从内容上看，新浪微博首发的

热点事件主要集中在电商助销农产品、新农人拍摄短视频等方面。传播主体涵盖了媒体微博、电商官微、自媒体、网民等多个种类，由此可以看出农业农村信息化在新浪微博中呈现的多元传播态势和网民关注热情。新闻媒体首发的热点事件有 7 个，占比 23.3%，新华网、人民网等中央媒体是传播主力。政府网站首发的热点事件有 5 个，占比 16.7%，主要是农业农村部、国家发改委等部门针对信息进村入户、“互联网 +”农产品出村进城等重点工作发布的推进举措。新闻客户端成为新晋首发媒体，有 3 个热点事件来源于此，无人驾驶拖拉机、农村人居环境“码上通”等农业农村信息化应用中的典型案例成为传播重点。此外，还有 2 个事件来自微信，1 个来自今日头条，均体现了涉事主体自主传播、主动宣传的特点。针对杭州举行的第四届中国—中东欧国家农业部长会议暨第十四届农业经贸合作论坛，浙江省政府新闻办官方微信“浙江发布”率先通报相关动态。针对苏宁拼购的“包山包湖包海”计划和活动，苏宁集团官方微信公众号“苏宁蓝话筒”首先发布相关进展。针对农业农村部信息中心联合各省级农业农村信息中心开展的“110”网络扶贫创新活动，作为主要参与方的今日头条最先进行宣传推广（见图 3）。

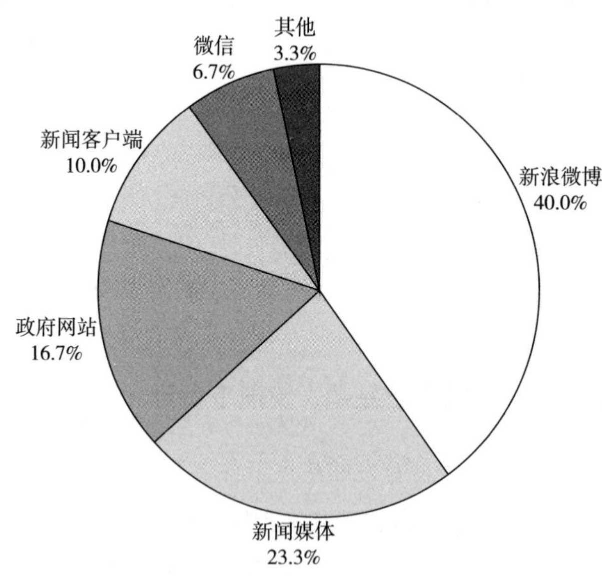

图 3　2019 年农业农村信息化热点事件首发媒体分布

二　热点舆情回顾

（一）“数字乡村”政策部署再加码，“数字红利”备受期待

近年来，随着数字技术的快速发展和创新应用，数字经济已成为我国经济发展的新引擎。2019 年，乡村振兴战略全面推进实施，数字乡村建设的政策部署持续加码，乡村发展的“数字红利”备受期待。2 月，中央一号文件再次对“实施数字乡村战略”做出顶层部署，成为热点议题。舆论表示，这是中央一号文件连续两年部署数字乡村战略，凸显了“数字乡村”在乡村振兴战略中的重要性，农业农村发展有望驶入数字化的“快车道”，成为新时代数字中国建设的“新标杆”。5 月，中办、国办印发《数字乡村发展战略纲要》（以下简称《纲要》），再次掀起关注热潮。《纲要》强调的“弥合城乡‘数字鸿沟’”“坚持城乡融合”，被评价为一大“亮点”。舆论认为这显示了国家在推动农业信息化和农村信息化统筹发展、城市信息化和乡村信息化融合发展方面的坚定决心。《纲要》部署的建设农业农村遥感卫星、建成智慧物流配送中心、建设农村人居环境综合监测平台、推动网络扶贫行动向纵深发展等具体举措广受肯定。舆论发出了“数字乡村正当时”的评价，称这些内容看起来很有时代感、颇为“高大上”，是一份送给广大农民的实实在在的“数字大礼包”。还有舆论以数说图解形式解读了《纲要》规划部署的“四个阶段性战略目标”“十大重点任务”等，呼吁用好互联网这一“助推器”，让数字化、网络化、智能化与乡村社会背景深度融合，把数字化建设转化为实实在在的获得感，为乡村振兴注入“智慧动力”。一些农民网友也积极跟帖留言，表示要学好用好互联网，不在数字化大潮中掉队，成为信息时代的新农人。

同时，各地各部门紧密围绕乡村振兴战略和数字乡村战略，大力推动数字技术在农业农村应用，引发持续关注。其中，信息进村入户成为报道热点。农业农村部对“全面推进信息进村入户工程”做出详细工作安排，各

地积极落实做好益农信息社建设运营。媒体对此集中发文，“深入实施”“整省推进”成为新闻标题中的重点设置。“2019年底全国接近70%的行政村建成38万个益农信息社”① “河南：85.8%的行政村实现益农信息社覆盖”② “福建省已建设近万个益农信息社”③ 等建设成果被广泛传播。舆论称益农信息社打通了农村信息“最后一公里”，在促就业、保生产、提升农民幸福感等方面铺就“数字农村”网。此外，“互联网+”农产品出村进城工程的实施推进也被重点关注。国家发改委、农业农村部等四部门印发《关于实施“互联网+”农产品出村进城工程的指导意见》，明确十项重点任务。中央电视台等媒体对此广泛宣传，“农产品出村进城更为便捷、顺畅、高效”成为主流表达。各地也在农产品标准化和品牌化、智能仓储、冷链流通等方面集中发力，“农产品线上特色馆”“农产品电商体验馆”等有益实践大量涌现，“2019年农产品上行规模将突破1200亿元”④ 等成效引发积极评价。舆论表示，“鼠标一点，农产品出山”不再是星星点点，早已形成燎原之势，“互联网+农业”下的数字红利必将惠及广阔农村和广大农民。

（二）信息化激发乡村振兴新动能，“互联网改变乡村”成为核心表达

2019年，乡村通信基础设施建设不断完善，短视频、直播等媒介技术应用进一步普及，农民手机技能培训深入开展，数字技术对农业农村各环节各领域的渗透更深入、二者融合更密切。“互联网+”大潮下的农业农村新气象、新业态广泛吸睛，关注热点主要有以下三方面。

1. 信息化助力传统农业转型升级，农业生产智能化成为新常态

2019年，大数据、物联网、5G、AI等前沿科技频现田间地头，“高精

① 《我国已建成38万个益农信息社》，《北京日报》客户端，2020年2月18日。

② 《河南省信息进村入户领导小组办公室召开河南省信息进村入户工程整省推进会》，河南省政府网站，http://www.henan.gov.cn/2019/10-21/989631.html。

③ 张辉：《我省已建设近万个益农信息社》，《福建日报》2019年11月18日，第3版。

④ 林北辰：《商务部研究院发布电商兴农报告：预计2019年农产品上行规模将突破1200亿元》，界面新闻，https://www.jiemian.com/article/3855246.html。

尖强”的农业生产精彩纷呈。媒体对“时尚”春耕、“智慧”三夏、“加速度”秋收展开持续跟进报道，卫星导航大农机引发舆论浓厚兴趣。新华社等媒体通过视频、直播等方式鲜活展示了无人驾驶拖拉机、无人驾驶收割机等现代智能化生产技术，带有计亩测产功能的无人驾驶小麦联合收割机、可实现厘米级精准播种的无人驾驶播种机等“硬科技”引发百万次的点击播放，还吸引了国外网民在线咨询问价。同时，大数据思维下的农民“慧”种地场景也被积极关注，5G 果园、智能化催芽车间、“互联网 +”庄稼医院、AI 病虫害筛查等农业“数字大脑”让农活更轻松、管理更精准，中国“智造农业”引发广泛共识。

2. 数字技术推动乡村社会变迁，“互联网改变乡村”成为核心表达

2019 年，数字技术在提升乡村治理能力、繁荣乡村文化生活、推动农村居民消费升级等方面表现亮眼。一年来，村务“掌上办”、进村到户扫码回收垃圾、手机 App 申领惠农补贴等新气象成为报道热点，农民骑平衡车洒农药、在牛棚里装天猫精灵给牛放音乐等“新玩法”引发网民热烈围观，乡村网络文化节、网络采摘节、网络旅游节等被各媒体平台积极宣传。“数字乡村”新风貌成为舆论热点议题。在春节期间的“返乡体”文章中，讲述互联网带来的乡村巨变成为重要内容呈现。多地网民发出《一个红色革命老区的互联网今生》《石龙村的山歌在微信群里》《岳父开微店记》等回乡见闻，感慨“互联网来到我的家乡之后，一切都变了”。丰收季节，多地农民出现的“抢直播、抢发货”现象被舆论称为“新双抢”。《光明日报》等媒体指出，从传统农忙时的抢收、抢种，到如今丰收季节的“新双抢”，移动互联网正悄然改变乡村的面貌，手机成为新农具，直播变成了新农活，数据成了新农资。[①]

3. “互联网 +”激发农村“双创”新活力，新农民“线上掘金”表现亮眼

2019 年，现代信息技术和互联网平台成为农村创业创新的重要抓手，

① 罗旭：《阿里丰收节：“手机成为新农具，直播变成了新农活”》，《光明日报》客户端，https：//s. cloud. gmw. cn/gmrb/c/2019 - 09 - 25/1307542. shtml。

各地的农村互联网创业创新实训基地、孵化基地、创客空间等接连落地，观光农业、创意农业、认养农业等新业态蓬勃发展，农村创业创新焕发出勃勃生机振奋舆论。一年来，“线上掘金”的网红农民、网红村在社交媒体中常出常新，“农村大妈直播年入百万”“60后阿姨编出百万生意”“回村打工收入超北上广”等微话题大量涌现，阅读量共计突破5000万次。中国新一代农民紧跟时代步伐的创业故事还吸引了国外媒体的广泛关注，美国《纽约时报》、新加坡《联合早报》、阿根廷《号角报》等媒体纷纷发文，赞叹中国农村持续释放的创新活力。此外，2019年全国新农民新技术创业创新博览会也是关注热点，“田秀才”“土专家”“乡创客”活力迸发、大展身手，为农村创业创新树立“航向标”。舆论表示，新农民新技术以及新产业新业态，引领更多先进资源要素向农村聚集，形成了新一轮创业创新和投资浪潮，为乡村振兴注入“双新双创”动能。

（三）电商助农蔚然成风，“成长烦恼”引发多方建言

近年来，我国农产品电商快速发展，成为现代农业转型升级的重要推动力量。2019年，全国农产品网络零售额3975亿元，较2016年增长1.5倍。[①] 各大电商立足自身资源优势，在供给侧和消费端同时发力，探索各具特色的助农模式，引发积极关注。其中，农业产业链“最初一公里”建设方面的电商实践成效显著。各大电商重点聚焦农产品基地和产业带，积极推动农产品建立标准、做好品控、孵化品牌，引发媒体大量推介。“阿里在全国建1000个数字农业基地”[②] “拼多多培养孵化500个农业供应链品牌”[③]

① 敖蓉：《2019年全国农产品网络零售额达3975亿元》，中国经济网，http://www.ce.cn/xwzx/gnsz/gdxw/202003/28/t20200328_34570856.shtml。

② 孙冰：《阿里数字农业事业部亮相首秀黑龙江　将建千个数字农业基地》，经济网，http://www.ceweekly.cn/2019/1010/270208.shtml。

③《拼多多发挥模式优势　将培育500个农产品供应链品牌》，中国新闻网，http://www.chinanews.com/business/2019/11-18/9010375.shtml。

“苏宁拼购在全国建成25个‘拼基地’”① 等消息接连出现。农村淘宝的“淘乡甜”平台、京东的“产业互联网扶贫”帮扶计划、拼多多的“拼农货”体系、苏宁拼购的“包山包湖包海”计划等，成为耳熟能详的典型示范。各大电商在完善农产品追溯体系、升级物流配送模式等“最后一公里”建设中的探索创新也亮点不断。“阿里云‘ET农业大脑’为上线农品提供全链路溯源”“京东AI养猪构建猪肉可追溯体系”“菜鸟网络建设1000条农产品上行‘高速公路’”等举措被广泛宣传。一年来，电商助力农货上行屡创佳绩，“阿里丰收节直播盛典3小时带货2640万元”②“拼多多‘农货节’带动超1.1亿单农货上行”③“天猫双11农产品销售额破70亿”④ 等成绩单引发热烈反响。舆论表示，电商平台已成为农产品“出圈”的重要阵地，也是助力脱贫攻坚和乡村振兴的重要引擎，其在农业产业全链条数字化升级中的作用值得期待。

同时，农村电商存在的物流短板、人才短缺、货物质量参差不齐等“成长烦恼”也被关注。有舆论列举了农产品冷链物流存在的“三多三少”现象：布局上“东部地区多，西部地区少”，结构上“菜篮子多，菜园子少”，人才上“需求多，供给少”，建议发挥政策引导作用，完善行业标准，推动冷链物流产业链、供应链、价值链、区块链“四链合一”建设。⑤ 有舆论关注了贫困村营销、广告等电商人才缺乏问题，建议聘请高级专业人才、选送培训紧缺人才、重点培养乡土“网红”人才，多路径完善农村电商人才培养机制。还有舆论列举了网购的水果“缺斤短两”“变质”“不熟”等

---

① 周琳：《苏宁拼购探索“互联网+扶贫”新路　“拼基地”助力农产品“出山”》，中国经济网，http：//www.ce.cn/xwzx/gnsz/gdxw/201905/31/t20190531_32231021.shtml。

② 《亩产一千美金“秒速带货”　阿里丰收节直播盛典3小时成交2640万元》，海外网，http：//news.haiwainet.cn/n/2019/0918/c3541089-31631178.html。

③ 杨海琴：《拼多多农货节“南果北粮”上行1.1亿单》，中国青年网，http：//news.youth.cn/jsxw/201908/t20190826_12052596.htm。

④ 《天猫双11农产品销售额破70亿　阿里戴珊：让数字农业普惠每一位农民》，中国青年网，http：//news.youth.cn/jsxw/201911/t20191111_12116687.htm。

⑤ 蒋成、王贤、徐海涛、许雄：《冷链物流疏通农产品“最先一公里”梗阻》，《经济参考报》2019年11月12日，第A8版。

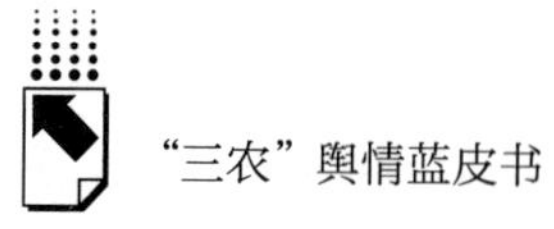

问题，认为电商不能做"一锤子买卖"，好质量才能有好销路，农产品的标准化、组织化、规模化、品牌化生产是关键发力点。

三　舆情传播特点与启示

（一）新媒体为多元传播搭建舞台

2019 年，农业农村信息化建设深入推进，广大农村居民信息化意识、互联网思维不断增强。从"手机成为新农具、直播成为新农活"等积极气象可以看出，新农人已成为内容创作主力军，也成为农业农村信息化的代言人。农业农村信息化舆情传播也因此呈现主体更多元、内容更丰富等新特点。同时，媒介技术革新让新媒体的智能化、社交化等特征进一步彰显。新媒体在多元传播中扮演了双重角色，发挥重要作用。一方面，新媒体是新农人内容创作的"生产车间"，大量的乡村题材原创作品在短视频平台被上传、被关注，其中播放量数百万次的作品不在少数；另一方面，新媒体也是乡村原创内容的"加工车间"，通过挖掘用户生产内容中的资源，实现媒体内容生产能力的提升。新浪微博发起的"百县千红新农人"VLOG 大赛、二更视频联合快手推出的《新留守青年》计划等，都具有上述特点，即发掘新农人原创作品中的闪光点，整合分散化、碎片化的内容和情景，提升故事性和趣味性，并通过话题设置、内容推送、粉丝聚合等方式实现全网覆盖，带来更加积极的传播效果和社会效应。

（二）短视频为农村"双创"带来新机遇

短视频已成为信息普惠工具，给农村面貌和农民生活带来的改变有目共睹。2019 年，李子柒、巧妇 9 妹等优秀创作者在为乡村美食美景引流变现方面表现惊人，各地通过直播致富的成功范例也可圈可点。新浪微博"@头条新闻"联合快手发起微话题"各地涌现快手村"，以短视频形式介绍了多个通过直播致富的村庄，话题阅读量超过 1880 万次。其中，贵州黎平县盖宝村留守少女化身“七仙女”拍乡土视频带富全村、河南民权县王公庄村三百多位农民靠直播卖画增收致富、山东丁楼村通过直播带货脱贫等，引发数百万次的播放。这些直播案例反映出短视频在激发乡村生产力方面的积极作用，各地有关部门应看到并抓住其中的新机遇，为农村创业创新营造良好环境。

（三）娱乐化传播助力农产品“触网”畅销

2019 年，在新媒体平台和电商平台的积极助力下，娱乐化传播成为农产品“触网”畅销的一大特点。拼多多通过线上游戏营销褚橙，新浪微博“@淘宝吃货”通过“pk”的方式宣传盱眙小龙虾和潜江小龙虾等，引发良好效果。各地县长直播带货中的“反差萌”也成为农产品畅销的重要因素。移动互联网浪潮下，自下而上的体验和互动成为营销新策略，网民在开心、有趣的感受中完成对产品的认知和购买。就乡村美食美景而言，好吃、好玩是其基本属性，也是公众吸睛点，娱乐化传播在农特产品营销中大有用武之地。各地要找准特色产品、确保质量，并把握好营销尺度，通过轻松、有趣的宣传方式助力农特产品销售和品牌推广，并借此为创意农业、体验农业等开拓市场。

参考文献

余建斌：《数字经济，高质量发展新引擎》，《人民日报》2019 年 10 月 21 日，第 5 版。

郭少雅：《流量来临供给侧当如何发力》，《农民日报》2019 年 4 月 14 日，第 5 版。

钟欣、戴军：《数字乡村显身手》，《农民日报》2019 年 9 月 25 日，第 3 版。

李雄鹰、曹祎铭：《农村电商造福一方却遭遇成长烦恼》，《经济参考报》2019 年 6 月 17 日，第 A4 版。

B.7

2019年农村人居环境整治舆情报告

李婷婷　王燕飞*

摘　要： 2019年，农村人居环境整治是“三农”重点工作之一，也是舆论关注的常热话题。农业农村部会同有关部门全面部署、多点发力，农村人居环境整治“组合拳”受到聚焦。各地抓实抓细、创新推动，农村人居环境整治积极实践和成效赢得点赞。部分地区农村人居环境整治中存在的形式主义、弄虚作假骗取补贴等问题受到关注。从传播特点看，主流媒体在信息传播中占据主动，积极宣传农村人居环境整治先进经验做法，曝光反面典型，社交媒体的传播潜力有待发掘，短视频和直播是有力支点。

关键词： 农村人居环境整治　农村厕所革命　农村生活垃圾分类　农村污水治理　美丽乡村

2019年，农村人居环境整治工作从典型示范转向面上推开，成为舆论关注的常热话题。全年农村人居环境整治话题舆情总量33.5万篇（条）。其中，新闻报道量12.8万篇，社交媒体相关帖文量20.7万条。一年来，中央农办、农业农村部牵头抓总，全国“一盘棋”加快推进，相关顶层设计不断完善，各项重点任务抓实抓细，督导检查进一步强化。各地村庄面貌发

* 李婷婷，农业农村部信息中心舆情监测处舆情分析师，主要研究方向为涉农网络舆情；王燕飞，北京农信通科技有限责任公司舆情分析师，主要研究方向为涉农网络舆情。

生巨大变化，广大农民群众的幸福感和获得感不断提升。舆论表示，农村人居环境发生了由表及里、由量到质的变化，美丽乡村在建设过程中由“一时美”向“持久美”转变。

一 热点事件排行分析

通过对2019年农村人居环境整治话题的新闻、帖文进行监测，并加权计算，得出相关热点事件的舆情热度，据此列出排行前20位的热点事件（见表1）。

表1 2019年农村人居环境整治热点事件TOP 20

排名	热点事件	首发媒体	舆情热度
1	国务院检查组赴14个省(市)开展农村人居环境整治大检查	新华网	5506
2	各地打响村庄清洁行动春节和春季战役	农业农村部网站	5242
3	农业农村部就农村人居环境整治推进工作有关情况举行新闻发布会	农业农村部网站	3479
4	财政部、农业农村部印发《关于开展农村“厕所革命”整村推进财政奖补工作的通知》	农业农村部网站	1870
5	中共中央办公厅、国务院办公厅通知要求学习浙江“千万工程”经验	新华网	1106
6	中央农办、农业农村部等9部门印发《关于推进农村生活污水治理的指导意见》	农业农村部网站	870
7	中央农办、农业农村部等7部门印发《关于切实提高农村改厕工作质量的通知》	农业农村部网站	637
8	浙江永康端头村垃圾精细化分类,人均日产垃圾仅38克	浙江新闻客户端	550
9	农村人居环境整治暨“厕所革命”现场会召开	中国政府网	455
10	河北省率先出台关于厕所改造工作的地方性法规	《河北日报》	414
11	浙江金华六角塘村设立垃圾分类艺术馆	《浙江日报》	407
12	河北深泽县虚报农村厕所改造数量、骗取改造奖补资金	央视网	401
13	推进农村厕所革命视频会议召开,强调实施好整村推进奖补政策	农业农村部网站	400

续表

排名	热点事件	首发媒体	舆情热度
14	安徽阜阳:农村新厕所成摆设	中央电视台	361
15	农业农村部、国家卫生健康委联合发布农村“厕所革命”典型范例	农业农村部网站	325
16	河南新乡县毛庄村垃圾细分成30类	秒拍“豫直播”	324
17	农业农村部督促各地核查整改农村人居环境整治81条问题线索	农业农村部网站	316
18	河北兴隆县村庄“厕所革命”:旱厕变水冲厕所进村像进城	新浪微博“@新京报我们视频”	313
19	上海金山区试点“桶长制”“八分法”推进农村生活垃圾分类	澎湃新闻网	296
20	全国农村生活污水治理工作推进现场会召开	新华网	265

资料来源：农业农村部三农舆情监测管理平台、新浪舆情通。

对以上20个热点事件进行分析，总结出以下舆情特点。

（一）全年舆情走势出现3次明显起伏，7月舆情热度最高

从热点事件各月舆情热度走势看，全年共出现3次明显起伏。2～3月，各地积极响应农业农村部部署，接连打响村庄清洁行动春节和春季战役，推动舆情走势迅速攀升。同时，中共中央办公厅、国务院办公厅针对学习浙江“千万工程”经验印发的通知受到积极关注，也助力了3月舆情出现首个峰值。7月舆情热度攀至全年最高点，达6027。其中，农业农村部就农村人居环境整治推进工作有关情况举行的新闻发布会成为关键影响因素，事件舆情热度达3479，在当月热度中占比过半，居2019年农村人居环境整治热点事件排行第三位。此外，中央农办、农业农村部等多个部门就提高农村改厕工作质量、推进农村生活污水治理印发通知和指导意见，也成为积极推动力量。11月末至12月初，国务院组织开展农村人居环境整治大检查，助推这两个月舆情走势再次上扬（见图1）。

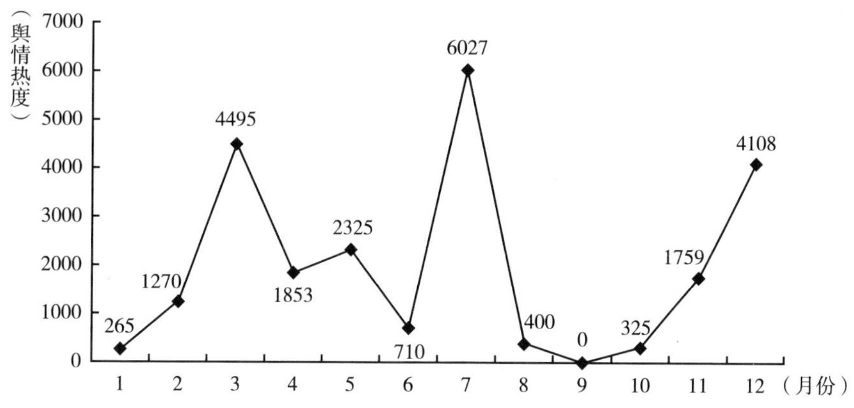

图1　2019年农村人居环境整治热点事件舆情走势

资料来源：农业农村部三农舆情监测管理平台、新浪舆情通。（下同）

（二）美丽乡村建设典型示范相关的热点事件数量最多，国务院农村人居环境整治大检查关注热度最高

从热点事件的主题看，美丽乡村建设典型示范相关的热点事件数量最多，有9个，占比45%。媒体对河北、上海、浙江、河南等多地在农村厕所改造、农村生活垃圾分类方面的积极实践和有益经验予以报道，其中浙江省的典型范例较为集中。政府部门治理举措相关的热点事件有7个，占比35%。从内容上看，主要是围绕农村“厕所革命”、农村生活污水和垃圾治理等重点工作发布的通知意见、召开的新闻发布会和部署会，其中农业农村部就农村人居环境整治推进工作有关情况举行的新闻发布会关注度相对较高。农村人居环境整治监督检查相关的热点事件有2个，占比10%。国务院检查组赴14个省（市）开展农村人居环境整治大检查受到高度聚焦，事件舆情热度达5506，居2019年农村人居环境整治热点事件排行榜第一位。5月中旬至7月上旬，农业农村部先后向各地通报3批舆论反映的农村人居环境整治问题，督促核查整改81条问题线索，引发积极关注。还有2个事件是媒体对部分地区农村人居环境整治

工作相关问题的曝光，主要涉及形式主义、弄虚作假骗取专项补贴等（见图2）。

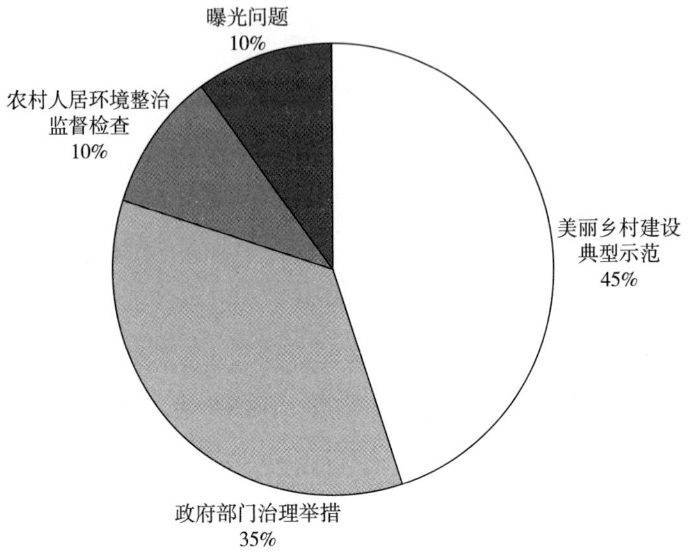

图2　2019年农村人居环境整治热点事件主题分布

（三）政府网站和新闻媒体是主要信源平台

从事件首发媒体看，政府网站和新闻媒体是主要信源平台。政府网站首发的热点事件有9个，其中的8个都来自农业农村部网站，内容包括农村人居环境治理举措和工作部署、农村“厕所革命”典型范例推介、农村人居环境整治相关问题的督查整改等多个方面。新闻媒体首发的热点事件有8个，中央媒体、地方媒体、商业媒体均有涉及。其中美丽乡村建设典型示范相关的热点事件较为集中，有4个事件与此相关。此外，新浪微博、新闻客户端、秒拍平台分别首发了1个事件，都与美丽乡村建设典型示范相关。其中2个是关于河南新乡、浙江永康的农村垃圾分类，另外1个是关于河北兴隆的农村“厕所革命”（见图3）。

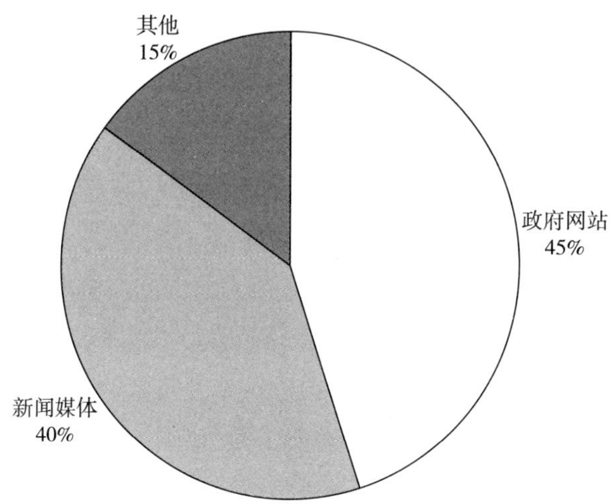

图3　2019 年农村人居环境整治热点事件首发媒体分布

二　热点舆情回顾

（一）全面部署、多点发力，农村人居环境整治“组合拳”受到聚焦

2019 年，农业农村部会同有关部门全面部署、多点发力，针对村庄清洁行动、农村“厕所革命”、农村生活垃圾和污水治理等重点工作，联合印发行动方案和指导意见，并多次召开现场会、视频会、座谈会，密集发布的政策“组合拳”受到舆论聚焦，关注热点主要集中在以下三个方面。

1. 村庄清洁行动被称为农村人居环境整治的“开幕之战”，关注热度贯穿全年

2018 年末，中央农办、农业农村部等 18 部门联合印发行动方案，全面部署村庄清洁行动，成为岁末年初的热点话题。舆论呼吁下好农村人居环境整治“先手棋”，为乡村振兴打造“绿色引擎”。2019 年，农业农村部相继

部署了村庄清洁行动的春节、春季、夏季和秋冬战役，各地完善奖补政策、出动机械化设备、形成乡村环卫市场化机制，广泛开展“集中行动”“百日攻坚”“清洁村庄评选”“美丽庭院评比”等一系列工作。上述一系列部署举措出真章见实效，“全国90%的村庄开展了清洁行动”① 等成绩通报广受肯定。媒体做出了“如火如荼”“全民行动”“农村环境不留死角”等评述，称村庄清洁行动开启了“美丽总动员”，扫出了乡村好“容颜”，认为各地积极探索建立长效机制，把建设美丽宜居乡村作为常态性工作来做，村庄清洁行动已经全面“热起来”。

2. 农村“厕所革命”被称为农村人居环境整治的“细胞工程”，财政奖补政策被重点关注

2018年末以来，有关部门多次印发通知、意见，推进农村“厕所革命”专项行动、开展农村“厕所革命”整村推进财政奖补工作，并组织召开了全国农村人居环境整治暨厕所革命现场会、推进农村厕所革命视频会，接连传递出的“中央财政70亿元推进农村厕所革命”“4万个村整村推进”② 等政策利好被舆论称为财政支持“大手笔”。新华社等媒体援引“2019年上半年全国新开工农村户厕改造1000多万户”③ “2019年卫生厕所普及率达到60%”④ 等工作成效，对相关工作的有序落地表示肯定，称“厕所革命”带来了方便和惊喜，正改变着乡村风貌和村民生活，为乡村振兴提供新动力。此外，农村改厕工作在质量提高、监管强化等方面的制度完善也被积极关注。中央农办、农业农村部等七部门联合印发通知，要求切实提高农村改厕工作质量，舆论就此总结了农村改厕需要严把的“十关”，认为“厕所革

① 《农业农村部：农村人居环境整治加快推进 90%村庄开展清洁行动》，央视网，http：//news. cctv. com/2019/12/23/ARTImNFvwYRZDODuDBIG5W0E191223. shtml。

② 《农业农村部就农村人居环境整治推进工作有关情况举行新闻发布会》，农业农村部网站，http：//www. moa. gov. cn/hd/zbft_ news/ncrjhjzztjgz/wzzb/。

③ 刘亢、蒋芳、邱冰清、姚子云、于文静、余俊杰：《总书记关心的百姓身边事：改厕改出新生活》，新华网，http：//www. xinhuanet. com/politics/2019 -08/15/c_ 1124879441. htm。

④ 《农业农村部：农村人居环境整治加快推进 90%村庄开展清洁行动》，央视网，http：//news. cctv. com/2019/12/23/ARTImNFvwYRZDODuDBIG5W0E191223. shtml。

命”更是一场精神文明建设工程，是对农村社会化服务管理体系建设的一场大考，在狠抓质量的同时，要进一步理清思路，形成全社会参与的大格局。

3. 多部门联合发力农村生活垃圾和污水治理，舆论期待长久成效

2019 年，党中央国务院高度重视农村生活垃圾和污水治理工作，多部门联合施策，形成强大合力。一年来，生态环境部等 9 部门针对农村生活污水治理印发指导意见，提出农村污水治理的“八大重点任务”；住房和城乡建设部针对农村生活垃圾治理印发指导意见，对收集、转运和处置各环节做出明确规范；中央财政资金重点支持农村污水综合治理试点，并安排 30 亿元专项资金重点聚焦中西部农村生活污水、垃圾以及厕所粪污治理和村容村貌等综合提升。各地也多措并举控源截污、清理垃圾、清淤疏浚。“2019 年，农村生活垃圾收运处置体系覆盖全国 84% 以上的行政村”“农村生活污水治理梯次推进”等积极成效引发热烈期待。[①] 舆论呼吁建立长效机制，让农村环境一直美下去。

（二）抓实抓细、创新推动，农村人居环境整治积极实践赢得点赞

2019 年，各地把农村人居环境整治放在突出位置，抓实抓细各项工作部署，创新推动落地见效，其中的积极实践和有益经验大量涌现，赢得舆论广泛点赞，热点内容主要集中在以下三个方面。

1. 垃圾分类成为农村新时尚，多地出现垃圾分类“网红村”

党和国家对垃圾分类的决策部署引发热烈响应，垃圾分类不仅成为我国城乡发展的新风尚，也成为改善农村人居环境的有力抓手。多地涌现出的各具特色的农村垃圾分类示范试点引发集中报道，辽宁新宾根据农民生产生活习惯探索“五指分类法”、上海试点农村生活垃圾“八分法”“桶长制”、浙江余姚南新庵村创建垃圾扫码分类、江西靖安设立垃圾兑换银行、安徽涡

① 《农村人居环境明显改善　生活垃圾收运处置体系已覆盖 84% 以上行政村》，农业农村部网站，http：//www.moa.gov.cn/xw/zwdt/201912/t20191225_ 6333925.htm。

阳有偿回收有毒有害垃圾、河南获嘉东彰仪村建起“厨余垃圾日光厢房”等有益做法被积极宣传。浙江、河南、山西等地出现了垃圾分类“网红村”，浙江金华六角塘村的垃圾分类艺术馆吸引了全国各地参观者，暑假期间更是迎来参观热潮。① 舆论表示，垃圾分类催生了农村环保“利器”，为破解“垃圾围村”拓宽了思路、打开了出路。

2. 农村厕改因地制宜，可持续运行的管护机制被集中关注

各地因地制宜，精准施策，出现了一批具有较强针对性和可操作性的农村厕改鲜活范例，引发多角度报道。有媒体关注了18省制定农村厕所革命专项行动方案、河北针对农村厕所改造工作率先出台施行地方性法规等举措，称逐步完善的制度保障推动农村改厕工作向规范化、法制化迈进。有媒体关注了各地立足实际的试点探索，介绍了三格式、沼气式、双瓮式等厕改新技术，山西、吉林等地对干旱、寒冷、深度贫困地区卫生旱厕改造的分类推进被广泛宣传。有媒体关注了江苏、福建、甘肃等地在建管结合方面的积极尝试，“农户 + 专业公司 + 有机肥生产”、公厕外墙设置广告和内部投放多媒体广告等“以商养厕”模式，实现了环境保护与经济效益双赢。还有媒体介绍了河北、山东等地创新应用的“网格化智能厕所管理系统”“农村卫生厕所智能化长效管护平台”等，手机二维码报抽报修、农村厕所有了智能“身份证”、抽粪车安装 GPS 和重量传感器等信息化手段接连出现，农村厕所管护服务的智能化受到肯定。

3. 统筹治理农村污水，资源化利用成为关注热点

各地将农村生活污水治理与村容村貌提升、农业面源污染治理等重点工作结合起来统筹推进，通过物理、化学、生物三级处理方法，经过层层过滤，净化污水、提升水质，实现无害化、生态化、资源化利用。安徽、陕西、湖南等地村民用处理后的污水浇花、种菜、养鱼、养鸭等场景引发广泛报道，福建、浙江等地打造的集赏景、休闲、污水处理于一体的乡村公园，

① 李建林：《金华：农村垃圾分类艺术馆迎参观高峰》，浙江在线，http：//cs. zjol. com. cn/tszc/201908/t20190807_ 10747157. shtml。

立体景观农业也被积极推介。舆论表示，“水绿交融生态美”已成为农村生活污水处理的新标配，实现了从“污水靠蒸发”向污水变清水、清水带“红利”的良性发展。

（三）关注部分地区农村人居环境整治中存在的问题并建言

1. 形式主义问题被重点关注，农村改厕问题较为集中

2019 年，中央电视台等媒体接连报道了部分地区存在的农村厕所改造后“新建厕所成摆设”“不实用遭弃用”等问题。网民也在新浪微博等社交媒体中反映了“没有水”“没有电”“没有下水道”“清理费用高”等“尬厕”问题。11 月末至 12 月初，国务院组织开展农村人居环境整治大检查，部分地区垃圾清运管理缺位、河长制形同虚设等问题被曝光，农村厕所改造中的形式主义被重点关注。部分地区农村改厕中存在的“厕具一发了之”“验收弄虚作假”“化粪池变成狗窝”等现象被接连曝出，引发热议。舆论认为，盲目追求快速“见效”、政策制定缺乏统筹、形式主义思维作祟，是此类现象屡屡出现的重要原因，建议克服急功近利和懒政思维，让惠民工程真正惠民为民。

2. 关注美丽乡村建设的运营成本问题，长效运营机制建设引发思考

《半月谈》《经济日报》等媒体关注了部分地区存在的“重建设、轻管护”“有钱建、没钱管”“干部干、群众看”等现象，指出运营成本是困扰美丽乡村建设的一大难题，一些地方在长效运营机制和相关标准制定等方面发力不足。有舆论认为，当前农村人居环境改造存在地区差异大、农村环境条件参差不齐等问题，村民居住分散、改造项目资金压力大和配套建设管理滞后等因素也影响了效益的发挥，建议各地根据实际情况引入多元化投资主体破解资金难题，推动形成共建共管共享的长效机制。还有舆论认为，农村人居环境整治需要真金白银的投入，也需要激发农村内生动力实现自身“造血”，让环境养护有红利，生态环境成为增收土壤，不仅可以激发乡村经济活力，也让美丽乡村建设后期投入和管护资金有了可靠保障。

3. 弄虚作假骗取改造资金问题被曝光

2019 年 7 月，央视网消息称，河北深泽县存在虚报农村厕所改造数量、骗取改造奖补资金问题。对此，农业农村部做出“零容忍”“发现一起查处一起”等表态，并提出“创新资金使用的管理模式”“加强对项目组织实施工作的指导”等规范举措。

三 舆情传播特点与启示

（一）主流媒体在信息传播中占据主动，正反两方面典型宣传效果明显

2019 年，主流媒体成为农村人居环境整治话题的主要传播阵地，在宣传政策部署、推介典型示范、曝光热点问题等方面发挥了重要作用。一年来，针对全国农村人居环境整治的新举措、新气象，央地两级媒体的宣传报道浓墨重彩，出现了一大批有质量、有深度的新闻报道。各地的典型示范和积极成效得到全方位立体展示，“上海实践”“浙江经验”“长沙样本”“图们样板”“涡阳经适版”等典型示范被大量宣传，加深了公众对各地美丽乡村、美丽庭院的认知和了解，也为各地借鉴经验、有效治理提供了第一手详细资料。同时，主流媒体充分发挥舆论监督作用，及时报道各地农村人居环境整治工作开展过程中存在的问题短板和薄弱环节，激发出“负面清单”的约束效应，从另一个层面助力农村人居环境整治的全面推进，在多地出现了良性示范。比如，广东中山市建立农村人居环境整治“AB 面（红黑榜）”发布制度，并借助主流媒体宣传其中的先进经验做法、曝光反面典型，《中山日报》一个月内刊发了 10 期系列报道，引发积极反响。吉林省长春市通过“电视问政”直播活动聚焦农村人居环境整治，针对各界代表“一针见血”的提问，各县区市有关负责人现场分析原因、做出整改承诺、给出整改时限，取得良好效果。

（二）社交媒体的传播潜力有待发掘，短视频和直播是有力支点

2019 年，在新浪微博中，与农村人居环境整治相关的热点微话题主要

集中在农村垃圾分类、农村厕所革命方面，阅读量共计1500余万次。这与“三农”相关微话题的平均热度相比，还有一定差距。从2019年农村人居环境整治排行前20的热点事件也可以看出，媒体报道量明显高于微博、微信帖文量，社交媒体的传播潜力还有待进一步发掘。从全年出现的传播亮点看，农村人居环境整治的先进典型示范更加受到网民欢迎，短视频、直播是推动关注热度走高的有力支点。从实践看，借势中国农民丰收节、国庆节、春节等公共热点进行话题引流也是有效方法。2月正值春节返乡话题的高热期，“@新京报我们视频”在微话题“我家的年味”中发布视频，展示了河北兴隆县塔前村厕所改造带来的新气象，当月播放量达300万次。在各地喜迎国庆前夕，新华社联合短视频平台，以直播“看美丽乡村”的形式欢庆祖国七十华诞，引发了网民浓厚兴趣。青海湟中县拦隆口镇卡阳村、上海金山区朱泾镇待泾村、吉林省公主岭市环岭街道火炬村等多地村庄的直播观看次数达数十万、上百万，浙江天台县后岸村的直播观看量更是达到1055万次。此外，抓细节、抓特点，也是成功吸引舆论注意的关键因素。在新浪微博和秒拍平台中，“河南新乡县毛庄村垃圾细分成30类”“浙江永康端头村人均日产垃圾仅38克”相关的短视频和直播被网民热烈围观。由此可以看出，对于农村人居环境整治的宏大主题，还需用直观、生动的传播方式拉近与受众的距离，深挖其中的兴趣点，重视公众的利益关切和互动体验，用接地气、有温度的内容呈现乡村蝶变，进一步激发出舆论对农村人居环境整治的信心。

参考文献

高云才：《建设美　经营美　传承美》，《人民日报》2019年1月28日，第2版。

乔金亮：《环境整治让乡村更美丽宜居》，《经济日报》2019年8月8日，第5版。

李朝民、李慧斌：《好事办到亿万农民心坎里——2018年以来我国农村“厕所革命”综述》，《农民日报》2019年11月19日，第1版。

魏飚、李浩、熊家林：《有钱建、没钱管：美丽乡村遇管护难题》，《半月谈》2019年第8期。

热 点 篇

Hot Topics

B.8 李子柒田园生活短视频走红海外事件的舆情分析

张文静*

摘　要： 2019年12月4日，新浪微博“@雷斯林 Raist”发帖介绍了自媒体创作者李子柒以中国田园生活为主题拍摄的短视频在境外社交平台走红，并称“这才是文化输出”，由此引发“李子柒是不是文化输出”的大讨论。事件舆情热度于6日出现首个峰值。10日，新浪微博“@央视新闻”开辟微话题“央视评李子柒为何火遍全球”，推动事件舆情热度达到顶点。14日，央视《新闻周刊》节目再次对李子柒予以中肯评价，事件舆情热度于15日小幅反弹后迅速回落。李子柒及其短视频获得大部分舆论的支持和肯定，其走红海外现象给中

* 张文静，北京乐享天华信息咨询中心舆情分析师，主要研究方向为涉农网络舆情。

国对外传播带来的借鉴意义引发深度思考，短视频支农兴农的广阔前景值得期待。

关键词： 李子柒 短视频 文化输出 传统文化 农耕文明

一 事件经过

李子柒是来自四川的“90后”博主，凭借拍摄乡村田园牧歌式生活和制作传统美食的短视频而走红海内外。截至2019年12月，李子柒在新浪微博已拥有超2000万的粉丝，在境外短视频平台YouTube上的粉丝超过740万。①

2019年12月4日，新浪微博“@雷斯林Raist”介绍了李子柒以中国田园生活为主题拍摄的短视频在境外社交平台YouTube上受到欢迎，并称“这才是文化输出”。②

12月5日，针对上述“文化输出”观点，新浪微博“@一领淡鹅黄”认为，李子柒的作品很好，但是内容经过刻意包装、不具有现实普遍意义，不能将这种拔高式展现作为中国形象的代表；李子柒之所以受到外国人追捧，是因为她输出的形象完美贴合了他们对中国“田园”的刻板印象。③

12月6日，微话题“李子柒是不是文化输出”登上新浪微博热搜榜。

12月10日，新浪微博“@央视新闻”开辟微话题“央视评李子柒为何火遍全球”，并评价其“爱生活、爱家乡、爱文化”，认为“热爱”是其视频火遍全球的原因。④

---

① 王芳：《李子柒的田园牧歌，火的是什么?》，人民网，http：//yuqing. people. com. cn/n1/2019/1217/c209043－31510356. html。

② 新浪微博“@雷斯林Raist”，https：//weibo. com/2216334181/IjcJI9K1v？filter = hot&root_comment_ id = 0&type = comment#_ rnd1590378914370。

③ 新浪微博“@一领淡鹅黄”，https：//weibo. com/2125646901/Ijn5MxIe1？refer_ flag = 1001030103_ &type = comment#_ rnd1590378709277。

④ 新浪微博“央视评李子柒为何火遍全球”，“@央视新闻”，https：//weibo. com/2656274875/Ik5DClKZ4？type = comment。

2019 年 12 月 14 日，主持人白岩松通过中央电视台《新闻周刊》栏目发声，肯定了李子柒作为民间草根在面向世界传播中国文化的过程中成为积极示范，并呼吁不要“过高评价或过低质疑”，“微笑着鼓掌是最好的”。①

二　事件舆情走势

据监测，自 2019 年 12 月 4 ~ 17 日，李子柒田园生活短视频走红海外事件的舆情总量为 57. 33 万篇（条）。其中，新浪微博中的舆论声量最高，相关微博 50. 52 万条，占舆情总量的 88. 11%；新闻客户端 3. 82 万篇，占 6. 67%；论坛、博客 1. 18 万篇，占 2. 07%；新闻报道 1. 13 万篇，占 1. 96%；微信 0. 68 万篇，占 1. 19%（见图 1）。

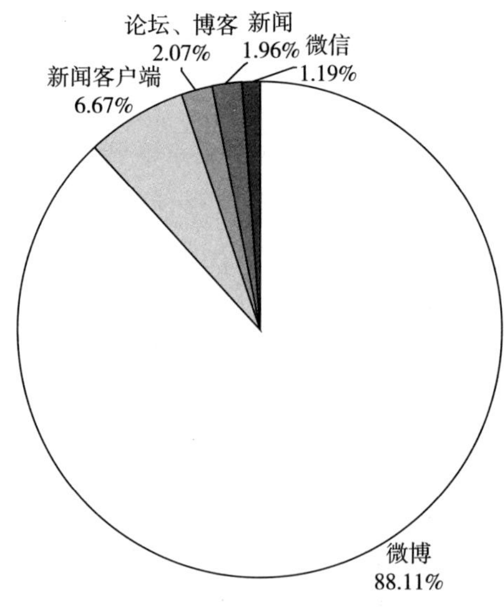

图 1　李子柒田园生活短视频走红海外事件各类媒体话题量占比

资料来源：农业农村部三农舆情监测管理平台、新浪舆情通。（下同）

① 《〈新闻周刊〉20191214》，央视网，http：//tv. cctv. com/2019/12/14/VIDE4UrjBqCfC7uK8hDsDisY191214. shtml？fromvsogou = 1。

从舆情走势看，事件共经历了 2 次明显的舆情起伏。第 1 次起伏时间是 12 月 4 ~8 日，主要集中在民间舆论场。4 日，新浪微博“@ 雷斯林 Raist”针对李子柒短视频走红海外现象做出了“文化输出”的论断，掀起新浪微博的舆论风暴。该条微博的转发和评论量迅速突破 2 万次，点赞量达到 19 万次。5 日，事件在新浪微博中的关注热度继续升温，更多网民参与到“文化输出”相关话题的讨论中，所持观点趋于多元。当日，新浪微博“@ 雷斯林 Raist”再发长微博《李子柒怎么就不是文化输出了?》，进一步表明自己的观点，也推动舆论关注热度再创新高。该条长微博的阅读量突破 1000 万次，点赞量达到 69 万次。同时，也有网民对“文化输出”的观点持否定态度。有的网民认为，李子柒的视频内容不是完全真实展现当下中国田园生活状态、存在包装炒作，无法承担文化输出的重任；有的网民担心传播这种视角下的乡土生活，会给外国人了解真实的中国带来误导。其中，新浪微博“@ 一领淡鹅黄”表达的观点最受关注，转发和评论量近 2 万次，点赞量达到 7. 8 万次。此外，还有网民认为“文化输出”的争论本身就没有意义。6 日，该事件在新浪微博中的舆情热度达到首个峰值，相关新闻报道量和微信文章数量也开始大幅上涨。新浪微博中，微话题“李子柒是不是文化输出”登上当日热搜榜，阅读量达 8 亿次。网民从文化输出的讨论向外发散，对李子柒及其视频进行更为广泛的讨论，其中支持和肯定声音占大多数。新浪微博“@ 直戳你的八卦心”发起话题投票“你喜欢看李子柒的视频吗?”，共计 18. 4 万人参与投票，有 13. 0 万人表示“喜欢”。7 日，事件相关微博热度明显降温，相关新闻量出现小高峰。新浪微博中，经过前几日的讨论，网民的各路观点已尽述，关注热情随之下降。而新闻媒体开始发力，《人民日报》《南方都市报》等媒体通过官方微博微信，表达了对李子柒的支持，受到多数舆论认同，产生积极传播效果。8 日，事件在各媒介平台中的话题量均明显减少，舆情热度暂时降温。

12 月 9 ~13 日，事件舆情走势出现第 2 次起伏，媒体声音和官方表态成为重要推动因素。在此期间，以中央电视台为代表的主流媒体引导舆论风向脱离“文化输出”是非之争，转向探讨李子柒短视频走红海外的原因，新的分析视角和理性的内容表达推动舆论关注热度再攀新高。2019 年 12 月 9 日，新浪微博“@共青团中央”“@中国历史研究院”等官方机构纷纷发声，认为“因为李子柒，数百万外国人爱上中国”，引发网民高度关注，相关微博文章的阅读量共计 400 万次。同时，新闻媒体的声量也进一步加大，李子柒走红原因成为新的焦点议题。《光明日报》发文，从文化融合和文明传播的视角，将其走红归因于视频传递的价值理念形成了跨文化共识，《中国青年报》通过官方微博发起话题投票“李子柒为什么受欢迎”等，助力舆情热度回暖。10 日，事件舆情走势达到第 2 个峰值，舆情热度达到最高点。新浪微博“@央视新闻”从“热爱”角度分析李子柒走红原因，并开辟微话题“央视评李子柒为何火遍全球”，受到舆论高度聚焦。上述微博文章的阅读量达 3500 万次，点赞量近 80 万次，微话题的阅读量突破 11 亿次。新浪微博“@新浪科技”发起话题投票“你为什么喜欢李子柒”，15.0 万人参与投票，其中 10.6 万人投给了“敬于能力才华”。至 11 日，舆论各种观点得以充分表达，事件舆情声量逐步降低。新浪微博“@歪果仁研究协会”发出视频消息，从外国人的视角解读李子柒为何走红海外，其中的“现代中国给人一种鼓掌的冲动，传统中国给人一种共情的渴望”等观点获得网民广泛认同，该条视频的播放量突破 900 万次。同时，央视新闻联播主播海霞通过短视频栏目《主播说联播》点赞李子柒，认为视频传递的“每一帧画面都有对家乡的热爱”，该条视频的播放量达到 190 万次。总体看，媒体从多个角度充分表达了对李子柒及其视频走红的肯定，观点内容符合大部分舆论的心理预期，观点争议的减少促使舆情热度降温。至 13 日，事件舆情走势已处于第 2 次起伏的谷底。

14 日晚间，中央电视台《新闻周刊》栏目再次对李子柒予以中肯评价，主持人白岩松以更加开阔的视野思考此事的整体意义，认为应该有更多来自民间走向世界的网红讲好中国故事，引发网民感性和理性的双重共鸣。由此，事件舆情热度于 15 日呈现小幅反弹，随后便迅速回落，于 17 日趋于平息（见图 2）。

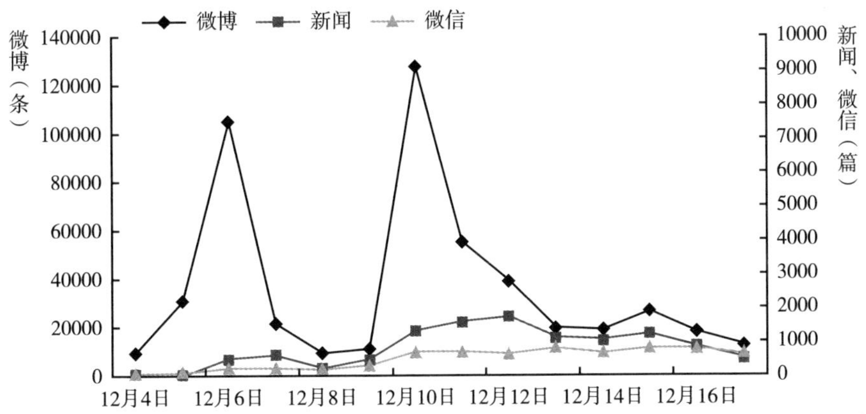

图 2　2019 年李子柒田园生活短视频走红海外事件舆情走势

三　舆论主要议题

（一）媒体观点摘要

1. 围绕“文化输出”展开讨论

微信公众号“南方都市报”从李子柒讲述的乡村故事切入，认为这些故事虽然使用“剧本”具有创作性质，但其是扎根于真实的乡村生活，这种小而美的中国故事让国外网友获得共鸣，从传播效果衡量是我们所需要的文化输出。①《重庆日报》分析了李子柒古风美食视频的海外传播流程，内容生产环节主要是以民间形式、个人方式来完成，传播环节依托网友自发传播逐步形成规模，效果产生也是粉丝主动接受的结果，对于这样的文化输出应予以肯定。② 澎湃新闻网则从三个角度进行反驳：其一，李子柒的镜头并非客观记录真实的中国农村；其二，广大的受众是活跃于社交媒体的城市用

① 《李子柒是文化输出，而且是我们所需要的文化输出》，微信公众号“南方都市报”，2019 年 12 月 10 日。

② 江德斌：《对李子柒的文化输出应予以肯定》，《重庆日报》2019 年 12 月 13 日，第 13 版。

户而非农民；其三，李子柒及其团队也从未表示过要成为谁的代表，因此从文化工业论来看，"李子柒"三个字就是一个商业品牌，没有必要把文化输出的名头强加于她。[①]《中国青年报》则提出更加全局性的观点，认为从时间维度上看，文化输出应当表现出持续性，是润物细无声的过程；从空间维度看，单一将这一宏大且影响因素颇多的概念应用于一名女子身上，这顶帽子太大了。其同时指出，也不可因噎废食否定以李子柒为代表的短视频创作者为我们带来的多元化传播，要从这些鲜活、张扬、有温度又充满生命力的表达中反思，怎样才能更好地进行文化输出。[②]

2. 分析李子柒短视频走红海外的原因

新浪微博"@央视新闻"将李子柒的成功归因于"热爱"，视频传递的价值理念是爱生活、爱家乡、爱文化，每一个喜欢她的受众，是在信息解码的过程中接收到其热爱的价值表达，从而触动自我内心的情感共鸣；由于这种热爱的相通性，李子柒的很多作品完全没有翻译，能跨越语言传播信息转换的过程火遍全球。[③] 新浪微博"@观察者网"从跨文化传播的技术视角进行剖析，认为李子柒的视频打破了语言障碍，主要通过动作和场景来表现内容，如果一个镜头没看清，还有细致的动作分解，每条视频都配有汉语、英语、韩语、越南语等标签方便搜索，古风美食为主的视频内容在选题上满足了海外观众对中餐以及中国乡村的好奇心，文化背景相近的亚洲观众是推动李子柒视频出海的主力军，推广公司通过大V互推等方式助力播放量和粉丝量的迅速增加。[④]

3. 文化"走出去"需要更多"李子柒"

新浪微博"@新华视点"称，在互联网时代，文明交流互鉴有了更多

---

① 西坡：《夜读丨李子柒只是李子柒，何必强加太多》，微信公众号"澎湃新闻"，2019年12月6日。

② 范娜娜：《别急着否定李子柒也别匆忙定义农耕生活》，《中国青年报》2019年12月10日，第2版。

③ 知非：《我也蛮自豪，因为我就是李子柒作品背景里的一个点》，新浪微博"@央视新闻"，https://weibo.com/ttarticle/p/show?id=2309404447882362093714。

④ 《快来康康：李子柒为什么能风靡海外?》，新浪微博"@观察者网"，https://weibo.com/1887344341/IkBCkyywV?refer_flag=1001030103_&type=comment。

载体和渠道，有了更广阔的平台，在这个精彩无限的文化传播与交流的时代，我们需要更多的“李子柒”，需要更多有品质、有温度的好故事，让更多的人读懂中国、爱上中国，需要各方力量各显其能，以自己的方式告诉世界“我所站立的地方就是中国”，让世界了解一个全面、真实、立体的中国。[①] 中央电视台《新闻周刊》栏目指出，李子柒在面向世界的传播中，没有什么口号，却有让人印象深刻的口味，更赢得了一个又一个具体网民回馈的口碑，现在的问题不是李子柒有多少问题，而是李子柒太少了，如果来自民间并走向世界的网红由一个变成上千个，那中国故事就真的有得讲了。[②]

（二）网民观点摘要

1. 网民评论高频词分析

通过抓取“@人民日报”“@央视新闻”“@歪果仁研究协会”等7家新浪微博账号共400条网民评论进行关键词词频分析。从“视频”“李子柒”“喜欢”这三个出现频率最高的关键词来看，多数网民对李子柒及其拍摄的短视频持积极肯定态度，也对短视频这种传播形式表示认同。“美好”“向往”“治愈”“舒服”等关键词是网民对李子柒短视频的主观感受。“正能量”“勤劳”“优秀”等关键词是网民对李子柒个人魅力的评价。“文明”“笔墨纸砚”“蜀绣”等关键词反映出网民对李子柒传承中国传统文化的关注。“文化自信”“立体”“农耕”“现代化”等关键词体现了网民对中国对外传播的综合考量（见图3）。

2. 网民观点分析

（1）视频呈现的意境美让人向往（31.25%）

31.25%的网民对李子柒短视频呈现的意境之美给予积极评价。有网民说，李子柒的视频有质量有内容，不论配乐、取景、画面都很用心，十几分钟的视频里，涉四季、含五谷、有手艺，有自然之美、劳动之美，每一帧画

---

① 《辛识平：读懂“李子柒”，此中有真意》，新浪微博“@新华视点”，https://weibo.com/2810373291/IkeW6rELZ?type=comment#_rnd1590311099298。

② 《〈新闻周刊〉20191214》，央视网，http://tv.cctv.com/2019/12/14/VIDE4UrjBqCfC7uK8hDsDisY191214.shtml?fromvsogou=1。

图3　李子柒田园生活短视频走红海外事件网民评论高频词

面都那么美好，看了让人赏心悦目。有网民说，李子柒的视频不矫揉造作，她把面朝黄土背朝天的日子过成了如诗如画的生活，很解压，很有意境，带入感很强，让人感觉生活很艰辛但也能很美好，能使浮躁的心归于平静，特别治愈。还有网民说，李子柒在视频里活成了我想要的样子，每个人的心里都有一片桃花源，中国田园式的美感，我们脱离了太久，成了埋藏在心里的向往，她至少给我们树立了一种生活方式，虽然过于理想，但是仍然让人憧憬，这很好！

（2）肯定李子柒对传统文化的传承（20.75%）

20.75%的网民对李子柒在传统文化传承方面的身体力行表示肯定。有网民说，笔墨纸砚、养蚕缫丝、双面蜀绣、竹艺工匠、种豆酿酱、中华美食、春节年饭等，她所展现的不仅是简单的农村田园生活，还包含了很多非物质文化遗产，特别棒！有网民说，传统不等于落后，李子柒虽然拍摄的是中国偏远农村，但传递的是中华民族的智慧，展现的是千年文明古国的魅力，她将中国传统文化的美很舒服地体现了出来，大家喜欢她，欣赏她，在海外受欢迎亦不足为奇，因为人类的精神追求是相通的。还有网民说，视频传递出来的中国传统文化之美足够动人，让大家注意到一直被忽视的农耕文明，我们在发展科技工业方面取得了很多成就，但我国是农业大国，我们的农耕文明有太多值得骄傲的东西，有些传统文化和记忆不该被遗忘，每个人都应该成为传承者。

（3）点赞李子柒的生活态度（20.00%）

20.00%的网民为李子柒的生活态度点赞。有网民说，李子柒最打动我的不是“中式生活之美”，而是勤劳、乐观、独立、自强、朴实、孝顺、认真的品质，看她的双手和拿刀干活的架势，就知道这是一个令人敬佩的90后，自力更生创造出自己想要的生活，真的很了不起。有网民说，平凡的生活，在她那儿变得有了诗意，我喜欢她对生活的态度，每一天都要好好活着，用力活着，她所展现出来的生活方式和精神追求尤为可贵，她对生活的诠释让我更加敬畏生命、尊重劳动、感谢自然对人类的馈赠。还有网民说，李子柒是农村的骄傲，她不仅能养活自己，还宣传了另一视角下的农村，为农村的多样化发展提供了另一种思路，同为农村人，我们也要好好经营自己的家园，思路换一换，农村大不同，只要去经营，又见陶渊明，相信数亿农村人都有着美丽农村梦。

（4）讨论中国对外传播（14.00%）

围绕李子柒短视频走红海外现象，14.00%的网民对中国对外传播展开讨论。有网民说，无论怎样的文化，想要让别人理解，必先打动人，很多的文化走出去活动虽然是大制作，但内容生硬刻板，缺乏令人感动的地方，文化自信不只源于现在的高科技和灿烂的文明，更应源于生活，钢筋混凝土可以很美，但打动人心的，还是人间的烟火气。有网民说，现代科技化的中国和作为农业大国的中国不应割裂，全面地看待我们拥有的所有东西，自信地展示中国吧。还有网民说，讲好中国故事，没必要一蹴而就，不能只想我有什么，要考虑人家需要什么，硬塞给对方我们怎么美好，反而会让人家反感。

（5）关注媒体态度（7.75%）

针对李子柒短视频走红海外现象，《人民日报》、中央电视台等媒体纷纷进行报道评论。7.75%的网民对媒体的观点态度予以关注。有网民发出了“中肯”“发人深思”“点赞”“感谢”等评价，支持媒体为李子柒发声。还有网民说，李子柒的视频就是拍摄她想过的生活，既不能代表中国也不必代

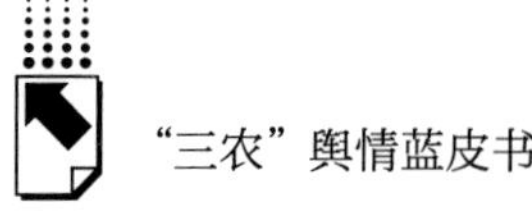

表中国，希望不要娱乐她，不拔高也不贬低，让她安安静静地存在，也让受众自主选择喜好。

（6）视频唤起童年记忆（5.00%）

5.00%的网民认为李子柒的短视频唤起了自己的童年记忆。有网民说，小时候我家很多东西跟她家的很像，也是用土灶做饭烧柴火，爸爸爷爷会编织很多生活用具，妈妈会手工做很多吃食，每天的生活就是耕作与烟火的重叠，是我最温暖的记忆。有网民说，作为上山砍过柴、下田插过秧、骑过牛背、割过猪草的乡下娃，看她干农活就会想起自己小时候干活的样子，让人忍不住怀念童年。还有网民说，李子柒视频中呈现的农活和生活方式，就是我们80后90后的童年记忆，如今我30岁，每每夜深忽梦少年事，都是农村的场景，那遥远的家乡在呼唤我。

（7）质疑视频真实性（1.25%）

1.25%的网民认为视频呈现的不是真正的农村。有网民说，这是滤镜下的农村，是演绎，我都当宣传片看。有网民说，看看就好，不要羡慕，按照她的工作量，就算是农村的一个壮劳力，也要每天早出晚归才能完成，不可能过得这么精致和悠闲（见图4）。

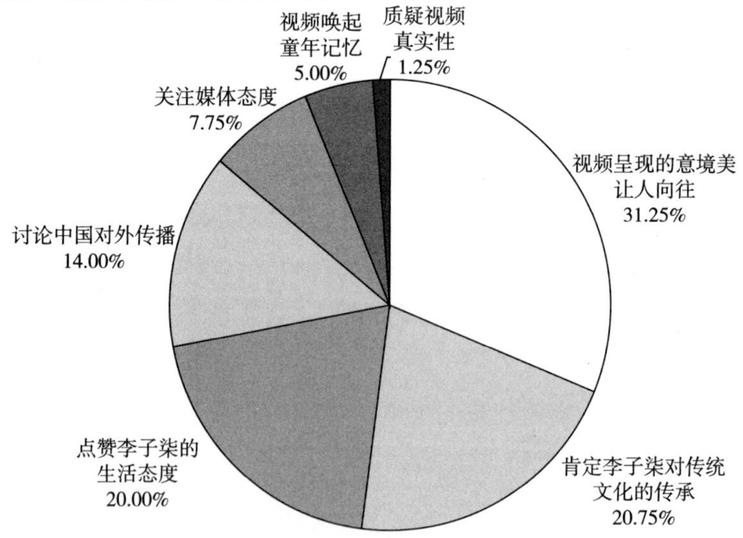

图4　李子柒田园生活短视频走红海外事件网民观点分布（抽样400条）

四 事件启示

（一）构建自信自省的乡村网络空间是紧迫课题

乡土元素是李子柒短视频中的一大特色。精良的制作把“春耕夏种秋收冬藏”“一箪食一瓢饮”等生产生活场景表现得唯美精致，也把乡里乡亲间的友善互动、丰富多彩的传统风俗，以及人类农事活动与自然环境的和谐共生表达得淋漓尽致，唤起了国内网民内心深处对乡土文化的美好记忆与期许，也激发了国外网民对中国田园生活的诗意想象和向往。但从事件引发的争议看，部分网民认为农村也有愚昧落后、脏乱差的现象，这也成为其质疑视频“真实性”的一个主要论据。因此，如何让受众全面认识真正的当代中国乡村值得思考。在信息技术日新月异的当下，网络空间已成为构建现实生活媒介形象的主要场域，现代化、工业化的中国形象被展现得更为充分丰富，而乡土中国的叙事空间呈现模式化、扁平化的特点，且一些网络平台对乡村风土人情的低俗化演绎也导致了认知偏离。作为国家传播的重要组成部分，新时代乡村的美好和活力需要被发现、被展示，提高“三农”传播话语权，构建自信自省的乡村网络空间是当下的紧迫课题。

（二）短视频支农兴农的广阔前景值得期待

当前，各短视频平台都活跃着大量的“三农”短视频创作者，他们具有农村成长经历和生活经验，互联网思维和新媒体运用也日臻成熟，广袤乡村的原生态美景和厚重的人文底蕴也为他们的创作注入不竭动力。“三农”短视频创作者中，李子柒、滇西小哥、巧妇9妹、乡野丫头等“流量担当”不断增加，他们创作的优质“三农”短视频，点击量动辄数百万、上千万，时令美食、传统手工艺、古风生活成为吸睛焦点。“短视频 + 乡村网红”在为乡村美食美景引流变现方面表现出了惊人能力，这些成功案

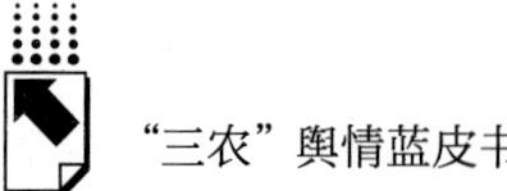

例从侧面反映出乡村的巨大吸引力和广阔市场前景，给休闲农业、乡村旅游、农特产品等乡村产业发展带来了有益参考。发现乡土之美，挖掘文化内涵，打造特色品牌，通过短视频、直播等新媒体方式实现有效传播，将为脱贫攻坚和乡村振兴提供有力支点，也将为乡村生活的美感升级带来现实可能。

B.9

大学生回乡养虾遭哄抢事件的舆情分析

赵 娟　李 静　刘 佳*

摘　要： 2019年11月1日，华夏早报网报道称，大学毕业生刘正轩回到家乡创业养虾，但两年来遭到当地村民十余次哄抢，造成直接经济损失近80万元。2019年10月21日，有村民直接哄抢已捕捞收集在塘边的虾，工作人员劝阻时与村民发生冲突，当地警方受理调查。11月2～3日，新浪微博“@新京报我们视频”、秒拍“一手Video”等媒体采访涉事各方，围绕是否存在哄抢行为发出跟进报道。虾塘承包人刘正轩介绍“工作人员劝阻（村民）拉都拉不住”，当地政府部门负责人回应“不完全是哄抢”“捡剩下的”，成为关注焦点。对此，舆论从返乡创业者权益保障、乡村法治建设、精神扶贫等层面展开讨论。11月4日，舆情关注热度开始下降，6日渐趋平息。

关键词： 大学生　返乡创业　养虾　精神扶贫　乡村法治建设

一　事件经过

2019年11月1日，华夏早报网报道称，湖南洞口县高沙镇人刘正轩，

* 赵娟，北京农信通科技有限责任公司舆情分析师，主要研究方向为“三农”网络舆情；李静，北京农信通科技有限责任公司舆情分析师，主要研究方向为涉农网络舆情；刘佳，北京农信通科技有限责任公司舆情分析师，主要研究方向为涉农网络舆情。

大学毕业后回到洞口县岩山镇青桥村发展基围虾养殖，但附近村民多次打着“捡点小鱼小虾”的幌子，不顾劝阻下塘哄抢养殖虾。这种现象自 2018 年养殖基地投产以来，已发生十余次，每次都有几十至上百人参与，甚至有当地村干部也在其中，造成直接经济损失近 80 万元。2019 年 10 月 21 日，有村民直接哄抢已捕捞收集在塘边的虾，工作人员劝阻时与村民发生冲突。刘正轩认为这是有组织的哄抢行为，要求有关部门严查严惩。当地警方受理案件并展开调查。①

2019 年 11 月 2 日，新浪微博“@新京报我们视频”报道，洞口县岩山镇党委书记表示，目前当地已成立两个工作组处置该事件，公安部门已行政拘留 3 名村民，镇、村干部正给群众做工作，因为牵涉人员较多，要把群众的思想情绪疏导好。②

11 月 3 日，北京青年报企鹅号“北青 Qnews”报道，刘正轩介绍，他的养殖基地共有 17 个水塘、占地 120 亩，计划能捕捞 1 万 ~2 万斤虾，销售额在 30 万 ~40 万元，但过去两年的销售额均只有十几万元，有的塘在捕捞之前就已经没有虾了；当地村民表示，村里人会去塘里捞鱼，有时候可能会捞到个把虾，但绝对不存在哄抢情况，双方发生冲突是因为工作人员不准村民捞鱼。③

11 月 3 日晚，秒拍“一手 Video”报道，洞口县岩山镇党委书记表示，事件不完全是哄抢，养殖场把虾捞完之后，老百姓才下去捡剩下的小的虾；刘正轩说，并不是养殖场捞完之后村民才进去，现场情况是工作人员劝阻拉都拉不住。④

---

① 董哲：《湖南洞口县村民被曝多次聚众哄抢养虾场　官方：正在调查》，华夏早报 - 灯塔新闻，http://www.hxzb.org/2019/dengtaxinwen_1101/4172.html。

② 《大学生回乡养虾遭村民哄抢　官方：已行拘 3 人》，新浪微博“@新京报我们视频”，https://weibo.com/6124642021/Ielz3F0fU?type=comment。

③ 张月朦：《大学生回乡创业养虾遭哄抢？有村民声称没抢虾只有些老人捞鱼》，北京青年报企鹅号“Qnews”，https://new.qq.com/omn/20191103/20191103A0942200.html。

④ 《大学生创业养虾遭村民哄抢：拦不住》，秒拍“一手 Video”，http://n.miaopai.com/media/9nmcwcf3WAyB8tECeHmAK8xUR1ZeWcuD。

二　事件舆情走势

据监测，2019 年 11 月 1 ~6 日，事件的舆情总量为 28714 篇（条）。其中，新浪微博中的舆论声量最高，相关微博 24396 条，占舆情总量的 84. 96%；论坛、博客 1887 篇，占 6. 57%；新闻客户端 1533 篇，占 5. 34%；新闻报道 548 篇，占 1. 91%；微信 350 篇，占 1. 22%（见图 1）。

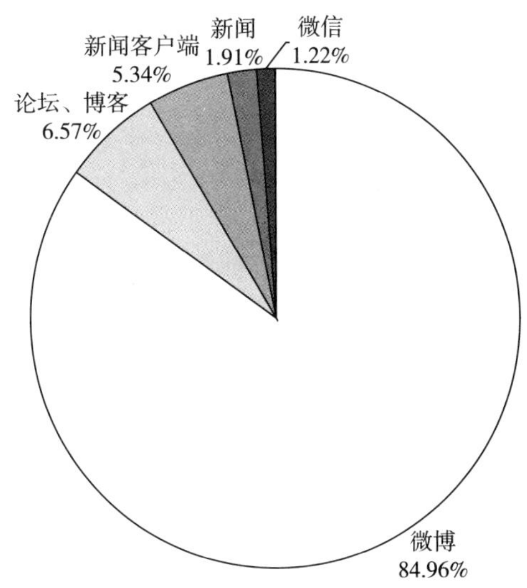

图 1　大学生回乡养虾遭哄抢事件各类媒体话题量占比

资料来源：农业农村部三农舆情监测管理平台、新浪舆情通。（下同）

从舆情走势看，11 月 1 日华夏早报网的图文报道是事件的首发信源，“村民聚众哄抢”成为关注重点。报道以《湖南洞口县村民被曝多次聚众哄抢养虾场　官方：正在调查》为题，把虾塘承包人刘正轩作为主要采访对象，介绍了事件的来龙去脉以及刘正轩的主要诉求。从标题看，“村民”“多次聚众哄抢”成为核心呈现，“大学生返乡创业”这一背景要素没有体现。

2019 年 11 月 2 日，事件舆情热度迅速攀升，“大学生回乡养虾遭哄抢”成为传播核心信息。当日，新浪微博“@新京报我们视频”发出的视频报道《大学生回乡养虾遭村民哄抢　官方：已行拘 3 人》，成为主要传播源。新浪、网易、腾讯等门户网站就此发出原标题转载报道，网民参与跟帖评论量共计达 45.6 万次。秒拍平台中，上述视频的播放量达 1510 万次。从内容看，报道分别发出了对虾塘承包人刘正轩、洞口县岩山镇党委书记林力博的采访录音。其中，刘正轩介绍的承包虾塘经历被重点关注。网易、腾讯等媒体转载时，将“大妈拎桶闯泥塘拦都拦不住”“2 年遭哄抢 10 余次”等细节性描述设置在新闻标题中。舆论视角也由“村民哄抢”进一步扩展至“大学生回乡养虾遭村民哄抢”，新浪微博中出现多个相关微话题，阅读量共计达 2.3 亿次。同时，“公安部门已行政拘留 3 名村民”也被关注，“官方：已行拘 3 人”广泛出现在转载标题中。

11 月 3 日，事件舆情热度达到顶点，“是否存在哄抢行为”引发跟进报道。当日，北京青年报、一手 Video 等媒体围绕虾塘承包人刘正轩、村民、当地政府等事件关涉方，针对“是否存在哄抢行为”展开跟进报道。其中，洞口县岩山镇党委书记林力博回应的“不完全是哄抢”“捡剩下的”，虾塘承包人刘正轩回应的“工作人员劝阻（村民）拉都拉不住”，成为社交媒体中的热点议题。新浪微博中由此出现了“政府人员称村民抢虾是捡漏”“大学生否认村民捡虾是捡漏”等微话题，阅读量共计 1.9 亿次。问答社区“知乎”中出现了“如何看待大学生回老家创业养虾遭村民哄抢，官方称是在捡漏?”，累计有 1300 个回答，浏览量达 570 万次，登上知乎热榜第 3 位。

11 月 4 日，事件舆情热度开始下降。当日没有出现该事件相关新发消息，舆论继续关注媒体前几日曝出的事件相关细节，“哄抢”与“捡漏”的各执一词引发深度反思。媒体和网民从返乡创业者权益保障、乡村法治建设、精神扶贫等多个层面展开讨论。

11 月 5 日，事件舆情热度进一步走低，11 月 6 日趋于平息（见图 2）。

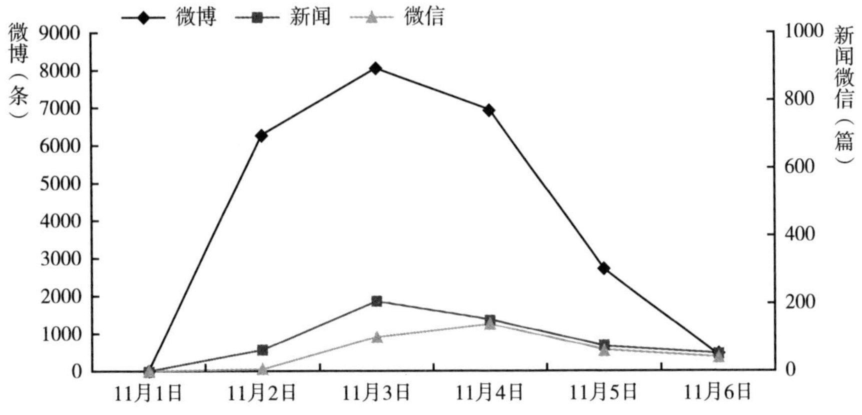

图2　2019年大学生回乡养虾遭哄抢事件舆情走势

三　舆论主要议题

（一）媒体观点摘要

1. 严格执法，保障返乡创业者利益

微信公众号“南方周末”称，在不少地方的农村，这种偷窃哄抢现象已经成为有意向返乡创业者不得不考虑的因素。只有创业者的合法利益得到足够的保护，才会有更多人愿意参与农业创业。如果容忍“小恶”，农村的发展将无从谈起。[①] 新浪微博“@中国之声”称，哄抢他人财物触犯《治安管理处罚法》甚至《刑法》，但入刑追责者并不多，这就使很多人产生“法不责众”的错觉，唯有严格执法，才能让法律有尊严，民众知敬畏，不以恶小而为之。[②]

① 辛省志：《90后回乡创业养虾被哄抢，法律应该保护创业者利益》，微信公众号“南方周末”，2019年11月7日。

② 《湖南洞口大学生回乡创业养虾，两年时间内虾塘竟遭村民哄抢十几次》，新浪微博“@中国之声”，https://weibo.com/1699540307/IeBhReKhi?filter=hot&root_comment_id=0&type=comment#_rnd1589736967666。

2. 哄抢行为折射精神贫困

微信公众号“半月谈”指出，从更深层次来看，哄抢现象背后隐藏着一些乡村地区长期存在的精神贫困现象。一些地区物质层面的改善与精神层面的提升并不同步，文化建设依然滞后。根治此类问题，须对精神贫困辨证施治，需要基层组织发挥主导作用，因地制宜开展移风易俗，让农村真正走向物质与精神的同步富裕。[①]

3. 大学生回乡养虾遭哄抢事件不应过度放大

红网指出，广大网友对涉事村民的批评，是完全正确和有必要的。但这种现象仅为个案，不应过度放大，不能就此说“大部分农民都是如此”“各地都随处可见”，这种说法是荒唐且与实际完全不符的。[②] 第一财经称，乡村有“贫愚弱私”，更有温情、勤俭、淳朴、善良、优美、宜居，通过哄抢基围虾、哄抢翻车的橘子之类事件，就肤浅地将中国农民大批一顿，大可不必。乡村和社会各界，看清楚自己身上的问题，看清楚未来发展的趋势，去面对，去改变，才是吾民吾国崛起于世界民族之林的正确方式。[③]

（二）网民观点摘要

1. 网民评论高频词分析

本研究抽取“@人民网”“@新浪新闻”“@新京报我们视频”“@梨视频”等8家新浪微博账号共400条网民评论进行关键词词频分析。从“创业”“村民”“政府”三个出现频率最高的关键词可以看出，事件关涉的三方主体是网民议题的焦点。“投资”“带动”“人才”“保护”等关键词表达了网民对大学生返乡创业的积极肯定，“抢劫”“小便宜”“严惩”等关键词反映了网民对涉事村民行为的主要态度，“不作为”“和稀泥”“寒心”等关键词表达

① 寇伟：《哄抢，是违法犯罪，更是一种精神贫困!》，微信公众号“半月谈”，2019年11月7日。

② 李蓬国：《大学生回乡养虾遭哄抢，不宜过度放大》，红网，https：//hlj. rednet. cn/content/2019/11/04/6182307. html。

③ 刘子：《从大学生养虾被哄抢看乡村如何改变?》，一财网，https：//www. yicai. com/news/100394208. html。

了网民对涉事地方相关部门舆情处置回应的不满，“扶贫”“扶智”“普法”“教育”“思想”等关键词体现了网民对事件的深度反思（见图3）。

图3　大学生回乡养虾遭哄抢事件网民评论高频词

2. 网民观点分析

（1）批评当地政府不作为（37.25%）

37.25%的网民认为当地政府部门在此事件中没有尽到相关责任，没有为涉事大学生的返乡创业营造良好的制度环境。事件曝出的“两年被抢十来次”“3人被拘留”等情况引发网民的集中发问。有的网民说，两年被抢十来次，当地执法部门是不知道还是不想管？上百人参与哄抢，为什么只拘留3人？有的网民说，当地政府对个人的合法财产都无法保护，大学生返乡创业这么好的事情不去支持，出现了这样的情况还不管，这样的环境谁敢回去投资创业？在事件舆情回应过程中，当地政府部门负责人对村民行为做出了“捡漏”的判定，引发网民质疑。有的网民说，不实事求是，信口开河，拉偏架、和稀泥，这样的表态是对违法者的纵容，让返乡创业者寒心，结果只能是恶性循环，越穷越乱，越乱越穷。还有的网民说，作为该县青年，看到这个新闻感到丢脸又心痛，在落后地区新青年回乡发展经济实属不易，地方政府本应给予政策和行动上的支持与鼓励，哪想到家乡政府能做出这种令人瞠目结舌的袒护，痛心于家乡的水土，痛心于家乡的小镇青年。

（2）严惩违法行为（25.75%）

25.75%的网民认为村民的行为是违法抢劫，令人不齿，呼吁严惩。有网民说，这样的村民太过分，好好的一个创业，做大做强了还能带动全村发展，为了占几个小虾的便宜，把可能发展起来的产业毁了，实在是鼠目寸光。还有网民说，村民所作所为真是为家乡抹黑，“我穷我有理、我弱我蛮霸”的架势太丢脸，跟人家学学养殖技术自己干也行啊。有网民说，别人的养殖场，未经允许甚至在别人劝阻的情况下硬拿，那就是抢劫，不能用法不责众找借口，必须严惩重罚，否则败坏了风气也丧失了司法尊严。

（3）提升法律意识和思想素质（20.25%）

20.25%的网民认为此事件反映出提升当地村民法律意识和思想素质的紧迫性。有网民说，贫困地区不能一味抓经济，帮助一些人脱贫，要扶的不只是物质上的贫穷，还有思想上的贫穷，精神文明建设跟不上，人的思想觉悟不提高，怎么扶贫都是白搭，这就是扶贫先扶志的重要性。还有网民说，村民的法律意识普遍薄弱，整体素质有待提升，农村的普法力度还要加强，法治乡村建设的脚步还要再快一些。

（4）返乡创业须融入乡村（9.50%）

9.50%的网民为返乡创业者支招，认为融入乡村社会也是创业顺利开展的重要一环。有网民说，传统的农业社会在转型，原本乡土的风俗也在变化，大学生回乡创业前要综合考虑当地的民风和文化差异，要合法承包正规的土地、水域，管理也要到位，敞开式的养殖需要注意周边的环境安全保障，要安装围栏、摄像头等，完善设施建设。有网民说，事前要立好规矩，通过设立告示牌等方式，明确告知偷盗的后果和赔偿办法，第一次出现下塘捡虾的情况就要坚决制止，避免放任引发的破窗效应。还有网民说，不要忽视人情关系、亲缘关系等隐性成本，利用好了对创业也有很大的帮助，可以采取村民利益共享、风险共担的联合养殖或者代养合同收购模式，也可以雇用村里大妈当虾塘管理员，实行绩效考核。

（5）讨论类似“哄抢”现象（4.50%）

4.50%的网民列举并讨论了该事件中类似的“哄抢”现象，如承包大棚种菜被抢光、百亩鱼塘养毛蟹被抢破产、承包水库鱼被偷被下药、因香蕉经常被偷不愿再种等。有网民说，近年来，关于村民哄抢的事件不断发生，有趁汽车出事哄抢苹果、橘子的，有抢饮料、大米的，不是第一次发生，也不会是“最后一次”，这些事件大部分因涉案价值小、哄抢者年龄大等因素不了了之，只有以不姑息、不纵容的执法原则严格处理，才能有效纠正人们“哄抢无罪”的错误认识。

（6）查明原因，避免以偏概全（2.75%）

2.75%的网民认为要查清事件发生的根本原因，避免以偏概全对农村产生刻板印象。有网民说，回乡创业应该是被当地政府和村民支持的，出这种事儿，应该是哪个环节出了问题。要查明真相，是否和村民有利益冲突？是什么信号触发了这种哄抢行为？有网民说，人都有善恶，坏人从不分职业年龄，我家这边的农村可不是这样的，不能因这件事给所有的农村人贴标签、扣帽子（见图4）。

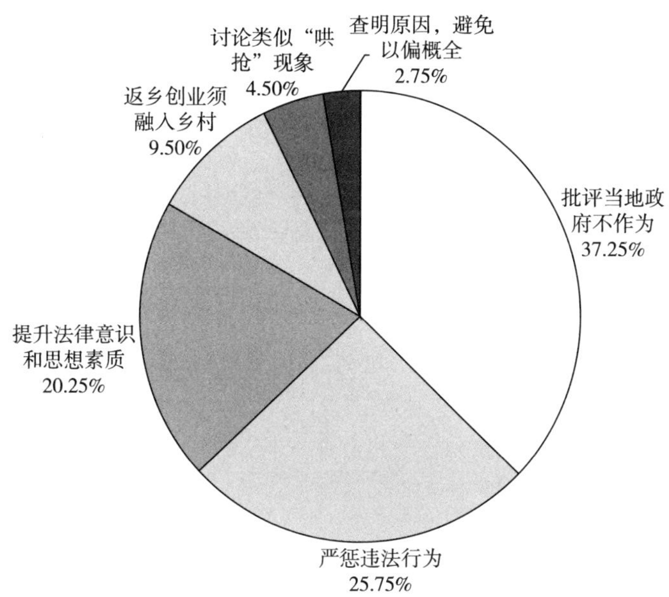

图4　大学生回乡养虾遭哄抢事件网民观点分布（抽样400条）

四 事件启示

当前，返乡创业已经成为推动乡村振兴、发展农业农村经济的重要抓手。各地在技术培训、金融支持、用地保障等方面因地制宜出台多项政策，相关举措的落地实施也取得了积极成效。但是，返乡创业的政策初衷不只是让人才"回得去"，关键还要"留得住"，不仅要有平台、资金、技术等"硬件"支撑，还要营造让返乡人员安心留家的"软环境"，组织关怀、群众支持的良好氛围是返乡者干事创业的"定心丸"。大学生回乡养虾遭哄抢事件中，针对"2 年遭哄抢 10 余次""政府人员称村民抢虾是捡漏"等细节，媒体和网民发出的"不要让返乡创业者寒心"成为高频评论，这也从侧面反映出舆论的迫切呼声。返乡创业者对家乡都有一份厚重的情感，地方政府在引导返乡人员就地创业时，也需要怀揣同样一份情感，建立关心关爱返乡创业者的长效机制，为当地群众与返乡创业者架设起互动"桥梁"。返乡创业通过壮大地方产业、带动群众就业，最终改变乡村面貌。这样的美好愿景，需要真正聚合起各方力量才能实现。

此外，从舆情处置情况看，大学生回乡养虾遭哄抢事件可归为"烂尾新闻"。从事件曝出开始，涉事各方对"是否存在哄抢行为"的争论伴随舆情走势的各个节点。直至舆情平息，涉事方仍然各执一词，当地有关部门的后续处置结果也始终未现"头绪"。但从媒体和网民的评论可以看出，舆论对涉事各方孰是孰非已经了然于胸。"拖字诀"不仅折损政府公信力，对当地返乡创业舆论环境的营造无疑也是雪上加霜，当地有关部门有必要尽快"回头看"这起未完待续的新闻事件，给未来的回乡创业者以希望和信心！

B.10 赤邓村“最严村规”事件的舆情分析

马妍　穆瑶　罗晋*

摘　要： 2019年10月1日，山西襄汾县赤邓村针对“整治大操大办　树立文明新风”制定公告，并于6日张贴公布。7日，公告中的“葬礼不准披麻戴孝”“否则贫困生、转学、上户等手续不予办理”等内容被媒体报道后，引发舆论对当地移风易俗“一刀切”的质疑。8日开始，襄汾县、大邓乡相关部门以及赤邓村村委会接连发声，针对公告中存在的问题不回避不掩饰，推动事件舆情迅速升温后又快速回落。12日，事件舆情趋于平息。对此事件，舆论重点讨论村规民约制定实施的合理性以及合法性，对治理乡村陋习、建设文明乡风抱以期待。

关键词： 村规民约　移风易俗　乡村治理　大操大办　披麻戴孝

一　事件经过

2019年10月1日，山西襄汾县赤邓村针对“整治大操大办　树立文明新风”制定公告。其中提到，“不允许过满月、一周岁生日、六十岁生日、搬家宴请等，葬礼不准披麻戴孝、不准进行祭奠活动、不准送花圈纸扎等”

---

* 马妍，麦之云（北京）信息咨询有限公司舆情分析师，主要研究方向为网络舆情；穆瑶，麦之云（北京）信息咨询有限公司舆情分析师，主要研究方向为网络舆情；罗晋，麦之云（北京）信息咨询有限公司舆情分析师，主要研究方向为网络舆情。

“否则，道德银行的星级积分给予降级，贫困生、转学、上户等手续不予办理”。①

2019 年 10 月 6 日，公告被张贴公布。

10 月 7 日，微信公众号“临汾网”以图片形式发布了公告内容，引起舆论注意。

10 月 8 日，襄汾县文明办负责人称，公告由村民大会投票通过，针对大操大办的出发点是好的，但内容存在不严谨、不合法问题，该公告目前已停止执行。②

10 月 9 日，赤邓村村委会相关人士称，发布的公告并非定稿，将在征集村民意见后重新发布；公告中提到的“不准披麻戴孝”是为了废除村里“破布头”的陋习，有些人家办丧事买几百匹白布扯丧服，葬礼过后这些白布都被浪费了，因此村委会倡议吊唁时只戴头巾、穿白鞋。③ 同时，襄汾县大邓乡乡政府负责人称，襄汾县文明办和大邓乡政府将进一步规范完善村规民约，加强对移风易俗活动的督导。④

10 月 10 日，赤邓村村主任在村民大会上就公告中的不当之处向村民公开致歉。他表示，该公告已废止，将征求村民意见，完善后实施。⑤

二　事件舆情走势

据监测，自 2019 年 10 月 1 日至 10 月 13 日，赤邓村“最严村规”事件

---

① 《聚焦！临汾这个村一纸公告，引起广泛关注，你怎么看?》，微信公众号“临汾网”，2019 年 10 月 7 日。

② 王春：《山西一村禁披麻戴孝　违者转学上户不予办理　官方：不合法》，红星新闻，https：//static. cdsb. com/micropub/Articles/201910/fab0f00f5df086ba6e8741bed7304c33. html。

③ 王瑞文、冯惠濡：《山西一村发公告禁止“披麻戴孝”，村委会称并非定稿》，新京报网，http：//www. bjnews. com. cn/news/2019/10/09/634007. html。

④ 王瑞文、冯惠濡：《山西大邓乡回应“禁止披麻戴孝”，称将进行督导》，新京报网，http：//www. bjnews. com. cn/news/2019/10/10/634282. html。

⑤ 《制定“最严村规”村主任道歉：急于刹歪风　措辞不当》，秒拍“紧急呼叫”，http：//n. miaopai. com/media/azaou3EJYDscopPcxIN5ekWP4y1 ~ zws2。

的舆情总量为 11668 篇（条）。其中，新浪微博中的舆论声量最高，相关微博 6211 条，占舆情总量的 53.23%；新闻客户端 3097 篇，占 26.54%；新闻报道 1525 篇，占 13.07%；微信 659 篇，占 5.65%；论坛、博客 176 篇，占 1.51%（见图 1）。

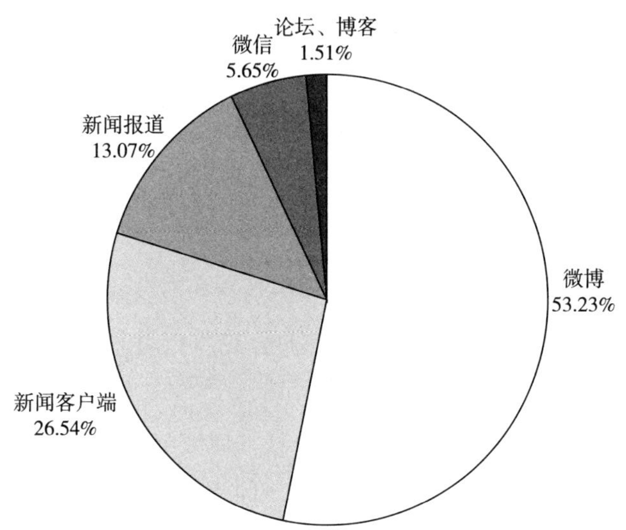

图 1　赤邓村“最严村规”事件各类媒体舆情量占比

资料来源：农业农村部三农舆情监测管理平台、新浪舆情通。（下同）

从事件舆情走势看，2019 年 10 月 1 ~ 6 日，事件舆情处于潜伏期，各类媒体中均未出现事件相关消息。

10 月 7 日，事件舆情处于发酵期，赤邓村公告中的“道德银行”被重点关注。当日，微信公众号“临汾网”发文《聚焦！临汾这个村一纸公告，引起广泛关注，你怎么看?》，成为事件首发信源。该文以图片形式发布了涉事公告，公告中提到的“道德银行”被重点关注。文中援引襄汾县政府网消息，详细介绍了赤邓村通过“道德银行”“积分超市”，以“德治”推进乡村各项工作的举措。对此，“临汾号外”“临汾传媒”等当地媒体微信公众号进行了原文转载，没有引发过高关注。

2019 年 10 月 8 日，事件舆情处于发展期，赤邓村公告中的"葬礼不准披麻戴孝"成为舆情燃点，襄汾县文明办的回应推动关注度升温。当日，红星新闻客户端发出的报道《山西一村禁披麻戴孝　违者转学上户不予办理　官方：不合法》成为主要传播源。报道内容重点围绕两方面展开：一是客观转述赤邓村涉事公告内容，但关注视角已转向"禁披麻戴孝""转学上户不予办理"等禁止和惩处的具体规定上，报道标题也将二者并列设置，产生明显反差效果。红星新闻官方微博还发起"你怎么看"的网民态度投票，并设置了微话题"山西一村禁披麻戴孝"，均引发网民高度关注。上述微话题的阅读量迅速突破亿次，共计有 7 万余网民参与投票表达观点，其中有 6.2 万网民对"最严村规"投出反对票，认为"有点矫枉过正"。二是就公告内容采访襄汾县文明办相关负责人，当地官方首次发声，其中对"不合法"的界定符合网民心理预期，助推事件舆情热度升温。

10 月 9 日，事件舆情处于爆发期，官方回应继续成为关注热点，媒体评论大量出现。当日，《新京报》、澎湃新闻等媒体先后采访了赤邓村村委会和襄汾县大邓乡乡政府有关负责人，以图文、视频形式呈现了官方对事件的回应，"村委会称并非定稿""乡政府回应：措辞有误"等语句被重点设置在报道标题中。对此，腾讯网、搜狐网等门户网站以及"@ 环球时报""@ Vista 看天下"等媒体官方微博进行广泛转载传播，引发网民持续热议。其中，新浪网转载了《新京报》采访赤邓村村委会有关负责人的相关报道，共计引发 3.5 万余次的网民参与跟帖评论。新浪微博出现了"官方回应禁披麻戴孝""官方回应村规禁披麻戴孝"等微话题，阅读量共计 761 万次。在当地官方接连对事件做出表态的同时，新闻媒体也纷纷从公告的合理性、合法性角度切入，针对移风易俗发出大量评论文章，"用力过猛""过犹不及""矫枉过正"等词汇频现文章标题。

10 月 10 日，事件舆情处于高潮期，赤邓村村主任的道歉推动舆情走势攀至顶点。当日，媒体和网民继续围绕公告展开讨论。从热点内容看，舆论关注视角进一步向移风易俗中的"法治"底线聚焦。《法制日报》《新京报》等媒体纷纷发文，村规民约“不能于法无据”“要依法而行”“要经得起法律检验”等成为核心表达。网易客户端发出的消息《禁村民披麻戴孝，违者转学上户不予办理，触犯了法律保留原则》，网民跟帖评论量达 2.3 万条。当日晚间 19 时许，新浪微博“@ 紧急呼叫”发布了赤邓村村主任向村民道歉的视频报道，引发舆论关注热情的再次高涨，视频播放量迅速突破 700 万次。新浪微博当晚还出现了微话题“禁止披麻戴孝 村主任道歉”，阅读量在一天时间内达 1.2 亿次。

2019 年 10 月 11 日，事件舆情处于回落期，舆论对治理乡村陋习抱以期待。当日，媒体继续围绕官方回应、村主任致歉两个方面对事件进行报道，内容大多是对事发以来旧闻的综合汇总，关注热度明显下降。新浪微博“@ 中新视频”“@ 一手 Video”从村民视角切入，呈现了当地村民对涉事村规以及当地农村红白喜事的看法，成为新的关注热点，相关视频播放量共计 845 万次。视频中，多位村民表达的“生前多尽孝”“随礼负担确实很大”等，引发网民共鸣。《半月谈》通过官方微博、微信发文，呼吁对基层移风易俗工作少苛责、多理解，引发积极转载，舆论对治理乡村陋习报以热烈期待。10 月 12 日开始，事件舆情趋于平息。

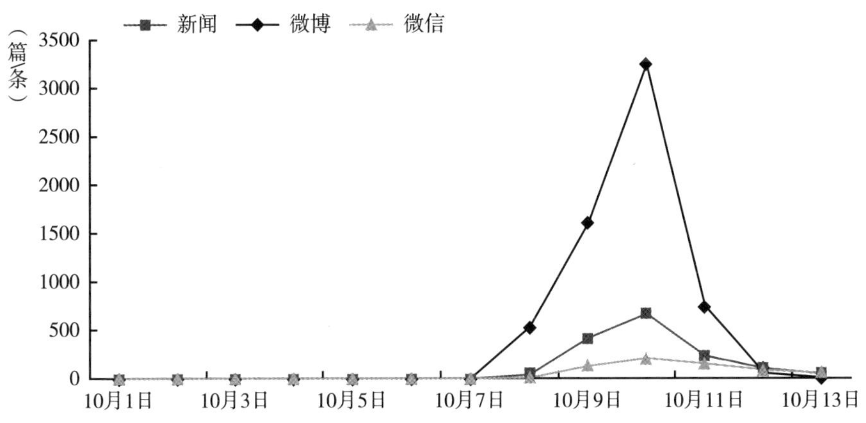

图 2　2019 年赤邓村“最严村规”事件舆情走势

三　舆论主要议题

（一）媒体观点摘要

1. 移风易俗不能急于求成

《南方都市报》指出，推进移风易俗需要的是让村民发自内心的真正信服，而不是对行政手段的惧怕。讲文明树新风不能急于求成，要靠倡议，也需要时间。可以采取一些正面的激励，如果一味地运动式"一刀切"，用不合理甚至不合法的方式要挟，就站在了文明的对立面。① 河北新闻网称，在对"大操大办""陋习"等概念没有明确界定的前提下，移风易俗堵不如疏。以葬礼为例，与其粗暴禁止披麻戴孝，不如让大家转变对孝的理解。当"生前尽孝方为孝，死后尽孝徒枉然"成为共识时，葬礼的排场自然退居次要，移风易俗自然占领主场。② 腾讯"今日话题"称，一些地区的村规民约很受欢迎，原因在于人性化、党员干部带头，让可操办的合理操办，让村民尝到甜头的村规民约，自然有人遵守。③

2. 法治是乡村治理的基础

长城网称，出发点再好的村规民约，其具体的执行措施也不能与法律法规相悖。转学、上户口等是公民的基本权利，村委会为村民开具上述证明是其法定义务。这些权利和义务在任何时候、任何问题上都绝不可以被当作"筹码"。④《法制日报》称，赤邓村的村规经不起法律的检验，暴露出乡村

---

① 《"移风易俗"捆绑行政职能，不合理更不合法》，《南方都市报》2019 年 10 月 10 日，第 GA2 版。

② 孟伟：《禁止披麻戴孝？移风易俗不可矫枉过正》，河北新闻网，http：//comment. hebnews. cn/2019 - 10/09/content_ 7490057. htm。

③ 《今日话题丨山西一农村禁披麻戴孝，"村规民约"也要有个边界》，腾讯网，https：//view. inews. qq. com/a/20191009A0K7O600？uid = &chlid = news _ news _ top% 20http：//coral. qq. com/4268531093。

④ 马涤明：《"不准披麻戴孝"，移风易俗不可太急切》，长城网，http：//report. hebei. com. cn/system/2019/10/09/100065309. shtml。

治理目标和治理手段之间的不匹配。从出发点看，不合法的村规民约似乎是在倡导乡村文明，但由于手段的不合法，其结果是无法实现有效治理的目标。“法治、德治、自治”是乡村治理的三个妙招，其中法治是基础，没有法治的乡村治理难免频频触雷。[①] 新京报网称，村规民约制定的目的是培育乡村社会的公序良俗，内容要严谨，程序要严格。不能制定强制性措施和处罚性条例，要以劝导性和引导性条款为主，要分清楚法律和道德的领域，任何的公序良俗都不能建立在侵犯他人的自由之上。[②]

3. 移风易俗要允许“试错”

微信公众号“半月谈”称，对于整治农村酒席中的不正之风，广大农民有着很强烈的意愿，他们打心眼里欢迎祛除陋习、树立新风尚。在农村传统的调节机制失灵的情况下，基层组织承担起了教化的职责。目前最主要的问题不在于方法是否正确，而在于基层组织和党员干部有没有担当作为。移风易俗工作难做，应该给基层更多的探索空间，对基层高举道德乃至法律大棒，是不合时宜的。[③] 红网称，应该站在基层的角度去理解移风易俗的难处。对于群众有诉求、基层组织敢作为、干部敢担当的工作，要多一分理解少一分苛责，要让移风易俗工作在“试错”中不断优化成长，最终形成勤俭节约的社会风气。[④]

（二）网民观点摘要

1. 网民评论高频词分析

本研究抽取新浪网、腾讯网 2 家新闻门户网站以及“@ 中国新闻网”

---

① 叶泉：《法治时评丨不准戴孝的村规经不起法律检验》，法制日报 - 法制网，http://www.legaldaily.com.cn/index_article/content/2019 - 10/10/content_8011938.htm。

② 周怀宗：《杨阳：没有任何公序良俗建立在侵犯他人自由上》，新京报网，http://www.bjnews.com.cn/feature/2019/10/10/634533.html。

③ 吕德文：《移风易俗工作难做！对基层要少一些苛责，多一些理解》，微信公众号“半月谈”，2019 年 10 月 11 日。

④ 甜甜：《“禁止披麻戴孝”：移风易俗应允许“试错”》，红网，https://hlj.rednet.cn/content/2019/10/13/6119629.html。

“@红星新闻”“@新浪视频”“@梨视频”等8家新浪微博账号共400条网民评论进行关键词词频分析。从“披麻戴孝”“禁止”“大操大办”三个出现频率最高的关键词可以看出，矫正大操大办等陋习与禁止披麻戴孝等传统风俗，如何权衡二者之间的关系成为网民焦点议题。“铺张浪费”“攀比”“敛财”“从简”等关键词反映了网民对婚丧嫁娶中不良风气的态度，“支持”“出发点”“一刀切”“矫枉过正”等词代表了网民对涉事村规民约所持的不同观点（见图3）。

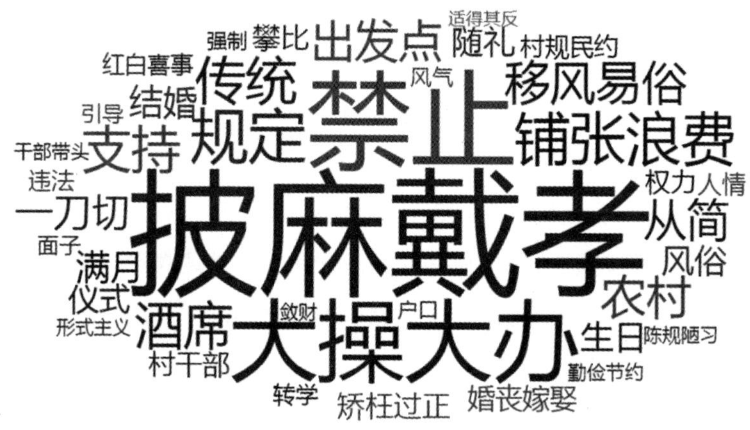

图3　赤邓村“最严村规”事件网民评论高频词（抽样400条）

2. 网民观点分析

（1）移风易俗不能一禁了之（35.25%）

35.25%的网民认为移风易俗不能一禁了之，不能违背公序良俗。有网民说，婚丧嫁娶是人生大事，举办宴席、葬礼也是千百年传承下来的习俗，只要合理合法，这种寄托愿望的方式应该得到尊重，强令禁止、过度干预伤害村民感情，只能适得其反。有网民认为，一切从简、避免铺张浪费的出发点是好的，农村的一些陋习确实让人苦不堪言。但树新风不能急功近利用蛮劲，须沉下心来做好宣传引导工作，循序渐进才能水到渠成。还有网民说，制定村规民约时要尊重传统文化、伦理道德，要充分听取群众意见，多一些商量，让乡村治理回归真正的自治。

（2）村规民约捆绑行政职能不合法（28.25%）

针对公告中提到的违反者“贫困生、转学、上户等手续不予办理”，28.25%的网民认为村规民约捆绑行政职能不合法。有网民认为，村委会有制定村规民约的权利，但任何的集体协商与约定都不能与国家法律相冲突，不能限制公民的法定权利，否则将制造新的“乱象”。有网民说，村委会的“可为”与“不可为”得有个准确的界定，村委会的上级主管部门要进行有效的审核监管，避免造成基层权力失控。

（3）反映乡村陋习（23.00%）

23.00%的网民反映了农村婚丧嫁娶中的一些陋习，呼吁推动移风易俗，狠刹不正之风。网民反映的问题主要集中在以下三方面。一是盲目攀比，铺张浪费。网民列举了“大办三天”“一摆就是一两百桌”“葬礼要烧掉几万块钱的纸制品”等现象，认为这是“死要面子活受罪”。二是巧立名目敛财，人情味变成人情债。有网民说，立房、升职、升学甚至盖个厕所、母猪下崽都摆酒，酒席成了捞钱的借口。还有网民说，生孩子、满月请，定亲请，结婚、回门请，过世、周年请，人情往来都是钱，农民一年能挣多少钱？三是对农村丧葬中的低俗风气深恶痛绝。有网民列举了“花钱找人代哭”“坟头蹦迪”“浓妆艳抹跳舞办白事”等陋习，称一些农村地区比排场、比人多、比花钱，寄托哀思的葬礼已经变味走调。还有网民说，生前尽孝才是真孝，不厚养搞厚葬的歪风邪气应该好好整治！

（4）介绍婚丧嫁娶好做法（10.50%）

10.50%的网民介绍了自己家乡在婚丧嫁娶方面推行的好做法。有网民说，我们山东菏泽，喜事以前26个菜，现在不超过16个菜，自从这样推行后，农民结婚省了好多额外的开销。有网民说，我们村里也不披麻戴孝了，发丧的人佩戴白色胸花加黑色袖章，其余所需的东西，一切由村里免费提供。我们当地村民很接受，也推行很快。有网民说，我们村不管红白喜事，都是一个红包一百块钱。还有网民说，我们这里白事禁歌舞，红白事的酒席规格每桌控制在280元。

(5) 村干部带头做表率（3.00%）

3.00%的网民认为村干部应该在移风易俗中带头做表率。有网民说，移风易俗不容易，总要有人牵头去做，干部带好头，群众才有劲头。有网民说，与其出台这样的村规，倒不如村干部以身作则。村干部自己家不办喜宴，村里的亲戚朋友办喜宴村干部不随礼，大家肯定会跟帮学样，有些陋习自然而然就被摒弃了。

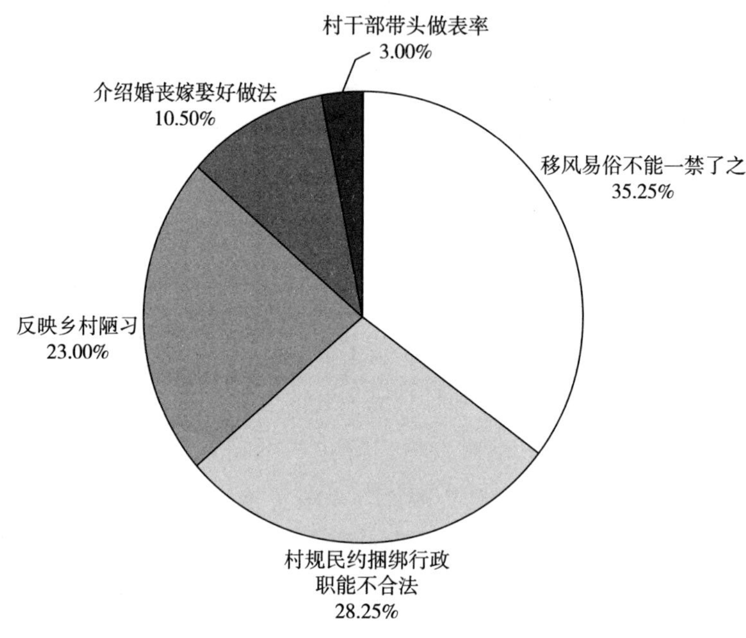

图4　赤邓村"最严村规"事件网民观点分布（抽样400条）

四　事件启示

（一）找到移风易俗与尊重传统之间的平衡点，才能既有好效果又能赢得好口碑

近年来，一些农村地区存在的天价彩礼、酒宴攀比浪费、修建豪华墓地

等现象多次被舆论曝光和热议，农村移风易俗的重要性深入人心。在此次事件中，赤邓村村委会对乡村陋习公开说“不”的魄力值得肯定，但良好的初衷要想达到预期效果，还需要注意方式方法。涉事公告存在的武断“一简没”、缺乏传统文化关怀、滥用惩罚权等问题，降低了村委会的公信力和亲和力，折损了舆论对其移风易俗工作的好感度。这起事件引发了多角度讨论，也为各地基层组织提了个醒，只有更深刻地认识到正确选择工作方法的重要性，才能避免落入此类窘境。

（二）新闻媒体客观、全面的报道营造了理性舆论氛围

从传播情况看，新闻媒体和当地有关部门在推动事件舆情快速平息方面发挥了关键作用。新闻媒体对事件客观、全面的报道成为引导舆论理性表达的积极因素。总体看，媒体并未囿于对涉事公告不当内容的刻板指责，而是立足于当前移风易俗的大背景，正视问题、理性建言。其中对涉事各方主体所想所感的全面呈现尤为可贵，通过视频、音频方式传递出村民、农村基层干部等群体的态度观点，更为直观真实，让公众能够更为充分地接收到事件相关的批评、支持、期待等多元声音，进而对事件有了更为客观、全面的思考。

（三）当地有关政府部门的及时回应避免了次生舆情危机

事件曝出后，襄汾县、大邓乡相关部门以及赤邓村村委会及时发声，针对问题不回避不掩饰，态度诚恳、举措得当，体现了当地有关部门的理智与警醒，说明当地政府对此类公告的不妥之处有充分的认识，避免了次生舆情危机的发生。从事件舆情走势也可以看出，官方回应一直伴随事件的发展直至高潮期，成为引导事件舆情热度快速回落的重要因素。

B.11
上蔡县“手割小麦防污染”事件的舆情分析

王玉娇　杨　捷　刘海潮*

摘　要： 2019年6月6日，河南广播电视台《民生大参考》节目报道上蔡县一块70亩的麦田因靠近空气质量监测站，当地城管要求农民手工收割小麦，避免扬尘污染影响环境监测数据。报道经各类媒体二次传播后引发舆情热度逐渐升温。7日，上蔡县委宣传部做出回应，并安排环保型收割机进场收割。河南省污染防治攻坚战领导小组办公室对事件发出通报，并印发紧急通知，坚决反对环保形式主义。上述政府部门的处置回应推动舆情热度于当日攀升至顶点。8日，事件舆情走势明显回落，并于10日趋于平息。舆论批评环保形式主义问题，关注涉事耕地被征用后长期闲置现象，并对环境治理考核工作进行反思。

关键词： 上蔡县　小麦　环保　污染防治　形式主义

一　事件经过

2019年6月6日，河南广播电视台《民生大参考》节目报道，在抢收

* 王玉娇，麦之云（北京）信息咨询有限公司舆情分析师，主要研究方向为网络舆情；杨捷，麦之云（北京）信息咨询有限公司舆情分析师，主要研究方向为网络舆情；刘海潮，麦之云（北京）信息咨询有限公司舆情分析师，主要研究方向为网络舆情。

抢种忙“三夏”的重要时节，河南上蔡县一块70亩的麦田因靠近空气质量监测站，当地城市管理综合执法局担心机器割麦产生扬尘影响环境监测数据，要求农民手工收割。①

2019年6月7日，上蔡县委宣传部回应称，已安排环保型收割机进场，7日下午即可收割完毕，今后将改进工作方法，防止类似事件再次发生。②同时，河南省污染防治攻坚战领导小组办公室对事件发出通报，并印发紧急通知，要求发现类似问题将严肃查处、严厉问责。麦收期间坚决反对环保形式主义，切实保障人民群众利益。③ 此外，河南省生态环境厅相关部门负责人介绍，涉事的70亩麦田位于蔡明园公园内，属于绿化用地，1996年已被征收，工作人员多次劝阻涉事村民占地种麦行为，但均无效。④

二　事件舆情走势

据监测，自2019年6月6~10日，河南上蔡县“手割小麦防污染”事件的舆情总量为14721篇（条）。其中，新浪微博中的舆论声量最高，相关微博10088条，占舆情总量的68.53%；客户端信息2579篇，占17.52%；新闻报道978篇，占6.64%；微信信息756篇，占5.14%；论坛、博客帖文320篇，占2.17%（见图1）。

从舆情走势看，事件经媒体曝光后上蔡县及河南省有关部门及时做出处置回应，事件舆情走势呈现快涨快落特点，舆情平息较为迅速。6月6日19时开始，河南广播电视台《民生大参考》栏目先后通过官方电视频道和微信

① 《担心扬尘污染，70亩小麦必须用手收割…如此环保管控值得商榷!》，河南电视台微信公众号“民生大参考”，2019年6月6日。

② 薛莎莎、彭渝：《上蔡一空气质量监测站附近农田禁收割机，官方：改进工作方法》，澎湃新闻网，https://www.thepaper.cn/newsDetail_forward_3630104。

③ 《“阻止农户机收小麦!”官方通报来了》，新浪微博“河南环境”，https://weibo.com/ttarticle/p/show?id=2309404380689976962662。

④ 赵思维、钟笑玫、薛莎莎：《上蔡县空气监测站旁禁机收麦田系村民私占？豫官方：属实》，澎湃新闻网，https://www.thepaper.cn/newsDetail_forward_3631190。

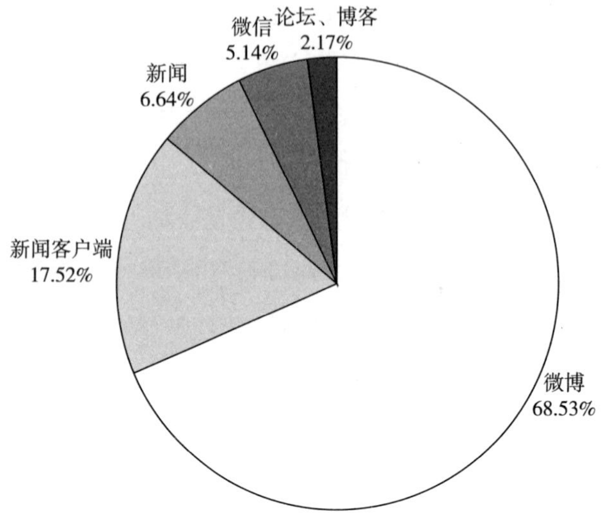

图1　上蔡县“手割小麦防污染”事件各类媒体话题量占比

资料来源：农业农村部三农舆情监测管理平台、新浪舆情通。（下同）

公众号发布事件相关报道，尽管其在两处官方平台上发布的报道标题有所差别，但“手割70亩小麦防污染”成为核心表达，也成为舆论关注焦点。6日22时开始，新浪微博中出现相关转发消息，“@大象融媒”“@河南全搜索”“@人人爱驻马店”等河南省内新闻媒体和自媒体账号成为主要传播力量。

2019年6月7日，事件舆情热度达到顶峰，政府部门对事件的处置回应成为推动舆情走高的重要因素。7日上午，舆论关注视线重点聚焦在6日事件的相关报道上。腾讯网、凤凰网等门户网站开始二次传播，舆情热度逐渐升温。新浪微博中出现了“城管要求手割70亩小麦”“农妇70亩小麦必须用手割”等微话题，阅读量累计突破1000万次。新浪微博“@凤凰网视频”转播了事件的上述电视报道，当日视频播放量超过500万次。7日下午，舆论视角转向当地政府和河南省有关部门对事件的处置回应。澎湃新闻、上游新闻等媒体以图片形式配发官方通报文件，并发布了对事件相关负责人的采访录音，推动事件舆情迅速升温。新浪微博中出现了微话题“官方回应用手割70亩小麦”，阅读量达1.6亿次。其中，上蔡县委宣传部门介绍的“收割机已进场一天收完”，河南省污染防治攻坚战领导小组办公室在紧急通知中强调的“反对环保形式主义”，被重点设置在报道标题中。网易转载相关报道后，共计引发13.9万次的网民参与跟帖评论。7日晚间，澎湃新闻采访河南省生态环境厅相关部门负责人，对涉事70亩麦地发出进一步的详细报道。其中曝出的“1996年已进行征地建设”“村民私自种植多次劝阻无效”等情况引发舆论视角转向，被征地块为何长期闲置、村民种麦行为是否正当等延展性话题开始出现，助推舆情热度再次攀升。

2019年6月8日，事件舆情热度明显下降，河南省污染防治攻坚战领导小组办公室发布的事件通报成为关注热点。7日23时许，河南省环境保护宣教中心官方微博“@河南环境”发布通报，指出事件反映出当地有关部门存在的形式主义、官僚主义，强调将对类似问题严厉查处、严肃问责。8日上午，上述通报在各类媒介平台大量转发，“相关部门做法错误将问责”成为传播关键语句。其中，新浪微博“@头条新闻”对通报内容全文转发，阅读量达164万次。中央电视台《经济信息联播》栏目对事件进行了梳理汇总，报道视频在新浪微博中的播放量达33万次。同时，随着官方通报对相关部门“不作为、乱作为”问题的一锤定音，媒体评论文章明显增加，“环保官僚主义”“权力任性”成为主要议题。

6月9日，事件舆情走势趋于平稳，事件反映出的环保形式主义问题继续成为关注重点。事件中存在的土地久征不用、村民私占种麦等问题也引发部分讨论。总体看，由于未现事件相关新发信息，舆论关注热情已大幅下降。10日开始，事件舆情基本平息（见图2）。

三　舆论主要议题

（一）媒体观点摘要

1. “数据环保”违背污染治理政策初衷

《新京报》指出，为了环保数据好看就让农民手工收割小麦，是价值次

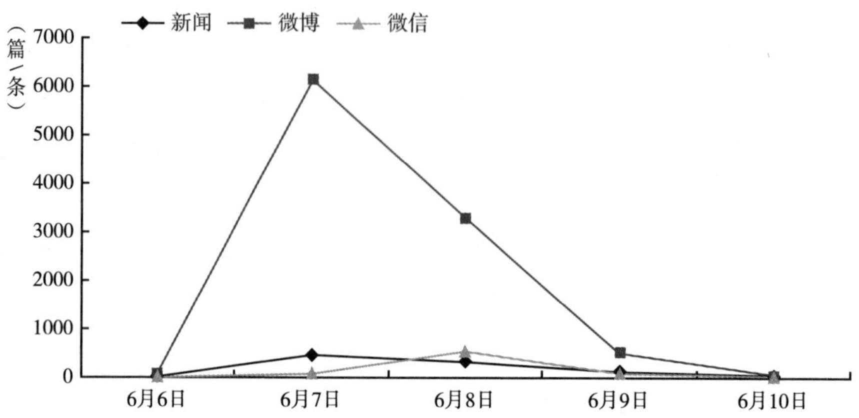

图2　2019年6月6~10日上蔡县"手割小麦防污染"事件舆情走势

序的主次颠倒。出现这种问题的一个重要原因在于，一些基层管理者的工作出发点是应对上级考核、完成漂亮的政绩数据，而非出于对公众利益的考量。也正因此，打造"青山绿水蓝天白云"本应是为民众谋福祉的政策，却在一些地方演变成了为难民众的瞎折腾，破坏了政府形象，也伤了民心。① 新浪微博"@深圳电台先锋898"指出，根据离监测站的远近选择是否环保，如此环保为了谁？推进环保工作，不应蛮干，更不应机械化。群众利益无小事，让"绿水青山就是金山银山"的理念扎扎实实在农村生根发芽，地方政府不光要用力，还要走心。②

2. 被征耕地长期闲置违反法律、浪费资源

《法制日报》指出，一段时间以来，一些农村地区的耕地被征收后长期闲置，抛荒现象时有发生，违反《土地管理法》的相关规定。本次事件中，涉事地块在1996年就已被征收，在此后长达23年的时间里，这块地是否一直被闲置？涉事村民耕种的70亩地显然不是被征土地的全部，当地政府当

① 《70亩小麦须手割，别为数据好看为难民众》，《新京报》2019年6月8日，第A2版。

② 《懒政怠政，如此一刀切，可谓"坏政"》，新浪微博"@深圳电台先锋898"，https://weibo.com/szfm898?profile_ftype=1&is_all=1&is_search=1&key_word=70%E4%BA%A9%E5%B0%8F%E9%BA%A6#_0。

时征用了多大面积的土地？为何长期闲置？作为产粮大省，河南省的耕地资源非常宝贵，相关部门有必要对此调查清楚。[①] 微信公众号"面具之下暗黑史"称，涉事地块所属蔡明园公园内中心广场四周的土地大多数一直荒芜着，当地农民种上点麦子总比闲置着长杂草要强得多。[②] 民主与法制网指出，当务之急是要调查涉事地块当初的征地行为、农民占地耕种行为的合法性，明确涉事地块上的各项权利归属，为事件后续问题的解决打下基础。[③]

3. 基层考核"唯数据论"值得审视

四川在线称，空气质量监测是环保考核的手段，若非为了环保考核数据好不被问责，不会出现要求手割小麦防污染的行为，以此类推，对基层考核"唯数据论"也需要审视检讨。[④] 红网称，有关部门要建立综合科学的治理体系和长效的管理督查机制，不能被一些环境监测点的表面数据所迷惑。[⑤]《中国青年报》指出，在纠偏这起个案的同时，上级部门应该考虑对各地环境监测数据实际产生过程予以必要的监督，考核上不能只看最终的数据。[⑥]

（二）网民观点摘要

1. 网民评论高频词分析

本研究随机抽取新浪网、腾讯网、澎湃新闻网 3 家新闻门户网站以及"@头条新闻""@凤凰网视频""@观察者网""@新京报"等 7 家新浪微博账号共 400 条网民评论进行关键词词频分析。从"不让""环保""农民"

① 叶泉：《是形式主义作祟，还是违法使用土地?》，微信公众号"法制日报"，2019 年 6 月 10 日。

② 《"70 亩小麦手割"反转了？No，还有更大的瓜》，微信公众号"面具之下暗黑史"，2019 年 6 月 9 日。

③ 王一超：《河南上蔡县"手工割麦"事件的二维解读》，民主与法制网，http://www.mzyfz.com/index.php/cms/item-view-id-1398408。

④ 萧仲文：《问责"小麦须手割防污染"，到底谁形式主义了?》，四川在线-天府评论，http://comment.scol.com.cn/html/2019/06/011008_1722307.shtml。

⑤ 胡建兵：《不准农妇用机械收割，谁给的权力?》，红网，https://hlj.rednet.cn/content/2019/06/07/5579833.html。

⑥ 朱昌俊：《70 亩麦子用手割？环保治理不能"一刀切"》，《中国青年报》2019 年 6 月 11 日，第 2 版。

"数据""麦子"等高频词可以看出，为了环保数据达标不让农民机械收麦成为网民对此事件形成的总体感触。"形式主义""一刀切""官僚主义""政绩""面子""不作为"等关键词集中体现了网民对涉事有关部门的态度。"粮食""污染""民生""群众利益"等关键词也反映出网民对生态经济社会协同发展的关注（见图3）。

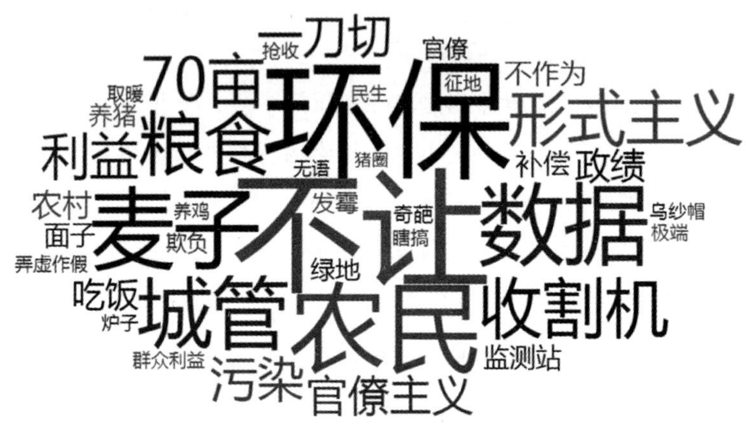

图3　上蔡县"手割小麦防污染"事件网民评论高频词

2. 网民观点分析

（1）批评环保形式主义（37.50%）

37.50%的网民认为事件暴露出环保形式主义问题。有网民说，如果真是因为怕污染环境，要求农民手割小麦的行为虽然不合适，但还有一点可让人理解的理由。可他们担心的不是环境污染，而是怕影响环保考核，这是典型的形式主义。有网民发问，机收小麦能造成多大污染？远离空气质量监测站的小麦用机器收割就不担心扬尘吗？空气质量监测站为什么不设在工业聚集地？这种自欺欺人的环保数据有多少可信度？还有网民说，为了环境监测数据好看就做表面文章，国家的好政策就怕碰上"歪嘴和尚"。

（2）体谅农民的辛苦（19.75%）

19.75%的网民感慨于农民的辛勤劳作和粮食的来之不易。有网民说，农民种地不容易，夏收这几天关系他们一年的收入，环境污染怪收割机是很奇葩的说辞，不能为了政绩折腾农民。还有网民说，收麦子要跟天气赛跑，“虎口夺粮”，70 亩小麦用手割根本来不及，如果麦子出芽发霉了，农民半年的汗水将付诸东流，不能为了面子工程糟蹋粮食。

（3）讨论涉事村民耕种行为（19.25%）

当地有关部门在后续通报中称，涉事地块已被征收，系“村民私自占用并耕种”。对此，19.25%的网民对涉事村民耕种行为是否正当展开讨论。有网民说，不是自己的地，就敢一下种 70 亩小麦，占用公共资源给自己赚钱，还联系媒体反告城管不让用收割机，这是得了便宜还卖乖。有网民说，农民的耕地被征收后，如果没有被实际使用，确实会有人继续在上面种植，因为他们不愿看到土地被抛荒浪费。还有网民说，虽然土地被征收了，但种麦子的时候并没有阻止，麦子熟了不让收割也不是因为违法种植，而是关系空气质量检测，所以强调私占行为没有意义。

（4）反映环保“一刀切”问题（14.25%）

14.25%的网民反映了自己家乡存在的环保“一刀切”问题，主要集中在以下三个方面。一是为了改善空气质量粗暴干涉农民生产生活。比如，采取“扒灶台”“砸炉子”“封炕眼”的做法，不让农民烧煤做饭取暖；为了减少扬尘“取缔磨面作坊和馒头店”“不准用收割机粉碎玉米秆”。二是为了治理污染盲目禁养。比如，“拆猪圈”“拆鸡窝”“鸡鸭鹅猪羊全都不让养”。三是为了整治农村人居环境采取过度甚至极端做法。比如，“门口不能堆放任何东西”“刚收完的粮食还有秸秆都不让露天放”“农民们的露天洗衣台都被敲掉了”。网民认为这种“头疼医头”的治理方式严重脱离群众，是“打着环保旗号的乱作为”。

（5）呼吁理解基层行政执法的难处（4.25%）

4.25%的网民认为应该理解基层行政执法工作的难处。有网民说，不能一边倒地声讨基层管理部门。换位思考一下，如果允许机收小麦致环保指数超标，要被问责追责，不允许机收小麦引发群众不满，还要被追责问责，他们也很无奈。有网民说，大气污染治理，有任务清单、责任清单、问题清单的紧迫督促，基层职能部门也是“压力山大”，科学的考核体系和监督机制才是解决问题的关键。

（6）关注被征地块长期闲置（3.00%）

3.00%的网民关注了涉事地块被征收后长时间闲置问题。有网民发问，为什么用能种粮食的好地做绿化？为什么20多年征而不用？有关部门应该查一下为什么70亩之多的良田会被荒废这么久。

（7）质疑媒体报道不全面（2.00%）

2.00%的网民对媒体报道的全面性提出质疑。有网民认为，媒体初始报道中并没有提到私占耕地问题，只是一味地强调城管不让收割机进场割麦，不全面报道容易引发断章取义，带偏节奏（见图4）。

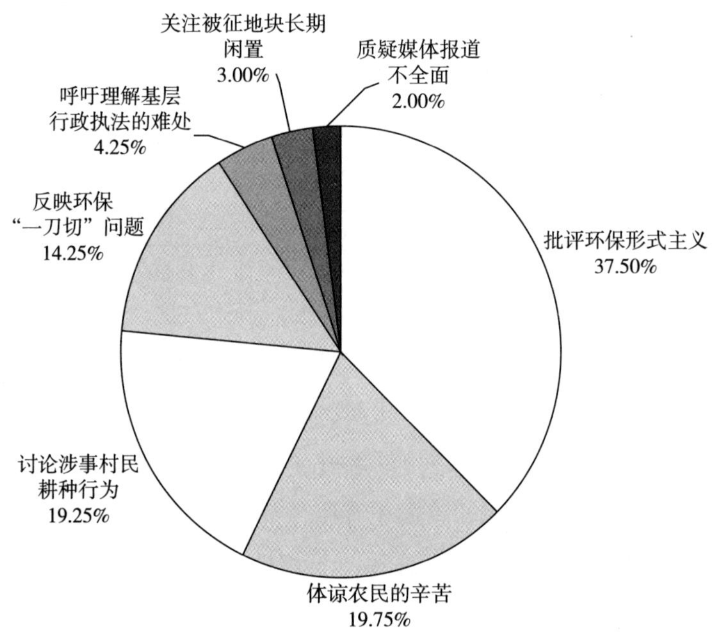

图4　上蔡县"手割小麦防污染"事件网民观点分布（抽样400条）

四　事件启示

上蔡县"手割小麦防污染"事件中，"对立"元素成为推高事件舆情热度的重要原因。从时间要素看，事件发生在夏收大忙节点，抢收抢晒的紧迫性与“手割 70 亩小麦”的迟缓性对比鲜明。从人物要素看，涉事双方“城管”与“农民”的身份标签，已经为事件争论预设了官民对立、强弱对立的刻板印象前提。从地点要素看，事件中环境监测站所处位置，让周边生态的非污染性与环境监测的必要性产生矛盾。此外，事件发生发展过程中，还存在着“数据”环保的政绩观与“节粮爱粮”传统理念之间的思想对立，以及“环保大局”的成效性与“牺牲一小部分群众利益”的公平性之间的对立。总体看，事件中诸多“对立”元素把环保拉到民生的对立面，成为事件中最为突兀的对立。

事件最终以当地政府部门安排环保型收割机进场收麦告一段落，这样的结果也表明，环保与民生并非对立，关键还在于职能部门是想要解决问题还是掩盖问题。事件的借鉴意义在于，在环保攻坚的关键时刻，如何有效遏制环保压力下权力跑偏的冲动。《半月谈》称，上蔡县在事件中的处境是基层政府在治理实践过程中负重前行的典型表现。[①] 对于基层治污中出现的“一关了之”“先停再说”等形式主义，在严肃问责之余，也需要有关部门反思监督考评机制的完善，切实化解基层难题，为其完成“标本兼治”的治理实效留足时间，避免用官僚主义反对“形式主义”加剧形式主义的再生产。

① 吕德文：《基层减负，切忌用官僚主义反形式主义！》，微信公众号“半月谈”，2019 年 6 月 20 日。

B.12

央视曝光阳澄湖水体污染事件的舆情分析

刘文硕　穆　瑶　叶　庆*

摘　要： 2019 年 11 月 11～12 日，中央电视台《经济半小时》节目连续报道塘蟹养殖污水还湖、农家乐肆意排污等给阳澄湖水体造成污染，迅速引发舆论关注。随后，苏州市部署全面整改，对阳澄湖周边的农家乐展开重点检查，71 家无证无照经营户被查封。事件舆情于 17 日趋于平息。对此事件，经济发展与环境保护之间的平衡成为核心话题，舆论呼吁当地有关部门严格落实环保监管责任，严守阳澄湖的生态底线，珍惜阳澄湖的品牌价值。

关键词： 阳澄湖　大闸蟹　品牌　农家乐　水质污染

一　事件经过

2019 年 11 月 11～12 日，中央电视台《经济半小时》栏目分别以《阳澄湖里的“蟹污染”》和《野蛮生长的农家乐》为题，报道了塘蟹养殖污水还湖、农家乐肆意排污等给阳澄湖水体造成的污染。

---

* 刘文硕，麦之云（北京）信息咨询有限公司舆情分析师，主要研究方向为网络舆情；穆瑶，麦之云（北京）信息咨询有限公司舆情分析师，主要研究方向为网络舆情；叶庆，麦之云（北京）信息咨询有限公司总经理，主要研究方向为网络舆情。

2019 年 11 月 13 日，苏州市召开会议进行专题研究，强调直面问题，抓好整改，全力守护好阳澄湖生态环境。同时，苏州市相城区水务、农业农村、生态环境等部门组成综合执法组，针对阳澄湖周边农家乐的证照登记、污水排放、垃圾收集处置等情况展开重点检查。

11 月 15 日，苏州市相城区委宣传部通报，共清查农家乐 528 家，71 家因无证无照被查封，67 家无证无照农家乐被责令自行关停，共发放 29 份停业整改通知书和 320 份限期整改通知书。

二　事件舆情走势

据监测，自 2019 年 11 月 11 日至 11 月 17 日，央视曝光阳澄湖水体污染事件的舆情总量为 7760 篇（条）。其中，新浪微博中的舆论声量最高，相关微博 4374 条，占舆情总量的 56.37%；新闻客户端 1853 篇，占 23.88%；新闻报道 1216 篇，占 15.67%；微信 212 篇，占 2.73%；论坛、博客合计 105 篇，占 1.35%（见图 1）。

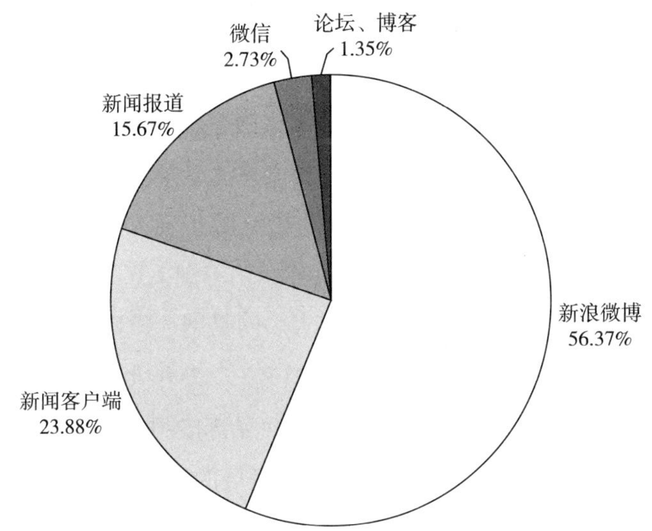

图 1　2019 年 11 月 11～17 日央视曝光阳澄湖水体污染事件各类媒体话题量占比

资料来源：农业农村部三农舆情监测管理平台、新浪舆情通。（下同）

从舆情走势看，2019 年 11 月 11 ~ 12 日，中央电视台《经济半小时》连续两天报道阳澄湖污染问题，推动了事件舆情的持续升温。其中，11 日的报道聚焦螃蟹养殖污染，曝出的"冰鲜鱼投喂螃蟹""村民挖塘养蟹，养殖完的废水再回流到湖中""塘蟹养殖是湖蟹的四倍以上"等情况成为关注重点。①"@央视信息联播""@央视财经"等媒体官微在二次传播过程中，将视角转向阳澄湖大闸蟹的食用安全性以及正宗性，"阳澄湖水质不达标，大闸蟹还能吃吗?""市场上铺天盖地的大闸蟹究竟来自何处"等语句被设置在标题中。报道的相关视频观看量达到 25.8 万次，新浪微博中出现了"阳澄湖塘蟹养殖面积是湖蟹 4 倍""阳澄湖水质污染危及螃蟹生意""阳澄湖水质不达标，大闸蟹湖养改塘养"等微话题，阅读量共计 256 万次。12 日的报道主要介绍了农家乐违规排污给阳澄湖水质造成的破坏，其中"上千家农家乐排污"与"1000 万人的饮用水源地"等数据成为关注焦点。"@新闻晨报""@新浪江苏"等媒体官微二次传播时，在标题中发问"饮水安全谁来保障?"报道推动舆情热度进一步走高，视频观看量达 302.7 万次，新浪微博出现了"阳澄湖支流垃圾遍布""阳澄湖超千家农家乐无照经营"等微话题，阅读量共计 6100 万次。

11 月 13 ~ 14 日，事件关注热度明显上涨，官方回应处置成为重要推动因素，苏州当地媒体成为报道主力。从热点内容看，苏州有关部门的舆情回应态度和污染治理举措是网民集中关注的两个方面。13 日，微信公众号"苏州日报"报道了苏州市就此事件召开的专题会议，会上强调的"敢于直面问题""全力以赴抓好整改""到 2020 年，阳澄湖 1.6 万亩围网养殖内全部禁止使用冰鲜鱼投喂"等，成为关注重点。网易网、凤凰网、澎湃新闻网等媒体纷纷发出转载报道，"直面问题抓好整改""湖养大闸蟹将禁止冰鲜鱼投喂"等语句成为新闻标题中的重点设置。"@姑苏晚报""@苏州新闻网"等媒体官方微博报道了苏州相城区多部门联合开展的农家乐专项整治工作，"全

---

① 《阳澄湖里的蟹污染》，央视网 - 央视《经济半小时》，http：//tv.cctv.com/2019/11/11/VIDECeBoaCMs1a0L46TqHhUX191111.shtml。

面整改”“责令停业”成为报道标题中的高频词。同时，央视《经济半小时》首曝的阳澄湖水质污染问题继续成为关注热点，特别是农家乐违规排污、无照经营等情况引发媒体对水质监管的集中关注。比如，中央电视台《经济信息联播》直言“阳澄湖周边污水管理不够严格”，《新京报》发问“管理加码污染却不减”，《光明日报》反思“如何破解螃蟹与人争水的困局”。

2019 年 11 月 15 日，事件舆情热度攀升至顶点，农家乐专项检查结果是舆论聚焦点。当日，苏州相城区通报阳澄湖度假区农家乐检查结果，其中的“查封无证无照农家乐 71 家”成为关注焦点。从传播情况看，中国新闻网等媒体通过官方网站和“两微一端”，对上述通报结果进行了转载，“苏州查封阳澄湖边 70 余家无证照农家乐”成为主要标题设置。微信公众号“苏州日报”进一步介绍了无证农家乐经营者的详细情况，“本地居民”“经营规模比较小”“只在每年的 9 月底到 11 月底的蟹季开门揽客”等是主要特征。[①] 新浪微博中也出现了“阳澄湖边无证农家乐被查封”“阳澄湖 70 余家无证照农家乐被查封”等微话题，阅读量共计 300 万次。

从 11 月 16 日开始，事件舆情热度大幅下降，17 日趋于平息（见图 2）。

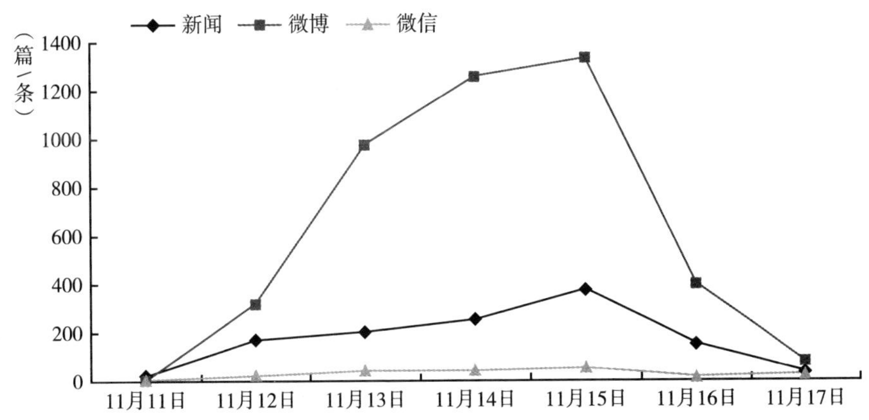

图 2　2019 年 11 月 11 ~ 17 日央视曝光阳澄湖水体污染事件舆情走势

① 奉超、陆晓华、袁雪：《不避问题！阳澄湖“深度体检”，要像护眼一样护湖》，微信公众号“苏州日报”，2019 年 11 月 15 日。

三 舆论主要议题

（一）媒体观点摘要

1. 经济发展不能突破生态红线

微信公众号“央视财经”指出，为统筹划定落实生态保护红线，中央明确提出“底线思维、保护优先”的基本原则，地方政府在发展经济时不能突破这道红线，阳澄湖周边塘蟹养殖呈现的“螃蟹上岸、污染入湖”问题严峻，如此涸泽而“蟹”，最终毁掉的将不仅是螃蟹生意。[①] 中安在线称，阳澄湖的美食美景引来了趋之若鹜的投资者，当地有关部门要摒弃短视行为，通过有效的管理和引导，让“绿水青山就是金山银山”入脑入心，只有确保山水景美、大蟹味美，才能让阳澄湖招牌不倒，否则建设再多的农家乐也是徒劳。[②]

2. 环境监管重在落实

微信公众号“新京报”评论指出，一边是当地相关部门“审批流程很严格”“管理不断加码”的答复，一边是上千家农家乐违规排污的现实，其中是否存在严规定、松监管的问题，污染越来越严重的水质已经给出答案。[③]《杭州日报》称，苏州发布的相关地方法规对阳澄湖水源水质做出了明确保护规范，但上千家农家乐违规排污的现实表明，环保法规仍流于形式，综合整治显然是空转，农家乐对环境的污染毫不掩饰，监管部门的不作为同样也没有掩饰。[④] 红星新闻客户端指出，事件凸显了河长制以及河流治

① 《曝光！阳澄湖水质污染，危及螃蟹生意！你买的大闸蟹，究竟来自何处?》，微信公众号“央视财经”，2019 年 11 月 11 日。

② 范德洲：《“农家”之“乐”岂能以污染环境为代价?》，中安在线，http：//comment.anhuinews. com/system/2019/11/15/008276309. shtml。

③ 《阳澄湖千家农家乐违排，管理加码污染却不减?》，微信公众号“新京报”，2019 年 11 月 13 日。

④ 王俊勇：《农家乐向阳澄湖排污的背后》，《杭州日报》2019 年 11 月 18 日，第 A5 版。

理机制体系的缺位，环保督察“高压”应步入常态化。[①]

3. 转型升级破解困局

光明网指出，要通盘考虑阳澄湖生态保护与螃蟹养殖户生计保障之间的关系，通过利益补偿机制实现二者的平衡。阳澄湖周边地区要打破思维桎梏，主动转型开拓新的产业。可以借助阳澄湖的便捷交通、美丽风景，发展旅游业。可以借助阳澄湖大闸蟹的品牌知名度，建设螃蟹流转中心，完善标准体系、做好安全检测，让“经过阳澄湖认证的螃蟹”比“阳澄湖里养出来的螃蟹”更能赢得消费者信任。[②]

（二）网民观点摘要

1. 网民评论高频词分析

本研究抽取网易、腾讯、澎湃新闻 3 家新闻门户网站以及“@ 央视新闻”“@ 新浪财经”“@ 新浪江苏”等 8 家新浪微博账号共 400 条网民评论进行关键词词频分析。从“阳澄湖”“大闸蟹”这两个出现频率最高的关键词可以看出，事件关涉地阳澄湖以及当地特产大闸蟹成为关注焦点。从“污染”“环境”“农家乐”“垃圾”“监管”“治理”等关键词看，当地有关部门的环境整治工作受到网民期待。“是不是”“有没有”“品牌”“代价”“毁了”等关键词表达了网民对阳澄湖大闸蟹食用安全以及品牌价值的担忧，“绿水青山”“人人有责”“家园”等关键词也反映出网民在环境保护方面的主动意识和自觉意识比较明显（见图 3）。

2. 网民观点分析

（1）呼吁严惩污染（28. 50%）

28. 50% 的网民怒斥污染行为，发出了“严查”“严办”“从严治理”等呼吁。有网民说，污染水体，无异于竭泽而渔，赚这样的“快钱”，让你的

① 默城：《阳澄湖上千家农家乐违规排污，河长去哪儿了?》，百度百家号“红星新闻”，https：//baijiahao. baidu. com/s? id = 1650272969104840150&wfr = spider&for = pc。

② 西坡：《螃蟹与人争水，“阳澄湖困局”如何解》，光明网，http：//news. gmw. cn/2019 - 11/14/content_ 33317582. htm。

图3　央视曝光阳澄湖水体污染事件网民评论高频词

子孙后代怎么活！一定要以雷霆手段让这些肆无忌惮的排污不敢再犯！有网民说，污染触目惊心，商家和养殖户的毫无顾忌是良知的沦丧，也将自食恶果，当务之急是法治重惩，阳澄湖再不整治就自毁前程了。

（2）批评监管失察（23.75%）

23.75%的网民批评当地有关部门监管失察。有网民发问，媒体不报道就不管吗？这么严重的污染看不见吗？上千家规模的农家乐当地政府真的不知道吗？有网民说，乱象丛生的背后是监管不力，阳澄湖污染当地有关部门存在着不可推卸的责任，先污染后治理的代价太惨重，当地政府不能在经济利益与环境保护之间和稀泥。有网民认为，制定再严格的环保条例，有法不依、执法不严也形同虚设，落到实处才是关键。还有网民说，根治污染不能罚钱了事，要给污水和垃圾找出路，要出台鼓励措施让经营者主动保护环境，还要在发展产业前科学评估环境的承载能力。

（3）痛惜阳澄湖品牌受损（19.75%）

19.75%的网民痛惜阳澄湖的品牌价值因此受损。针对事件曝出的池塘养殖螃蟹问题，网民对打着阳澄湖招牌的大闸蟹的真实性表示质疑。有网民发问，正宗的阳澄湖大闸蟹到底有多少？市面上大部分卖的是不是“洗澡蟹”？有网民调侃，担心阳澄湖大闸蟹被污染的大可放心，因为你买到的根本不是阳澄湖里的蟹。针对水质污染问题，有网民感慨，浑汤浊水下能养出什么好蟹，阳澄湖大闸蟹已经是盛名之下其实难副了。有网民痛惜，往自己“饭碗”里倒垃圾，这是在自毁品牌！还有网民说，阳澄湖只有一个，请珍惜这份得天独厚的资源，不要毁了“阳澄湖”这个金字招牌，对于管理者来说，如何在保护好环境的前提下，在大闸蟹的养殖规模和价格品质上取得平衡，直接关系养殖者的经济收益与产业的可持续发展。

（4）反映农家乐乱象（13.75%）

13.75%的网民表达了对农家乐乱象的所见所感。其中，网民比较集中地反映了阳澄湖附近农家乐存在的问题。有网民说，澄林路到莲花码头一路都是农家乐，水是黑色的，这么搞法，再好的生态也搞没了。有网民说，阳澄湖各家各户都自己开农家乐，沿路几公里全是摊贩、餐馆，垃圾就堆在自家门前，确实没见正规处理。还有网民说，农家乐晚上开船电鱼，近几年阳澄湖的渔业资源一年不如一年，我们要爱护水资源，也要保护水生物。也有网民认为农家乐乱象比较普遍，根治不能“一刀切”关停。有网民说，靠山吃山、靠水吃水是典型生存现状，此事并非个例。其他地方也存在不经审批私自开发农家乐的现象，肆意排污屡禁不止，严重有悖“绿水青山就是金山银山”的环保理念。有网民说，农家乐是农民自主创业增收的好办法，要帮助他们解决治污中的技术困难，整改要把环保设施搞上去，不能一关了之。

（5）担忧食用安全（8.50%）

8.50%的网民担忧阳澄湖大闸蟹的食用安全以及阳澄湖水的饮用安全。有网民说，大闸蟹在这样的环境里养殖生长，还能吃吗？还有网民说，每天喝着阳澄湖水的我表示惊恐万分。

（6）宣传其他地方治污好做法和好品牌（5.75%）

5.75%的网民对其他地区一些好的治污举措以及螃蟹品牌进行宣传推介。有网民说，贵州清镇的河水保护得真是不错，可以参考一下。有网民说，学学洱海是怎么处理污水的吧，人家写的是“洱海清大理兴”。有网民说，我们这里黄河滩养的大闸蟹很好吃，主要是水质好，没有污染。还有网民说，我们辽宁的盘锦河蟹放心吃（见图4）。

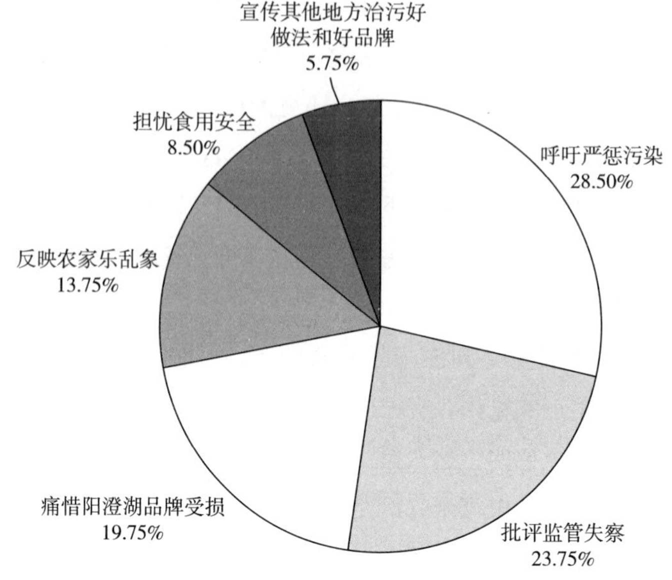

图 4 央视曝光阳澄湖水体污染事件网民观点分布（抽样 400 条）

四 事件启示

"央视曝光阳澄湖水体污染"事件既有大多数环保舆情的共性问题，也有地缘因素影响下的个性问题。共性问题是，在"绿水青山就是金山银山"的普遍共识下，地方经济发展中的"先污染后治理"、环保监管中的"纸上谈兵"等已成为舆情燃点。本次事件中曝出的"螃蟹养殖污染阳澄湖""超千家农家乐无照经营"等情况引发了数千万次的微话题，当地监管部门因此招致的批评和质疑必然在所难免。当前，经济发展与环境保护已成为舆论常热话题，中央多次对统筹落实生态保护做出重要部署，经济发展与环境保护的良性循环既是政策底线也是民意红线。地方政府部门要有底线思维，更要有落实民意的果敢行动。个性问题是，阳澄湖是具有品牌效应的地理标识，大闸蟹与阳澄湖密不可分，一荣俱荣，一损俱损。事件中，大闸蟹养殖污染阳澄湖水质，阳澄湖水质污染危及大闸蟹产量和食用，这样的"互害"

模式影响的是阳澄湖大闸蟹的口碑和品牌价值，也必然引发一系列衍生舆情，如互联网上针对“洗澡蟹”此起彼伏的质疑和讨论已在一定程度上说明问题。此外，事件曝出农业面源污染的问题，也对提升农业农村环境治理的质量和效率发出警示。垃圾遍地、污水横流不应成为乡村产业发展的伴生现象，绿色养殖技术的推广、污染综合防治设施的完善应是乡村产业振兴的题中之义。

从事件传播情况看，中央媒体重点着力曝光问题，苏州当地媒体及时反馈问题处置情况。中央和地方媒体在事件发生、发展的不同节点，接力完成舆论监督工作，合力推动了问题的解决。苏州政府部门直面问题的态度也成为舆情快速平息的助推器。但从长期看，环保监管的时时“在线”才是避免舆情再次起伏的关键。

区　域　篇

Regional Public Opinions

B.13
天津市“三农”舆情分析

孙　力　刁承军　杨　志　石　扬*

摘　要： 2019年天津乡村振兴战略稳步实施，农村改革深入推进，都市型现代农业加快发展，农村人居环境持续改善，“三农”舆论形势积极向好。全年“三农”舆情信息量14.29万条，其中客户端和社交媒体传播量占比近七成。全市乡村五大振兴成效、新中国成立70周年津沽大地的巨变、农业农村改革进展、都市型现代农业发展的亮点成绩、高质量推进新一轮困难村帮扶、加大农村环境保护力度打造美丽村庄等话题受到舆论积极关注。天津出台新政恢复生猪生产引发舆论热议。

* 孙力，天津市农业农村委员会党群工作处处长，主要研究方向为新闻宣传、涉农网络舆情；刁承军，天津市农业农村委员会党群工作处副处长，主要研究方向为新闻宣传、涉农网络舆情；杨志，天津市农业农村委员会党群工作处四级调研员，主要研究方向为新闻宣传；石扬，天津市农业农村委员会党群工作处四级调研员，主要研究方向为涉农网络舆情。

关键词： “三农”舆情　乡村振兴　都市型现代农业　小站稻　天津市

2019年天津坚持农业农村优先发展总方针，以全面实施乡村振兴战略为总抓手，持续深化农业供给侧结构性改革，扎实推进农村集体产权制度改革，乡村“五大振兴”、都市型现代农业发展、结对帮扶困难村和东西部扶贫协作、农村人居环境整治和生态环境保护等方面都取得积极成效，为天津“三农”舆论积极向好奠定了坚实基础。

一　舆情概况

（一）舆情传播渠道

2019年共监测到天津市“三农”舆情信息14.29万条（含转载），较上年增加47.62%。其中，新闻媒体舆情信息4.33万条，占舆情总量的30.28%；客户端信息4.31万条，占30.14%；微信信息2.56万条，占17.90%；微博帖文2.53万条，占17.70%；论坛、博客帖文5683条，合计占3.98%（见图1）。总体看，新闻媒体凭借自身的专业性和权威性掌握着天津“三农”舆情信息的主流话语权，是“三农”原创信息的主要发布渠道，引导舆论走向。客户端、微信、微博等新媒体平台进行二次转发传播，是天津“三农”舆情的重要传播渠道。其中，客户端逐渐成为信息传播主力，舆情信息量占比从2018年的8.71%上升到2019年的30.14%。

（二）舆情传播走势

从全年舆情走势看，一季度舆情总量偏低，二季度以后开始上升并持续保持高位态势（见图2）。1～3月舆情热点主要是天津农产品品牌建设、“大棚房”整治、农村基层扫黑除恶等内容。2月舆情量为全年最低点。进入

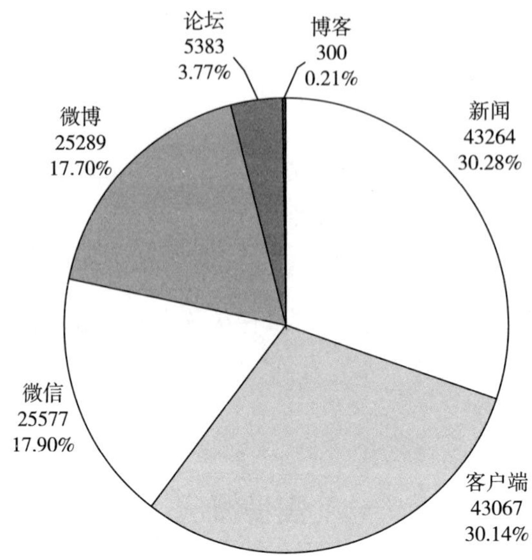

图1 2019年天津市"三农"舆情传播渠道

资料来源：农业农村部三农舆情监测管理平台、新浪舆情通。（下同）

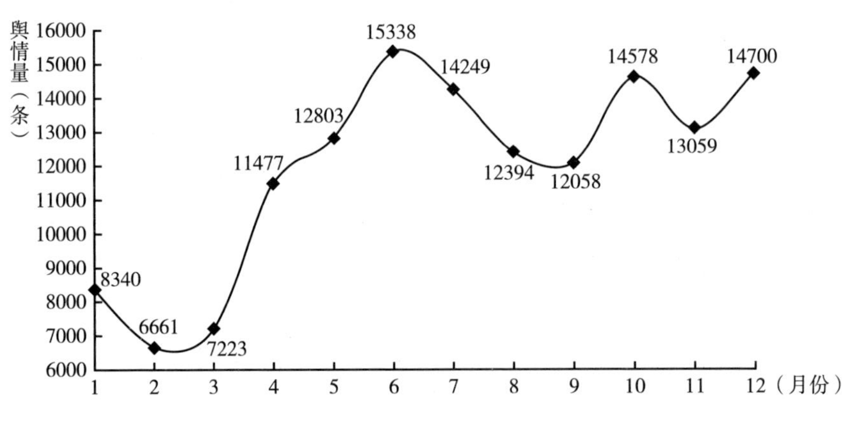

图2 2019年天津市"三农"舆情走势

2019年二季度以后，随着春耕生产等各项农事活动陆续展开以及各项"三农"工作部署开展，舆情量开始攀升。其中，在天津将渤海综合治理重点任务纳入年度污染防治工作计划、天津启动农村环境清脏治乱集中攻坚行动、天津市"大棚房"问题专项清理整治行动取得显著成效等多个事件和话题的推动下，6 月舆情量攀升至全年顶峰。2019 年下半年，各月舆情量持续处于高位。其中，天津印发乡村"五大振兴"实施方案、举办第十届中国奶业大会、庆祝第二个"中国农民丰收节"、出台政策鼓励生猪生产、湿地保护等信息受到舆论高度关注。

（三）舆情话题分类

从舆情话题分类看，舆论关注点相对分散。其中，天津乡村振兴战略实施相关舆情量最大，占比 14.45%。其次是农牧渔生产与粮食安全，占比 12.89%。农村环境、农业农村改革发展、农村社会事业分别列第三、四、五位，舆情量占比也均在 10% 以上。农产品市场、农产品质量安全、农业产业扶贫相关话题舆论关注度也较高，舆情量占比均在 5% 以上（见图 3）。

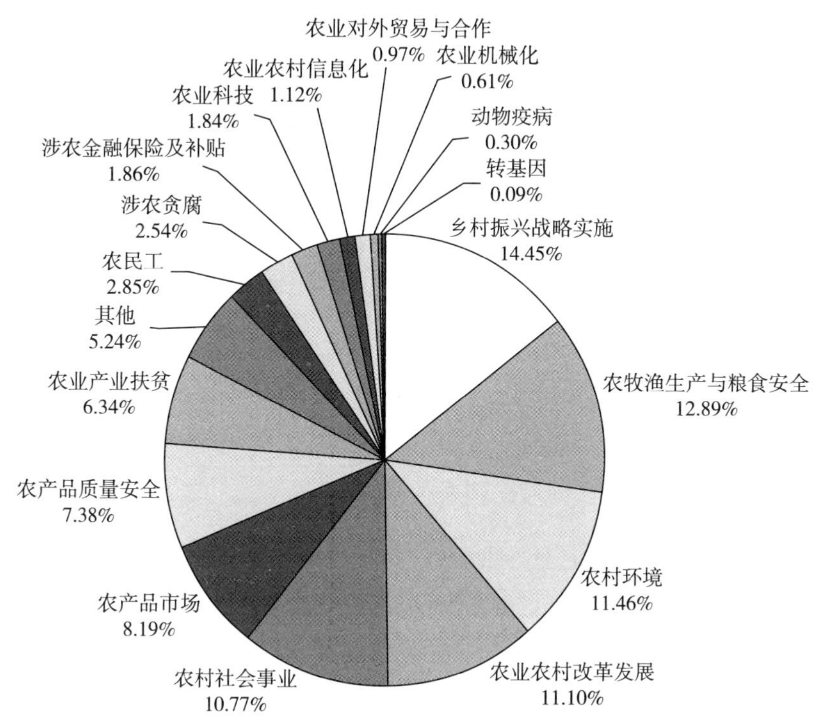

图 3　2019 年天津市"三农"舆情话题分类占比

（四）热点新闻排行

从热点新闻排行看，天津出台的关乎民生的新政策鼓励养猪，每头种猪补贴1000元，居2019年热点新闻事件之首。其次，天津庆祝第二个"中国农民丰收节"、第十届中国奶业大会在天津举办等重大涉农交流展示活动也获得舆论高度关注。从关注内容看，生态环境保护、农村基层扫黑除恶、"大棚房"整治、乡村振兴战略实施、脱贫攻坚等相关信息也被媒体集中聚焦（见表1）。

表1　2019年天津市"三农"热点新闻TOP 20

排名	标题	首发媒体	月份	舆情热度
1	天津出台新政鼓励养猪每头种猪补贴1000元	天津市农业农村委网站	11	4746
2	天津庆祝第二个"中国农民丰收节"	《天津日报》	9	4047
3	第十届中国奶业大会在天津举办	农业农村部网站	7	2406
4	北大港湿地拟申报世界自然遗产	《滨海时报》	12	579
5	天津出台土壤污染防治新规	新华网	12	386
6	"候鸟天堂"的守护者	新华网	12	365
7	天津：立案涉黑涉恶腐败和"保护伞"问题97件	中央纪委国家监委网站	4	340
8	天津入海排污口整治方案出炉促进渤海生态环境质量改善	《天津日报》	4	288
9	天津北大港湿地候鸟过境量同比增加约4万只	新华网	5	236
10	天津"煤改电"建设工程全部竣工惠及46万户居民	新华网	11	216
11	天津出台污染防治计划渤海治理纳入统一实施	《人民日报》	5	194
12	天津5部门联合召开渤海综合治理攻坚战新闻发布会	《滨海时报》	10	178
13	天津红桥区完成棚改"三年清零"目标惠及15万居民	新华网	11	163
14	天津：4965个"大棚房"已全部进行整改	《天津日报》	6	154
15	天津市印发乡村"五大振兴"实施方案	《天津日报》	10	143
16	天津召开生态环境保护委员会第一次会议暨污染防治攻坚战推进会议	《天津日报》	5	119
17	2020年天津结对帮扶困难村实现"三美四全五均等"目标	北方网	10	113

续表

排名	标题	首发媒体	月份	舆情热度
18	天津市农村工作会议召开打好“四场硬仗”推进乡村全面振兴	《天津日报》	3	106
19	首届土壤污染防治高峰论坛在天津召开	新华网	3	103
20	天津:加大“三农”投入力度确保实现高质量小康	《天津日报》	12	102

二　热点话题舆情分析

（一）全面实施乡村振兴战略成效明显　特色活动喜庆丰收

2019 年，天津全面实施乡村振兴战略，强化组织领导、突出规划引领，印发《天津市乡村“五大振兴”实施方案》，重点围绕精准脱贫、农村环境清脏治乱、农民增收和平安乡村建设开展工作，提出相继完成优化乡村格局建设工程、质量兴农工程、农业综合生产能力提升工程等“十三大工程”规划任务。乡村振兴战略实施取得积极成效，受到舆论聚焦。

产业振兴方面，天津着力打造农业产业龙头，大力推进小站稻振兴。各涉农区结合本区资源禀赋和发展实际，建设特色优势产业区，产业布局清晰，集中优势突出。2019 年，天津调整完善小站稻产业振兴规划，持续实施振兴八大行动，成立小站稻产业联盟，发布 6 项小站稻地方标准。“做大做强”成为舆论报道的关键词。“小站稻种植增至 70 万亩”“亩产量最高达到 800 公斤”“小站稻两品种获金奖”等小站稻发展成果被舆论广泛关注。各涉农区特色产业发展成绩也是舆论关注热点。“蓟州红薯产业走向京津冀”“武清区全力打造蛋鸡养殖产业‘航母’”“宝坻区把‘小辣椒’做成乡村振兴的‘大产业’”“蓟州区食用菌让贫困库区小镇走上产业强镇之路”“西青区：让小萝卜拉动大产业”等信息多次出现在报道标题中。人才振兴方面，天津举办各种形式的培训活动，加快培养高素质农民队伍。“‘新农学堂'助力妇女创业就业""天津市专项培训困难村农技骨干""天津市新建12所农民田间学校""宝坻区尔王庄镇举办精准扶贫培训班打通农民就业门路"等被媒体集中关注。其中，农民田间学校深受天津农民欢迎。文化振兴方面，天津举办丰富多彩的文化活动丰富农民精神文化生活。滨海新区中塘镇2019年"农民春晚"、王稳庄"大美稻香"生态文化旅游节、西青区辛口镇第十二届沙窝萝卜节等节日活动亮点频出，吸引舆论目光。舆论称"农民春晚"把近年来美丽乡村建设的成果体现得淋漓尽致。[①] 生态振兴方面，天津积极开展"美丽乡村"建设，印发《天津市村容村貌提升规划设计导则》，提出村庄要整治"六乱"、完善"六有"。"完成150个美丽村庄年度建设任务""1466个村建设成为'六化''六有'的美丽村庄"等信息被多家媒体报道。湿地保护是各区工作重点，2019年天津完成对875平方公里湿地的升级改造，完成补水4.14亿立方米，完成七里海缓冲区3.29万亩土地流转。湿地功能不断恢复，生态环境良好，候鸟数量持续增长。"北大港湿地候鸟过境量同比增加约4万只""北大港湿地候鸟增至276种"等信息被媒体积极报道。组织振兴方面，天津通过举办村党组织书记兼村主任培训班，对新招录的农村专职党务工作者进行岗前集中培训等活动，加强农村基层组织建设。同时，重拳打击农村地区涉黑涉恶组织，打掉黑社会性质组织8个，涉恶犯罪集团21个。[②] 此外，天津3538个村级组织换届选举，全面实现村两委"一肩挑"一周年也受到舆论关注，舆论点赞称，选出了"领头雁"，换出了新气象。

2019年9月23日，天津庆祝"第二个中国农民丰收节"拉开序幕，天津农民喜晒丰收成果，共享丰收喜悦，媒体对此积极关注。人民网对蓟州区和西青区启动活动进行现场直播，新华网对天津丰收节开幕活动进行图文直播，《天津日报》设立丰收节专版介绍各区举办的庆祝活动，央视《共同关注》《新闻直播间》等栏目对节日活动进行播报。"稻田作画庆丰收""800

① 《自编自演办"春晚"农民幸福感爆棚》，《滨海时报》2019年1月21日，第6版。

② 《本市深挖严打村霸提升群众安全感》，《天津政法报》2019年10月30日，第2版。

公斤冬枣拼出巨型国旗”等充满创意的庆祝方式被舆论点赞。天津各地举办的农民文艺演出、民俗表演、农事竞赛、农产品采摘、特色农产品展示等形式多样的庆祝活动，也广受舆论好评。其中，小站稻振兴主题活动和蓟州区“庆丰宴”活动被评为全国最具特色庆丰收活动。舆论纷纷称赞，丰收节办得好，有意义。

（二）70年津沽大地“三农”发展迎巨变　改革激活农村发展动力

2019 年，新中国成立 70 年来天津“三农”发展的巨大变化受到媒体积极关注。天津市人民政府新闻办公室召开“壮丽 70 年奋斗新时代”系列主题新闻发布会，介绍全市“三农”发展取得的成就。新华网、央广网、《天津日报》等多家媒体对此进行报道。中央媒体从小村庄的变化聚焦天津新农村建设的历程和成就：《人民日报》讲述了蓟州区常州村通过“试水”乡村旅游，2018 年旅游综合收入达到 1.2 亿元的奋斗故事；新华社报道了西青区王兰庄村从“困难村”发展成为净资产 30 亿元左右的“小康村”的典型案例。《天津日报》以《优质小站稻香飘京津冀》《手机成为“新农具”庄户人变“新店家”》等为题介绍天津农业农村发生的可喜变化。舆论表示，津沽大地发展质量成色更足，民生画卷底色更亮，党的建设基石更稳。①

2019 年，天津持续深化农村重点领域改革，激活“三农”发展动力。农村集体产权制度改革方面，各区通过召开工作推动会与视频会议、举办培训班等多举措推进改革工作扎实开展，取得积极成效。天津市成为 2019 年度农村集体产权制度改革试点单位（第四批），滨海新区入选首批全国农村集体产权制度改革经验交流典型单位。“北辰区 126 个村完成清产核资工作”“武清区 622 个改革村集体资产清产核资工作已完成”“宝坻区 755 个村全面完成农村集体产权制度改革”“滨海新区 12 个涉农街镇 139 个村已全部启动农村集体产权制度改革”等改革成果被媒体集中关注。天津各地

① 《海河两岸尽朝晖——看津沽大地 70 年巨变》，新华网，http://www.xinhuanet.com/local/2019-08/10/c_1124860287.htm。

在农业农村改革中的积极探索也是媒体关注焦点，如宁河区丰台镇后棘坨村土地流转给村集体合作社“托管”，既让土地实现高效益，又让农民得到实惠。武清区大王古庄镇利尚屯村集体经济实现股份制，村民变身“股东”。北辰区前丁庄村成立合作社，将村里的荒地统一管理，带领全村致富；天穆镇柳滩村、双街镇双街村成立股份经济合作社。《天津日报》评价称，北辰区走出了一条具有北辰特色、村民广泛认可的农村集体产权制度改革之路。①

此外，天津市“大棚房”问题专项清理整治行动也被舆论广泛关注，“成效显著”“确保‘农地姓农’”成为媒体报道的高频词句。

（三）都市型现代农业发展成果丰硕　智慧农业领跑全国

2019 年天津不断深化农业供给侧结构性改革，持续推进质量兴农、品牌强农，积极拓展农业多种功能，大力发展智慧农业，都市型现代化农业取得丰硕成果，受到舆论积极关注。农产品质量安全方面，天津市坚持“产”“管”并重，农产品质量安全长期保持稳定向好。媒体对天津“继续推进放心农产品工程建设”“启动质量兴农万里行暨农产品质量安全宣传周”“推动落实生猪屠宰环节‘两项制度’百日行动”“开展放心农资下乡进村宣传周”等工作举措予以积极报道。针对“建成 203 个放心菜基地”“农产品合格率 99.6%”等相关工作成果，舆论纷纷表示“保障食品安全，让市民吃得更放心”。农产品品牌建设方面，天津持续加大农产品品牌建设力度，制定农产品品牌认定管理办法，加大对特色优势产品品牌的挖掘和培育，举办、参与宣传推介会，初步形成农产品品牌体系，受到舆论肯定。媒体对“天津市知名农产品品牌已达 268 个”“1734 个农产品获得‘三品一标’”“品牌农产品覆盖八大农业优势产业”“累计评选 96 家‘优质农产品金农奖’涉农企业和组织”等量化成效大量报道，并对“2020 年培育出百个农产品品牌”的目标表示期待。另外，《农民日报》发文对“武清果蔬”品牌

① 《北辰两村成立股份经济合作社》，《天津日报》2019 年 11 月 7 日，第 21 版。

建设点赞，称“武清果蔬”有品有趣有市场。菜篮子方面，天津出台一系列政策措施保障重要农产品供应，包括对生猪生产企业给予补贴，增加蔬菜、冻猪肉、牛羊肉等储备，启动价补联动机制等，受到舆论肯定。“供应充足”成为媒体报道的关键词。天津着力打造优质菜篮子工程，补建菜市场、推广蔬菜社区直通车，填补菜市场空白。媒体对各区在菜篮子工程建设方面的积极探索予以集中关注。比如，红桥区和苑街道开通蔬菜农产品直通车，将新鲜蔬菜和农产品直接送到社区；南开区的“新零售+菜篮子”自助买菜终端，将新鲜蔬菜直接从农民菜园子送到市民菜篮子；宝坻区拆除露天菜市场，提升改造现有农贸市场，打造15分钟便民服务圈。舆论称蔬菜农产品直通车为百姓提供了一条从农田到餐桌便捷、安全的食品供应通道；也有舆论称便民“菜篮子”让百姓越拎越舒心。天津依托城郊农业资源和自然资源，在休闲农业和乡村旅游上发力，成效显著。2019年，天津4个村成为中国美丽休闲乡村。5~9月，静海区台头镇西瓜节、东丽区第三届西红柿节、津南区南义葡萄嘉年华等活动相继举办，新华网、《天津日报》、北方网等媒体对此予以关注。津郊乡村摸鱼捕虾钓蟹、果蔬采摘活动被媒体大量报道。舆论对天津成功举办中国奶业大会、国际种业博览会、国际羊业发展高级研讨会等会议广泛关注。新华网发文称，天津国际种业博览会搭建种业合作交流平台。

天津坚持信息化引领农业现代化，强力推动智慧农业发展，相关工作成效受到舆论高度关注。“西青区打造智慧农业插秧无人操作”“蓟州区渔阳农村发展‘智能’农业”“‘萝卜小镇’秀出‘智慧产业范儿’”等成为热门报道标题。天津智能农业亮相第三届世界智能大会，受到舆论聚焦。媒体纷纷以“天津市智能农业发展取得长足进步”“干农活正在变得更‘聪明’”“智慧农业省工省时、效率更高、质量更好”“MAP智慧农业‘黑科技’闪耀世界智能大会”“智慧农业变靠天吃饭为知天而作”“智能农业发展走在全国前列”等表述，对天津智能农业的发展给予肯定。中国江苏网发文总结称，智能科技为产业升级注入新动能，包括智能农业在内的行业多点开花，让传统产业得以涅槃重生。

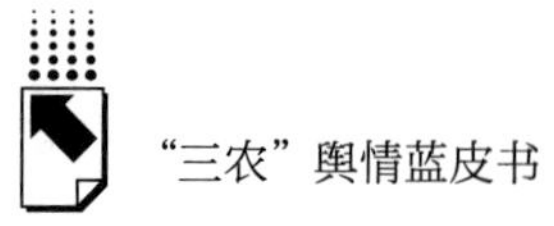

（四）对内帮扶困难村助农增收　对外扶贫支援成果丰硕

2019 年，天津高质量推进新一轮 1041 个困难村结对帮扶，壮大村集体经济，增加农民收入，取得良好效果。"困难村农民人均可支配收入达到全市农民收入平均水平"① "建设完成 63 个帮扶项目" "困难村 13229 户、22666 人低收入困难群体全部建档立卡" "完成 2300 户困难群体危房改造"等帮扶成果被媒体积极转载。天津各地结对帮扶困难村的典型做法也成为媒体报道的重点。比如《新华每日电讯》以《就地帮扶，河边小庄帮出好日子》为题，介绍了宝坻区林亭口镇白毛庄村通过发展乡村旅游成功摘掉困难村帽子的经验，天津广播电视台报道了蓟州区出头岭镇官场村依托特色农业建设食用菌基地，帮助村民致富。舆论称，天津市新一轮结对帮扶困难村工作帮在要处扶出新风。

天津扎实推进东西部扶贫协作和对口支援合作，加大产业帮扶、消费扶贫等方面的工作力度，相关工作举措、成绩等内容被舆论重点关注。天津在消费扶贫方面"做文章"，制定 2019 年消费扶贫计划，举办消费扶贫展销会、探索构建"以购代捐"的消费扶贫新模式、开办扶贫集市等相关举措被媒体积极报道。4 月，天津召开网络精准扶贫战略合作发布会，发起"万企帮万村"活动，力求实现精准帮扶贫困农民脱贫。舆论称赞其是网络扶贫的"地方样本"。天津各区探索的消费扶贫创新方式、帮助受援地区发展特色产业等成为舆论关注的热点。"河东区多家超市设'爱心扶贫专柜'" "西青举办平泉特色农产品推介活动" "甘南农特产品展销中心开业" "武山优质蔬菜直供天津宝坻" "天津'百万只肉羊'项目助力围场产业扶贫全覆盖"等信息广泛出现在报道标题中。2019 年，天津共实施帮扶项目 1144 个，助力受援地区 24 个贫困县脱贫摘帽、23 个进入脱贫摘帽序列。②《今晚

① 《政府工作报告》，天津市人民政府网站，http：//www. tj. gov. cn/zw/zfgb/rdhwj/202002/t20200224_ 3669751. html。

② 《政府工作报告》，天津市人民政府网站，http：//www. tj. gov. cn/zw/zfgb/rdhwj/202002/t20200224_ 3669751. html。

报》发文称，天津的干部群众用实际行动为东西部扶贫协作和对口支援交上了一份“天津答卷”。①

（五）农村人居环境整治集中攻坚　津郊乡村“颜值”提升

2019年，天津继续聚焦聚力农村人居环境整治，召开学习浙江“千万工程”经验农村人居环境整治工作现场会，深入开展“百村示范、千村整治”和农村全域清洁化工程，启动150个人居环境整治示范村建设，发布实施农村生活污水处理设施水污染物排放标准，建立健全农村生活垃圾处理体系等，取得一系列成果，备受舆论关注。“规划建设8座垃圾处理厂”“配齐村庄保洁员2万多名”“村庄垃圾收运设施和保洁队实现100%全覆盖”“新建成324个村的污水处理设施”“累计完成14万座农村户厕和1480座农村公厕改造任务”“清理各类垃圾、杂物等63万吨”“整治违章建筑10.8万处”“整治疏浚村庄河道、坑塘、沟渠6.6万公里”等治理成效被媒体广泛转载。5月，天津启动为期两个月的农村环境清脏治乱集中攻坚行动，重点解决村边、路边、河边和田边环境“脏乱差臭”等突出问题。舆论称，该行动将有效建立“干净、整洁、有序、美化”的农村环境新格局。

天津加大对农业农村水环境、土壤的保护力度，大力改善农村生态环境，获得舆论广泛关注。水环境综合治理方面，天津紧盯农村污水、水产养殖污染、畜禽养殖场粪污治理，对农村、城乡接合部黑臭水体重点整治，相关工作取得明显效果。“完成2905家规模养殖场畜禽养殖粪污治理”“733家规模化畜禽养殖场完成一场一策方案制定并开工建设”“完成5座渔港设施设备提升改造”“209个村污水处理设施主体工程已完工”“共排查出河道、沟渠、坑塘等各类黑臭水体542条”等数据信息被媒体大量转载。土壤保护方面，3月，天津召开首届土壤污染防治高峰论坛，发布《土壤污染防治天津宣言》，旨在促进土壤环境持续改善。12月，天津出台《天津市土壤污染防治条例》，人民网、新华网、《天津日报》等媒体予以报道，“加强

① 《东西部扶贫协作交出“天津答卷”》，《今晚报》2019年12月27日，第1版。

沙窝萝卜等土壤环境保护”“土壤污染防治预防为主保护优先”“谁污染谁修复”等信息被集中关注。舆论称，天津将“净土保卫战”正式纳入法治轨道。[①] 一系列治理保护举措取得可喜成效，提高了农民幸福感获得感。媒体报道称，静海区农民普遍认为街边绿化整齐了，田野乡间变美了；宁河区廉庄镇菜园村道路变得宽敞整洁了，村里的垃圾臭水沟变成了休闲生态景观带。舆论称赞津沽乡村开启“美颜”模式。

三　热点事件舆情分析

天津出台新政鼓励养猪受舆论关注

2019 年 11 月 6 日，天津市农业农村委印发《关于稳定生猪生产保障市场供应暨加强非洲猪瘟防控的实施方案》（以下简称《方案》），引发舆论高度关注。

1. 舆情概况

据监测，截至 2019 年 12 月 31 日，相关舆情总量 13549 条。其中，新华网、央视网、《天津日报》等 668 家新闻媒体发布和转载相关报道 1448 条，客户端 5275 条，微信 1275 条，微博 5341 条，博客论坛 210 条。媒体报道的主要标题有《引进一头种猪补贴 1000 元！天津发大红包支持养猪》《天津：生猪养殖迎政策“礼包”引进种猪给补贴》《天津多举措提升生猪生产产能保障市场供应》等。新浪微博“@中新经纬”发布的【#天津发红包鼓励养猪#，引进一头种猪补贴 1000 元】转评量 4500 余次。“天津发红包鼓励养猪”“天津养猪不需办用地审批手续”两个微话题合计阅读量达 2600 万次。

2. 媒体评论

媒体对《方案》提出的落实冻猪肉储备任务、稳定恢复产能、规范畜

---

① 《“净土保卫战”正式纳入法治轨道》，《天津日报》2019 年 12 月 12 日，第 2 版。

禽禁限养管理等六大任务积极关注。“引进种猪每头给予1000元补贴”“增加能繁母猪和育肥猪保额”“每头能繁殖的母猪每年最高补贴40元”“支持大型龙头企业在本市和外埠建设养殖基地”等具体举措被媒体广泛转载。舆论点赞称，天津发“红包”鼓励养猪，生猪养殖迎政策“礼包”。

3. 网民观点

网民通过新闻跟帖、微博、微信等方式对此展开热议，其观点主要包括以下三个方面。一是对政策落实提出建议。有网民说，审核要严格，谨防有人骗取补贴。也有网民说，养猪的很多是中年人，压根不上网，有补贴可能也没有拿到。二是关注政策实施后可能存在的风险。有网民说，养猪风险大，等猪出栏了，又降价了。也有网民说，大规模鼓励养猪又会造成一窝蜂养猪，到时候猪肉价格断崖式下跌，养殖户亏钱政府补贴吗？三是对政策频繁调整表达不满。有网民说，今天肉不够吃给补贴，早干嘛呢？为了政绩一刀切，环保不让养的时候想不到后面的事儿？也有网民说，天津前两年出台政策禁止个体户养猪，现在又鼓励养。

四　舆情总结与展望

总体看，2019年天津“三农”舆情传播数量较上年大幅增长，中央和地方主流新闻媒体是众多热点话题的信息来源，在引导舆论走向上依然发挥着重要作用，“两微一端”是天津“三农”舆情传播的重要渠道，助推话题热度升温的作用越发明显。重要的涉农政策措施、官方举办的重大涉农交流展示活动等议题受到舆论高度聚焦。

2020年是打赢脱贫攻坚战、决胜全面小康之年。天津市坚持稳中求进总基调，以实施乡村振兴战略为总抓手，以农业供给侧结构性改革为主线，推进农业高质量发展，把全面建成小康社会“三农”工作必须完成的硬任务落到实处。2020年，天津“三农”舆情或将呈现以下几个特点。从舆情总量上看，随着各项“三农”工作紧锣密鼓地开展以及网络新媒体的兴起，

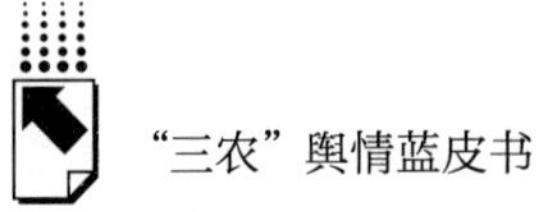

天津“三农”舆情总量或仍将继续增长。从传播渠道上看，主流媒体在议程设置和舆论引导上仍具有强大的权威性和影响力，“两微一端”影响力仍将上升。从热点话题上看，主要有以下几方面：一是乡村振兴。2020 年是深入推进乡村振兴战略实施的关键之年，其中涉及的龙头产业发展、美丽乡村建设、人才引进和培养、农村基层党组织建设等话题将是媒体聚焦点。二是都市型现代农业发展。新冠肺炎疫情防控背景下的农业稳产保供、菜篮子供应、生猪生产恢复发展、农民增收等将是媒体高度关注的话题。三是脱贫攻坚。对内实现新一轮结对帮扶困难村工作全面完成，困难村全面脱困等相关情况将被媒体积极关注。东西部扶贫协作和对口帮扶继续成为媒体报道重点，其中产业帮扶、消费扶贫、特色农产品推介等或将成为媒体主要报道角度。四是生态保护。绿色发展是关乎天津长远发展的战略举措。其中湿地生态保护、野生动物保护、渤海综合治理攻坚战、净土保卫战等生态环境保护工作也将继续吸引舆论目光。

B.14 河北省“三农”舆情分析

何宇炜　安军锋　郭振环　张军力*

摘　要： 2019年，河北省以实施乡村振兴战略为总抓手，大力推进农业高质量发展和农村人居环境整治，抓重点、补短板、促转型，农业农村发展保持稳中有进、稳中向优的良好态势。全年“三农”舆情信息量19.85万条，新闻媒体传播量占比过半，微博紧随其后。全省乡村五大振兴成效、新中国成立70周年燕赵大地“三农”巨变、农业农村改革进展、现代农业发展成效、“冀”字号品牌农业亮点成绩、特色产业精准扶贫、因村施策推进人居环境整治打造生态宜居村庄等话题受到舆论积极关注。央视“3·15”晚会曝光“化妆”土鸡蛋事件引发舆论热议。

关键词： 乡村振兴　农业农村改革　农业品牌　奶业振兴　河北省

一　舆情概况

（一）舆情传播渠道

据监测，2019年河北“三农”舆情信息19.85万条（含转发）。其中，

* 何宇炜，河北省农业信息中心副主任，研究员，主要研究方向为农业信息化、涉农网络舆情；安军锋，河北省农业信息中心科长，高级工程师，主要研究方向为农业信息应用推广、涉农网络舆情；郭振环，河北省农业信息中心副科长，高级工程师，主要研究方向为涉农网络舆情；张军力，河北省农业信息中心科长，高级工程师，主要研究方向为农业信息网络管理。

新闻报道 11.47 万条（含新闻客户端信息），占舆情总量的 57.79%；微博帖文 7.47 万条，占 37.61%；微信信息 6373 条，占 3.21%；博客和论坛帖文合计 2755 条，占 1.39%（见图 1）。总体看，舆情总量中超过半数来自新闻媒体，新闻媒体是河北“三农”原创信息的主要发布渠道。主流新闻媒体凭借其报道的权威性和专业性，引导舆论走向。微博、微信等新媒体平台凭借其发布信息便捷、快速的特点，进行二次转发传播。新浪微博帖文量占比近四成，新浪微博是河北“三农”舆情信息的重要传播渠道。

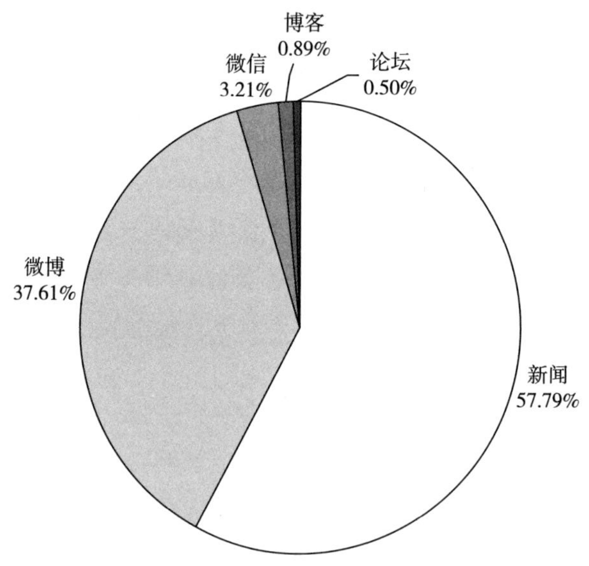

图 1　2019 年河北省“三农”舆情传播渠道

资料来源：农业农村部三农舆情监测管理平台。（下同）

（二）舆情传播走势

从全年舆情走势看，2019 年 6 ~ 9 月舆情热度相对较高，舆情量除 8 月外均在 2 万条以上，其他月份相对平稳，舆情量在 1.1 万 ~ 1.8 万条。其中，7 月，在河北夏粮喜获丰收、农村清洁取暖再添新标准、科学应对旱灾保障夏灌夏管、省政府印发《关于加快推进奶业振兴的实施意见》、深泽县农村虚增厕所骗补事件、赞皇县“能人”成村霸等信息推动下，当月舆情量达到全年峰值2.48万条。9月，河北庆祝2019年中国农民丰收节、河北加快推进农业机械化和农机装备产业转型升级、河北“三农”70年发展成就集中发布、崇礼彩椒滞销等受到舆论广泛关注，助推当月舆情量达到全年第二高位2.33万条（见图2）。

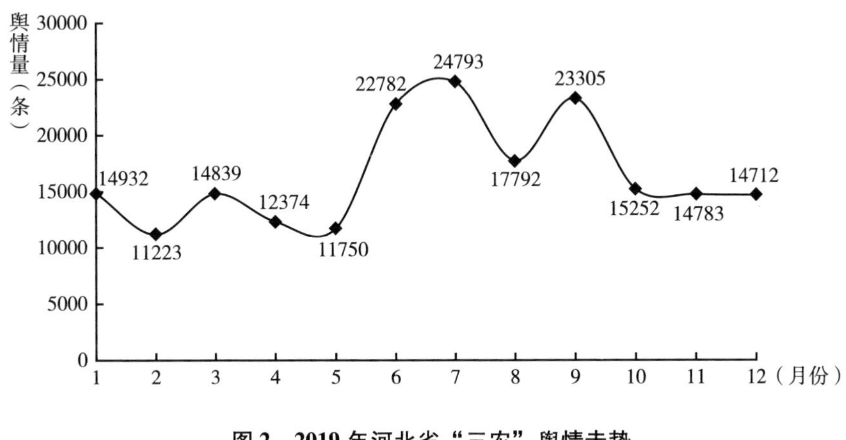

图2　2019年河北省“三农”舆情走势

（三）舆情话题分类

从舆情话题分类看，农村经营管理、畜牧业、种植业是河北“三农”舆情量排行前三的热门话题，分别占舆情总量的36.92%、18.15%、13.38%，三者合计占比68.45%。农产品市场、农垦、农产品质量安全、农业科教、“三农”政策分别列第4~8位，占比分别为8.99%、5.21%、4.79%、3.99%、2.25%。其他话题占比均在2%以下（见图3）。

（四）舆情热点事件排行

从舆情热点事件排行看，关涉农产品质量安全的央视“3·15晚会”曝光“化妆”土鸡蛋事件是舆论关注焦点，位居前20热点事件之首。其次，河北品牌农产品亮相中国国际农产品交易会、河北庆祝2019年中国农民丰收节等农业品牌推介活动和重大涉农节庆活动也受到舆论高度关注，分列第

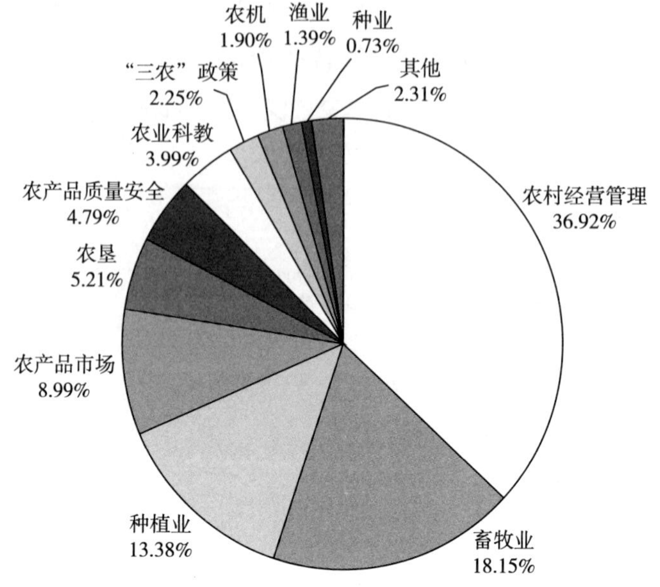

图3 2019年河北省“三农”舆情信息分类

二、三位。从关注内容看，粮食生猪等重要农产品生产、乡村振兴战略实施、农业展会、现代农业发展等相关信息被媒体聚焦，涉农负面事件也是舆论关注重点（见表1）。

表1 2019年河北省“三农”舆情热点事件TOP 20

排名	热点事件	月份	首发媒体	舆情热度
1	央视3·15晚会曝光“化妆”土鸡蛋	3	央视网	1159.4
2	河北品牌农产品亮相中国国际农产品交易会	11	《河北日报》	983
3	河北庆祝2019年中国农民丰收节	9	河北新闻网	707.9
4	河北科学应对旱灾保障夏灌夏管	7	新浪微博“@老愚5936455788”	384.2
5	崇礼4万吨彩椒滞销事件	9	新京报网	350.1
6	深泽一村庄虚增百余厕所骗补贴	7	央视网	317.4
7	河北夏粮喜获丰收	6	河北新闻网	280.6
8	河北加强防控非洲猪瘟疫情	2	农业农村部网站	271
9	河北出台关于坚持农业农村优先发展扎实推进乡村振兴战略实施的意见	3	《河北日报》	223.3

续表

排名	热点事件	月份	首发媒体	舆情热度
10	第二十三届中国(廊坊)农产品交易会举办	10	河北新闻网	204
11	《河北省奶业振兴规划纲要(2019～2025年)》印发	4	河北省人民政府网站	182.1
12	《河北省农村产权流转交易管理办法》发布	10	河北省人民政府网站	173.3
13	河北省农产品加工业发展大会召开	6	长城网	157.5
14	2019巨鹿红杏商务节举办	6	中新网	149.2
15	第四届京津冀“蔬菜大会”	4	《河北日报》	115.5
16	河北原曲村出台红白事新规	11	新浪微博“@新京报我们视频”	100.4
17	河北加快推进农业机械化和农机装备产业转型升级	9	河北省人民政府网站	78.4
18	河北全力做好草地贪夜蛾应急防控工作	6	微信公众号“河北省植保协会”	66.2
19	第四届京津冀品牌农产品产销对接活动举办	10	《农民日报》	55
20	河北省2019年高标准农田建设全面启动	11	冀时客户端	40.4

二　热点话题舆情分析

（一）深入实施乡村振兴战略燕赵大地展开新画卷　特色活动喜庆丰收“冀”

2019年，河北坚持农业农村优先发展总方针，大力实施乡村振兴战略，找准抓手、明确任务、压实责任、狠抓落实，推动“三农”工作高质量发展。1月，河北排定乡村振兴全年重点目标任务，以特色农产品优势区、提质增效行动、股份合作制等为重要抓手，重点推进农业结构调整、农业高质量发展、产业扶贫、盘活农村资产资源等年度重点任务。同时，以县为主体打造一批乡村振兴示范区，引领全局发展。[①] 3月，省委一号文件《关于坚

① 《河北排定新一年乡村振兴重点任务》，《农民日报》2019年1月3日，第3版。

持农业农村优先发展扎实推进乡村振兴战略实施的意见》发布，对标全面建成小康社会，提出抓好脱贫攻坚、农村人居环境整治、补齐农村基础设施和公共服务短板、深化农村改革、加强农村基层组织建设等重点任务，把投入保障、政策供给向硬任务聚焦。舆论称，全省实施乡村振兴战略的顶层设计和总体安排部署已经完成。

一年来，全省上下认真贯彻落实省委决策部署，创新推进乡村振兴战略实施，形成的典型做法及成效被舆论积极关注。产业振兴方面，河北聚焦科技农业、绿色农业、品牌农业、质量农业等“四个农业”，促进农村产业兴旺。大城县推广果树种植建立自主品牌，壮大果品深加工产业；曲周县推动建立产业化联合体，通过“订单种植”保障农民脱贫增收；张家口涿鹿县肖家堡村壮大农业集体产业、安置农村劳动力，惠民增收效果明显，让农民未来生活有期待。人才振兴方面，河北注重培育新型农村人才，让其成为乡村振兴的“领路人”“带头人”“职业人”。井陉县实施培训工程打造新农村实用人才，舆论认为此举选准“潜力股”，培训“接地气”；馆陶县通过“美丽乡村大学”培养“新农人”，辐射带动广大农民群众成为“兴农人”；清河县通过技能培训和经验交流培育新型职业农民，提升科技素质和技术水平。舆论点赞称，人才培养为乡村振兴战略注入强劲“智力源”。文化振兴方面，河北弘扬燕赵文化，培育发展乡村特色文化产业。“衡水市利用优势资源推出红色文化的安平样板”“涿州挖掘优秀乡村文化资源，推动少林会申遗成功”等信息被媒体积极报道。舆论称，文化振兴为乡村全面振兴提供精神动力。生态振兴方面，全省打造环京津休闲旅游圈，把乡村变成美丽“大景区”。承德市老矿区以绿色崛起建设三产融合现代园区，助力经济发展；石家庄构建市县乡村四级河长体系，综合整治突出问题，打造河湖“风景线”，留住生态“高颜值”。舆论称，河北大力推进生态建设，拉动乡村振兴绿色新引擎，好风景带来了“好钱景”。组织振兴方面，河北建立健全党委领导、政府负责、社会协同、公众参与、法治保障的新型乡村社会治理体制。清河县开展“千名干部下基层、万名党员解难题”活动，发挥基层党组织在乡村振兴中的战斗堡垒作用，引领群众唱出好戏。舆论称，随着深入实施乡村振兴战略，一幅产业旺、生态美、乡风好的美丽画卷正在燕赵大地缓缓展开。

2019 年 9 月 23 日，河北第二个“中国农民丰收节”开幕，舆论立体呈现农民迎丰收、晒丰收、庆丰收的喜悦。冀时客户端对开幕活动进行直播，人民网对黄骅市、秦皇岛市青龙满族自治县两地庆丰收活动进行现场直播。《河北日报》设立专版，图文并茂地报道了全省各地庆祝丰收节的系列活动。[①] 央视《中国财经报道》《新闻直播间》、河北卫视《河北新闻》等栏目进行播报。新浪微博设置的“我的丰收冀”“保定·中国农民丰收节”等微话题总阅读量超过 17 万次。基层农村丰富多彩的庆祝活动引发舆论积极关注。井陉拉花、赛诗联欢、背阁古戏等特色活动如繁花满枝，尽显丰收喜悦；以农民为主体的农村摄影大赛、农民健身项目等活动接地气受欢迎；通过互联网展示乡村“网红”指尖上卖农货，拉近城市与丰收的距离。舆论称，河北 2019 年农民丰收节突出了地方特色，展示了农民享受丰收的喜悦，生动诠释出了“我的丰收我的节”。

（二）70年足音铿锵走向农业农村现代化　改革激发“三农”发展新活力

新中国成立 70 年来，河北农业农村发生了翻天覆地的变化。媒体通过基层调研，以“一线视角”予以报道；通过“数说”“微观”“图览”等形式对河北农业农村发展成就进行梳理和展示。其中，《河北日报》开设的系列栏目“数说河北 70 年”、长城网发布的系列报道“壮丽 70 年·奋斗新时代·数读河北”，从农林牧渔业结构优化、农产品品质优化提升、农民工就业渠道拓宽、农村新产业新业态新模式蓬勃发展、农村面貌改善等方面对河北 70 年来农业农村改革发展成就进行报道。《河北农民报》开设“乡村振兴蹲点调研”专栏，从乡村产业兴旺、生态宜居等多角度讲述农业农村 70 年沧桑巨变。此外，《人民日报》还报道了河北西柏坡从 70 多年前的烽火

---

① 《燕赵大地庆丰收》，《河北日报》2019 年 9 月 24 日，第 8 版。

岁月一路走来摆脱贫困，谱写出奋进之歌的历程。舆论称，经过70年的持续奋斗，河北农业经济稳步增长，农业生产、农村生态、农民生活发生了美丽蝶变。燕赵大地足音铿锵，以崭新面貌走向农业农村现代化新时代，开启奔往农业升级、农村进步、农民发展的新征程。

2019年，河北深化农村重点领域改革，取得明显成效，受到舆论积极关注。农村集体产权制度改革方面，整省试点全面推开，“全省3万多个村组完成集体产权制度改革”“清查农村集体账面资产2530亿元”“75%的村完成赋码登记”等改革成果被《河北日报》等媒体积极转载。多地农村集体产权制度改革的典型做法被舆论集中关注：邯郸市实行清产核资与成员身份界定、股权设置与组建组织、建章立制与发展集体经济“三个同步”推进改革，村级集体经济收入超过5万元的村占比超过一半；望都县成立村股份经济合作社发展现代化产业，并创新探索因村制宜进行人员界定、确定股权分配方案，公平公正分配股权，让农民满意更受益；行唐县清产核资，发展支柱经济产业，成立经济合作社，让当地村民赁地挣租金、入社挣薪金、参股挣股金；武邑县试点先行，开发集体土地，成功确立食用菌种植项目，带动贫困户就业。舆论称，农村集体产权制度改革摸清了农村集体家底，闲置资源变成资产，让八成的农村集体经济壮大起来，下活了农村经济这盘棋。农业新型经营主体培育方面，河北突出抓好家庭农场和农民合作社两类新型农业经营主体，全省农民合作社、家庭农场分别达到11.5万家、4.1万家，覆盖94%的行政村、辐射带动68%的农户。农民合作社、家庭农场辐射带动农民增收情况成为媒体报道重点。新华网等媒体报道，承德县培植172个农民专业合作社参与产业扶贫，通过“蒲公英式”扩散带动4万多贫困人口致富增收。[①] 石家庄藁城区一家庭农场入选全国典型案例。媒体报道称该农场贴近小农户特点，是推动全省家庭农场快速健康发展的缩影。舆论认为，河北通过“企业+合作社+家庭农场”联合经营，优势互补，实现

① 杜一方：《河北：专业合作社变身农民“摇钱树”》，新华网，http://www.xinhuanet.com/politics/2019-11/24/c_1125268580.htm。

“1 +1 +1 >3”的经济效益。此外，媒体还关注了全省各地与建行、人保财险等机构合作实施金融支农的创新举措，石家庄鹿泉区、邢台市、霸州市等地上线运行“地押云贷”“农户小额贷”“气象指数保险”等产品，纾解了小微农企融资难、融资贵、融资慢的难题。

（三）大力发展现代农业提升“三农”质量成色“冀”字号品牌农产品叫响全国

2019 年，河北从调整农业结构、提升农业标准化生产、农业科技创新、举办农业招商引资活动、农产品品牌建设等方面大力推动现代农业发展，舆论从多个角度进行关注。调整农业结构方面，舆论重点关注河北调减高耗低效作物、大力发展优势特色产业。比如完成调减非优势区高耗低质低效农作物 200 万亩；以石家庄、邢台、邯郸等为重点，新增优质强筋小麦订单面积 62 万亩，累计面积达 360 万亩。全省全年粮食生产在面积减少的情况下，单产提高，总产较上年增加 38 万吨；培育县域主导蔬菜产品，推动苹果、桃等优质果品高质量发展；新创建 30 个省级特色农产品优势区、总数达到 80 个以上。舆论称，河北农业生产结构逐步优化，区域布局更加合理，有效提升了农业的质量效益。作为提升河北农产品质量安全的有力保障，农业标准化生产也是舆论关注重点。长城网报道称，河北大力推行标准化生产，在现代农业园区、绿色发展试点区等建立质量控制体系，全省农业标准化覆盖率达 64%。农业科技创新方面，全省创建了省级农机团队体系 19 个，京津冀农业创新平台 41 家，全省农业科技进步贡献率提升至 58.5% 等。[①] 舆论称赞，河北创新科技铸就了现代农业的新篇章。农业招商引资方面，全省积极举办农产品加工业发展大会等“综合 + 专业”系列招商引资活动。“签约农业项目 174 个”“总投资额达 1034 亿元”“新增 15 家国家级重点龙头企业”“834 家省级重点龙头企业”等成果被媒体集中报道。舆论称赞，河

---

① 郑建卫：《“河北农业供给侧改革”农业科技支撑能力日益增强》，长城网，http://report.hebei.com.cn/system/2019/12/13/100135083.shtml。

北省大力发展现代化农业提升“三农”质量成色，“三农”工作“底盘稳”“成色足”。

一年来，河北强化品牌引领，通过开展品牌农业专题培训、组织农业品牌双创设计大赛等活动着力培育一批具有鲜明特色、发展潜力及有知名度和带动力的“冀”字号农业品牌，提升农业竞争力，吸引舆论目光。“‘河北农品　百膳冀为先’整体品牌形象发布”“创响一批‘土字号’‘乡字号’品牌”“重点培育 20 个区域公共品牌”“省级认定的农业领军品牌 40 个”“全省品牌农产品的数量增长率达 10%”等品牌培育举措和成效被媒体积极传播。舆论称，河北对当地农特产品进行品牌包装，带动了农业提档升级，在各个推介会及线上销售中成绩斐然。同时，积极发挥新型农业经营主体的带动作用，加强农产品品牌的宣传推介力度，在全国各类展会中取得了不俗的成绩。2019 年 10 月，“承德国光苹果”区域公用品牌高峰论坛成功举办，进一步扩大了品牌知名度。在第四届京津冀品牌农产品产销对接活动中，石家庄、张家口、保定等地 83 家品牌农企与全国各地的 200 多家采购商现场签约 1.92 亿元；11 月，富岗苹果、赵县雪花梨、张北马铃薯等 500 多种品牌农产品亮相第十七届中国国际农产品交易会，受到全国客商欢迎。① 其中富岗 NFC 苹果汁、菇芳源蘑菇酱、沙棘果汁饮料等深加工产品吸引了一众参观者品尝订购，成为农交会河北展区亮点。“500 余种农产品亮相农交会”“‘冀’字号农产品香飘农交会”等成为热门报道标题。舆论称，通过品牌培育、深加工延长产业链条以及后期的包装宣传，“冀”字号农产品在全国打出了独树一帜的“地域名片”。

此外，舆论还重点关注河北奶业振兴和生猪生产。4 月，河北出台《河北省奶业振兴规划纲要（2019～2025 年）》，人民网、新华网等媒体予以报道。“力争到 2025 年在全国率先实现奶业现代化”“打造乳品品质等四个世界一流”“2025 年实现四个世界一流”等目标被集中关注。河北乳业发展成

---

① 郝东伟：《快来围观！河北 500 余种农产品亮相中国国际农交会》，河北新闻网，http://hebei.hebnews.cn/2019-11/15/content_7528266.htm。

果也被媒体关注。新华网报道称，2019 年河北省对标世界一流，实行“千万吨奶”企业与政府双规划管理，新建智能化奶牛场 150 个，全年生鲜乳产量、乳制品产量双双超额完成任务。舆论称赞，河北奶业标准较高，发展基础雄厚，市场广阔。生猪生产方面，非洲猪瘟防控及稳产保供是重中之重，相关工作成效备受舆论关注。媒体报道称，河北迅速处置保定徐水区非洲猪瘟疫情，严防严控，有效阻断了疫情蔓延扩散。全省强化生猪生产，生猪产量从 6 月开始止降回升，截至 9 月底生猪存栏量实现连续四个月环比增长，每日供给京津地区数量与发生非洲猪瘟疫情前基本持平。

（四）特色产业铺就贫困人口脱贫致富路　电商、直播成为扶贫新力量

2019 年，河北省在产业扶贫上持续发力，先后印发产业扶贫工作要点、培强特色农业扶贫主导产业的意见等多个文件，明确工作重点和路径。培强特色农业扶贫主导产业的“五种四养”“六大途径”“15 项措施”“‘十百千’示范工程”等信息被集中关注。省市县乡村五级落地产业扶贫项目，建立五级产业扶贫技术服务体系，组织 1.4 万余名专家和技术人员下沉到县开展精准对接服务。“贫困户户均参与 1.88 个扶贫产业项目”“邯郸覆盖比例达 100%”“保定扶贫产业贫困户实现全覆盖”等信息被媒体积极转发。河北总结推广阜平“六位一体”带贫增收模式和 26 个产业扶贫典型，其中 7 个入选全国产业扶贫典型案例。舆论点赞阜平县“六位一体”[①] 创新模式，称其通过精准脱贫培育产业，找到致富新抓手，让村民迎来了新曙光。《农民日报》《河北日报》等媒体梳理了各地依托自身优势探索出的特色产业扶贫典型：张家口“张杂谷”经十多年培育，突出其耐旱性，成为东西部协作援疆的优势扶贫产业；[②] 阜平县围绕食用菌产业持续发力，将其培育成带动全县贫困人口脱贫的支柱产业；内丘县研发新品种、独创百余道标准

① “六位一体”：政府 + 金融 + 科研 + 龙头 + 园区 + 农户形成一个产业整体。

② 《张杂谷等 26 个扶贫典型传经送宝》，《燕赵都市报》2019 年 10 月 17 日，第 4 版。

化生产工序，发展壮大“富岗”苹果产业，岗底村蜕变成了人均年收入超4万元的富裕村、典型村；隆化县扶持肉牛产业实现从弱到强的发展，肉牛产业成为富民增收的主导产业，让贫困户“牛起来”。舆论称，河北勾画产业扶贫新路径，让老产业焕发出新活力，总结出的一大批产业扶贫典型项目覆盖面广，为全省推动产业扶贫“传经送宝”。

发展农村电商是助力产业扶贫的有效抓手。一年来，河北62个贫困县围绕当地主要特色产业，对特色农产品进行品牌策划、包装和推广，在淘宝、苏宁、京东三大电商平台开设特产馆，取得明显成效，“贫困县网络零售额215亿元”等信息被媒体广泛报道。为帮助贫困户解决农产品销售难题，各地构建电商服务体系，创新电商营销方式，受到舆论集中关注：南皮县采取“电商人才+电商站+仓储物流配送中心”模式，培育3大类12小类农产品公共品牌，带动340个贫困户致富增收；涞水县建设电商大厦，通过其代购网销小米、文玩核桃等农特产品，促进农民增收；尚义县探索推行“电商+”“小微共享工厂”等电商扶贫模式，“小微共享工厂”十天时间收购贫困户7000余公斤谷子、小米产品，销售收入达11万元。舆论称，河北创新实践农村电商模式，助推产业升级，从根本上助力农民脱贫致富。村淘直播也成为河北各地农村“双11”新的增长点，许多农产品借助直播成为热销的商品，“‘双11’直播助力　张家口玉米两小时卖158吨”的信息被媒体积极报道。舆论点赞称，张家口通过“微电商+直播、短视频”模式惠及贫困户，让手机成了新农民的“新农具”，网络直播卖农货成了“新农活”。舆论称，全媒体时兴下的网络直播，为敢想敢干的新农民打开了广阔天地，河北“炕头直播”模式成了扶贫的新力量，让贫困农民走出一条致富新路径。

（五）因村施策推进人居环境整治　广大乡村开启“美颜”模式

2019年，河北把改善农村人居环境作为“三农”工作的一项重要内容全面展开，相关顶层部署被舆论积极关注。河北安排省级财政专项资金，按照“抓两头、带中间、补短板”的奖补原则，用于农村人居环境整治项目建设。4月，河北出台农村人居环境整治实施方案。5月，省十三届人大常委会第十次会议表决通过《关于深入推进农村改厕工作的决定》[①]，重点对政府职责、工作机制、改厕模式、资金保障及监督管理等方面做出规范。舆论称，全国首部专门针对农村改厕制定的地方性法规，有利于进一步补齐农村公共服务短板。

一年来，农村基层结合实际探索推进农村人居环境整治的经验及成效被媒体跟踪报道。农村改厕方面，各地改厕融入“新”科技、创造“新”模式的工作实践，被央广网等中央媒体聚焦。石家庄市依靠“互联网+”搭建大数据管理平台，建立“农村厕所革命管理系统”，用手机App实现在线管理，助力厕所改造提质保量；[②] 武邑县探索建立“四种模式”，完善“四项机制”，实现农村粪污处理一体化和长效化，改变农村昔日蚊蝇滋生、污水横流的面貌，让乡村更加生态宜居。舆论表示，随着农村“厕所革命”持续推进，河北往日的“露天蹲坑”逐渐被“水冲式”马桶取代，农村生活也像城市一样方便。农村生活污水治理方面，“邯郸峰峰矿区、邱县、鸡泽三县（区）破解‘污水靠蒸发’困局”“邯郸肥乡区推行‘身份证+坑长制’破解农村坑塘治理难题”[③] 等信息被新华社等媒体广泛报道，《河北日报》《石家庄日报》等媒体报道了鹿泉等县区农村污水与粪污一体化治理、沟渠管网相连污水处理等模式。舆论称赞各地分类实施、创新举措，为全省治理工作提供了宝贵经验。舆论称，河北通过多元化探索解决污水难题，改变了农村生活污水乱泼乱倒的陋习，破解了污水靠蒸发的困局，又杜绝了“晒太阳工程”，有效实现了从污水横流到“清水绕人家”。农村垃圾治理方面，长城网等媒体报道了石家庄、邢台等地清理各类垃圾及农业生产废弃物的举措及成效，舆论称赞垃圾有了新“保姆”，乡村开启“美颜”模式，面貌得到明显改善。清洁村庄方面，河北新闻网报道称，邯郸等地以

---

① 《河北省人民代表大会常务委员会关于深入推进农村改厕工作的决定》，河北人大网，http：//www. hbrd. gov. cn/system/2019/06/01/019659728. shtml。

② 《【国务院农村人居环境整治大检查】河北石家庄：厕所革命管理系统助力改厕提质保量》，央广网，http：//news. cnr. cn/native/city/20191204/t20191204_ 524884242. shtml。

③ 白明山：《河北邯郸市肥乡区：坑塘带上“身份证”治理村庄老大难》，新华网，http：//www. xinhuanet. com/local/2019 -12/04/c_ 1125308448. htm。

“五清三建一改”为抓手推进村庄清洁行动，并对清出来的空间规划建设果园、菜园及游园。舆论称，河北大力推进村庄清洁和绿化行动，村民逐步养成文明习惯。此外，《农民日报》报道了三河市从拆除违法用地、违法建设入手全域推进农村人居环境整治的典型案例，认为三河市不落一村一户，敢于动真碰硬，既“拆”出了乡村格局之美，也折射出农村基层风清气正。舆论表示，河北各地实施农村人居环境整治的有益探索是全省实施行动的一个个缩影，其中的典型不仅进度快、成效好，而且群众满意度很高。

三　热点事件舆情分析

央视“3·15”晚会曝光“化妆”土鸡蛋引发舆论热议

2019 年 3 月 15 日晚，央视“3·15”晚会节目曝光了“化妆”土鸡蛋事件。报道称，邯郸山海农业科技有限公司和馆陶县振堂蛋鸡养殖有限公司涉嫌以笼养鸡伪造散养鸡，使用饲料添加剂斑蝥黄使鸡蛋变红，成为价格高出普通鸡蛋许多的柴鸡蛋、土鸡蛋，迅速引发舆论热议。

1. 舆情概况

据监测，截至 2019 年 12 月 31 日，相关舆情总量 5396 条。其中，新华网、央视网、《邯郸日报》等 127 家新闻媒体发布和转载相关报道 1027 条，微博 3201 条，微信 1098 条，论坛博客 70 条。新浪微博设置的“土鸡蛋的惊人秘密”“染色土鸡蛋”等 18 个微话题合计阅读量达 3967 万次。“@央视财经”发布的相关视频，播放量达 439 万次。媒体报道的主要标题有《央视 3·15 晚会曝光：山海农业科技、馆陶振堂蛋鸡养殖“化妆”的土鸡蛋》《3·15 土鸡蛋闹剧：产品形象靠色素　注册商标藏猫腻》《遭央视 3·15 晚会曝光　馆陶迅速查处“化妆”土鸡蛋》《“化妆”土鸡蛋身价翻倍！一次说清鸡蛋的营养真相》等。

2. 媒体评论

有媒体认为行业缺乏标准，导致市场乱象。微信公众号“蛋鸡圈”评论称，当前整个行业缺乏对土鸡和土鸡蛋的标准界定，存在一定乱象是必然的。相关部门应推出精细化的行业标准，不断由各地市场及分支行业的从业者来共同推进。有媒体认为消费习惯催生土鸡蛋“骗局”。搜狐网评论称，在消费者眼里，“笨鸡蛋”“土鸡蛋”的营养价值远高于普通鸡蛋。商家为了迎合这种购物心理，在饲养过程中、销售产品时“动手脚”，追逐利益最大化。央视曝光“土鸡蛋”的骗局让更多人如梦初醒，消费者更应该意识到，正是自己“催生”了这场“骗局”。还有媒体认为通过饲料给鸡蛋黄上色已成为行业普遍现象。《中国经营报》称，并不止曝光的企业给普通鸡蛋“化妆”当土鸡蛋销售，在河北石家庄周边县市，大量养殖场也存在这样的行为。

3. 网民观点

网民通过新闻跟帖、微博、微信留言等方式对此展开热议，其观点主要包括以下四个方面。一是担忧食品安全问题。有网民说，吃这些食物活到现在真不容易，还是家里养的鸡靠谱。有网民说，给鸡蛋用添加剂染色，这不是质量问题吗？二是谴责无良商家只顾赚钱，不顾群众健康。有网民说，商家长期欺骗群众，看了这个谁还敢相信真正的土鸡蛋。有网民说，这些商人有没有想过，你祸害别人赚了很大一笔钱，但你能保证自己的家人、朋友不会买到那些有问题的东西？害人终害己。三是建议重罚涉事企业。有网民说，连老百姓天天要吃的鸡蛋都要造假，一定要从严从重处罚。有网民说，要重拳出击，严厉打击。四是建议不要迷信土鸡蛋营养高的说法。有网民说，不太能理解国人对土鸡蛋的执念，是不是一种高级的营销。有网民说，营养专家也说普通鸡蛋与土鸡蛋的营养价值一样高，不必非要土鸡蛋、柴鸡蛋。也有网民认为这是个别事件，呼吁理智看待，不要夸大我国的食品安全问题并造谣。

四 舆情总结与展望

总体看，2019 年河北“三农”舆情热点多，全网媒体关注度高。央视网、《农民日报》等中央媒体，以及《河北日报》、河北新闻网等地方主流媒体是多数热点话题的信息来源，在引导舆论走向上发挥着重要作用。微博、微信等社交媒体平台传播优势明显，是河北"三农"舆情传播的重要渠道，助推话题热度升温。农产品质量安全、农业品牌推介、重大涉农展示交易活动、重大涉农政策举措等议题受到舆论高度聚焦。

2020年是打赢脱贫攻坚战、决胜全面小康之年。河北省将凝心聚力打好收官之战，解决好农村绝对贫困问题，以实施乡村振兴战略为总抓手，以农业供给侧结构性改革为主线，对标对表全面建成小康社会"三农"工作必须完成的硬任务，做好"三农"领域重点工作。舆情热点话题可能集中在以下几个方面。一是农业高质量发展。调整农业结构，优化产业布局，发展绿色农业，打造农产品品牌，提升农业现代化水平，发展特色扶贫产业等将吸引舆论目光。二是农村重点领域改革。进一步推进农村土地及集体产权制度改革、发展壮大新型经营主体，让小农户参与到现代农业产业链，相关工作进展将推高舆情热度。三是保障重要农产品供应。新冠肺炎疫情防控背景下做好粮食、生猪等重要农产品稳产保供，畅通销售渠道，解决好京津冀地区的菜篮子产品稳定供应问题等将是舆论聚焦点。四是农村人居环境整治。以全域整治和示范区创建为抓手，因地制宜推进农村无害化厕所改造以及生活污水和黑臭水体、生活垃圾整治，引导提升乡风文明，长效保持农村新面貌等将受到舆论持续跟进关注。

B.15

吉林省“三农”舆情分析

焦铁锋　赵劲松　杨彦平　于海珠　雷政达　白冰茹*

摘　要： 2019年，吉林省扎实推进乡村振兴战略实施，坚定不移打好脱贫攻坚战，农业农村现代化稳步发展，粮食生产喜获丰收，农民收入持续增长。全年“三农”舆情信息量较上年大幅增长。乡村振兴战略实施、新中国成立70年来吉林“三农”发展成就等话题受到舆论聚焦。农业现代化建设、“吉字号”农产品品牌建设、产业扶贫成果等话题依旧是媒体关注的热点。农村人居环境整治行动中涌现出的典型模式被媒体争相报道。

关键词： 乡村振兴　产业扶贫　农业现代化　第一书记代言　吉林省

一　舆情概况

（一）舆情传播渠道

2019年，监测到吉林省“三农”舆情信息16.89万条（含转载），较上

* 焦铁锋，吉林省农村经济信息中心副主任，高级工程师，主要研究方向为农业信息化、涉农网络舆情；赵劲松，吉林省农村经济信息中心科长，高级农艺师，主要研究方向为涉农网络舆情；杨彦平，吉林省农村经济信息中心科员，主要研究方向为涉农网络舆情；于海珠，吉林省农村经济信息中心工程师，主要研究方向为信息管理；雷政达，吉林省农村经济信息中心编辑，主要研究方向为新闻宣传；白冰茹，吉林省种子管理总站信息员，主要研究方向为信息管理。

年增长50.80%。其中，客户端信息5.01万条，占舆情总量的29.64%；微博帖文4.80万条，占28.41%；新闻信息3.74万条，占22.13%；微信信息2.17万条，占12.84%；论坛、博客帖文合计1.18万条，占6.98%。总体看，舆情总量中客户端信息占比近三成，位居传播渠道第一位。其次，微博也是吉林“三农”信息重要的传播渠道，占比略低于客户端。新媒体成为本年度信息传播的主流。新闻媒体信息量居第三位，是原创信息的主要提供者，其中，《吉林日报》等省级官方媒体是报道的主力军（见图1）。

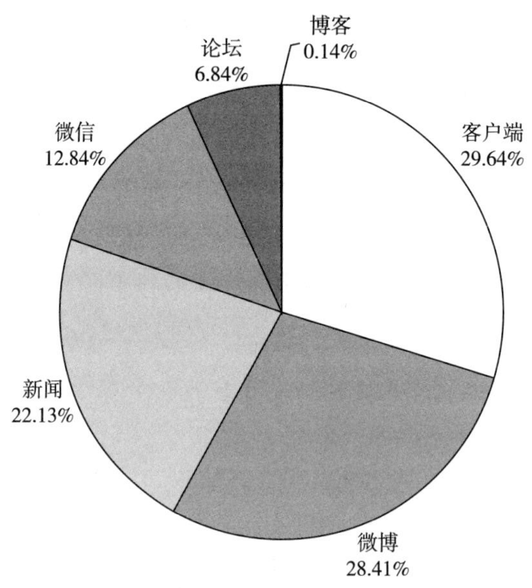

图1 2019年吉林省“三农”舆情传播渠道占比

资料来源：吉林省三农舆情监测管理平台、农业农村部三农舆情监测管理平台。（下同）

（二）舆情传播走势

从传播走势看，2019年吉林“三农”信息量呈波动爬升态势，下半年舆情热度整体高于上半年。5月，吉林启动建设地膜治理示范县、春耕生产有序开展等被媒体关注报道，形成舆情小高峰（1.53万条），为上半年最高值。9月，吉林拉开欢庆第二个中国农民丰收节的序幕，各地举办了精彩纷呈的活动喜庆丰收，被媒体积极关注，助推当月舆情量达到全年最高峰20623条。10月，粮食等各类农产品喜获丰收，丰收节活动持续开展，舆情量继续保持高位，为20541条，是全年舆情第二峰值（见图2）。

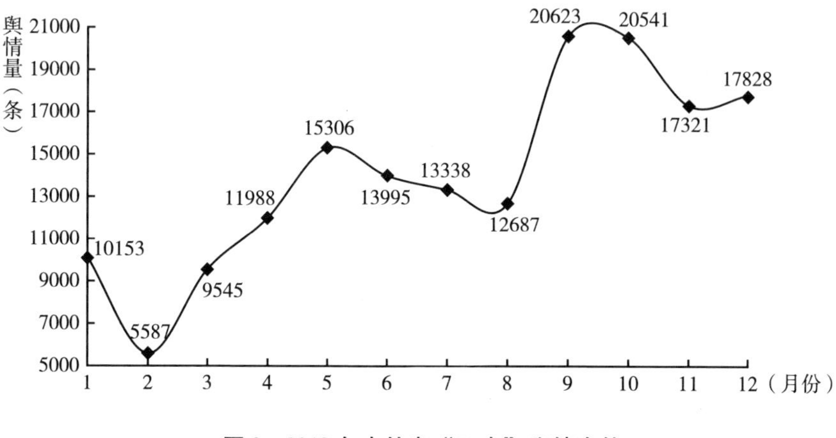

图2　2019年吉林省“三农”舆情走势

（三）舆情话题分类

从舆情话题分类看，农牧渔生产与粮食安全、乡村振兴战略实施、农业产业扶贫三大话题受到媒体较多关注，占比均在10%以上。农产品质量安全、农业农村改革发展、农产品市场、农村社会事业、农村环境等话题也是舆论关注的重点，占比在5%～10%之间。农业科技、涉农贪腐等其他话题舆情量相对较少，占比均在5%以内（见图3）。

（四）舆情热点事件排行

从本文整理的2019年吉林省“三农”舆情热点事件TOP10来看，全年有三个事件的舆情热度超过1000。其中，第十八届长春农博会的举办最受舆论瞩目，《农民日报》、新华网等中央媒体，《吉林日报》《长春日报》等当地媒体纷纷发文关注，舆情热度高达4737.7，居排行榜首位。吉林庆祝

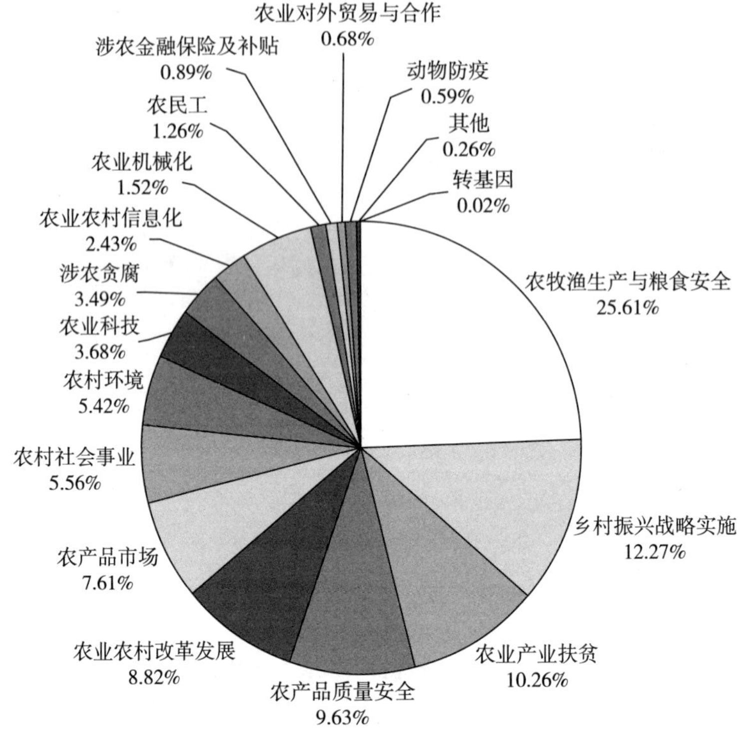

图3　2019 年吉林省"三农"舆情话题分类占比

第二个中国农民丰收节举办的一系列活动也是媒体关注的热点，舆情热度达1512.35，居排行榜第二位。洮南市农村危房改造弄虚作假被央视曝光，引发舆论围观，舆情热度居第三位。第六届吉林省农民文化节、第一书记代言展示会、吉林 8 村上榜美丽乡村名单等也被媒体重点关注，舆情热度均在 100 以上。从内容上看，节庆活动、展销活动等活动类事件是舆论关注的重点话题，舆情热点事件 TOP10 中有 6 个事件与之相关（见表 1）。

表 1　2019 年吉林省"三农"舆情热点事件 TOP 10

排名	热点事件	月份	首发媒体	舆情热度
1	第十八届中国长春国际农业·食品博览(交易)会	8	新华网	4737.7
2	吉林庆祝第二个中国农民丰收节	9	中国吉林网	1512.35

续表

排名	热点事件	月份	首发媒体	舆情热度
3	央视曝光洮南市农村危房改造弄虚作假事件	4	央视财经《经济半小时》	1068.2
4	第六届吉林省农民文化节	7	央广网	656.85
5	1.9亿中央拨付工程款被政府挪用农民工无处讨薪	1	央广《中国之声》	517.3
6	第十届吉林(长春)冬季农业博览会开幕	1	《新文化报》	410.95
7	党建引航脱贫攻坚暨第一书记代言展示会举办	1	吉林广播网	402.75
8	吉林省专项整治农村假冒伪劣食品	1	吉林省农业农村厅	329
9	吉林省供销系统"吉字号"农产品亮相海南冬交会	12	中国吉林网	141.4
10	吉林省8个村上榜2019年中国美丽休闲乡村名单公示	11	吉视网	109.45

二　热点话题分析

(一)奋力谱写乡村振兴新篇章　欢歌曼舞共享丰收喜悦

2019年，吉林省认真谋划部署乡村振兴战略实施工作，先后召开全省农村工作会议、省委实施乡村振兴战略工作领导小组全体会议等会议，审议通过《中共吉林省委实施乡村振兴战略工作领导小组工作规则》《吉林省"五级书记"抓乡村振兴责任制实施细则》《吉林省乡村振兴8个专项规划》《乡村振兴战略"百村千村"示范村和试验区名单》等多个相关文件，为乡村振兴战略实施指明方向、提供遵循。相关工作进展和成效受到舆论高度关注，舆论点赞吉林乡村振兴蓝图绘就，成果初现。产业振兴方面，吉林启动创建14个乡村振兴战略试验区，拟定1025个村为省级"百村引领、千村示范"示范村，推进农业现代化进程，被舆论积极关注。舆论称，吉林打造可复制、可推广、可借鉴的示范标杆。"舒兰市发展高标准水稻种植基地，被评为'中国生态稻米之乡'""四平推进'农业立市'不动摇，做好'治河、种树、修路、脱贫、兴业'五篇文章""德惠市种养融合拉长产业链条”“白城市种植业实现普遍增收，养殖业形势持续向好”等一系列荣誉和举措被舆论积极关注。舆论称，吉林跑出产业振兴“加速度”。人才振兴方面，吉林公派400多名农民“留洋”的做法赢得舆论称赞。创新实施的国内培训培育工作与国外学习深造相结合、国外培训采取课堂授课与农场实训相结合、国外培训与经贸洽谈相结合的“三结合”培训方式[①]被新华社、《农民日报》、人民网等多家中央媒体集中报道。舆论称，经过培训，新型农业经营主体带头人已经发展成为吉林省率先实现我国农业现代化的领头雁。生态振兴方面，吉林积极推进美丽乡村建设，生态高颜值，发展高质量，带动乡村旅游产业蓬勃发展。“五一期间全省42家乡村旅游经营单位共接待游客27.45万人次，同比增长33.62%”“十一期间乡村游游客量占比29.61%”等信息引起舆论较大反响。舆论称赞，美丽乡村为吉林架起振兴新支点。文化振兴方面，“集安市举办梨花节暨朝鲜族民俗文化节”“三河村举办‘孝心一家亲　敬老爱老情’文化活动”“松原查干湖举办首届‘春捺钵’开湖鱼美食节”等文化活动受到《吉林日报》等媒体积极关注。组织振兴方面，吉林制定贯彻落实中办、国办关于加强和改进乡村治理指导意见的任务清单，分解落实21个方面92项重点任务，统筹推进自治、法治、德治相结合的乡村治理体系建设受到舆论关注。舆论称，海兰江畔的乡村振兴之歌已经奏响，吉林大地“三农”巨变画卷正磅礴展开。

2019年9月23日，正值农历秋分，第二个中国农民丰收节的到来为吉林的金秋收获季增添了浓浓喜庆，全省欢歌曼舞庆丰收，受到舆论积极关注。人民网、央视网等中央媒体，《吉林日报》《长春晚报》、中国吉林网等吉林当地媒体通过专题报道、现场直播等多种方式，全方位展现各地精彩活动。节日当天，吉林卫视《吉林新闻联播》等栏目对庆祝活动进行深入报道。“迎丰收”“庆丰收”“共享丰收喜悦”成为舆论主调。乡村旅游节、中国朝鲜族农夫节、黄金产地玉米节、满金秋采摘节、农车巡游活动、满族丰收祭

① 阎红玉：《吉林：送农民带头人出国“深造”》，《农民日报》2019年10月15日，第4版。

活动等丰富多彩的活动被媒体集中报道。文艺演出、农机作业大赛、无人机演示观摩、河蟹品鉴大赛、特优农产品展示等多个板块，全面展现了吉林农民丰收的喜悦、农村发展的成就、乡村振兴的新面貌。吉林农产品喜获丰收也是舆论关注的重点。段吉苹果、鸡冠山无公害蔬菜、锦绣黄桃等各色农产品成熟上市，各村的第一书记在节日现场扫码“圈粉”，通过互联网宣传推介特色农产品。舆论称，红红火火！农民丰收节开启吉林“丰收季”。

（二）70年“三农”发展成就辉煌　农业农村改革整省试点勇探路

新中国成立以来的70年里，吉林农业农村加速发展，产生了天翻地覆的变化。2019年8月6日，庆祝中华人民共和国成立70周年吉林专场新闻发布会、吉林省成就展在北京同时举行，舆论聚焦吉林“三农”发展的可喜成绩。《人民日报》于8月23日用6个整版关注吉林70年发展变化，《吉林日报》连续发布《看我吉林70年（三农巨变）》系列文章，《经济日报》、新华网等中央媒体纷纷发文，以数读、图解、大事记等丰富多彩的形式展现吉林农业农村70年的辉煌成就。吉林作为农业大省，农田水利、农业机械化、农产品加工业、设施农业发展等方面的成绩成为舆论关注的焦点。“粮食生产能力迈上700亿斤大台阶”“农产品加工企业已超过6500家”“吉林大米每年带动农民增收10亿元以上”“农业科技进步贡献率达到58.6%”“农业装备机械化率达到87.5%”“农村电商连续多年高速增长，去年增长36.8%”“发展旱田高效节水灌溉面积1858万亩”“全国粮食生产十强县中吉林省占7个”等体现吉林农业发展实力的众多信息引起舆论关注。“异军突起”“粮丰农稳天下安”“了不起”“阔步前行”等评论广泛出现在报道标题中，彰显了舆论对70年来吉林“三农”成绩的肯定。舆论认为，这一系列持续增长的数据背后，凝聚着党中央强农惠农富农政策的甘霖，也凝结着吉林省不断探索现代农业综合发展的辛勤与汗水。[①] 有舆论

① 闫虹瑾：《粮丰农稳天下安——我省粮食总产量连攀新台阶纪事》，《吉林日报》2019年9月18日，第5版。

称，吉林正奋力由农业大省向农业强省转变。

2019 年，吉林继续深入推进农业农村改革工作，相关举措、成效成为舆论关注的焦点。培育新型农业经营主体方面，吉林出台《吉林省农民专业合作社条例》，启动实施了新型职业农民培育工程，还与中国邮政集团公司吉林省分公司签订《战略合作协议》，共同促进新型农业经营主体质量提升，相关举措取得了积极成效。“家庭农场 3.12 万户”“农民合作社 8.94 万个”“农业产业化龙头企业 530 家”“累计培训新型农业经营主体带头人 430 人次”等发展成果被媒体积极报道。长春市、吉林市、通化市等各市县大力发展新型农业经营主体的有益探索也被《吉林日报》《长春日报》等媒体报道。舆论称，吉林新型农业经营主体已成为支撑乡村振兴、助力脱贫攻坚、引领小农户发展现代农业的重要力量。推进农村集体产权制度改革方面，吉林扮演了国家农村集体产权制度改革整体推进试点省的探路者角色，扎实推进整省试点工作。《吉林日报》以《吉林省农村集体产权制度改革整省试点走笔》为题，对吉林一年来的试点工作进行总结报道，中国新闻网、新浪网等媒体纷纷转载该报道。通化市“四个强化”、伊通县抓实“六个方面”等各市县确保农村集体产权制度改革取得实效的工作要求被当地农业网站宣传报道。此外，吉林在推进农村土地确权、农垦改革、扩权强县改革等方面的有益实践也被舆论关注。

（三）“五大举措”凝心聚力推进农业现代化　“吉字号”农产品彰显品牌魅力

为贯彻习近平总书记关于吉林省“争当现代农业建设排头兵，率先实现农业现代化”的重要指示，[①] 吉林吹响了加快实现农业现代化的号角。2019 年，吉林稳步推进高标准农田建设，加快推进全程农机化建设，扎实推进农业园区建设，加快推进农业信息化发展，不断增强科技创新能力，同

① 习近平总书记在 2015 年 3 月全国两会期间参加吉林省代表团审议，及同年 7 月到吉林省视察时指出，吉林省要争当现代农业建设排头兵，率先实现农业现代化。

时还重点实施了黑土地保护行动、化肥农药减量行动、农产品质量安全专项整治行动等三项行动，相关工作部署和落实举措取得积极成效，受到舆论高度关注。《吉林日报》先后以《“五大举措”凝心聚力推进农业现代化——我省“争当现代农业排头兵”工作综述》《加快构建现代农业“三大体系”——吉林省“争当现代农业排头兵”工作综述》为题对吉林推进农业现代化所取得的成果进行全方位报道。人民网、新华网、光明网等多家中央媒体也对此进行关注。“全省粮食作物总播种面积 8606.9 万亩”“两年新建高标准农田 550 万亩以上”“推广农作物主导品种 89 个”“主要农作物耕种收综合机械化水平达到 89%”等一系列信息被媒体积极传播。此外，吉林在推动畜牧业、渔业现代化方面所做的工作及取得的成就也被中国日报网等媒体报道。舆论称，吉林人在实现农业现代化的道路上阔步前行，“率先实现农业现代化”为期不远。

近年来，吉林大力推进农产品品牌建设，编制品牌战略规划，着力打造出吉林玉米、大米、食用菌、长白山人参等众多“吉字号”品牌。省政府还将国内外各种大型农业综合展会、产销对接会等平台作用最大化，借助央视、《农民日报》《吉林日报》、凤凰网等各大媒体平台，以及省内外吉林省特色农产品专营店平台，线上线下齐动，打好品牌宣传组合拳。[①]“吉字号”农产品在长春农博会、中国农交会、北京园艺博览会等各类展洽活动中大放异彩，受到舆论聚焦。活动中丰富质优的特色农产品、各具特色的农产品展厅、“线上线下”同步运行的新颖活动理念、丰硕的活动成果等都是媒体关注的焦点。“长春农博会签约金额达 9.3 亿元”“中国国际农产品交易会意向采购金额超过 100 亿元”等被媒体积极报道。吉林农产品实现了从有“身份”到有“身价”的转变。有舆论认为吉林举办的展会是农业发展的盛会，彰显着国际范儿。有舆论认为各项活动的举办提升了“吉字号”农产品的品牌知名度和影响力，有助于品牌农产品“走出去”。还有舆论点赞吉

① 陈沫：《从有“身份”到有“身价”——我省农产品品牌培育综述》，《吉林日报》2019 年 11 月 20 日，第 1 版。

林省政府在农产品品牌建设中起到造好船、掌好舵、护好航、扬好帆的作用。

（四）产业扶贫“扶”出农村新活力　第一书记代言刮起致富新风

产业扶贫是贫困人口脱贫致富的基础支撑，也是推动脱贫攻坚的根本出路。2019 年，吉林坚决把打好脱贫攻坚战作为重要政治任务，强化指导服务，狠抓政策措施落实，扎实开展产业扶贫工作，舆论对此积极关注。“制定完善 303 个产业扶贫项目”“组织指导市县编制 61 个产业扶贫规划”“组织派驻 1.6 万名产业发展指导员”“整合中央和省级专项资金 13.84 亿元”“组织协调农业保险经办机构创新保险产品”等多项举措被媒体广泛报道。舆论点赞吉林尽锐出战，迎难而上，扎实答好全面建成小康社会的首份重量级答卷。经过精心谋划、全力实施，全省产业扶贫工作取得积极成效，各地涌现出的典型实践受到舆论聚焦：长春市二道区创新“企业 + 合作社 + 建档立卡贫困户”产业扶贫模式，梨树县形成扶贫产业县、乡、村、户“四级覆盖”的扶贫模式，东辽县推进“小商品加工 + 转移就业 + 贫困户”的转移就业扶贫模式，四平市成立农机合作社吸纳村民入股，磐石市在“插花村”创新实施“党群联建扶贫田”项目。“村村有项目　户户增收入”“建设‘扶贫田’趟出‘脱贫路’”“产业扶贫挑大梁”等信息广泛出现在报道标题中。舆论称，吉林“输血”“造血”一起抓，扶贫产业上演“脱贫好戏”。

吉林自 2018 年初启动“第一书记”代言活动以来，受到媒体持续关注，舆情热度居高不下。2019 年，全省各市县相继举办了 2019 吉林市“第一书记代言”农产品展示交易会、长春市精准扶贫“第一书记代言”产品大集、第四届吉林雪博会“礼遇吉林·第一书记代言主题馆”等多个活动，“第一书记”带来的优质农产品、丰硕的销售成果、新颖的扶贫模式，亮点频现，抓人眼球。《吉林日报》、吉林人民广播电台、吉林电视台等媒体还对“第一书记”扶贫产品代言活动进行集中宣传报道。1 月 11 ~ 13 日，由省委组织部、宣传部、扶贫办等 5 家单位联合主办的“党建引航脱贫攻坚暨第一书记代言展示会”关注度最高，新华网、央广网、中国新闻网等多家中央媒体发文，展示会现场视频、图片刷屏朋友圈。通榆县丰盛村驻村第一书记刘宇推销瓜子、汪清县吉兴村驻村第一书记王纵鹏推销优质黑木耳、洮南市北太平村第一书记杨少博推销有机小米[①]等活动被舆论集中关注。媒体纷纷晒出展示会成绩单：“展会销售额超1400万元”“评选出前十名‘第一书记最佳销售奖’”；“第一书记最佳销售奖”获得者靖宇县大北山村第一书记高世龙销售额达到35万元；和龙市南阳村第一书记闫树圣线上销售21万元、线下销售4万元。为肯定第一书记的帮扶成果，吉林省于6月推出“寻找最美第一书记”系列活动，筛选出50名第一书记，录制了“奋斗·奉献·担当——致敬最美第一书记特别节目”，并于10月16日在吉林卫视播出。舆论点赞吉林第一书记们深挖产业链条，培育产业致富项目，让村民共享红利。

（五）打响农村人居环境整治战役　乡村如画美起来农民心里亮起来

2019年，吉林步入农村人居环境整治三年行动的关键期，全省各地农村人居环境整治行动如火如荼展开，吸引舆论聚焦。省委农办、农业农村厅等19个部门联合制定了全省农村人居环境整治村庄清洁行动方案，各地相继组织“打响”了农村人居环境整治夏秋战役、冬春战役。省农业农村厅还分别于3月、5月举办了全省农村人居环境整治暨村庄清洁行动培训班、全省农村户用厕所改造技术培训班。全省农村人居环境整治工作领导小组会议于6月召开，相关部署、举措、要求等被多家媒体报道。舆论点赞吉林省持续发力、久久为攻，实现横向到边、纵向到底，全覆盖、无死角，推动全省农村人居环境明显改善。“临江市干部‘五包五责’清洁整治模式”“双辽市生态村庄建设模式”“东丰县农户庭院整治模式”“和龙市美丽乡村建

---

① 《吉林：百名第一书记组团进城卖年货》，新华网，http：//www.xinhuanet.com/fortune/2019-01/12/c_1123981328.htm。

设'三部曲'模式"等各地涌现出的先进整治模式被媒体争相报道。舆论称，多年来，吉林村貌升级，美丽乡村正悄然变为现实，宜居、洁净、如画般的村庄遍布北国江城。2020 年 1 月 13 日举办的吉林省两会乡村振兴主题新闻发布会对吉林2019 年农村人居环境整治成果进行总结，"84%村庄实现基本清洁""建设 16.4 万户适宜寒冷地区、成本低的无害化卫生旱厕""6622 个行政村建立了垃圾收运处置体系""整治农村垃圾堆体约 427.78 万立方米""清理畜禽粪污等农业生产废弃物 1196.3 万吨"等成效信息被新华网、中国新闻网等多家中央媒体报道转载。《农民日报》称，吉林村里美了，农民心里也亮堂了。

三　舆情展望及建议

总体看，2019 年，舆论对吉林"三农"工作保持较高关注热度。《吉林日报》《长春日报》等省内权威媒体从工作部署、典型做法、成就综述等多个角度对吉林"三农"工作进行报道，是原创信息的主要提供者。人民网、新华网等中央媒体也积极报道吉林"三农"工作的成绩和亮点。展望 2020 年，吉林打赢脱贫攻坚战、乡村振兴战略实施、农业现代化建设、农村集体产权制度改革、农村人居环境整治以及新冠肺炎疫情影响下农业稳产保供、农民工就业等方面的工作将持续吸引舆论目光，相关实践探索及典型案例将成为媒体争相报道的舆情素材。在舆论工作上，一是要做好"三农"舆论正面引导，解读好党和国家强农惠农政策，宣传"三农"发展成绩，讲好吉林"三农"故事；二是要加强"三农"舆情监测，建立 7×24 小时舆情预警机制，发现负面舆情第一时间主动发声，及时回应网民关切，掌握话语权，引导舆论走向。

B.16 江苏省“三农”舆情分析

赵 霞 徐月洁 傅铭新 王平涛*

摘 要： 2019 年江苏统筹推进乡村振兴战略实施，培育壮大优势特色产业，补齐“三农”短板，农业农村经济社会稳步发展。全年“三农”舆情数量较上年大幅增长，主流新闻媒体引导舆论走向。江苏乡村“五大振兴”实践成果、70 年农业农村发展成就、现代农业提质增效、千亿元级产业提升产品竞争力、改善农村人居环境打造美丽宜居村庄等受到舆论积极关注。央视报道连云港一渔村两三百人做直播短视频引发网民热议。

关键词： 乡村振兴 农业农村改革 农业产业化 农村人居环境 江苏省

一 舆情概况

（一）舆情传播渠道

据监测，2019 年江苏省“三农”舆情信息量 8.26 万条，同比增长 56.14%。其中，新闻报道（含新闻客户端）4.00 万条，占舆情总量的

* 赵霞，江苏省农业信息中心科长，高级农艺师，主要研究方向为涉农网络舆情；徐月洁，江苏省农业信息中心舆情分析师，主要研究方向为涉农网络舆情；傅铭新，江苏省农业信息中心主任，高级农经师，主要研究方向为农业农村信息化；王平涛，江苏省农业信息中心副主任，研究员，主要研究方向为农业农村大数据。

48.38%，居首位；微博帖文（不含转发）3.59 万条，占比 43.40%；微信信息 4302 条，占比 5.20%；博客和论坛帖文合计 2494 条，占比 3.02%（见图 1）。总体看，新闻媒体是江苏省“三农”原创信息的主要发布渠道，主流媒体凭借其报道的权威性，在舆论场中起到导向作用。微博和微信等社交媒体对舆情信息进行二次转发传播。微博发布信息迅速、便捷，成为舆论传播的重要渠道。

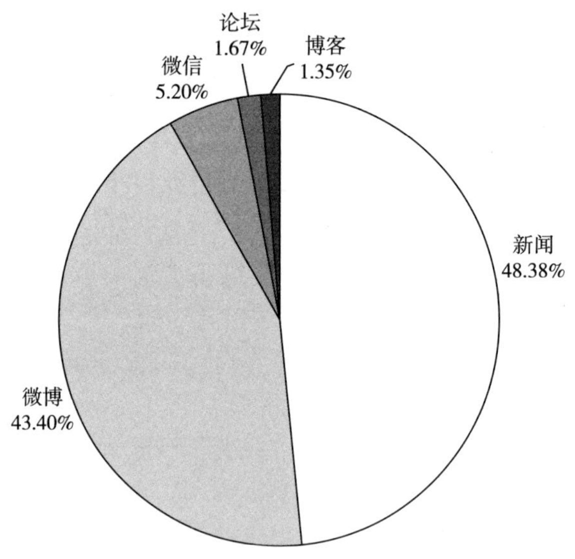

图 1　2019 年江苏省“三农”舆情传播渠道占比

资料来源：江苏省三农舆情监测管理平台、农业农村部三农舆情监测管理平台。（下同）

（二）舆情传播走势

从舆情走势上看，江苏“三农”舆情热度呈波浪形走势，第一季度波动较大。受春节假期影响，2 月舆情量最少，1 月、3 月分别出现舆情高峰（见图 2）。1 月，江苏加快推进农产品质量安全示范省建设、江苏农村发展蓝皮书发布、省委农办主任省农业农村厅厅长就新时代坚持“四个不动摇”

推动江苏农村改革“再出发”发表文章、江苏打造千亿级绿色蔬菜产业等引发舆论高度关注，助推舆情量攀高，为月度最高值。3月，长江流域取消长江刀鲚等鱼类专项捕捞许可、2019年江苏省委一号文件发布等助推舆情量达全年第二高峰。7月，太湖4.5万亩围网养殖设施全部拆除、江苏首例非洲猪瘟疫点复养生猪上市等推动舆情量再度上升，居全年第三位。9～12月，舆情量呈恢复性上涨。其中，各地庆祝农民丰收节、“双新双创”博览会在南京举行、连云港市一渔村两三百人做直播短视频等受到舆论广泛关注（见图2）。

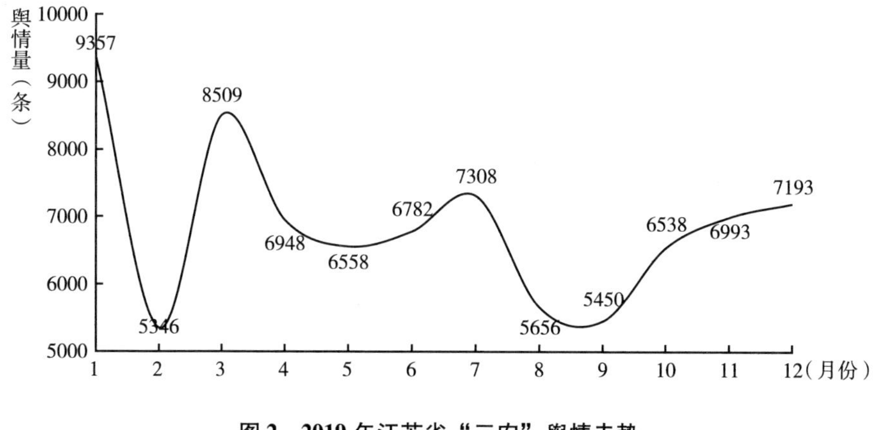

图2　2019年江苏省“三农”舆情走势

（三）舆情话题分类

从舆情话题分类看，农村经营管理相关舆情量比重最高，占比为38.15%，其次是种植业和农产品市场相关舆情量，分别占比12.72%和10.48%。农产品质量安全、农业科教、渔业三个话题舆情量占比在5%～10%，其他话题占比在5%以内（见图3）。

（四）热点事件排行

从舆情热度排行前20的事件看，民生类话题是舆论关注的重点，“江

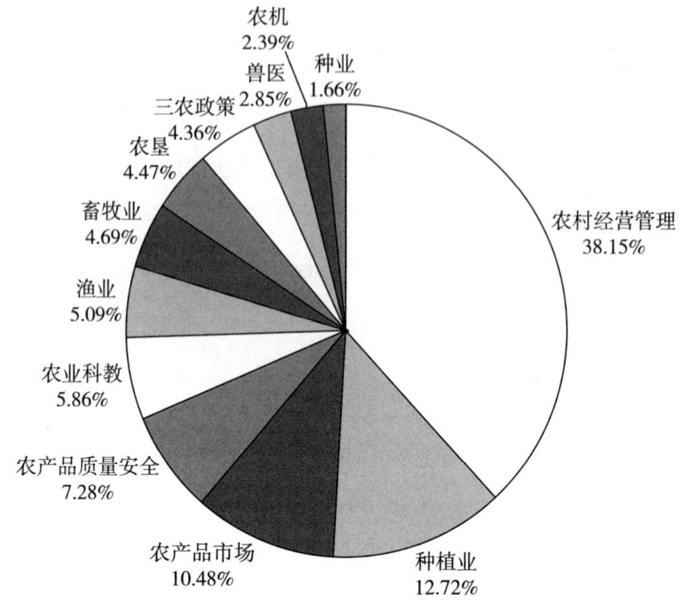

图 3　2019 年江苏省“三农”舆情话题分类占比

苏省政府部署稳定生猪生产保障市场供应工作”和“江苏省出台配套措施激励农村人居环境整治”两个事件舆情热度高居排行榜第一、二位。“2019 江苏各地庆祝第二个中国农民丰收节”“‘乡村振兴在行动——走进江苏’主题线下活动”等活动也是舆论关注的热点（见表 1）。

表 1　2019 年江苏省“三农”舆情热点事件 TOP 20

排名	标题	首发媒体	月份	舆情热度
1	江苏省政府部署稳定生猪生产保供工作	《新华日报》	8	491
2	江苏出台配套措施激励农村人居环境整治	《新华日报》	6	353
3	2019 江苏各地庆祝第二个中国农民丰收节	《新华日报》	9	328
4	“乡村振兴在行动——走进江苏”主题线下活动举办	人民网	11	309
5	长江流域取消长江刀鲚等鱼类专项捕捞许可	新华网	3	291
6	2019 年双新双创博览会在南京举行	《新华日报》	11	275
7	江苏加快推进农产品质量安全示范省建设	交汇点客户端	1	214
8	江苏省新添 66 个特色田园乡村建设试点村庄	《新华日报》	2	186

续表

排名	标题	首发媒体	月份	舆情热度
9	连云港市一渔村两三百人做直播短视频,手机成为新农具	新浪微博“@央视财经”	12	171
10	数说江苏70年“三农”发展铸辉煌	澎湃新闻网	9	145
11	江苏太湖4.5万亩围网养殖设施全部拆除	新华网	7	134
12	我们的乡村,有“颜值”更有“气质”	新华报业网	4	116
13	坚持“四个不动摇”推动江苏农村改革“再出发”	《农民日报》	1	99
14	国务院批复同意建设江苏南京国家农业高新技术产业示范区	中国政府网	11	90
15	江苏农村发展蓝皮书发布	《新华日报》	1	89
16	江苏首例非洲猪瘟疫点复养生猪上市	《连云港日报》	7	81
17	阳澄湖千家农家乐违排,管理加码污染不减	《新京报》	11	79
18	江苏提质增效推进现代农业迈上新台阶	中国江苏网	3	73
19	苏州探索青山绿水养好蟹　太湖大闸蟹产量断崖式下跌	中国新闻网	9	71
20	江苏粮食生产全程机械化示范县实现粮食主产县全覆盖	《新华日报》	8	69

二　热点话题分析

（一）重塑乡村魅力　书写“强富美高”新江苏壮美画卷

2019年，江苏各级政府部门积极实施乡村振兴战略，突出政策扶持、调动社会资源，受到舆论聚焦。年初，江苏省政府出台意见引导社会资本积极参与乡村振兴，重点投资乡村民宿及旅游业等八大领域。省委一号文件提出“重点实施乡村振兴战略，深入实施乡村振兴规划和十项重点工程”，被新华网、中国新闻网等媒体聚焦关注。全省农村工作会议及农业农村局长会议也相继召开，媒体纷纷对会议上各地介绍的乡村振兴战略的实践经验及全年工作硬任务进行梳理和解读。舆论称，江苏省委政府周密部署，为推动江苏乡村振兴和农业农村高质量发展提供了理论指导和思想引领。

一年来，媒体积极关注江苏全省上下推动乡村振兴的新举措、新成果。其中，人民网、光明网等媒体发布"走进江苏"系列报道，多形式、多角度展现江苏实施乡村振兴战略、推动乡村"五大振兴"的新作为、新现象、新趋势。产业振兴方面，南通如皋市小盆景长成大产业，全产业链产值超200亿元；盐城以休闲观光农业带动群众致富增收，产业规模稳步扩大，产业布局逐步优化；扬州推广彩色水稻项目，"稻田画"兴起成为乡村旅游的新亮点；宿迁泗洪实施产业扶持政策，让村民实现"家门口"就业，分享产业发展红利。人才振兴方面，江苏实施"新农菁英"计划，在全省培育三类适宜从事农业发展的青年人才。无锡"量身定做"多样化的培训菜单，每年认证新型职业农民900人以上；徐州沛县探索实践"政府+学院+农民"的三方互融培训机制，改善农村知识型人才紧缺的状况；常州大力吸引新型人才加入美丽乡村建设，聚集"智慧"能量撬动更多产业效益，在人才引领下"绿色产业"越来越红火；宿迁泗阳整合资源培育出一批懂先进技术、思维开阔、与市场接轨的"新农人"，辐射带动更多农民增收。中国江苏网报道，新型职业农民成了乡村振兴的主力军，"以智促农"路线托起了江苏乡村振兴的一片天。生态振兴方面，淮安金湖坚持乡村绿色发展、人与自然和谐共生，让乡村回归应有的模样，更加生态宜居；无锡锡山荒地摇身变花海，改善生态环境，美丽乡村增添新名片；徐州铜山的生态、经济、生活"三美融合"，乡村生态游引动一城狂欢。舆论评价江苏省乡村对"美丽经济"深耕细作，释放出"两山"的巨大能量，乡村成为城乡居民都向往的果园、花园、乐园，农村经济呈现一派生机盎然的景象。文化振兴方面，南京江宁将美丽乡村游和"非遗"民俗传统文化结合起来；苏州吴中区光福镇将文化元素注入"花木经济"，助推"文旅融合"活动取得新成效；[①] 苏州昆山千灯镇古村落与田园风光相融合，千年人文发挥新价值。媒体指出江苏突出文化引领，为乡村振兴探索出了一条新路径。组织振兴方面，

---

① 《"中国花木之乡"光福巧打文化牌助力乡村振兴》，新华网，http://www.js.xinhuanet.com/2019-08/25/c_1124918947.htm。

南通海安李堡镇用好群众“微监督”，蹚出乡村治理新路子；淮安金湖开展巡察整改提质增效行动，建立阳光村务管理体制；泰州泰兴7400多名网格员让乡村治理更精细。光明网等媒体称赞，江苏省五大振兴各有亮点、全面开花，书写出“强富美高”的壮美画卷，为乡村振兴提供了生动的实践案例。

2019年9月，第二个“中国农民丰收节”开幕，江苏各地组织开展形式多样的节庆活动，尽显鱼米之乡的风采，受到舆论高度关注。人民网、央视网、光明网等媒体以视频、图文等形式报道了各地丰收节的庆祝活动，如泰州兴化水上市集、无锡阳山桃园市集、淮安盱眙龙虾地笼织造大比武等活动彰显本土“三农”特色，丰收热闹的景象深入人心。此外，徐州农民“大船歌”参加央视农业农村频道丰收节特别节目，将当地农民丰收的喜悦展示给全国的观众朋友。舆论表示，2019年年丰收节的活动重心下沉到各地的县乡村，更多的城乡居民为勤劳站台、为丰收喝彩，展现了农民的新形象、展示了农村的新生活，营造出了重农崇农、强农富农、爱农支农的新气象、新氛围。新浪微博用户“江苏共青团”晒美图赞祖国，欢庆“中国农民丰收节”，鱼米之乡江苏的丰收季节美不胜收，网民纷纷为家乡丰收点赞，表达由衷的喜悦。

（二）70年江苏农业农村迎巨变　改革盘活资源促农增收

新中国成立70年来江苏农业农村发展成就受到舆论聚焦。人民网江苏频道开设了“行进江苏看变化”、“锦绣江苏　岁月火红”专题，新华报业网开设了“壮丽70年　奋斗新时代”专题，荔枝网开设了“壮丽70周年·阔步新时代”专题，以图鉴数说等形式对江苏70年农业农村发展成就进行统计并直观展示。江苏省统计局网站发布文章，其中一系列显示农业发展成就的数字吸引媒体关注。与1949年相比，“农林牧渔业总产值增长317.4倍”“粮食总产量增长3.9倍”“水产品总产量增长74倍”等信息被广泛传播。① 江苏卫

① 《数说江苏70年：70年风雨历程“三农”发展铸辉煌》，江苏省统计局网站，http://tj.jiangsu.gov.cn/art/2019/9/5/art_4031_8703275.html。

视《江苏新时空》报道了沭阳农业生产方式转型，彰显出江苏70年来农业生产水平不断提升，稳步实现现代化发展。荔枝网报道，江苏通过体制机制和科技装备创新，实现了农林牧副渔业的全面发展，农业农村经济更加繁荣。此外，《人民日报》《新华日报》等媒体发布多篇报道，从产业发展、现代农业等方面介绍70年间江苏乡村发生的巨大变化：南京江宁田园综合体、现代农业园遍地开花，呈现农民开着汽车下地、穿着皮鞋种田的新景象；镇江句容戴庄村由种田看天转型为利用新技术发展有机农业，村民人均年收入实现从不满3000元到27000元的巨幅增长；宿迁宿豫引入培育种植大户和专业团队规模化种植果树，当地农民通过“参股+参管+参劳”实现脱贫奔小康。舆论称，江苏通过对农业农村改革不断地探索和实践，让改革创新的幸福之花开遍乡村大地。

2019年，江苏推动农村改革“再出发”，相关的工作成果引发舆论积极关注。新华网、中国江苏网等媒体报道，截至7月，江苏省基本完成集体产权制度改革的村居接近六成，可量化的农村集体经营性资产规模达到946亿元，累计给农户分红超过148亿元。无锡惠山实现村级财务管理方式改革全覆盖，管好44亿村级集体资产；南通集体资产入市交易，帮助村集体和农民增收6146.9万元。舆论称，江苏通过界定成员资格、明晰产权归属等手段，有效盘活了农村的资源要素，带动农民实现增收。值得注意的是，南京通过改革一年来的实践发现，多数集体经济组织实行“村账镇管”，使得村集体经济进一步的发展受到限制，亟须健全监事功能、村社分开，在经营上放权，让改革后的集体组织能灵活运营，让农民分享红利。媒体聚焦报道农村土地改革的措施成果，如南京市出台了15条措施推动农村土地改革深化，全市农村承包土地的80%以上通过流转的方式实现了规模经营；常州市武进开展集体经营性建设用地入市改革试点，实现“村里一块地农民企业都受益”；苏州市完成了包含土地承包经营权有偿退出在内的四项改革任务，为江苏农村改革发展提供了可参考的经验借鉴。《新华日报》报道，江苏省全面深化农村改革，将农村改革试验区作为探路先锋，为全省农村改革蹚出了一条新路子，提供了实践依据，也为全国农村改革提供了江苏智慧。

（三）农牧渔业全面转型升级　现代农业提质增效迈上新台阶

2019 年，江苏持续深化农业供给侧结构性改革，全面推动转型升级，农牧渔业发展总体平稳。首先，在市场导向驱动下，农业生产的保障能力不断增强。全年粮食总产量达 3706.2 万吨，比上年增长 1.3%。与 2016 年底相比，3 年时间稻田综合种养面积增长了 14 倍；“海水稻”项目实测亩产突破 1200 斤；稻米行业风险管理体系不断完善，助力农业企业转型发展。新华网发文称“扬州跟着市场种优质粮，出好产品”，做出“品牌化”“差异化”。其次，畜牧业绿色发展，生猪稳产保供。年初，江苏省出台意见从优化区域布局产业结构、加快畜牧业提质增效、推动畜禽粪污资源化利用等方面推进畜牧业绿色发展，确保到 2022 年实现产值超千亿。2019 年，江苏省禽蛋、牛奶总产量分别达 212.3 万吨、62.4 万吨，同比均有所增长，猪牛羊禽肉产量则略有下降。江苏省认真部署生猪稳产保供工作，提出实施意见并将细化目标分解到各市区，从防疫指导、信贷担保等方面出台一系列政策突出扶持重点地区规模化养殖。苏州、无锡、徐州、泰州等地积极响应，加快生猪的扩产增养，实施标准化生态健康养殖。江苏发生首例非洲猪瘟的疫点连云港连成牧业，7 月首批生猪成功出栏，释放出积极信号，提振生猪养殖业的信心，成功复养的经验对全国生猪养殖也具有重要的借鉴意义。《新华日报》报道称，江苏综合施策助推规模猪场提速发展，生猪生产稳定回升。再次，布局特色水产养殖，河湖禁捕真落实显成效。全省年水产品总产量达到 484 万吨。太湖水域 2 ~ 8 月全面实施封湖禁渔，3 月起长江流域进入为期 4 个月的禁渔期①，太湖银鱼、长江刀鲚等特色水产资源得到有效保护。10 月，江苏部署长江流域重点水域退捕禁捕。沿江的南京、镇江等地实现渔民上岸转型就业，船证全部收回，补偿到位；泰州、镇江扬中等地增殖放流，为长江渔业注入生机；长江南京段江豚数量稳定

① 《长江流域进入 4 个月禁渔期　今年取消长江刀鲚等鱼类专项捕捞许可》，新华网，http：//www.xinhuanet.com/2019 - 03/01/c_ 1124181302.htm。

在50头左右，呈恢复性增长态势。《新华日报》等媒体评论称江苏禁捕工作到位、成效显著。

江苏坚持质量兴农，着力提质增效，注重绿色循环发展，推动由“农业大省”向“农业强省”转变，推进现代农业建设迈向新征程。2019年5月，江苏相关部门发布现代农业提质增效工程推进计划，“加快调整产业结构”“注重绿色循环发展”“扩大轮作休耕范围和规模”“推进清退湖泊禁养区围网养殖”等举措成为舆论关注的焦点。舆论从多角度关注江苏现代农业建设取得的好成绩。一是种植业和养殖业布局进一步优化。优良食味稻米比重进一步上升，生猪规模养殖和水产养殖面积皆有所提高。二是农业基础装备设施得到进一步夯实。江苏新建高标准农田350万亩，新增设施农业4.5万公顷，机械化水平不断提高，农业机械总动力比上年增长1.4%，农业科技进步贡献率接近70%。三是耕地质量保护获舆论点赞。2019年，江苏积极推进耕地质量保护工作，通过科技成果支撑、轮作休耕试点推行等方式提升农业综合生产能力。9月，江苏发布包含消除作物连作障碍、修复退化土壤等新技术、新产品、新装备等科技成果[①]，吸引了媒体关注。截至2019年6月末江苏已建成2000余个耕地肥力质量监测点，测土配方施肥技术覆盖率超过91%；[②] 轮作休耕试点面积超过百万亩，苏南地区整体推进轮作休耕，苏南稻麦两熟地区土壤肥力明显提高，耕地质量显著提升。《人民日报》称赞苏南地区耕种优质稻田，描绘出美丽风景。新华报业网报道称，作为经济发达省份，江苏探索出了符合省情的轮作休耕技术模式和补贴机制，走出了一条“休养生息”与自然和谐共生的生态之路。四是农业绿色发展优先，生态渔业质变价增。新华网报道称，江苏率先建成农膜回收体系，建成各类废旧农膜回收站点270多个，推进减量替代技术[③]，告别“白

① 《江苏省发布耕地质量保护新技术》，中国江苏网，http://jsnews.jschina.com.cn/jsyw/201909/t20190917_2388504.shtml。

② 《江苏推进农业减“肥”增效　测土配方施肥技术覆盖率达91.1%》，新华网，http://www.xinhuanet.com/2019-05/13/c_1124487679.htm。

③ 《江苏建成废旧农膜回收站点270多个》，新华网，http://www.xinhuanet.com/2019-05/21/c_1124523363.htm。

色污染”。太湖治理和阳澄湖生态优化行动持续推进引发舆论关注。“近4.5万亩太湖围网拆除”“拆除工作基本完成”“太湖围网拆除通过苏州市级验收”等被媒体集中报道。环保要求促使蟹农引入现代科学技术，探索生态养殖方法。中国新闻网报道称，围网拆除后，太湖大闸蟹实行生态增殖模式“人放天养”，品质提升了，蟹农收入比以前更高了。

（四）八大千亿级产业引领高质量发展　农产品品牌创建助推产业腾飞

2019年，江苏着力打造优质稻米等八大千亿元级产业，全面提升农业产业质量和农产品市场竞争力。[①] 舆论对八个千亿级产业部署情况聚焦关注。新华网客户端报道称，江苏全力推进稻米产业高质量发展，打造“千亿元级优质稻米产业”，推进水稻产业高质高效绿色发展，在各地因地制宜稳步推广稻田综合种养技术；《新华日报》报道称，江苏打造千亿级绿色蔬菜产业，全省计划建设200个全程质量控制示范园；人民网报道称，江苏蔬菜种业博览会服务千亿元级绿色蔬菜产业，为蔬菜产业发展提供良种和技术支撑。此外，江苏现代种业发展取得了令人瞩目的成绩，经审定的稻麦品种优质率达到95%以上，种业高质量发展迈向千亿级，全省现代种业发展走在了全国前列。

江苏重视农产品品牌创建工作，全力带动产业快速发展。第十七届农交会上，江苏12个区域公用品牌入选中国农业品牌目录，位居全国第一；“水韵江苏、鱼米之乡”已成为江苏特色文化符号，全省大米品牌达600余个。江苏规划以地理标志使用和保护为方向，打造一批高端农产品品牌，提升对产业的带动作用，助力精准脱贫。[②] 12月中旬，首届江苏省十强农产品区域公用品牌大赛结果公布，盱眙龙虾等10个农业品牌成功入选。《新华日报》点评，大赛展示了江苏品牌新形象，扩大了品牌的知名度。一年间，省内各地特色农产品品牌推动产业发展，受到媒体的集中关注。南京通过举

① 《我省春耕备耕着力转型升级　打造八大千亿元级产业》，《新华日报》2019年2月14日，第2版。

② 《乡村振兴，这个“标签”值得深研》，《新华日报》2019年12月16日，第17版。

办国际草莓品牌大会，提升溧水草莓的品牌国际影响力，推动当地草莓产业健康发展；《苏州大米良作良方》作为“乡村振兴　品牌强农”丛书之一发布，确立“苏州大米”绿色生态标准，引导苏州 110 万亩水稻基地加入“苏州大米”标准生产、绿色发展、质量追溯、品牌推广活动，一年为稻农增收 5 亿多元；盐城射阳以“打造射阳大米千亿级特色产业集群”为发展目标，延伸产业链，提升附加值；“淮安大米”选择了融合发展、绿色发展、创新发展的品牌创建之路，“稻虾共生、稻蟹共育”等绿色环保种养方式带动形成稻虾、稻蟹产业融合发展的新体系与新产业模式，促进产业富民增收。《新华日报》报道，江苏产业发展鼓了农民的“钱袋子”。同时，江苏地理标志呈增长态势，406 件地理标志产品年产值超 2000 亿，带动居民增收超三成。舆论称，江苏每一个农产品地理标志都能带动一项产业，有效助推了农业产业结构的转型升级，助力富民增收。

（五）全面推进农村人居环境整治　江苏乡村有“颜值”更有“气质”

2019 年，江苏突出规划引领、全面推进农村人居环境整治工作，相关工作部署及落实成效引发舆论持续关注。年初，江苏省委农办等多个部门联合印发工作方案，总体部署全省整治工作。[①] 3 月，人民网解读江苏省委一号文件，称江苏以浙江经验为借鉴，面上推开农村人居环境整治工作，全面改善乡村整体面貌和农民生活环境，要完成三年行动任务 70% 的进度。6 月，江苏出台农村人居环境整治配套激励措施，建立了相关工作进度跟踪调度机制。8 月，江苏发布通知，选择一千个整治成效明显的村作为典型样板综合示范，引领带动全省农村生活污水及垃圾处理等重点工作开展。一系列部署有效调动和激发了各地基层治理工作的主动性、积极性和创新性，在整治工作中形成了诸多亮点，涌现一些新举措、新探索。徐州沛县探索户村镇三级分类分拣回收清运处理的治理模式，以积分兑换鼓励村民自觉做好垃圾

① 《整治农村环境，打造美丽宜居村庄》，《新华日报》2019 年 3 月 22 日，第 2 版。

分类，探索“三个一块钱”模式筹措垃圾分类处置资金，实现资源化利用；[①] 连云港赣榆区建立了畜禽养殖粪污“1＋12＋N”的社会化服务运营体系，改善农村生态环境。[②] 新华网、《新华日报》、交汇点客户端等媒体也积极关注各地人居环境整治取得的成效，南京农村改厕治污“齐步走”有效解决了农户的实际需求，常州武进区村民“抬石头”整治河道让脏乱差村变成“最美乡村”，淮安市金湖县农村无害化卫生户厕的普及率超过了98%，泰州靖江市农村生活污水治理已覆盖9200农户。此外，创建美丽宜居村庄、最美庭院等活动也受到积极关注。南京高淳打造1万户美丽庭院，把全区作为一个大景区来规划，将每个村落作为景点来设计，打造全域美丽大花园。新华报业网评论称，江苏乡村有“颜值”更有“气质”，环境美，乡愁浓，农民生活品质和农村环境都好了起来。

三　热点事件舆情分析

央视报道连云港一渔村两三百人做直播短视频

1. 舆情概述

2019年12月1日，新浪微博“@央视财经”发文称，连云港赣榆区海头镇海脐村常住人口仅有1100户，但从事直播及拍摄短视频的有将近三百人。一位主播表示，作为普通渔民其以前早出晚归一年收入只有几万元，现在他在直播中拥有268万粉丝，捕捞的海鲜销往全国，年收入翻了上百倍。这则信息引发网民积极关注，一个月内该条微博被转发1196次、评论827条、点赞8793次。新浪微博相关微话题“手机成为新农具”“一个村两三百人做直播短视频”“90后兄妹短视频卖海鲜月入300万”等合计阅读量超1.3亿次。酷燃

① 《养蚯蚓　制沼气　做肥料——江苏沛县探索农村生活垃圾资源化利用》，新华网，http：//www.xinhuanet.com/local/2019－12/03/c_ 1125303108.htm。

② 《扎实推进农村人居环境整治　连云港赣榆治理畜禽粪污成效显著》，新华网江苏频道，http：//www.js.xinhuanet.com/2019－12/03/c_ 1125302048.htm。

视频用户"央视财经"发布的"'小屏幕'撬起大产业　电商扶贫新机遇"视频内容，播放量超过459万次。"'渔二代'直播带货""90后渔民直播海鲜带货"等成为媒体报道的主要内容。《扬子晚报》12月9日对连云港90后渔民转型主播的经历及海头镇电商产业发展情况进行了报道。报道称，2019年，全镇电商及相关产业带动从业人员4000余人，年交易额超18亿元，其中海脐村达1亿多元。下一步该镇将突出海鲜特色，在当地打造"海鲜电商产业园"，推广统一标志，提高品牌辨识度，向"品牌化、电商化"发展转型。

2. 媒体评论

舆论纷纷对渔民转型直播予以赞誉。有媒体说，渔民代代重复的生活方式发生了转变，海脐村码头成了"网红背景布"，渔二代一个月收入抵过去一年。有媒体指出，渔民直播年收入翻百倍不全是靠运气，而是通过百分之百的努力换来的，这样一群年轻人打开了海鲜销售渠道、拓展了产业链，将小渔村打造成卖向全国各地的海鲜村。还有媒体表示，渔民通过直播带货不仅改变了人生，也有效带动了当地经济的发展。

3. 网民观点

网民对该话题展开热烈讨论，主要有以下观点。一是赞叹直播带来的经济效益。有网民说，手机给农村市场带来的活力让人惊讶，直播经济对于致富奔小康功不可没，让偏远地带实现脱贫致富。还有网民说，一个产业带活一个村子的经济，直播行业这个新生事物已经找到自己的产业链条，直播经济成为互联网经济中的一个意外之喜。二是对直播中渔产品质量表示担忧。有网民说，直播可能使渔民的重点不是在"渔业"上，而是在"播"上，导致渔业产品质量下降。也有网民说，直播每天需要这么大产量，质量能有保障吗？三是给农民直播长远发展提出建议。有网民说，直播火，收入提高，但要有质量保障，不能只想赚快钱。也有网民建议，直播不能盲目跟风，要发展有特色的产业。

四　舆情展望及建议

总体来看，2019年江苏省"三农"舆情涉及内容多，影响范围广。《新华日报》等传统主流媒体是多个热点话题的信息源，微博、微信成为舆情传播的重要渠道。重大涉农政策及各项重点工作进展成效、重大农事活动等都成为舆论关注的重点。2020 年是打赢脱贫攻坚战、全面建成小康社会目标实现之年，江苏省农业农村现代化建设将迈出更加坚实的步伐，“三农”舆情热点或来自以下方面。

一是精准脱贫持续发力。江苏作为经济发达地区，脱贫成果及后续举措尤其受到关注。2020 年上半年江苏将在强化问题整改、完善帮扶政策、深化产业扶贫等六方面做好工作，确保全部整改到位。并继续稳定脱贫攻坚政策，持续深化产业就业扶贫，探索建立健全解决相对贫困的长效机制，进一步巩固提升脱贫攻坚成效。相关举措和成果将成为舆论关注的重点。

二是乡村振兴战略加快实施。过去两年，江苏省各地因地制宜，探索出不少乡村振兴的优秀实践经验。这些案例已经被编写成册印发推广，成为省内各地区参考借鉴的重要资料。下一步，江苏省的乡村振兴战略实施将加快节奏，全面铺开。乡村“五大振兴”的新举措、各项重点工程实施取得的新进展等方面将依旧是媒体关注的热点。

三是重要农产品稳产保供和农民持续增收。江苏要统筹做好新冠肺炎疫情防控和农业稳产保供、农民就业增收等工作。坚持优势主导产业绿色高效发展，抓好苏米、苏菜、苏猪、苏禽、苏鱼产能提升和充足供给，筑牢农畜牧渔业基础，特色产业向集聚化、规模化方向发展，农产品加工业转向创新驱动，推进“农业 + N”新兴产业融合发展，推动农村三产深度融合。一系列农业产业高质量发展举措和实践将受到舆论聚焦。特别是，2020 年江苏将继续推进生猪产业转型升级，非洲猪瘟防控形势依然严峻复杂，稳定生猪生产保障市场供应、严禁死猪乱丢乱弃、打击非法违规调运、严把检疫关口、严禁泔水喂猪等相关工作仍将是舆论关注的热点。

四是农村人居环境整治三年行动收官。2020 年是农村人居环境整治三年行动的收官之年，要实现农村生活环境明显改善、农民群众幸福感显著增强的目标。其中，涉及的农村厕所粪污、生活垃圾、农业废弃物处理，提升村容村貌和村庄规划设计水平等方面的话题也将持续受到舆论关注。

B.17 山东省"三农"舆情分析

任万明　李文静　李　智*

摘　要： 2019年，山东省乡村振兴全面起势，粮食生产再创历史新高，乡村产业融合步伐加快，农业高质量发展成效显著。全省农业农村工作的宣传与舆论引导充分有效，"全力打造乡村振兴齐鲁样板"受到媒体持续关注。其中，农业生产、农村改革、农产品市场、抗灾救灾等相关政策话题舆情热度较高。山东以实际行动完善农业社会化服务、建立农产品品牌运营体系、建设农村金融体系等多项举措获得舆论肯定。同时，《问政山东》节目曝光相关问题、农产品价格上涨等敏感舆情也引发关注，省农业农村厅立即响应，妥善处理相关问题，并及时向社会发声，带动舆论正向发展，为全省"三农"事业提供良好舆论环境。

关键词： 山东　"三农"舆情　乡村振兴齐鲁样板　舆论监督　山东省

一　舆情概况

据全网监测，并针对2019年山东省涉农舆情1130条样本分析，主要内容涉及乡村振兴战略、农业生产情况、农村改革发展、农产品市场等方面。

* 任万明，山东省现代农业农村发展研究中心主任，研究员，主要研究方向为农业农村信息化；李文静，山东省现代农业农村发展研究中心经济师，主要研究方向为涉农网络舆情；李智，山东省互联网传媒集团舆情分析师，主要研究方向为网络舆情。

（一）全年舆情整体特点分析

1. 全年舆情热度走势以6月为主要转折点，前期波动爬升、后期波动下降

总体看，全年舆情整体走势与农业生产季节性特点相关。第二、三季度正值夏收秋播期，舆情信息量处于全年高位。2019 年 6 月，媒体以图文并茂的方式报道山东麦收情况；省农业农村厅针对《问政山东》回头看特别节目反映的问题，连夜安排部署整改工作，获得公众一致好评；山东多地出现大面积严重干旱，各级农业部门全力以赴组织抗旱保苗，赢得舆论肯定。以上话题相关报道共同助推当月舆情量达到全年最高峰。7 月，山东发现草地贪夜蛾，各级农业农村部门积极应对，引发舆论关注；“关于加快推动乡村振兴和巩固提升脱贫攻坚成果的支持政策”新闻发布会召开，吸引媒体目光。8 月，台风“利奇马”致山东多地农作物受灾，省农业农村厅派出 8 个巡回督查组，赴各地帮助开展农业抗灾救灾及灾后恢复生产工作，获得舆论称赞。9 月，“‘三农’事业成就辉煌，齐鲁样板再谱新篇”新闻发布会召开，全省各地欢庆“中国农民丰收节”，媒体聚焦齐鲁大地丰收的喜人成绩（见图 1）。

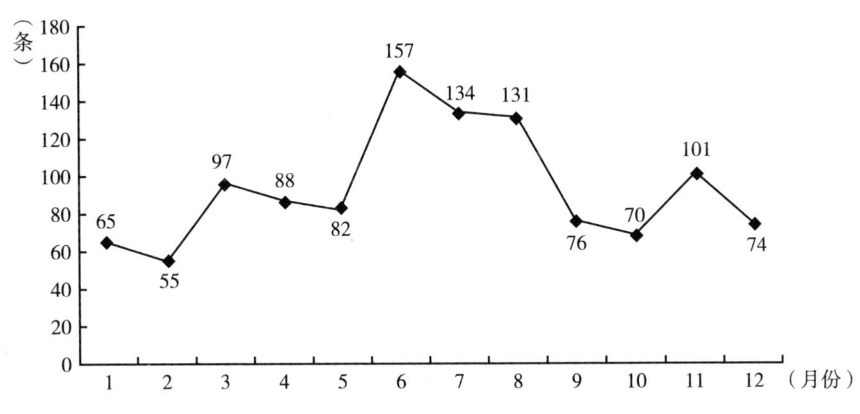

图 1　2019 年山东省涉农舆情总量走势

资料来源：大众情报工作平台。（下同）

2. 舆情话题集中性特征显著

热点舆情主要集中在农业生产、农村改革发展、农产品市场、抗灾救灾

四个方面，农产品质量、农村人居环境、农村土地、农资质量安全、农业信息化5类话题报道量相对较少（见图2）。

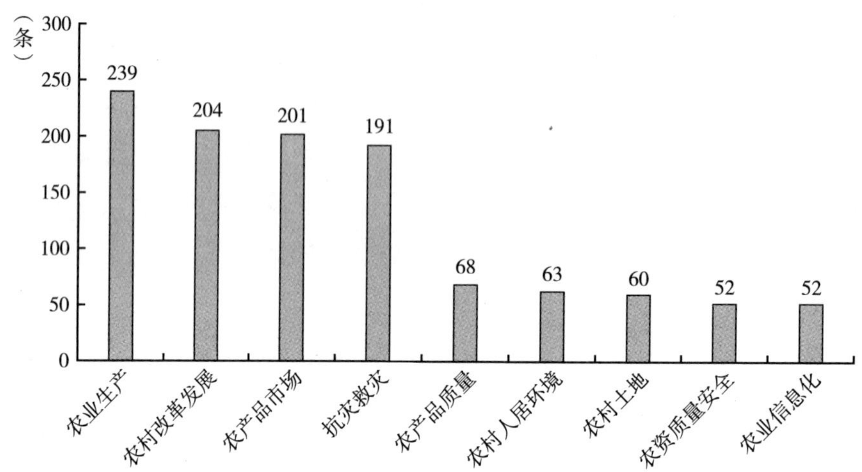

图2　2019年山东省涉农舆情热点分布

（二）山东“三农”宣传工作情况分析

2019年，山东省农业农村厅在打造乡村振兴齐鲁样板、回应舆论关切、召开重大政策及重点工作新闻发布会、积极探索金融助农、举办农产品展会、确保夏粮丰收、保障农产品供给、应对自然灾害等方面的工作受到媒体广泛关注。

一是打造乡村振兴齐鲁样板。“山东乡村振兴”“齐鲁样板”成为2019年全省涉农领域相关报道的高频关键词。报道《山东济南市章丘区三涧溪村——干得有劲头　日子有奔头》成为《人民日报》在2019年新春走基层栏目的开栏之作，记者生动展现了乡村振兴战略给这个小山村以及生活在这里的人带来的真实改变，引发媒体争相转载。山东省“两会”期间，代表委员就“乡村振兴齐鲁样板”话题积极发声，吸引舆论关注。“乡村振兴齐鲁行——‘开放的山东’全媒体采访活动”期间，相关报道集中刊发，舆论热度再次走高。《山东省促进乡村产业振兴行动计划》审议通过，确定实施乡村产业振兴“六大行动”，媒体纷纷就此进行多维度解读。

二是回应舆论关切，推动构建舆论监督的长效机制。对于省内涉农报道所反映的问题，省农业农村厅主动作为，并探索建立起舆论监督的长效机制，推动相关工作向好发展。其中，就《问政山东》及其“回头看”栏目涉及的打造乡村振兴齐鲁样板中暴露的问题，省农业农村厅 4 月、6 月先后两次开展针对性部署工作，引发媒体关注，持续放大问政效果；济南趵突泉养海豹、嘉祥商家驯养海狮展演等舆情曝光后，省农业农村厅也立即组织人员实地开展调查工作，并通过多家主流媒体发布权威调查结果，及时回应公众关切。

三是主动做好新闻发布工作。2019 年，山东省农业农村厅共召开、参与五场新闻发布会，涉及“三农”工作的多个领域。人民网、新华网等主流媒体围绕“推动乡村振兴和巩固提升脱贫攻坚成果的支持政策”“山东省现代化海洋牧场建设综合试点方案”“山东省‘村庄清洁行动’有关情况”等主题进行密集报道，从方案执行的具体解读到工作成果的多重展示，主动设置相关媒介议程，营造良好舆论氛围。

四是积极探索金融助农。2019 年，山东省农业农村部门联合金融机构服务乡村振兴，创新信贷、保险、期货等金融服务。“乡村振兴贷”“特色农产品保险以奖代补”等山东独创金融产品的相关报道见诸报端。媒体认为，作为农业大省，山东在各个方面积极探索，创新成果在全国范围内有推广示范意义。

五是举办农产品展会提升农业品牌知名度。2019 年，山东各地全年持续举办农产品展会活动，如跨国公司领导人青岛峰会・山东省现代高效农业产业路演活动、中国果菜茶产业对接交易会在烟台举行、寿光菜博会等，相关报道在活动举办期间集中发力，在纵向时间轴上形成贯穿全年的信息流，以丰富的视角呈现活动盛况，同时，也全方位展示山东优质特色农产品，提高品牌知名度。

六是夏粮丰收引点赞。5 月底至 6 月底，《人民日报》、中央电视台、新华网、央广网、《大众日报》等中央和省级媒体持续关注山东省夏粮收获动态，在短期内搭建起了多媒体宣传报道矩阵，吸引受众聚焦。其中，山东小麦高产攻关接连取得可喜成绩，三次刷新全国冬小麦小面积单产纪录等信息广泛出现在报道标题中，舆论还点赞齐鲁大地的花式智能化装备成为"三夏"最大亮点。

七是保障农产品供给。猪肉价格是2019年舆论热词，作为养殖大省，山东出台多项举措促进生猪恢复生产和保障供应引舆论关注。严控疫情方面，媒体称赞山东11项举措加强生猪全链条监管、胶东半岛筹建非洲猪瘟无疫区等努力，是在捍卫百姓舌尖上的安全；提高生猪产能方面，"8月份连续3个月触底回升""回复正在进一步加快"等情况被媒体广泛转载传播。此外，针对辣椒、大蒜等农产品价格出现明显上涨等情况，山东省农业农村厅做好价格监测工作，积极发声，缓解公众担忧情绪。

八是积极应对自然灾害。在应对台风、干旱、冰雹、草地贪夜蛾等气象和病虫灾害工作中，山东省各级农业农村部门及时通过线上线下各种渠道发布预警，有效降低农户损失。灾后，农技人员指导种植户快速恢复生产，保障农产品稳定供应，受到舆论点赞。

（三）热点舆情排行分析

梳理2019年山东省涉农热点舆情排行，山东打造乡村振兴齐鲁样板、山东农业农村部门积极应对自然灾害等报道受到高度关注（见表1）。

表1　2019年山东省涉农热点舆情TOP 20

排名	时间	标题	来源	转载量（篇）
1	2月27日	倾力打造高质量乡村振兴齐鲁样板——山东落实习近平总书记全国两会重要讲话精神纪实	《人民日报》《光明日报》、新华网等	1982
2	8月10日	山东农业农村部门积极应对台风"利奇马"保障农业生产	新华网、央广网等	1867
3	9月20日	山东"三农"事业成就辉煌，齐鲁样板再谱新篇	新华社、海外网、《大众日报》等	1540
4	9月2日	山东组织"乡村振兴齐鲁行——'开放的山东'全媒体采访活动"	人民网、中新网等	1129

续表

排名	时间	标题	来源	转载量（篇）
5	4月4日	山东农业农村部门积极整改《问政山东》曝光问题	《大众日报》、山东新闻联播等	532
6	7月1日	山东农业抗旱工作	新华社、央视等	507
7	7月30日	山东发布《关于加快推动乡村振兴和巩固提升脱贫攻坚成果的支持政策》	人民网、新华网等	478
8	9月23日	山东欢庆“中国农民丰收节”	《经济日报》、人民网等	453
9	12月6日	国务院农村人居环境整治大检查：山东不断健全农村改厕长效机制	《人民日报》、新华社等	447
10	4月28日	山东保障猪肉供给	新华社、《大众日报》等	431
11	6月17日	山东刷新全国冬小麦单产最高纪录	新华网、《农民日报》等	422
12	1月14日	“趵突泉养海豹”被令整改	《新京报》、央视网等	401
13	1月19日	跨国公司领导人青岛峰会农业亮点	新华网等	397
14	1月22日	山东：打造“透明海洋牧场”	《人民日报》《大众日报》等	280
15	8月29日	第七届中国淘宝村高峰论坛在惠民县举行	人民网、光明网等	267
16	6月19日	山东省食品安全宣传周启动	人民网、《大众日报》等	189
17	4月24日	山东嘉祥排查海狮非法展演　全县仅一家公司有资质	《新京报》	178
18	5月25日	山东大蒜价格攀高	央视、《山东商报》等	167
19	6月30日	贪夜蛾入侵山东	澎湃新闻、山东“三农”新闻联播	150
20	12月12日	山东省与农业农村部签署省部合作框架协议	《大众日报》	121

二　舆情话题概要分析

（一）农业生产全年热点舆情239条，占舆情总量的21.15%

2019 年，山东春耕春播有序开展、“三夏”生产成绩喜人、粮食继续丰收、“新六产”取得蓬勃发展等一系列成绩引发舆论关注。“山东粮食生产抗灾夺丰收""全年粮食总产量达到5357万吨""全程无人模式开启智能三夏""农林牧渔服务业增加值连续七个季度保持两位数以上增长""打出新六产政策组合拳"等农业生产特色和成绩成为报道高频表达。山东农林牧渔业总产值连续多年全国第一，被媒体点赞。此外，媒体还关注了乡村人才振兴、农业社会化服务、农村金融体系建设等方面的突出工作成果，舆论称，农业生产新动能持续增强。

（二）农村改革发展舆情204条，占18.05%

2019年，"乡村振兴齐鲁样板"话题受到持续关注。媒体多角度报道山东省在农村综合改革中取得的成果，其中，"寿光模式""时代楷模王传喜"等典型经验、典型人物被媒体以深度报道、任务特稿的形式详细展开。山东省乡村振兴战略规划落实情况被《人民日报》、新华社等中央媒体多次关注，相关报道在舆论场产生强烈反响。省内多家媒体在关注改革成绩的同时，也发挥本地媒体第四权力①的作用，以问政的形式曝光乡村振兴工作中存在的不足，包括乡村发展规划意识不强、农业监管力度不足、农村基础设施建设存在短板等，有关部门立即响应，形成了舆论推动山东"三农"健康发展的良性格局。

（三）农产品市场舆情201条，占17.79%

2019年，山东农产品市场运行整体较好，舆情信息较上一年度有所减少。舆论主要关注了以下几个方面：一是山东省各地持续举办农产品展会活动，媒体以图文结合的形式呈现了活动的热闹场面；二是山东省农产品品牌运营体系不断完善，"17个品牌入选2019农产品区域公用品牌""居全国第一"等信息成为报道标题高频词句；三是部分地区农产品滞销引发舆论关注和讨论；四是由于媒体对个别农产品价格上涨的高度关注，"辣翻天""蒜你狠"等话题再次引发网民热议。

---

① 第四权力是西方关于新闻传播媒体在社会中地位的一种比喻，它认为新闻传播媒体总体上构成了与立法、行政、司法并立的一种社会力量，对这三种政治权力起制衡监督作用，由美国著名思想家托马斯·杰斐逊提出。

（四）抗灾救灾舆情191条，占16.09%

2019年，山东省各级农业农村部门针对各类可能对生产造成影响的自然灾害，及时向广大农业生产主体发布预警信息，派出专业人员实地指导灾后复产工作。8月，山东省农业农村厅印发农业重特大自然灾害抗灾救灾应急预案。舆论认为，各部门在应对自然灾害方面取得了长足进步。同时，部分媒体也关注到山东省农业灾害险投保率不高、保额低等问题。随着智能手机的普及以及公众媒介意识的增强，一些农业生产者开始通过微博、贴吧等渠道反映灾害对自身生计造成的影响，相关信息的传播渠道中自媒体舆情占七成。

（五）农产品质量安全舆情68条，占6.02%

2019年，山东省农业农村部门持续加强农产品质量安全建设，并且有意识地组织相关宣传活动，引发舆论关注。媒体聚焦“全国蔬菜质量标准数据库建设完成”“山东开启鲜鸡蛋‘双证制’管理”等探索实践成绩。另外，5月4～14日，《齐鲁晚报》连续报道了济南鸡蛋合格证多为“自我承诺合格”、韭菜合格证上种植户信息存在虚假等情况。事件一经曝光，省农业农村厅及时协调市场监管部门强化“双证制”监督检查，并通过媒体公布“双证制”的具体实施情况及其重要性，有效缓解公众紧张情绪。

（六）农村人居环境整治舆情63条，占5.58%

2019年，山东省出台多项政策，促进农村改厕、垃圾分类、畜禽粪循环利用等，媒体集中报道全省启动实施村庄清洁“百日会战攻坚行动”等内容。同时，舆论监督也在促进农村人居环境整治工作走向精细化。媒体追踪报道了国务院农村人居环境整治大检查中发现济南章丘区、高青县等地部分镇村存在的旱厕改造虚报台账、化粪池桶在房顶等问题，当地有关部门现场部署整改，以及后期工作成效等情况。央视《焦点访谈》、山东电视台

《问政山东》等栏目也曝光了农村改厕存在的形式主义问题，地方有关部门及时整改、完善改厕长效机制等内容被媒体报道。

（七）农村土地舆情60条，占5.31%

2019 年一季度，媒体集中关注山东"大棚房"整治工作情况，《坚决打赢"大棚房"问题清理整治攻坚战》等报道被广泛转载传播。另外，从监测情况看，网民也多次通过媒体反映农村土地相关问题，主要包括土地被违规改变用途、耕地被侵占、土地确权工作不彻底、土地被违规流转和土壤污染等问题。

（八）农资质量安全舆情52条，占4.60%

2019 年，山东省推动农资相关立法工作有序进行，受到舆论关注。《〈山东省种子条例〉6 月 1 日起施行》《山东将出台严厉的农药生产、经营地方管理办法》等报道一经发布，被多家媒体转载传播，形成了媒介间的议程设置。相关负面舆情主要是问题农资导致农作物减产、绝收。

（九）农业信息化舆情52条，占4.60%

新华社、央广网等中央媒体持续关注山东省智慧农业发展情况，如新华社报道《智慧农业促农业产业振兴》《智慧农业给农业现代化插上科技的翅膀》，央广网报道《"智慧农业"为山东春耕保驾护航》等。

三　热点舆情案例分析

（一）"趵突泉养海豹""嘉祥县多商家非法驯养海狮展演被令整改"受舆论关注

2019 年 1 月初，网友持续讨论"趵突泉养海豹"导致海豹眼部疾病，引发网络大 V 关注和讨论，在意见领袖的参与下该事件迅速发展成区域性热点舆情事件。2019 年 1 月 14 日，济南市农业局渔业管理办公室对该问题进行监督检查，并责令整改。济南趵突泉的海豹多年来一直是风景区里的一大亮点，吸引了不少游客参观，但卫生不达标、配套设施不齐全等问题让这一亮点慢慢变成了污点。建议相关职能部门在加强日常管理的同时，加大对后续整改工作的监督。同时，公布处理结果，回应舆论关切。

3 月 18 日，《新京报》报道，记者调查发现海狮、海豹的租赁商家多集中在嘉祥县。2018 年，整个商演圈内就有 30 余头海狮死亡。该消息迅速成为舆论热点，多数网民谴责虐待动物，部分网民呼吁抵制动物表演。山东省农业农村厅在监测到相关舆情后，立即组织人员前往济宁嘉祥县现场核实、处置，并通过多家主流媒体公布结果，避免了舆情发酵，并在全省范围内开展专项执法行动，有效提高了政府影响力和公信力。

（二）农产品价格上涨引担忧　及时防控草地贪夜蛾入侵稳民心

3 月底至 4 月，央视等媒体报道，受减产影响，山东金乡县辣椒价格一年内“暴涨”，涨幅超 80%，“辣翻天”来袭。5 月底，全国范围内大蒜价格上涨进一步引发舆论关注，大蒜主产区——金乡蒜价成为讨论、分析的热点，“蒜你狠”的说法再度流行。6 月初，苹果价格相较往年涨幅达一倍。央视财经、《中国证券报》等财经媒体分析，农产品价格上涨不排除有故意炒作成分，也有媒体认为，农户没有在价格上升中获益，这恰恰反映了种植户在应对市场变化时存在信息短板带来的盲目性。有网民担忧，消费者将面临高昂的食品成本。媒体呼吁保障农产品供应，同时警惕农产品出现金融属性加强的趋势。

7 月中旬，山东发现草地贪夜蛾入侵。舆论一方面关注山东积极应对草地贪夜蛾入侵的工作情况，如《新京报》、大众网报道《山东紧急拨付农业生产救灾资金　支持草地贪夜蛾专项防控》等；另一方面，关注全国草地贪夜蛾智能防控技术培训会在山东举办。自媒体方面，网民为防控工作提出建议，部分网民担忧虫灾导致粮食减产。由于防控工作完善，草地贪夜蛾未给全省造成严重影响，舆情态势趋稳。

（三）省农业农村厅参加《问政山东》直面问题　舆论监督推动发展向好

2019 年 4 月 4 日，山东电视台《问政山东》栏目邀请山东省农业农村厅主要负责同志就打造乡村振兴齐鲁样板中暴露的问题进行问政。节目播出后，省农业农村厅连夜召开整改工作部署会议。从相关报道看，舆论主要关注整改工作，部分媒体转载栏目曝光的问题。少数媒体发表评论，如央视网刊文称，电视问政节目就是要让懒政怠政的领导干部“红脸出汗”，只有经过这样的检验，才能真正提高工作水平；闪电新闻刊文称，绝大多数山东干部还是敢于担当作为的，尤其厅局一把手敢于直面问题、立说立办，个人业务能力强，具有担当落实精神。

从农业农村部门负责人在现场的回应看，部分负责人存在没有正视问题的情况，引发网民争议。舆情处置方面，建议主动提升工作人员的业务和新闻工作水平，组织报道相关政策部署、工作进度等方面的情况，更好地引导舆论走势。栏目播出后，主流媒体集中报道整改成果，倾向较为积极。

（四）全省积极抗旱保苗稳生产　组织台风抗灾救灾获好评

6 月 16 日起，山东多地出现严重干旱，影响农业生产和村民用水。山东电视台等媒体报道济南市南部山区村民吃水难。6 月 25 日，山东省农业农村厅发布紧急通知，开展抗旱工作，受到多家主流媒体关注，热点新闻有《大众日报》报道的《山东省农业农村厅厅长李希信到邹城调研》、央广网报道的《山东紧急通知：发动群众全力抗旱浇水》等。6 月底至 7 月初，全省旱情得到缓解，媒体关注抗旱保苗工作，如山东三农新闻联播报道《李希信：坚决打赢抗旱保种保苗这场硬仗》、新华社报道《山东部分地区加紧抗旱保苗》等。同时，泰安、枣庄、滨州、高青、平邑等地网民通过微博平台发帖祈求下雨，希望政府部门采取措施，保障农村用水。总体来看，媒体对各部门举措进行了报道，回应群众呼声，舆论态势较为稳定。

8 月 10 日起，受台风“利奇马”影响，山东省出现大范围强降雨，农业渔业受灾严重。对此，山东省农业农村厅成立 8 个由厅领导任组长、有关处室和专家组成的巡回督查组，赴各地帮助开展农业抗灾救灾及灾后恢复生产工作。同时，印发灾后田间管理技术指导意见，受到舆论广泛关注。媒体报道主线是山东省农业农村部门奔赴一线指导农民恢复生产，如《人民日报》报道《山东积极抢险救灾抓紧恢复重建》。部分媒体点赞抗灾救灾行动，如央视财经频道《央视财经评论》8 月 16 日播报称，去年遭受“温比亚”台风灾害后，山东组织实施了相关河道治理和低洼易涝地区农田排涝工程，发挥了重要作用。

“蔬菜之乡”寿光连续 2 年遭受水灾，一度成为舆论关注的焦点。但不同的是，有了第一次的前车之鉴，第二次被淹大棚数量大为减少。据媒体报道，寿光受灾大棚比上年减少 8.8 万个，在加强排灌设施铺设的同时，大棚投保数量也有了很大的提高，这些成绩都离不开当地相关部门的努力和支持。此外，从媒体的报道数量和报道内容可以看出，全省农业农村部门通过各项工作努力将灾害损失降到最低，受到公众的一致好评。

（五）乡村振兴齐鲁行硕果引关注　人居环境整治大检查整改有效舆情稳

9 月 2 日，“乡村振兴齐鲁行——‘开放的山东’全媒体采访活动”启动。国内外各大主流媒体，从产业振兴、组织振兴等方面，全方位、多角度地报道了山东省农业农村工作的特点和亮点，共刊发相关稿件 1120 余篇。媒体评论中，中国山东网发文称：推动“五个振兴”，打造乡村振兴齐鲁样板，是党中央赋予山东的光荣使命，是山东在全国“三农”工作这盘大棋中应有的担当；山东突出问题导向，以创新实干破解乡村振兴中的重点难点问题。采访活动声势高，充分展示了山东省践行乡村振兴战略各项成果，让公众更加形象、直观地了解山东省各地农业农村发展新气象。舆论纷纷点赞山东省相关政策措施和经验成果。同时，农产品品牌、乡村旅游景点也借此机会进一步扩大了知名度，推进乡村振兴取得良好社会效益。

自 11 月 26 日起，国务院检查组分赴 14 个省（市）开展农村人居环境整治大检查，山东农村厕改问题被媒体曝光，央视、新华社报道《山东高青：三级验收虽达标　部分农户有厕难用》《山东济南市章丘区部分农村存在虚报数量　厕具一发了之等问题》等。也有媒体针对“大检查”刊发评论文章，认为厕改问题要从群众实际出发，如人民网建议建立完善城乡统筹治理模式，加快构建多元化的投入机制等。从舆情走势可以看到，相关负责人承诺将展开整改、追责工作后，上述问题未引发进一步的质疑。大检查期间，媒体也积极报道本省在厕改、畜禽粪便综合利用等方面的探索成果。尤其是《人民日报》刊文《山东省不断健全农村改厕后续管护长效机制》，有效引导舆论转向积极一面。

四　舆情展望与应对建议

2020 年是全面建成小康社会目标实现之年，是全面打赢脱贫攻坚战收官之年。面对国内外风险挑战明显上升、经济下行压力加大，以及突发新冠肺炎疫情的复杂局面，稳住农业基本盘、发挥“三农”压舱石作用至关重要。2020 年，做好舆情应对，一方面要发挥新闻宣传工作在推进政策落实、畅通民意传递渠道、凝聚社会各方力量、推动农业农村发展方面的积极作用；另一方面，随着舆论监督力度增强，领导干部要提高舆情处置、引导能力，更好地应对新问题、新挑战，化解农业农村工作隐患。

根据山东农业农村舆情态势，建议重点监测农村改革、农产品质量安全、动植物疫情、农业生产安全等领域舆情，健全农业农村舆情应对处置体系，落实网络舆情监测、报告、研判、联动处置、媒体应对、形象修复等各环节工作责任，实现全面监测、及时研判、反应迅速、处置果决、转危为机，切实提高舆论引导和舆情应对能力，为加快打造乡村振兴齐鲁样板营造良好舆论氛围。

B.18 广西“三农”舆情分析

吴炳科　饶珠阳　黄腾仪　梁贻玲*

摘　要： 2019年，广西以决战决胜脱贫攻坚及实施乡村振兴战略为抓手，扎实推进现代特色农业高质量向好发展。全年“三农”舆论形势积极向好，舆情热度稳中攀升。舆论聚焦乡村振兴战略实施推动八桂乡村发生既“壮”又“美”的可喜变化、新中国成立70周年壮乡大地农业农村发展的巨大成就，积极传播广西发挥资源优势创新产业扶贫模式、推动现代农业提质增效、改善农村人居环境提升乡村风貌的举措及成效。象州砂糖橘价格暴跌、德保“毒水”污染村庄等事件引发舆论关切。

关键词： 乡村振兴　产业扶贫　农业高质量发展　农村人居环境整治　广西

一　舆情概况

（一）舆情传播渠道

2019年，共监测到广西“三农”舆情信息46.1万条，较上年增长2.01

---

* 吴炳科，广西壮族自治区农业信息中心主任，高级经济师，主要研究方向为农业农村信息化；饶珠阳，广西壮族自治区农业信息中心副主任，主要研究方向为农业新闻宣传；黄腾仪，广西壮族自治区农业信息中心信息科科长，主要研究方向为涉农网络舆情；梁贻玲，广西壮族自治区农业信息中心舆情分析师，主要研究方向为涉农网络舆情。

倍。其中，新闻舆情信息 14. 44 万条，占 31. 32%；客户端 13. 97 万条，占 30. 30%；微博帖文 9. 33 万条，占 20. 25%；微信信息 5. 54 万条，占 12. 02%；论坛、博客帖文合计 2. 81 万条，占 6. 11%（见图 1）。总体看，新闻媒体仍是广西“三农”信息的重要传播渠道，《人民日报》、新华社、中国新闻网等中央媒体原创内容展示了广西“三农”发展的重要成就，《广西日报》、广西新闻网等区内新闻媒体及时追踪报道各地“三农”最新动态，重点关注全区特色农业产业发展。值得一提的是，2019 年客户端传播量较上年增长 4. 87 倍，占广西全年“三农”舆情总量的三成，客户端成为与新闻媒体并驾齐驱的主要传播渠道。此外，“两微一端”等媒体平台借助“短平快”优势逐渐成为信息传播的重要渠道。

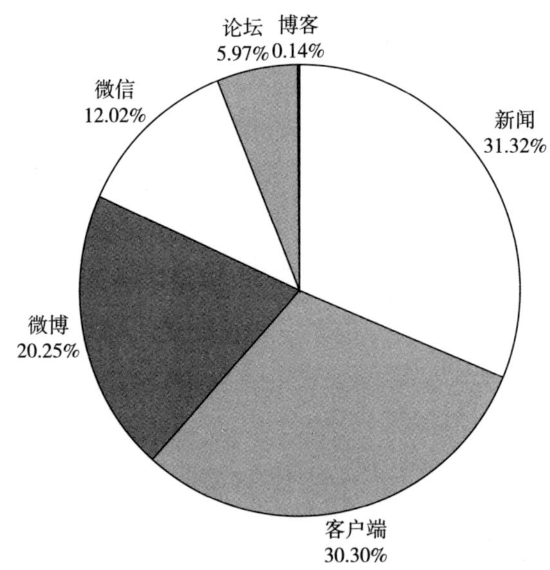

图 1　2019 年广西“三农”舆情传播渠道

资料来源：农业农村部三农舆情监测管理平台。（下同）

（二）舆情传播走势

从 2019 年广西“三农”全年舆情走势看，除 2 月份春节因素舆情量相对较少外，整体呈稳中走高、高位平稳态势，月均舆情量达3.8万条以上。其中，7月份广西多地通过关停屠宰场等措施严控非洲猪瘟疫情等信息推动当月舆情量达到全年峰值（4.34万条）。11月，广西各地加快完成脱贫攻坚任务步伐，出台根治农民工欠薪举措等信息传播量大，当月舆情量（4.29万条）为全年次峰值（见图2）。

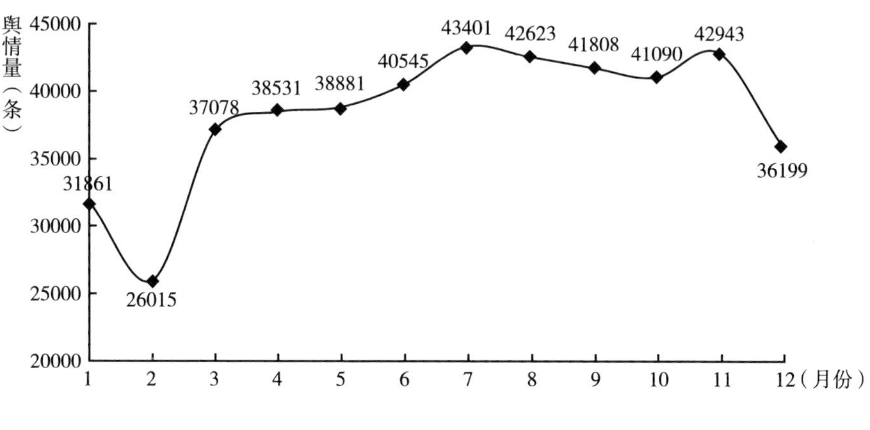

图2　2019年广西“三农”舆情传播走势

（三）舆情话题分类

从舆情话题分类看，舆情量排行前三的热点话题依次为农牧渔生产与粮食安全、农业产业扶贫、农村社会事业，分别占全年广西“三农”舆情总量的20.47%、16.47%、10.13%，三者合计占比47.07%。乡村振兴战略实施、农业农村改革发展、农产品市场、涉农贪腐、农产品质量安全话题舆情量分列第4至第8位，分别占9.51%、8.68%、8.39%、5.12%、4.42%。其他话题关注度相对较低，占比均在3%以内（见图3）。

（四）舆情热点事件排行

从舆情热点事件前20排行看，追授广西扶贫干部黄文秀同志“时代楷模”称号舆情热度高居排行榜首位，柳州独峒镇用善款购买猪肉为学生发

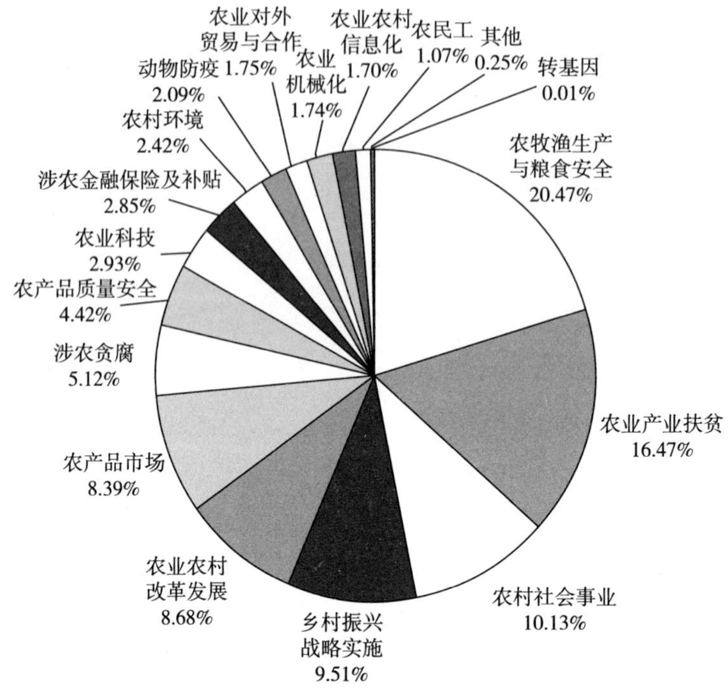

图3　2019 年广西"三农"舆情话题分类占比

放"最实在"奖励、航拍列车驶过宾阳古辣镇丰收稻田唯美图画引发媒体热情报道;"广西象州砂糖橘滞销""广西贵港排查出非洲猪瘟疫情"等事件也被舆论重点关注(见表1)。

表1　2019 年广西"三农"舆情热点事件 TOP 20

序号	热点事件	月份	首发媒体	舆情热度
1	黄文秀被追授"时代楷模"称号	7	央视网	1104. 65
2	广西象州砂糖橘滞销价格跌果农愁	1	央视网	1074. 3
3	广西部分地区排查出非洲猪瘟疫情	7	农业农村部网站	998. 3
4	山区小学期末给优秀学生发猪肉	1	《人民日报》	621. 05
5	官方揭露"南丹县吃猪肉毒死全家"假视频	8	《南国今报》	558. 6
6	被含镉"毒水"污染的村庄	10	《新京报》	491. 15
7	开往丰收的列车	10	新华网	259. 55

续表

序号	热点事件	月份	首发媒体	舆情热度
8	我区力争第四季度出栏生猪500万头	10	《广西日报》	236.05
9	中央第二巡视组向自治区党委反馈巡视情况	1	中央纪委国家监委网站	212.7
10	权威回应非洲猪瘟疫情下广西猪肉是否能吃	5	在柳州客户端	206.3
11	我区出台措施稳定生猪生产供应	10	《广西日报》	204.8
12	军人本色在脱贫一线闪光	10	人民网	180.65
13	广西已实现25个贫困县脱贫摘帽	5	新华网	158.9
14	许大章同志用生命诠释扶贫使命与担当	3	《右江日报》	154.4
15	中央扫黑除恶督导组向广西反馈督导意见	5	广西新闻网	154
16	玩起直播的农民“网红”	12	新华网	144.2
17	乡村微车间开到家门口	10	新华网	140.75
18	广西出台意见守住耕地红线	6	新华网	137.15
19	大数据管好扶贫资金	8	《人民日报》	132.95
20	苗乡欢庆丰收节	9	新华网	128.4

资料来源：农业农村部三农舆情监测管理平台。

二　热点话题舆情分析

（一）实施乡村振兴战略实现八桂乡村既“壮”又“美”

2019年，广西推动乡村振兴战略扎实深入实施，相关工作部署和进展成效受到舆论高度关注。《广西日报》等媒体对《广西乡村振兴战略规划（2018～2022年）》以及自治区领导听取乡村振兴工作汇报并部署下一阶段重点工作等予以报道，“力争八桂乡村既‘壮’又‘美’”被重点强调。关于广西乡村振兴的成效，媒体报道称广西在农村产业发展、基础设施建设和社会服务能力建设方面成效显著，通过打造特色农业示范区和农产品优势区，推动现代特色农业更上一层楼。

一年来，广西举全区之力耕耘乡村振兴五大领域，实绩突出，效果频显，引发媒体广泛关注。产业振兴方面，舆论认为，广西通过农业高质量发展三年行动、农业示范区扩建提质三年行动促进农业现代化建设，扎实推进农村产业融合发展，显著提升农民经济收益。此外，广西糖料蔗、水果、桑蚕总产量和秋冬菜种植规模继续保持全国第一、猪牛羊禽肉类及水产品产量均排名全国前十、贵港市推进富硒农产品示范区和加工产业园建设打造"中国硒港"、玉林市"五彩田园"等4个单位被认定为首批国家农村产业融合发展示范园、桂林龙胜各族自治县特色胡蜂养殖等多地特色做法被媒体报道。人才振兴方面，广西双管齐下，既重视教育培养，又强调引才回归，为乡村振兴事业发展积累了雄厚的人才资源。广西农业职业技术学院积极凝聚学院与社会力量，促进教育教学改革，为乡村振兴培养实用新型人才；博白通过打乡情牌引才回归；钦州培养出多位像获荔枝环割刀专利的黄凤夏那样的经济能人，并让其担任村支书等经验被媒体推介。文化振兴方面，新华网等媒体报道称，广西阳朔龙尾村举办第三届瑶族盘王节，利用生态和民俗文化优势，带领村民发展乡村旅游；吴川霞街村围绕"状元文化"主题，乡贤集资建设疏江工程，打造文化振兴乡村品牌。生态振兴方面，2019年广西乡村旅游接待游客约3.89亿人次，消费近2766亿元，同比增长34%。舆论表示，八桂大地山美景美，生态资源丰富，特别是在一些乡村地区，不仅旅游开发潜力巨大，而且生态优势明显，广西不仅推动农村走出"靠山吃山、靠水吃水"的旅游致富路，还依托良好的生态优势，大力发展生态扶贫产业，保持生态扶贫与乡村振兴"同频共振"。组织振兴方面，舆论认为，广西各地"严"字当头，全面从严治党，筑牢基层党建根基，充分发挥村党支部的"桥头堡"作用，带领贫困群众发展特色产业。《广西日报》报道称，兴业县加大村级党支部建设力度，让自然村党支部成为乡村振兴火车头；人民网刊文关注浦北县紧扣"建、干、带"环节，充分依靠村党组织引领乡村振兴党建工作。

2019年9月，第二个"中国农民丰收节"系列庆祝活动在河池市都安县拉开帷幕，一场喜气洋洋的农民盛会在八桂大地同步展开，舆论对此给予热情关注。中央电视台农业农村频道、广西卫视《广西新闻》等电视媒体对此进行播报，中国新闻网、中国日报网、搜狐网、凤凰网等媒体进行图文报道。广西农民“丰收”节里忙丰收，抢抓农时庆收获。在凌云、龙胜、融水等地举办的水上抢头鸭、稻田浑水摸鱼、丰收宴等极具地方民俗特色的活动被媒体积极报道；各地民众与广大游客一起载歌载舞、收仓储粮的画面被媒体捕捉。舆论认为，此次“丰收节”活动将丰富多彩的艺术表演与地方特色农业、特色传统民俗活动等相结合，充分展示了农民的激情和农业的特色，是广西“三农”产业扩容增效、农村改革深入推进、农民待遇全面改善、农村社会稳定和谐的真实体现。

（二）七十年壮乡大地繁荣稳定奏响华美乐章

在新中国成立70周年之际，农业底蕴深厚的广西大地再次焕发出勃勃生机。为进一步加快壮美广西建设步伐，全区充分发挥“文化底蕴好、区位条件好、风景风情好、红色基因好”优势，立足“三大定位”“五个扎实”[①] 使命要求，勇立潮头，积极担当，体现了新时代八桂儿女的新风新貌。媒体以综述、特别报道等形式对新中国成立70年来广西取得的辉煌成就进行梳理和直观展示。人民网以系列报道《壮丽70年奋斗新时代》，对广西走活开放发展一盘棋、积极融入“一带一路”等进行了专题报道，其中，《70年沧桑巨变大瑶山如何换了人间》一文引发媒体积极转载。《人民日报》、广西新闻网等对“新中国成立70周年广西成就展”以丰富多样的形式进行全方位展示。在脱贫攻坚方面，广西广大干部群众尽锐出战、攻坚克难，为2020年决战决胜脱贫攻坚奠定坚实基础，2012～2018年，全区贫困人口累计减少825万人，贫困发生率稳步降至3.7%。舆论称赞，祖国南疆天翻地覆喜换时代新颜，壮乡大地繁荣稳定奏响华美乐章。在做好生态大

① 2015年3月8日，习近平总书记参加十二届全国人大三次会议广西代表团审议时，对广西提出了“三大定位”新使命；2017年4月19～21日视察广西时提出了打造“向海经济”和“五个扎实”新要求。三大定位：发挥广西与东盟国家陆海相邻的独特优势，加快北部湾经济区和珠江－西江经济带开放发展，构建面向东盟的国际大通道，打造西南中南地区开放发展新的战略支点，形成21世纪海上丝绸之路与丝绸之路经济带有机衔接的重要门户。五个扎实：扎实推动经济持续健康发展、扎实推进现代特色农业建设、扎实推进民生建设和脱贫攻坚、扎实推进生态环境保护建设、扎实建设坚强有力的领导班子。

文章方面，广西时刻不忘习近平总书记"广西生态优势金不换"的谆谆教诲，大力发展生态特色农业产业。《中国发展观察》杂志对恭城瑶族自治县红岩村进行专访，称赞其充分发挥特色优势，凭借生态新村和月柿产业两大成果，打造环保宜居促进农业生产的成功模式。在农业现代化建设方面，广西正在推进特色农业强优工程，农业现代化建设水平逐年提高，农业特优产业发展在全国领先。舆论称，从自给自足到大规模生产加工，从落后的效能经济到现在的工业化科技化，广西特色农业发展让人印象深刻。①

作为农业农村改革的牵引和抓手，农村土地制度改革持续受到舆论关注，人民网、中国新闻网等媒体对广西深化农村土地制度改革工作进展予以报道。舆论对"健全城乡建设用地有偿使用和有偿腾退机制""印发《关于全面实行永久基本农田特殊保护的实施意见》"予以肯定。"广西钦州推动农业农村综合改革成效显著""扎实有效落实改革任务，因地制宜探索发展之路——关于广东、广西农村集体产权制度改革情况的督查"等报道被多家媒体转载。此外，媒体还以《"产业联建"壮大村级集体经济》《广西田东：农村金融改革为脱贫致富注入"活水"》等为题积极肯定广西在农村产业升级以及农村金融改革领域取得的成果。

（三）创新特色优质生态产业扶贫模式成效显著

2019 年，广西加大产业扶贫政策部署，升级打造产业扶贫链条，各地产业扶贫取得可喜进展。1 月，自治区政府工作报告明确提出加快发展农业农村新产业新业态，促进一产"接二连三"，力争发展新型经营主体 7 万家，同时打造粮、糖、果、蔬、渔、畜六大千亿元产业。农业农村厅起草并印发《农产品加工集聚区建设行动方案》，努力促进农产品加工业加速集聚发展。2 月，深度贫困地区脱贫攻坚座谈会在河池市召开，国务院扶贫开发领导小组的相关领导指出，广西要因地制宜发展特色优质高效产业。舆论认

① 《绘就壮美广西壮阔画卷——新中国成立七十周年广西经济社会发展成就展综述》，广西新闻网，http://www.gxnews.com.cn/staticpages/20191027/newgx5db4de01-18990199.shtml。

为，各级政策指引为2019年广西产业扶贫打开了局面，明确了发展方向，多方位政策提高了产业扶贫的效益。

一年来，广西依托特色农业资源，继续擦亮"桂系"知名产业品牌，各地创新实践被舆论积极关注。贵港市推进富硒农业标准化规模化生产，武鸣区在京举办武鸣沃柑合作洽谈会，三江县开展油茶果变"脱贫果"的"3636"扶贫工程①，天等县引进台湾"辣椒大王"种植万亩辣椒，永福县凭借"中国罗汉果之乡"打造百亿元"甜蜜产业"，龙胜县打好"世界梯田原乡旅游"牌成为远近闻名的"旅游致富村"等民族特色浓郁的鲜活实例被多家媒体报道。在巩固扩大特色品牌产业发展的同时，各地还充分利用得天独厚的地缘条件，大胆进行养殖产业的有益探索。《人民日报》等多家媒体以图文形式刊登了广西多地创新养殖产业带贫脱贫的生动见闻。大新县青年农民李才振在果园养鸡，用鸡粪施肥砂糖橘，生态互补的高效养殖模式带来可观的林下经济收入。都安县锁定"户均一头瑶山牛"的目标，探索"贷牛还牛"产业扶贫新思路，乡村面貌焕然一新。上林县鼓励爱心企业领养认购"扶贫牛"，辐射带动160余贫困户受益。武鸣区城厢镇发放产业奖补资金147万元，扶持294户贫困户发展种养产业，实现138户、533人脱贫。合浦县西场镇依托大风江下游水域，利用水泥块规模化养殖生蚝，走出一条致富之路。舆论称赞，广西广开脱贫致富门路，铺就绿色产业大道，为2020年圆满完成脱贫攻坚任务打下了坚实基础。

（四）品牌引领现代农业提质增效成果丰硕

舆论对广西推进农业高质量发展的实际行动予以多角度关注。一是肯定强化环保因素。媒体对广西提升农业环保水平的政策导向予以积极肯定，农业增产转向提质，有机肥替代化肥，努力减少主要农作物化肥农药使用量，盐碱地改良开发，耐盐水稻种植产业合作，广西261万亩沿海滩涂有望成粮

① "3636"扶贫工程：近年来，广西三江县开展实施油茶品改"3636"扶贫工程，即利用3年时间融资6亿元，推进36万亩新品种油茶种植。

仓，引发媒体广泛关注。“微生物+”“楼房养猪+益生菌+猪脸识别+自动饲喂”“稻渔综合种养”等模式被舆论称作富有广西特色，“有机”“健康”“绿色”“长寿”等被视为广西标签。二是点赞推进产业园区建设。2019年，广西农业继续保持特色显著、品种多样的传统优势，多个农业产业在国内首屈一指，地理标志登记保护农产品数量位列全国第六。全区各地特色农业产业发展成效被媒体挖掘展示。陆川绿丰橘红产业示范区种植橘红2000亩，辐射带动贫困户583户；北流建设3200亩有机富硒优质稻核心示范基地，带动农户3362户，每人年增收3040元以上；来宾潜心打通“一条龙”循环经济产业环节，擦亮“国字号”现代农业产业园的金字招牌。三是聚焦农业机械化转型升级。舆论认为，现代化农业还需科技赋能助力。近年来，广西坚持“小农机、大作为”，显著扩大农业机械化规模，主要农作物耕种收综合机械化水平达59%。舆论称，这些数据印证了广西在农业发展质量上的显著成绩。下一步，广西应以中央经济工作会议精神为指引，让特色品牌“特”字更“特”、现代农业科技动能更“能动”。

2019年，广西继续以品质兴农、品牌强农为中心，促进城乡基础设施互联互通，大力宣传特色优质品牌，提升绿色农产品质量，出台养殖激励政策，促进农产品全面提质创优。在互联网+品牌方面，积极搭建“一村三站”信息进村入户工程，形成“政府+平台服务商+运营服务商”发展格局，建设中新互联互通项目陆海新通道，使广西名特优农产品得以走进粤港澳地区、走向全球。舆论称，广西整合服务资源，促进小农户与大市场更好对接，打造粤港澳冷链物流通道，加快了农产品“出村”步伐。在品牌培育方面，媒体重点关注广西开展丰富多样的特色农产品推广推介活动，打响广西农产品品牌。舆论盘点2019年广西举办多场农产品推荐活动，点赞广西产品质量好。“桂系”农产品品牌，“广西好嘢”品牌总标识，“中国沃柑看武鸣”等吸引舆论广泛关注。《广西日报》报道称，广西精心培育“桂”字号品牌，到2020年末，力争打造10个以上、价值超30亿元的“桂”字地理标志农产品系列品牌。在对接“一带一路”倡议方面，媒体称赞广西在农业领域不断深化对外开放，积极开展与东盟国家合作交流，成效显著。

通过中国（广西）农业丝路行活动，广西组织企业“抱团”出海，创建越、柬农业境外合作示范区，实施印尼、缅甸农作物改良试验及澜湄农业合作项目，桂林保鲜蔬菜大量出口直供东盟市场等成果获舆论一致肯定。

在生猪养殖方面，严格做好非洲猪瘟疫情防控，稳定生猪生产是舆论聚焦点。人民网、《广西日报》等多家媒体报道了自治区加大财政支持力度，确保生猪产能的具体举措。实行生猪生产红线制度，生猪保供纳入“菜篮子”市长负责制考核内容，将能繁母猪和育肥猪的保险金额比例提高20%等措施，被舆论重点关注。其中，广西在贵港等地创新生猪养殖模式，通过“铁桶计划”推广生猪养殖规模化发展的探索实践被媒体报道，新浪微博、客户端等对此予以转载传播。

（五）人居环境改善提升农民幸福感小厕改推动大文明持续升级

2019年，广西以中央农办等18部门印发的《农村人居环境整治村庄清洁行动方案》为引领，举全区之力继续加大农村人居环境整治，开展“清洁村庄助力乡村振兴”“厕所革命”等行动，受到媒体高度关注。一年来，广西启动农村清洁系列行动，召开农村环境整治专项会议，印发《广西乡村风貌提升三年行动指导手册》，“红黑榜”“三清三拆”“五大行动”，从“盆景”到“风景”等信息成为媒体报道的重点。农村垃圾治理方面，新华网、人民网、中国新闻网等媒体对“美丽广西・幸福乡村”乡村风貌提升行动进行了图文并茂的详细报道。报道主要关注点集中在如下两方面：一是从“盆景”到“风景”，广西农村人居环境整治成效显著。[①] 舆论认为，广西通过开展农村生活垃圾治理、推进农村“厕所革命”、建设乡村风貌提升示范带等举措大力整治农村人居环境，目前桂风壮韵风貌已初步显现。[②] 二是通过“二次四分法”“村收－镇运－县处理”“三清三拆”“五大行动”

---

① 《从“盆景”到“风景”广西农村人居环境整治成效显著》，新华网，http：//www.gx.xinhuanet.com/newscenter/2019－07/28/c_ 1124807310.htm。

② 《广西多举措整治农村人居环境展示桂风壮韵风貌》，中国新闻网，http：//www.chinanews.com/sh/2019/09－06/8949822.shtml。

多方面举措建立健全卫生保洁长效机制。自治区加强非正规垃圾堆放点排查整治，南宁市制定“首府垃圾分类立法覆盖农村”草案，北流市以市垃圾焚烧发电项目为依托，开展农民分类、企业回收的统一采购试点服务，崇左、贺州等地积极展开“二次四分法”加强垃圾分类等做法，被多家媒体报道。全区各地启动“三清三拆”行动的具体做法被舆论关注。新华网报道，南宁市良庆区那陈镇村级组织充分调动村民积极参与推进“三清三拆”，变“要我拆”为“我要拆”。八旬婆婆投身其中、废弃荔枝园变成休闲小广场等各地开展“三清三拆”整治行动的事例被人民网等媒体积极报道。也有舆论表示，个别村庄仍存在干部不了解、群众不知晓、制度不落实等问题，希望引起足够重视。“厕所革命”方面，继 2018 年被媒体誉为“厕所革命”先行者之后，2019 年广西各地推进“厕所革命”的实际行动继续受到舆论肯定，认为随着“厕所革命”的推进，农村人居环境和农民生活质量明显提高。有舆论称，推动乡村振兴，提升农村居民的幸福感，离不开“厕所革命”。还有舆论表示，小厕所正在推动着大文明持续升级，环境改善让壮乡人民享受到更多福祉。

三 热点事件舆情分析

（一）砂糖橘价格暴跌致果农损失惨重引发广泛关切

2019 年 1 月 10 日，农财网报道，岁末年初的长时间阴雨霜冻天气导致砂糖橘在本应是销售旺季的 1 月出现滞销现象。据了解，仅广西象州县待售的砂糖橘就有 40 万吨，出货量不到 20%。而整个广西地区的砂糖橘种植面积达到 300 万亩，年产量达到 800 万吨。由于滞销，2019 年砂糖橘的价格从每斤 5 元下跌到 2～3 元，有些地方甚至跌到 1 元多一斤，果农抱怨砂糖橘价钱低过矿泉水。相关消息引发舆论高度关注。1 月 26 日，央视《经济信息联播》报道了广西象州 40 万吨砂糖橘滞销一事，建议当地政府加大促销支持力度，果农不要惜售，尽快出售砂糖橘。

1. 舆情概况

据监测，截至12月31日，相关舆情总量1508条。其中，《人民日报》、腾讯新闻等媒体发布及转载相关报道465条，微博106条，微信406条，论坛531条。媒体报道的主要标题有《广西象州：砂糖橘滞销，价格跌果农愁》《广西砂糖橘总量不能再扩张了！产业进入薄利微利时代!》《这种家中常备的水果价格暴跌10元一斤跌到1块6》等。其中搜狐网发布的《广西象州：砂糖橘滞销，价格跌果农愁》一文阅读量2.3万次。新浪微博“@人民日报”、“@中国青年报”等帐号发布的相关微博，转评量合计达3.6万次。

2. 媒体评述

媒体分析认为砂糖橘滞销的原因有三，一是异常恶劣天气导致砂糖橘品质大受影响，二是砂糖橘利润整体趋微，三是广西果农惜售使得市场出现倒挂现象，加重销售困难。对此，媒体建议进一步提升果品品质、降低物流成本；提醒当地借鉴广东砂糖橘产业兴衰的经验教训，不要让广西砂糖橘产业重蹈覆辙。另有众多农业媒体呼吁，滞销情况应该引起种植农户和当地相关部门高度重视，当地政府应督促种植户注意科学化管理，防止类似事件再次发生。

3. 网民观点

网民以微博发帖、新闻跟帖等方式对该事件展开热议。从网民评论看，主要观点有以下四个方面：一是深度同情果农。有网民说，作为一个广西人我要说这里的砂糖橘真的很便宜，很多果农亏了很多，心疼果农；有网民说，我家就是种砂糖橘的，今年真的很惨，最好的才卖一块多，只能说卖出去收回成本都不错了。二是认为产地价和消费端价格差距过大，指责中间商收购压价过低。有网民说，中间商把销售价格抬得太高了！销售量严重下降！最后把果农坑了！有网民说，果农只售3毛5毛，想卖还没人要，超市零售卖5块7块，顾客想买却嫌贵。三是分析砂糖橘滞销原因。有网民说，当地果农说今年基本价格在1.5~2元/斤，而且连日阴雨天气导致砂糖橘口感不好，影响了销售价格；有网民说，以前在广西种砂糖橘都能赚挺多钱，荔浦县种砂糖橘的农户每年至少十万元的收入。但现在到处都种，肯定会滞销的。四是呼吁政府帮助果农解决滞销难题。有网民说，快递费真的很高，而且运输过程中很容易弄伤果品，如果想要保持品质，那么包装成本也会变得很高，政府在这方面应该帮助农民破困；有网民说，我觉得所谓橘子滞销，是市场规律发挥作用的必然结果，任何商业投资都是有风险的，这就需要当地政府有敏锐的嗅觉，提早帮助农民合理调整种植结构。

（二）德保"毒水"污染村庄引舆论关注

广西德保县大面积农田常年受位于内苗村的废弃的铅锌矿矿洞和淋溶矿渣流出的毒水污染，严重丧失耕种能力。当地政府近年来多次接到举报，但因缺乏资金和技术等困难而迟迟未予治理。中央财政于 2019 年 7 月拨付 2000 万元土壤污染防治专项资金，用于涉事铅锌矿环境风险管控与污染治理。专家估算 2000 万资金也只能充当综合治理的前期费用，整个治理要花费 5000 万 ~ 6000 万元。相关消息引发舆论高度关注。《新京报》先后于 2019 年 10 月 22 日和 25 日对此进行了报道。针对媒体报道，当地政府回应称，污染综治项目的可行性研究报告已完成，目前正在筹备报送广西生态环境厅等相关工作，涉事企业涉嫌污染环境已被立案侦查，涉事企业法人代表已被抓获，同时已责令施工单位对沉陷区域进行全面整改。

1. 舆情概况

据监测，截止到 12 月 31 日，相关舆情总量 1256 条。其中，《人民日报》、新浪网、凤凰网等 37 家媒体发布及转载相关报道 264 条，微博 871 条，微信 104 条，论坛 17 条。媒体报道的主要标题有《被含镉"毒水"污染的村庄》《中央批复 2000 万资金修复广西毒水何以流入灌溉渠》《广西德保县废矿污水污染 300 余亩农田检测数据未公布》等。新浪微博@人民日报、@中国青年报等用户发布的相关微博，转评量合计达 2.6 万次。

2. 媒体评述

有媒体对此事提出质疑和批评。首先，官方从未公布土壤和农产品污染检测数据。其次，当地政府不应以资金和技术缺乏为由对废矿污染问题视而不见。再次，“用毒水灌溉的农田”出产作物都被谁吃了，是村民自己吃了，还是卖给了不知情的市民？有媒体对地方政府提出建议和希望，认为拒绝公开污染数据暴露出当地政府仍然没有树立正确的环保理念。事实上，对于常年身处污染包围的民众来说，污染的危害不言自明。公开污染数据未必会引起什么恐慌，遮遮掩掩反倒会加重猜疑。另外，希望当地能珍视中央下拨的这笔宝贵的治污资金，把好钢用在刀刃上，用科学规划确保治污的成效和持续性。

3. 网民观点

网民以微博发帖、新闻跟帖等方式对该事件展开热议。从网民评论看，主要观点有以下五个方面：一是对当地环境的破坏感到痛心。有网民说，造孽呀，这么好的环境就给糟蹋了。有网民说，多好的土地给弄成这样，心疼啊，后续怎么处理啊。二是指责污染的损失难以挽回，要求为民众提供妥善补偿方案。有网民说，修复是很好的举措，但是心痛的是再修复也回不到污染以前那样了。有网民说，现在的污染工厂建在农村，农地几乎没收成，该赔偿得赔偿啊。三是认为除抓捕涉案人员外，更应对地方官员追责。有网民说，不整治，不作为。坑惨了老百姓！十几年，或者更长期的污染，希望有罪的人都受到重罚，毕竟他们害了那么多人。四是呼吁地方政府专款专用，切实抓好治理方案的落实。有网民说，治理资金两千万，干点儿实事儿吧。有网民说，啥时候能从源头上避免污染，是不是一种奢望。五是认为地方政府在环境治理方面存在很大漏洞。有网民说，涉及民生的环保问题，检测的数据是要公示的，竟然说涉密?！究竟曝光了谁的秘密？有网民说，请继续追踪报道，太可恶，为了社会稳定就可以不公开吗?！涉及社会利益公共利益，还不赶紧处理！

四　舆情总结及展望

2019 年，广西“三农”舆情热度不断攀高，态势积极向好，社交媒体已经成为舆情传播的主要平台。主流媒体积极宣传新中国成立 70 年来广西

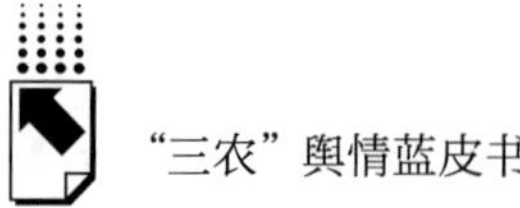

"三农"发展的辉煌成就，积极传播广西特色农业发展、农业产业扶贫、农村人居环境整治等重点工作中的创新实践和成功经验；针对砂糖橘滞销等事件，网民在社交媒体平台表达关切、展开讨论、出谋划策，爱农助农氛围浓厚，为广西农业农村健康发展营造了良好舆论环境。2020 年是全面建成小康社会和"十三五"规划收官之年，广西将全力做好"三农"各项工作，积极克服新冠肺炎疫情的不利影响，坚决完成脱贫攻坚决战决胜任务，热点舆情或来自以下方面：一是坚决打赢脱贫攻坚战之年广西产业兴农、产业富农的特色举措；二是新冠肺炎疫情防控常态化背景下农业稳产保供、农业企业复产复工、农民工返岗就业、农产品市场提振等举措及成效；三是乡村振兴纵深推进举措，农村人居环境整治三年行动收官之年的"广西经验"等；四是结合野生动物保护法加强动物疫情防控以及特种养殖转产举措等。建议主管部门继续加强"三农"舆情监测，加大对"两微一端"的监测力度，特别是要重点关注易发舆情的新冠肺炎疫情影响、农产品滞销、动物疫病防控等领域，第一时间掌握情况，及时回应关切，把握话题主动权，引导舆论正确走向，为农业产业健康发展和农村社会和谐稳定营造良好的舆论氛围。

B.19
重庆市“三农”舆情分析

贺德华　陈　渝　刘　青*

摘　要： 2019年，重庆市全面落实农业农村优先发展总方针，突出抓重点、补短板、强弱项，农业农村改革发展稳中有进、持续向好。全年“三农”舆情总量39.6万条，网络新闻媒体报道量占比超1/3，客户端信息量占比首破1/4。重庆市扎实推进乡村振兴战略实施、新中国成立70周年重庆“三农”发展取得巨大成就等话题受到舆论聚焦。全市山地特色农业发展、“巴味渝珍”农产品品牌建设、特色产业扶贫电商扶贫成效、全面改善农村人居环境等话题受到舆论持续关注。部分乡村民宿频踩生态红线引发舆论关切的讨论。

关键词： 乡村振兴　重庆市　产业扶贫　山地特色农业　区域公用品牌

一　舆情概况

（一）舆情传播渠道

2019年，共监测到重庆市“三农”舆情信息39.6万条（含转载），同比增长40.43%。其中，新闻舆情信息15.1万条，占舆情总量的38.11%；客户

* 贺德华，重庆市农业信息中心主任，高级会计师，主要研究方向为农业农村信息化；陈渝，重庆市农业信息中心副主任，高级农艺师，主要研究方向为农业农村信息化；刘青，重庆市农业信息中心网站科科长，主要研究方向为涉农网络舆情。

端10.8万条，占27.40%；微博帖文7.2万条，占18.28%；微信信息3.8万条，占9.83%；论坛、博客帖文合计2.5万条，占6.38%（见图1）。总体看，新闻媒体仍是重庆“三农”新闻报道的绝对主力，发挥“三农”舆论场风向标的作用。客户端、微博和微信组成的新媒体传播矩阵影响力不断扩大，信息量首次超过半数。客户端信息量占比也首破1/4，其兼具新闻媒体的专业性和新媒体传播的便捷性，逐渐成为受众关注重庆“三农”信息的重要渠道之一。

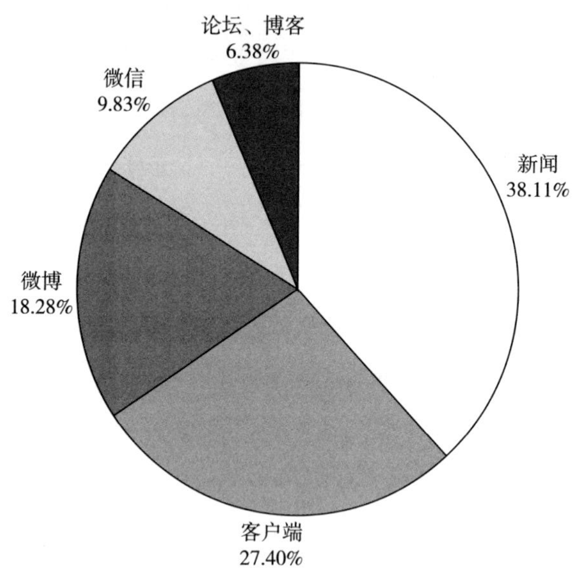

图1　2019年重庆市“三农”舆情传播渠道

资料来源：重庆市三农舆情监测管理平台、农业农村部三农舆情监测管理平台。

（二）舆情传播走势

从2019年全年舆情走势看，重庆市“三农”舆情整体呈波浪形走势。受春节假期影响，2月舆情量居于最低点，为2.05万条。4月，习近平总书记到重庆考察，产业扶贫相关部署的报道量大幅增加，当月舆情量达3.89万条，为全年第二高位。12月，重庆晒出改善农村人居环境成绩单，叠加产业扶贫、增加猪肉补贴等消息，推动当月舆情量攀升至全年最高点 4.06 万条（见图 2）。

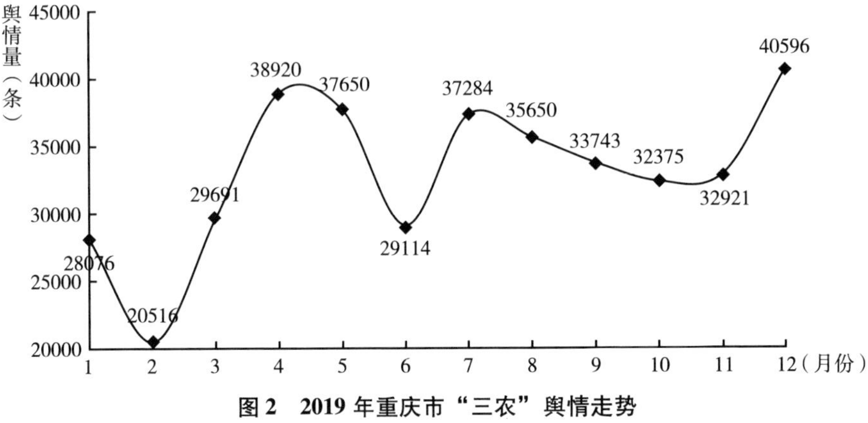

图 2　2019 年重庆市“三农”舆情走势

（三）舆情话题分类

从舆情话题分类看，乡村振兴战略实施最受关注，占重庆全年“三农”舆情总量的 18.06%。舆情量占比 10% ~20% 的话题还有农牧渔生产与粮食安全、产业扶贫、农村社会事业和农业农村改革发展，四者舆情量占比依次为 15.92%、15.59%、10.89% 和 10.77%；占比在 5% ~10% 区间的有农产品市场，其他话题占比较少，均在 5% 以内（见图 3）。

（四）舆情热点事件排行

从 2019 年重庆市“三农”舆情热点事件 TOP 10 来看，习近平总书记考察重庆市产业扶贫等工作登上热点事件排行榜首，相关信息受到舆论高度关注。农业农村节庆活动以及农业产业推介与展览相关的会议活动也是舆论关注的热点，全年有 3 个事件进入 TOP 10 榜单（见表 1）。从内容分析，“三农”领域内的官方重大活动及政策受舆论瞩目。庆祝农民丰收节活动、重庆潼南国际柠檬节和 2019 三峡柑橘国际交易会等话题传播广，热度高。破坏农村环境和骗取扶贫补贴案也引发舆论热议。

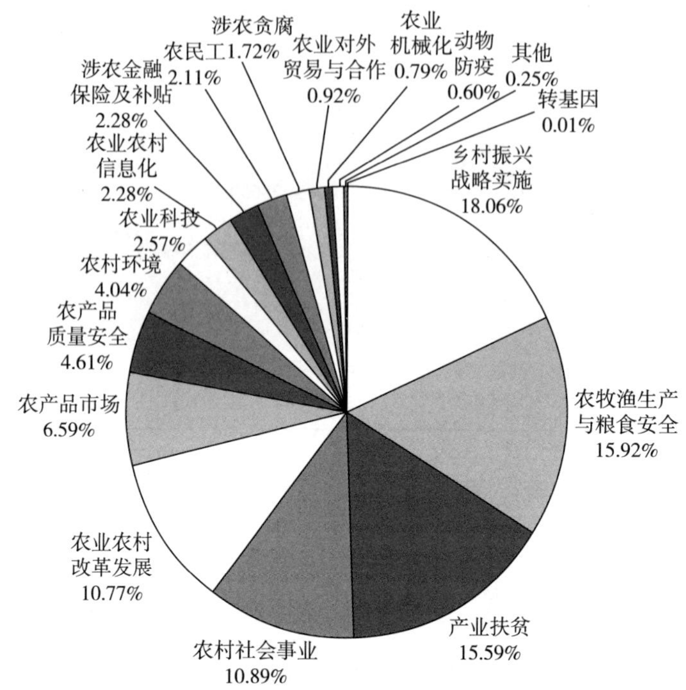

图3　2019年重庆市“三农”舆情话题分类占比

表1　2019年重庆市“三农”舆情热点事件TOP 10

排名	热点事件	月份	首发媒体	舆情热度
1	习近平考察重庆市产业扶贫工作	4	新华社	11250
2	重庆庆祝第二个中国农民丰收节	9	《重庆日报》	6142
3	重庆部分民宿频踩生态红线	7	《经济参考报》	1362
4	2019中国·重庆潼南国际柠檬节开幕	10	重庆网络广播电视台	763
5	“2019三峡柑橘国际交易会”开幕	2	《三峡都市报》	628
6	袁隆平超级水稻在大足区试种成功	8	《重庆日报》	581
7	重庆将实施重点水域10年禁捕	4	华龙网	453
8	彭水县茯苓种植项目弄虚作假骗取扶贫补贴	4	《中国纪检监察报》	380
9	重庆市委一号文件发布	2	《重庆日报》	314
10	重庆垫江截获外省违规运入仔猪排查出非洲猪瘟疫情	11	农业农村部网站	247

资料来源：重庆市三农舆情监测管理平台、农业农村部三农舆情监测管理平台。

二 热点舆情分析

（一）五大振兴开创重庆“三农”发展新局面 巴渝大地特色活动庆丰收

2019年初，重庆市委市政府就做好全市乡村振兴工作做出重要部署，为全年“三农”工作顺利推进指明方向、提供遵循。2月，市委一号文件发布，从顶层设计强调“不断开创全市乡村振兴新局面”。对此，舆论积极关注。其中，做好农业供给侧结构性改革、壮大乡村产业促增收、农村人居环境整治等方面的工作部署受到聚焦。月底，《重庆市实施乡村振兴战略2019年工作要点》发布，“五大振兴”成为报道关键词。媒体从不同角度有针对性地关注要点所部署的49项任务，并强调全市树立起实现产业兴、百姓富、生态美的目标。全市乡村振兴工作有力牵引“三农”持续稳定向好发展。一年来，全市乡村产业高质量发展势头强劲，乡村休闲旅游业发展呈“井喷”态势，农村电商服务业增势锐不可当，20个重点现代农业产业园建设扎实推进，农村人居环境整治从点上示范转向全面推开，农业绿色发展成为主旋律等一项项喜人成果频现报端。舆论表示，巴渝大地通过不断努力已是到处可见安居乐业的美丽家园，农业产业帮助广袤土地上的人们走上勤劳致富的康庄大道。

重庆市全力做好“五大振兴”的工作及成果吸引舆论目光，媒体予以多角度报道。产业振兴方面，市财政每年安排10亿元资金为农业产业发展注入强心剂，以培育壮大扶贫产业，进而推动实现产业振兴；人才振兴方面，重庆外引内育，下派上挂，吸引8900多名本土人才回村挂职，带领群众创业，大批实用人才在乡村舞台上各展所长；文化振兴方面，各区县立足本地优势开创“农业+文化+旅游”产业，三峡橘乡田园综合体的农事景观、“橘乡荷海”旅游品牌让乡村价值进一步凸显等被媒体积极报道；生态振兴方面，以渝北区为代表的乡村振兴综合试验示范区充分发挥引领作用，从农村人居环境整治入手，成功创建多个市级绿色示范村庄，评选出一批“重庆市美丽庭院”；组织振兴方面，綦江区激活基层主观能动性，自下而上设立“三级和议”机制，将矛盾纠纷化解在基层，舆论称其是推动德治、自治、法治“三治融合”的有效载体。

2019 年 9 月，为庆祝第二个中国农民丰收节，重庆各地组织开展了精彩纷呈的特色节庆活动，引发舆论热情传播。“主打‘3 +7 + N’系列庆祝活动”“300 余场乡村活动”“凸显‘七个鲜明特点’”“饱含土味、乡味、农味、趣味”等节庆活动的具体内容、特点被媒体集中报道。各地充分挖掘本地特色民俗文化，结合农时农事和地域环境策划设计，将巴渝大地处处丰收的景象呈现在人们面前。“梁平龙腾盛世庆丰年”“石柱院坝里享丰收话丰收”“江津特色农产品摆满田园集市”等盛况被媒体积极宣传。舆论称赞，特色村寨靓起来，农家美食摆起来，民俗活动演起来，呈现了这片热土上无处不在的硕果攀枝的美景，传递着村村寨寨广大农民发自内心的喜悦。

（二）七十年农业农村迎巨变　推进“三社”融合发展重庆再出发

2019 年，新中国成立 70 周年，其间重庆市在“三农”领域取得的巨大成就被媒体热情宣传报道。“全市贫困人口已减至 13.9 万人”“粮食产量由 197 万吨提高到 1080 万吨”“农林牧渔业总产值由 14 亿元增加到 2050 亿元”“农民收入从 1978 年的 126 元增长到 2018 年的 13781 元”① 等信息被广泛转载。重庆依托自身地理资源发展现代山地特色高效农业、通过建立农业地方标准体系助力产业振兴、大力发展“巴味渝珍”农产品区域公用品牌带动农民脱贫增收、乡村生态旅游发展方兴未艾等举措和成效成为媒体关注的焦点。“2019 年重庆培育的新油菜品种‘庆油 8 号’创造中国冬油菜区油菜品种含油量最高纪录”“巫山脆李 2018 年的品牌估值位居全国李品类

① 《“三农”迈向高质量发展农业强农村美农民富》，《重庆日报》2019 年 9 月 26 日，第 10 版。

第一名”“重庆（荣昌）国家生猪市场全国实时运行平台成全国唯一一个畜禽产品大市场”等一系列夺人眼球的成绩，被多家媒体点赞传播。各县区“三农”发展成绩卓著，也受到媒体积极关注。武隆区分类打造“生态旅游型”“三产融合型”“特色保护型”“整治提升型”四类村庄，尊重村庄自然肌理与特色，使农村更像农村；渝北区昔日是拥有50多个乡镇的农业大县“江老幺”，如今已成为国家农业科技园区、全国首个初级农产品产销对接平台相继落户的智慧农业典范，舆论对此给予高度评价，称重庆农业生产实现由量的发展转向质的提升，农村发展由城乡分割向城乡融合迈进，农民生活由追求温饱向全面小康转变，重庆用70年提交满意答卷。重庆农民对未来生活充满憧憬，认为搞农业越来越有奔头，未来还要加把劲。

2019年重庆市农业农村改革方面的工作引发舆论高度关注。全市确立以土地制度改革为牵引、推进农村改革再出发的目标，成为推动农业农村现代化的强力引擎。市财政提供10亿元资金全力支持全市农村综合改革。一年来，各方面工作取得积极成果。全市农村“三变”（农村资源变资产、资金变股金、农民变股东）改革试点取得阶段性成效，超过25万名农民实现身份转变，成为拥有农村产业股权的股东。舆论称“三变”改革不仅激活了乡村资源，更激发了村干部、农民深化改革的激情和创新意识。重庆整市推进的农村集体产权制度改革，使得农村“三变”改革试点进一步拓展，《经济日报》等媒体点赞铜梁区拓展工作思路，通过向闲置土地、闲置产业、已流转土地、农村电商、产业融合、大户带散户要效益的“六要”途径破局经济发展瓶颈。2019年，重庆市委一号文件明确提出“三社融合”①，成为全市农业农村体制改革的重要内容。打造“村村旺”平台，市供销系统通过构建农村现代流通服务体系打通线上流通渠道，书写了“三社”融合发展的本地实践。基层探索推进农业农村改革的成功经验被媒体积极报道：万州区安溪村开展市场化规模生产，采取村级租赁经营等创新举措，着力打造翠玉梨、蜂蜜等特色产业，实现了从“空壳村”变为市级全

① “三社”，即供销社、信用社和农民专业合作社。

域旅游示范村的神话；大足区发挥其作为全国农村土地使用制度改革试点区的表率作用，解锁“就地入市”“集中区入市”等土地入市途径，盘活沉睡的集体资产，让60宗土地“入市”。

（三）山地农业高效高质发展　“巴味渝珍”特色品牌叫响全国

2019年，重庆市集中发力农业高质量发展，紧紧抓住“结构调整”，农业的发展导向已由“增产”转向更高要求的“提质”。盘点重庆农业一年的成绩单，“特色产业种植面积新增140万亩”“创建2个国家现代农业产业园”“431个农产品获‘巴味渝珍’品牌授权”“农产品加工产值、乡村旅游综合收入、农产品网络零售额分别增长10%、20%、35%”等一系列数据被媒体划重点。各大优势产业的发展成绩也被新闻媒体跟踪报道。柑橘、生态畜牧、生态渔业等十大山地特色高效产业显示出良好发展态势；从种植产业到田园风光，从赏心悦目的风景再到农民鼓起来的腰包，全市农旅产业蓬勃发展，充分提升原有产业附加值；农产品加工业成为带动第一产业、促进第三产业的有效支点，撬动农民增收的杠杆，呈现“接二连三”的强劲势头；全市有选择地开展重点区域土地治理，新建高标准农田达150万亩；全面推进创建山地特色现代农业产业园的大幕已经拉开，到2022年打造20个市级重点现代农业产业园，为推动农业农村高质量发展提供重要平台和抓手。猪肉等农产品的生产供应情况也被舆论关注。重庆市采取发放政府储备肉、政策补贴的方式来保障居民“菜篮子”，全年累计发放价格临时补贴2.4亿元，安排扶持资金6.65亿元①。此外，农产品质量安全监管持续强化也是市级工作重点，媒体关注“菜篮子”市长负责制考核推进情况，抓好市场准入、检验检测以及市场销售质量安全管控等工作，重庆忠县、铜梁区获评“国家农产品质量安全县”称号的消息被广泛转载传播。

重庆持续打造知名度高、有影响力的农产品品牌，取得积极成效。重庆

① 《累计发放价格临时补贴2.4亿元重庆加大投入做好猪肉保供稳价》，《重庆新闻联播》http：//news. cbg. cn/cqxwlb/2019/1217/11435367. shtml。

品牌农产品在2019年入选全国各大农产品评选榜单，重庆11个特色农产品区域公用品牌入选中国农业品牌目录、9个品牌上榜2019中国果品区域公用品牌价值榜单、3件地理标志商标荣获“2019中华品牌商标博览会金奖”等荣誉获得舆论点赞。重庆通过举办“重庆潼南国际柠檬节”“三峡柑橘国际交易会”“中西部畜博会”等节展活动宣传推介农产品，更是把产销对接纳入“西洽会”“渝交会”等展会，为农产品销售拓展市场。在三大水果产业方面，“巫山脆李”首发全新视觉形象、品牌标志，叫响“巫山脆李 李行天下”的品牌口号，迈出走向世界的步伐；28.74亿元的品牌价值，让“奉节脐橙”在叫响全国的同时也成功跻身全国橙类一流品牌；涪陵着重提升产业发展水平，为“涪陵龙眼”量身定制一整套农产品区域公用品牌推广方案。此外，涪陵出产的榨菜一头连接农户一头连接企业和市场、江津花椒成为一项全国性重点脱贫产业等产业发展成效也被媒体竞相报道。在深化农产品品牌建设方面，也有舆论指出，生产标准化水平不高，物流设施尚不完善，品牌“小、乱、杂”等是重庆农业客观存在的短板，未来要继续做好品牌整合、产销对接、宣传推介以及质量监管等方面的工作。

（四）做好产业扶贫大文章　产销对接和电商扶贫助力农产品上行

2019年，重庆紧紧抓住发展产业这个关键，务实推进脱贫攻坚，相关工作亮点成为舆情热点。4月，习近平总书记考察重庆脱贫工作情况，对石柱县等地扶贫产业进行走访了解并做出重要指示，受到舆论高度关注。媒体援引习近平总书记鼓励当地村民的话称，产业是贫困群众脱贫的关键，要把特色产业干好，带领群众脱贫致富奔小康。媒体对重庆市围绕优势特色产业、乡村旅游、农产品电商和加工、易地扶贫搬迁后续扶持等谋划实施的“五大扶贫行动”，以及大力推进“一村一品”项目建设等多举措发力共同做好产业扶贫大文章的实践予以积极报道。重庆市组建扶贫产业发展专项小组，发布《关于进一步深化产业扶贫工作的通知》，细化扶贫任务，努力解决产业扶贫质量不高、贫困户受益不明显等问题，媒体对此进行跟进报道。全市扎实推进“贫困村提升工程”，“已实施产业扶贫项目4483个，投资

29.6亿元[①]"等阶段性工作进展成效被媒体报道。重庆市还深入推进电商扶贫，市商务委等部门助力开展"六大电商扶贫行动"，着力解决农村物流配送"最后一公里"问题，并对外积极开展电商扶贫合作。10月，重庆市召开产业扶贫、消费扶贫暨易地扶贫搬迁后续扶持工作现场推进会，明确夯实产业扶贫基础，开展"渝货进山东"等消费扶贫相关行动。重庆市还构筑起精准脱贫保、产业扶贫保和防贫返贫保"三保联动"保险体系，为贫困户经营的产业抵御自然风险提供保障，减少经济损失。

重庆各地农村也在积极探索走出自己的特色产业扶贫路。新华网等媒体关注石柱县中益乡的原生态蜂蜜已经成为群众甜蜜的"骨干"产业，市民通过网络定制产品，缴纳认购费、管理费后，每年根据销售情况参与分红；万州将发展农村产业视作基础，以纵向视角切入，根据各地区海拔区间的不同立体布局产业发展，带动近8万贫困人口参与其中；丰都县湛普镇引进外地加工企业上门收购，把花椒做成扶贫产业，还推进肉牛产业电商化，产生消费扶贫和产业扶贫以点带面的辐射效应。舆论称，全市努力促进产业扶贫与乡村振兴融合，产业扶贫效果开始显现。

重庆在产销对接和电商扶贫助力农产品上行方面取得的积极进展和成功经验，获得舆论点赞。1月份举办的中国贫困地区特色农产品品牌推介洽谈会暨第二届重庆电商扶贫爱心购活动拉开全年扶贫展销活动的序幕，舆论赞其让巴渝大地上飞扬着电商扶贫、消费扶贫的精神。"巫山脆李　李行天下"产业扶贫全网营销活动、丰都电商消费扶贫"赶年节"、三峡中药材产业发展和扶贫论坛等活动紧随其后，有效推动重庆贫困地区农产品上架上网、卖向全国。12月，2019全国农产品产销对接扶贫（重庆）活动启动，重庆各区县特色农产品受到参会采购商的青睐，在提供优质农产品货源的同时，也帮助贫困农民拓宽了销售渠道。从2019年全年来看，重庆市电商扶贫成绩耀眼，"14个国家级贫困区县农村产品网络零售额近170亿元""帮助贫困户销售农特产品约4.8亿元"等信息被广泛转载传播。

---

① 《重庆扎实推进贫困村提升工程》，《重庆日报》2019年6月9日，第1版。

（五）“五沿带动”[①]全面改善农村人居环境　塑造生态旅游型美丽乡村成新常态

2019 年，重庆农村人居环境整治三年行动计划步入关键之年，市委一号文件明确，全市实施“五沿带动、全域整治”行动，全面推开农村人居环境整治，相关工作推进成效吸引媒体目光。2 月，重庆迎来首个“农村清洁日”，各地农民集中大扫除迎新春掀起环境整治热潮。3 月，全市农村人居环境整治暨农村生活污水治理工作推进会召开，同月印发《重庆市农业农村污染治理攻坚战行动计划实施方案》，“三年攻坚整治农村环境污染”“力争 2020 年实现农村生活垃圾 100% 有效治理”等内容被媒体重点强调。11 月，《重庆市农村人居环境整治三年行动（2018～2020 年）考核办法》印发，以更为具体的考核指标牵引工作。舆论评价称，全市生态环境保护制度日益完善。此外，市财政局、市卫生健康委、市城市管理局等部门也严格部署农村环境工作，定下的“年内建成百个农村人居环境整治引领村”“建成 3 个国家级农村生活垃圾分类示范区县”“改建农村户厕 37. 5 万户、农村公厕 1000 座”等目标被多家媒体关注。

一年来，重庆农村人居环境整治工作成效显著。“全市有 1046 万名村民积极参与村庄清洁行动”“行政村生活垃圾有效治理率达到 93%”“农村卫生厕所普及率达到 79. 7%”“改造农村危房 3. 9 万户”等信息被广泛传播。媒体积极报道各地的整治情况。万盛经济技术开发区坚持“先期试点、分步实施、逐步展开”，建立农村生活垃圾资源化利用“三级回收网点”、垃圾回收站（点）的补贴机制等，实现全区农村垃圾分类镇和行政村双覆盖率 100% 的好成绩；南川区农村垃圾收运系统基本完善、厕所革命持续推进、农村生活污水得到有效治理，成为重庆唯一被国务院督查激励的农村人居环境整治成效明显的区县；巴南区依靠针对环境治理的“五长制”[②]，治

① 五沿，即沿高铁两线、沿高速两旁、沿江两岸、沿旅游景区周边、沿城郊环线。

② 五长制，即院落长制、户长制、段长制、党员制、村民代表制。

理村容环境责任得到层层落实，爱护家园环境逐步内化为村民自觉；大足区鼓励村庄推动环境整治成果转化为收益，通过产业园里设置农家新貌“打卡点”等方式，发展农家田园型、生态休闲型、花果观赏型等乡村旅游模式。舆论称，改善农村人居环境作为重庆实施乡村振兴战略的第一场硬仗，各地塑造生态旅游型美丽乡村成为新常态。

三 热点事件舆情分析

重庆部分乡村民宿频踩生态红线引发舆论关切讨论

2019 年 7 月 2 日，《经济参考报》发文《部分民宿寄生林地疯长 重庆“绿肺”生“阴影”》称，重庆一些乡村民宿在快速发展的同时，破坏周边自然环境，相关消息引发舆论关切讨论。《工人日报》等媒体采访发现，重庆有些乡村民宿“擅自改变农房主体结构，有的将农房拆除重建”“通过掏空部分山体来建造”“通过砍伐树木来进行建设和扩建”“为了自己周围的环境，把垃圾丢向树林”等问题严重，亟待改善。舆论称，少数民宿的发展已经“异化变味”，突出高档装修、消费，有异化为会所会馆的倾向。报道涉及的南岸区南山生态带管委会等相关管理主体立即回应，称已加大环境整治，由于历史原因一些违建还需要时间消化，并表示现存民宿都是原有农房加以改造，目前已不允许新建民宿。

1. 舆情概况

据监测，截至 2019 年 12 月 31 日，相关舆情总量 2765 条。其中，人民网、新华网等 649 家媒体共发布和转载相关报道 1416 条，客户端 965 条，微信 206 条，微博 89 条，论坛、博客 89 条。媒体报道的主要标题有《给野蛮发展的民宿套上监管“紧箍咒”》《掏空山体甚至砍伐树木 重庆部分民宿频踩生态红线》《民宿不是野蛮生长的“世外桃源”》《民宿旅游透支生态环境，是自断生路》《乡村民宿发展不能透支生态环境》《民宿产业规范化管理亟待提上议程》《民宿需要“诗和远方”，更要“青山绿水”》等。

2. 媒体评论

舆论对乡村民宿在发展过程中出现的问题进行讨论。《工人日报》称，乡村民宿在经营过程中若能够做到规范发展，将有助于盘活闲置资源，同时解决一些农民在家门口就业的问题。但目前一些寄生于林地的民宿项目出现的乱象，让圆梦“诗和远方”的初衷以透支生态环境为代价，实在不划算。舆论也从不同层面发表看法。市场需求方面，《经济参考报》表示，乡村民宿在我国有着巨大的需求，但应加强监管和规范引导，防止变相圈地搞违建。发展底线方面，《羊城晚报》称，对于风光这类公共资源，应当建立生态是红线的观念；在网红民宿是遵纪守法的居所的基础上，激活“打卡经济”和乡村旅游。监管和规范方向，《北京青年报》提出，要健全、完善行业标准，形成有效的全国性适用标准；呼吁住建、卫生、市场监管、公安、旅游等相关职能部门各司其职、分类施策、加强监管。舆论明确表示，良好的生态环境是经营民宿的基础，发展乡村民宿要守住生态环境底线。

3. 网民评论

网民对此关切讨论。多数网民批评民宿破坏环境的现象，认为此举造成无法弥补的损失。有网民希望政府部门能对民宿市场加以规范和监管，出台合理合法的政策，破旧立新，促进民宿与自然和谐共存；有网民反映报道所涉及的民宿消费水平太高，真正的民宿还应更接地气；也有网民认为，重庆乡村民宿极大带动了当地的发展，它们可能不够成熟，不够完美，但它们尚处于不断探索发展中，不应被完全扼杀。

四　舆情总结与展望

总的来看，2019 年重庆“三农”发展亮点频现，为积极向好的舆论提供了坚实基础。中央媒体聚焦重庆特色经验，社交媒体对相关舆情传播的参与度提升。《重庆日报》、华龙网等市属媒体与主流网络新闻媒体依旧是相关舆情的传播主力。客户端、微信等自媒体是一些舆情发生的传播源头和关键节点，成为当前舆情发展中不可忽视的力量。

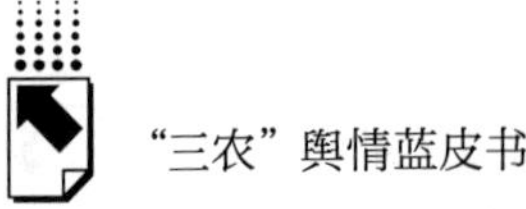

2020 年是全面建成小康社会、打赢精准脱贫攻坚战、实现"十三五"规划的收官之年，重庆"三农"舆情热点或将集中在以下方面。第一，全市将完成剩余 2.44 万贫困人口全部脱贫的任务，产业扶贫在脱贫攻坚中发挥的作用将是舆论关注的重点。第二，全市将全力应对新冠肺炎疫情、非洲猪瘟等风险，全力保障粮食、生猪等重要农产品生产供应等话题也将吸引媒体持续关注。第三，重庆如何继续深入推进乡村振兴工作、农村环境三年攻坚整治进展及成效也将受到媒体聚焦。舆情渠道方面，相关部门在明确当前舆情传播的主力和重要传播渠道的基础上，需要进一步加大监测力度，有针对性地开展引导"三农"舆情向好发展的相关工作。

B.20 陕西省“三农”舆情分析

艾青　殷华*

摘　要： 2019年陕西省脱贫攻坚取得关键进展，农业供给侧结构性改革持续深入推进，农村社会和谐稳定。全年“三农”舆论形势总体向好，舆情总量较上年大幅增长。产业扶贫的陕西方案、乡村全面振兴的实践探索、现代农业提质增效、农村人居环境整治、美丽乡村创建等各项重点工作取得的成绩受到舆论积极关注，70年农业农村发展成就也被舆论聚焦。大荔黑布林李、礼泉甜桃悲情营销等事件引发舆论关切。

关键词： 乡村振兴　特色产业　产业扶贫协作　陕西苹果　陕西省

2019年，陕西省坚持农业农村优先发展，不断深化各项改革，坚决打赢脱贫攻坚战，全面推进乡村振兴战略实施，各项重点工作取得积极进展，为“三农”舆论形势积极向好打下坚实基础。

一　舆情概况

（一）舆情传播渠道

2019年，共监测到陕西省“三农”舆情信息45.4万条（含转载），同比增长50.03%。其中，新闻舆情信息11.9万条，占舆情总量的26.26%；

* 艾青，陕西省农业宣传信息中心舆情分析师，农艺师，主要研究方向为“三农”舆情；殷华，陕西省农业宣传信息中心副主任，经济师，主要研究方向为农业农村信息化。

客户端信息 13.9 万条，占 30.74%；微博帖文 9.7 万条，占 21.42%；微信信息 8 万条，占 17.74%；论坛、博客帖文合计 1.74 万条，占 3.84%（见图 1）。

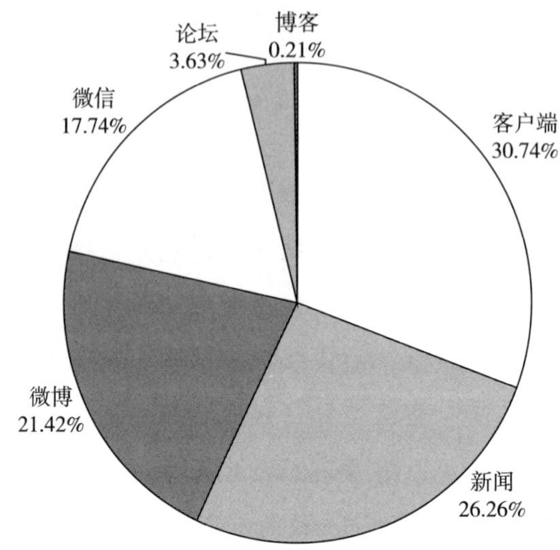

图 1　2019 年陕西省“三农”舆情传播渠道占比

资料来源：陕西省三农舆情监测管理平台、农业农村部三农舆情监测管理平台。

（二）舆情传播走势

从传播走势看，2019 年上半年除 2 月份受春节因素影响舆情量较低外，总体呈稳定增加态势。“陕西苹果粤港澳大湾区宣传推介活动”“第四届中国西部畜牧业博览会”“靖边县出现非洲猪瘟疫情”“陕西 23 个县退出贫困县序列”等热点助推舆情量不断攀升。下半年，“陕西 70 年‘三农’成就”“农民丰收节”“杨凌农高会”“陕西蓝田瓜农西瓜被毁”“陕闽合作·陕西特色农产品推介宣传周”等热点事件推动全省“三农”舆情热度继续高位运行。尤其是 10 月份，陕西 70 年农业农村发展成就、杨凌农高会引发舆论聚焦，致舆情热度达到全年峰值（见图 2）。

（三）舆情话题分类

从舆情话题分类看，产业扶贫、农牧渔生产与粮食安全、农产品市场、

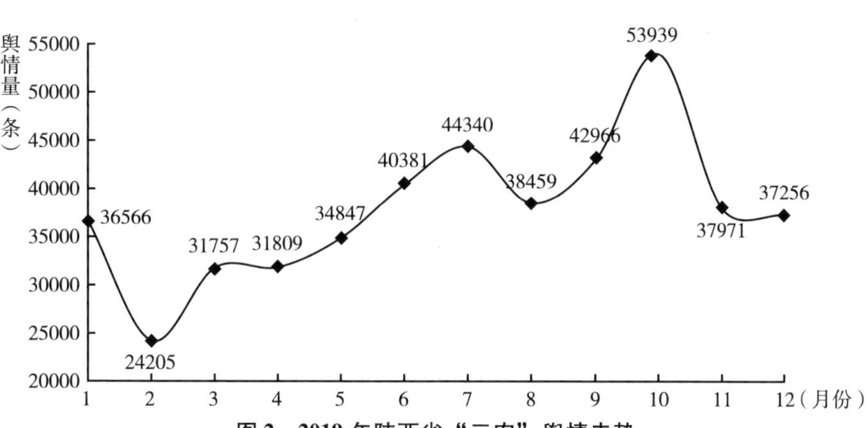

图 2　2019 年陕西省“三农”舆情走势

农村社会事业舆情量分别占全年“三农”舆情总量的 19.15%、14.64%、10.63%、10.33%，四者合计占比超过一半，为 54.75%；占比在 5% ~10% 区间的有农业农村改革发展、乡村振兴战略实施、农业科技、农村环境四个话题，其他话题舆情量占比均在 5% 以内（见图 3）。

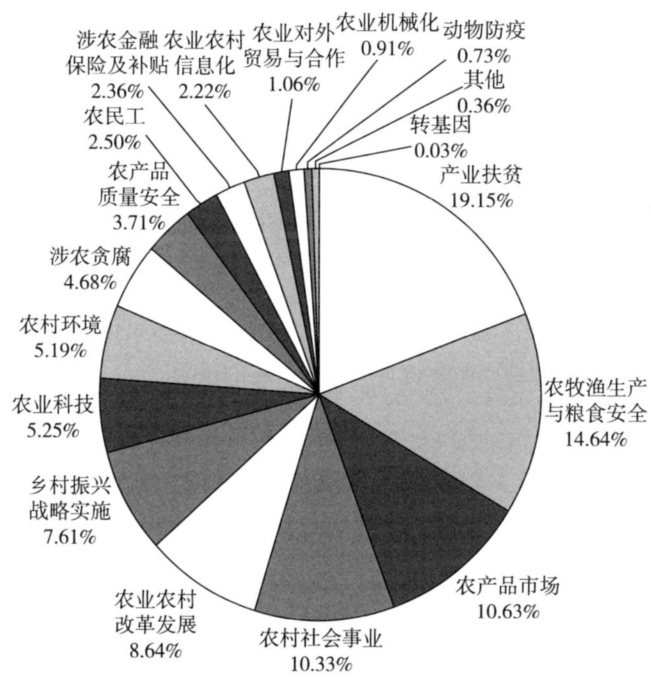

图 3　2019 年陕西省“三农”舆情话题分类占比

（四）舆情热点事件排行

从 2019 年陕西省"三农"舆情热点事件 TOP20 来看，农业品牌推介与展览相关的会议活动是舆论关注的热点，全年有 7 个热点事件进入 TOP20 榜单（见表 1）。从传播渠道看，《陕西日报》、西部网等省级权威媒体是热点舆情传播的主力。微信公众号、微博等社交媒体也是不可忽视的"三农"舆情信息源头。从传播内容看，官方策划的节庆活动、"三农"领域工作成绩等话题媒体参与度高，传播热度高；其次是涉及农民切身利益的事件，传播较广，舆情热度也较高。

表 1　2019 年陕西省"三农"舆情热点事件 TOP 20

排名	热点事件	首发媒体	舆情热度
1	第二十六届杨凌农高会举办	杨凌电视台	21185
2	陕西庆祝第二个中国农民丰收节	西部网	16055
3	陕西 23 个县退出贫困县序列	陕西省人民政府网站	5668
4	洛川国际苹果博览会举行	《陕西日报》	2280
5	陕西蓝田瓜农 2000 多个西瓜一夜被毁	头条号"陕西都市快报"	1788
6	礼泉甜桃悲情营销事件	微信公众号"阅农部落"	1166
7	靖边县发生非洲猪瘟疫情	农业农村部网站	1030
8	临潼日薪千元急聘火晶柿子采摘工人	北方网	935
9	2019 陕西苹果粤港澳大湾区(广州)宣传推介活动举行	南方网	858
10	佛坪县发生非洲猪瘟疫情	农业农村部网站	830
11	第七届西部茶博会在西安开幕	西部网	796
12	大荔黑布林李悲情营销事件	微信公众号"阅农"	649
13	陕闽合作·陕西特色农产品推介宣传周在福建举办	西部网	630
14	西安水磨村干部集体涉黑	华商网	626
15	西安陶家村 3 公里安装 1000 多盏路灯	新浪微博"@记者焦永锋"	572
16	陕西子洲人社局就"人手不够"拒为讨薪工人仲裁	微信公众号"褚朝新"	483
17	白鹿原民俗文化村景区暂时关闭	西安市蓝田县人民政府网站	469
18	2019 第四届中国西部畜牧业博览会在杨凌开幕	《农业科技报》	364
19	陕西乳协要求不转发行业负面消息	微信公众号"陕西羊乳"	349
20	陕西省委"一号文件"发布	陕西省人民政府网站	276

资料来源：陕西省三农舆情监测管理平台、农业农村部三农舆情监测管理平台。

二　热点舆情分析

（一）贫困户嵌入产业链激发内生动力　产业扶贫陕西方案结硕果

2019 年，陕西省脱贫工作取得积极进展，产业扶贫在助农增收方面发挥了重要作用，成为舆论关注的重点。2 月，全省农村工作和脱贫攻坚工作会议召开，明确重点解决项目不精准、带贫效果不明显、资金使用绩效不高等问题，媒体总结“陕西今年产业扶贫从 3 个方面发力”。7 月，全省扶贫扶志工作现场推进会召开，会议提出的要不断激发贫困群众内生动力、把贫困户嵌入产业链等内容被媒体重点报道。《陕西日报》等媒体总结 2019 年陕西省脱贫工作亮点。5 月，陕西省宣布 23 个县退出贫困县序列，全国媒体聚焦“革命圣地延安告别绝对贫困”话题，称赞延安群众脱贫致富有牢固的产业基础，贫困户缺啥补啥，延安精神照耀到脱贫攻坚主战场。持续深入苏陕扶贫协作，江苏省投入帮扶的 1298 个项目建成并发挥效益。[①] 为 56 个贫困县编制优势特色产业发展指导菜单，使每个贫困户有一个脱贫产业。陕西全年举办多场“陕西脱贫攻坚”主题新闻发布会，产业扶贫相关工作及成果是多方媒体关注的焦点。“今年将投 5800 万元重点支持 29 县发展集体经济”“产业扶贫入库项目 1.5 万多个，已启动实施 7000 多个”“40 多万贫困户通过产业增收”等信息被广泛转载传播。陕西通过“3 + X”[②] 现代农业产业体系解决贫困人口的脱贫问题也是报道的主要内容。

各市县结合自身优势带动贫困户增收的经验成果被舆论高度评价。西安市全力打造“五种产业脱贫模式”，将贫困群众嵌入产业链，延长、完善了

---

① 《二〇一九陕西脱贫攻坚亮点》，《陕西日报》2020 年 1 月 13 日，第 3 版。

② “3 + X”工程：2018 年，陕西出台《关于实施“3 + X”工程加快推进产业脱贫夯实乡村振兴基础的意见》提出，大力发展以苹果为代表的果业、以奶山羊为代表的畜牧业、以棚室栽培为代表的设施农业三个千亿级产业，因地制宜做优做强茶叶、魔芋、核桃、红枣和有机、富硒、林特系列农产品等区域特色产业。

中长期农业产业项目，推动产业向精细化、集约化发展。佛坪县建设智慧农业种植基地，开发观光旅游园区，将资源优势变为经济优势，变"输血"为"造血"。铜川市强力构建"一产业一龙头、一镇一基地、一村一车间、一点一工厂"产业扶贫格局，建成16个农业示范园区，全区41个贫困村光伏扶贫电站累计收益500万元。澄城县坚持开发式扶贫方针，探索出"支部+产业+贫困户""财政+银行+贫困户""贫困村+互助资金+贫困户""光伏+贴息+贫困户""合作社+银行+贫困户""支部+三变改革+园区+贫困户"六种扶贫模式，不断增强贫困群众自我发展能力。宝鸡陈仓区建有全省首家"有机农业示范基地"，建立花椒、核桃、中药材交易市场3处，探索通过统一的技术培训、生产标准、物资供应、产品销售，吸纳贫困劳动力参与规模化经营，将贫困群众"单家独户"的生产活动与社会"大生产""大市场"有效对接。米脂县持续发展山地苹果这个"老产业"，全县建成苹果园1.28万亩，涉及2986户8879名贫困群众；同时抓"新产业"电子商务，对创业实体提供"五免政策"，帮助他们增收致富。其他领域助农扶贫方面，舆论点赞陕西脱贫攻坚中的民企贡献，全省民营企业在"万企帮万村"精准扶贫行动中的参与数和帮扶村庄数均居全国第三。陕西电子商务进农村综合示范项目对全省56个贫困县全覆盖，电商精准扶贫取得明显成效。

（二）乡村全面振兴取得积极进展　农民丰收节吸睛又吸"金"

2019年，陕西省继续深入推进乡村振兴战略实施，以此为全省"三农"工作鼓足干劲，取得积极进展，受到舆论持续关注。3月，陕西发布《关于坚持农业农村优先发展全面做好"三农"工作的实施意见》，舆论称，2019年陕西省统筹超百亿资金支持农业农村优先发展是一个"好消息"。陕西省政府工作报告中，实施"3+X"特色产业攻坚行动、建设200个以上乡村振兴示范村等工作目标被媒体重点关注。陕西省财政厅、省委农村工作领导小组办公室和省科学技术厅等部门相继出台《关于支持乡村振兴战略的实施意见》《陕西省乡村振兴科技创新行动计划（2018~2022年）》等文件，为实施乡村振兴战略提供财政和科技支持。2019 年 12 月，“大力实施乡村振兴战略”系列新闻发布会相继召开，陕西省向社会介绍全省实施乡村振兴相关工作的新进展、新成效，振奋舆论。

在各项政策支持推动下，陕西乡村“五大”振兴全面开花。产业振兴方面，“3 + X”特色产业工程扎实推进并取得积极成效，舆论称赞该工程找到促进农民增收的突破口，既能带动脱贫攻坚，又能推动乡村振兴，是乡村产业振兴的陕西方案。人才振兴方面，“新型职业农民是实施乡村振兴战略的中坚力量”已经成为舆论共识，全省新型职业农民队伍不断壮大，收入水平逐步提高。“我省系统化培训近 15 万名新型职业农民”“新型职业农民去年人均年收入 2. 8 万”等信息被突出设置在报道标题中。文化振兴方面，全省各地充分利用区位、文化、生态等优势，积极推动旅游、红色文化、地域民俗、自然生态和农业的深度融合，蓬勃发展的民宿等行业不断构建农村经济的新形态。生态振兴方面，各地积极开展美丽乡村标准化建设，西安、汉中、宝鸡等地 9 个村入选 2019 年中国美丽休闲乡村名单，这些村庄依托村落建筑、生态资源、田园风光、人居环境等优势，积极发掘新功能、新价值，乡风文明、村容整洁、管理民主的美好愿景在三秦大地上成为现实。组织振兴方面，留坝县村级扶贫互助合作社从制度层面创新村级组织的管理运营模式，《陕西新闻联播》评价称，该模式让村级组织说话有底气、干事有平台、管理有手段，使乡村治理水平大幅提高。此外，各地积极推进乡村振兴的创新做法也被媒体报道。比如杨凌牵头制定的乡村振兴标准，舆论称其不仅走在了全国前列，也为全省乡村振兴战略高效实施安上了智慧引擎。农民专业合作社是一些地区脱贫致富、乡村振兴的重要推动力量，如西安市阎良区兴隆养羊专业合作社，通过科技创新，以产业发展带动农民增收。

9 月 23 日是第二个中国农民丰收节，陕西省组织了丰富多彩的活动与祖国同庆，广大农民庆丰收、晒丰收，全网媒体对相关活动给予了极大关注。新浪微博设立的“壮丽 70 年 · 丰收时节看三秦”“我的丰收我的节陕西短视频大赛”2 个微话题阅读量达 921 万次。舆论从火热的庆祝活动、丰收盛景以及促进农产品销售等角度对丰收节进行全方位关注。全网媒体以图片、视频形式呈现各地各具特色的庆祝活动，营造出节日的喜悦气氛：延安洛川县“苹果红了果农笑了”主题演出精彩绝伦；杨凌农科大地上，科技感十足、接地气的表演活动唱响丰收曲；渭南大荔县选择在古代粮仓的朝邑镇，用舞龙舞狮、红歌快闪、祭拜义仓始祖等活动共庆丰收。陕西省各地政府积极利用丰收节效应推广本地特色农产品，也取得实实在在的经济效益。渭南市举办的“两展一节”活动、杨凌“星动陕西”扶贫产品销售对接交流会、神木红枣节、宝鸡猕猴桃产业发展大会等活动中，各地政府与企业等签订合作项目、通过互联网模式吸引电商平台关注的成效获得各方点赞。其中，备受关注的中西部五省区贫困地区产销对接活动“现场签约达2.6亿元”“300余名参展商代表参加”“合阳县15类百余种农特产品精彩亮相并达成购销意向近亿元”“商洛市现场累计销售木耳、茶叶等产品29678元”等展销成果被媒体热情传播，振奋人心。

（三）70年“三秦”大地绘就新画卷　改革激发“三农”发展新动能

2019年，新中国成立70周年之际，陕西省农业农村发展所取得的巨大成就引发全网媒体高度关注。新闻媒体“解读”陕西变化，“数说”增长成绩，“追赶超越”“壮丽70年”“奋斗新时代”等成为报道标题中的高频词。8月4日，央视新闻频道播出《壮丽70年·奋斗新时代——共和国发展成就巡礼陕西篇》，全景展现70年来陕西经济社会发展的成就。《人民日报》8月7日开辟专版，讲述延安、宝鸡、安康、铜川等地的农民这些年来通过发展特色农业产业摆脱贫困、实现增收的故事。8月28日，国务院新闻办公室举行以“‘五个扎实’谱新篇 追赶超越再出发”为主题的庆祝新中国成立70周年陕西专场新闻发布会，央视《新闻联播》以及《陕西日报》对此进行报道。《陕西新闻联播》在《70年70秒》系列节目中播报的“袁家村——中国乡村旅游新样本”“棣花古镇新传奇”“48小时！太白蔬菜被送到”“贫困群众搬出新生活”“延安苹果咋就那么牛!?”等内容在各平台被广泛转载。截至2019年12月31日，新浪微博设立的

“壮丽70年陕西画卷”“70年70秒”2个微话题合计阅读量高达1376万次。

陕西对全国乃至世界农业发展的贡献不可忽视，近年来积极践行“五个扎实”，扎实推进特色现代农业发展，相关成果成为媒体报道陕西发展成就的重点。“粮食产量连续15年稳定在千万吨以上”“贫困发生率降到3.18%”“世界上每7个苹果就有1个来自陕西”“猕猴桃产量世界第一”“陕西每百户农户拥有小汽车23.97辆”等信息被媒体广泛转载。其中，陕西果业、陕西苹果被媒体反复提及。舆论称，陕西水果70年来产量增长近191倍，积极推动全省农村社会经济全面发展。陕西各地70年来的“三农”巨变也被媒体重点关注。咸阳市农业从生产基础薄弱、分散耕作、靠天吃饭向集约化、现代化跨越，苹果、蔬菜、奶山羊等特色农业板块蓬勃发展。宝鸡市由单一粮食种植农业向多元化经营农业转变，被誉为中国猕猴桃之乡、世界生态羊奶名城。渭南市粮食产量已经实现“十四连丰”的好成绩，蒲城酥梨、富平奶山羊等特色农产品享誉国内外。舆论表示，陕西农业特色产业遍地开花。

2019年，陕西坚持以深化农业农村改革激发“三农”发展新动能被舆论重点关注。陕西省委一号文件、全省农业农村政策与改革工作会议相继明确陕西农村改革的主要任务，以土地制度改革为牵引，以农村集体产权制度改革整省试点为抓手，加快构建新型农业经营体系。全省农业农村重点改革任务取得明显成效。农村集体产权制度改革有序推进，全省探索多种集体经济实现形式，清查出农村集体资源性资产2.27亿亩。① 岚皋县引导“沉睡资源”向集体经济组织集聚，“家庭经营收入+务工收入+分红收入”的模式全面推行，舆论高度评价其提升了贫困村内生“造血”功能。西安高陵区建设源田梦工场田园综合体，采用“政府+村集体+企业+农民”发展模式，自然资源部认可其中的“共享村落”是“宅基地‘三权’分置探索中的创新之举”。全省供销合作社经过综合改革，很多基层社被改造成了现

① 《陕西加快农村集体产权制度改革》，《三秦都市报》2019年12月17日，第3版。

代化的商场超市、功能齐全的综合服务社，舆论赞其再一次擦亮“供销社”的金字招牌。

（四）现代农业提质增效见真章　农业品牌“陕”亮国内外

近年来，陕西省持续深入推进“3＋X”工程，推动农业产业提质增效，农业经济呈现稳中有进的良好发展态势。2019年，陕西农林牧渔产业增加值为2098.01亿元，居全国第一方阵。[①] 舆论点赞农业发展为全省经济稳增长做出的贡献。“全省粮食产量1231.13万吨，居历史第3高位”“蔬菜产量1897.38万吨，增长4.9%”“园林水果产量1733.37万吨，增长10.7%”等信息被广泛传播。《陕西日报》等媒体盘点现代农业发展成绩：陕西成为全国水果生产第一大省，婴幼儿配方羊奶粉产销量稳居全国第一，设施农业发展规模稳居西北地区首位等等。舆论称，这些都是陕西省激发特色现代农业发展活力的有力证明。同时，陕西省农业由数量为主向数量质量效益并重转变，形成茶叶、水果、蔬菜等多项有机农业产业，不断满足市场消费升级的需要。陕西果业依旧是媒体报道的焦点，2019年苹果产量较上年增长12.6%，猕猴桃增长13.1%，积极实施苹果“北扩西进”和猕猴桃“东扩南移”战略，同时进军东盟，使其成为水果出口主阵地。生猪生产及市场有序恢复的情况也被各方重点关注。陕西省各级政府部门积极应对猪肉价格波动，增加养猪补贴，在春节、国庆等节日前及时投放政府储备肉，三季度后，陕西省生猪生产开始逐步恢复。舆论评价2019年陕西农业发展成果称，“农”字底色越来越亮，陕西大地正在发生着深刻变化。

2019年，陕西举办的农产品推介活动以及一系列农业品牌建设成果成为舆论关注热点。3月，陕西参与举办粤陕合作·2019陕西苹果粤港澳大湾区（广州）宣传推介活动；5月，第三届国际奶山羊产业发展大会在西安开幕，阎良被授予“世界羊乳之都”称号；10月，陕西相继举行第十二届中

① 《生猪养殖筑底回升 蔬果发展态势良好》，《三秦都市报》2020年1月24日，第2版。

国·陕西（洛川）国际苹果博览会和第二十六届中国杨凌农业高新科技成果博览会，杨凌农高会上的科技元素和农业成果成为焦点，舆论高度评价农高会，称其25年来始终不忘服务“三农”的初心；11月，陕西省特色农产品“陕”亮农交会，陕西“地理标志”“带货王”吸引全国媒体的目光。2019年，陕西省打造“陕牌”农产品的成绩卓著。“瑞阳”“瑞雪”通过国家审定，陕西首次拥有国审自主产权苹果品种。全省农产品“三年百市”[①] 任务超额完成，让陕西品牌农产品在国内外市场上具备较强的竞争力和较高的占有率。全省已有包括“陕西苹果”“临潼石榴”在内的86个地理标志保护产品，位居西部地区第二，被舆论称为“群星闪耀”、脱贫富民的“金招牌”。

（五）“五大行动”[②]改善人居环境见实效　美丽乡村建设提升群众幸福感

农村人居环境整治是陕西2019年“三农”重点工作之一，媒体就全省农村人居环境整治工作部署以及进展成效等进行全面报道。省委一号文件对抓好农村人居环境整治做出部署，省农村工作和脱贫攻坚工作会议明确全省重点围绕“五大行动”，着力抓好村庄环境集中整治，打造宜业宜居美丽乡村。各方面工作推进成果被舆论集中关注。全省农村生活垃圾治理扎实推进，“户分类、村收集、镇转运、县处理”的垃圾处理模式在各地被广泛应用；农村生活污水治理有序开展，全省生活污水得到有效治理的行政村4838个；[③] 积极践行农村户厕改造工作，落实“权责明晰、上下联动、配合协调”机制；村庄清洁任务、村容村貌整治工作成效显著，做好村庄内

① “三年百市”品牌营销行动：2018年开始，陕西省利用3年时间，全面实施“个十百千万”工程，包括建设一个陕西特色农产品网络展览馆，培育数十个区域公用品牌、企业品牌和产品品牌，组织举办百场农产品展示宣传推介活动，以县区为主，创建和完善1000个品牌店、直营店、专卖店、体验店等任务，形成较完善的全省农产品品牌体系。

② 五大行动：抓好农村生活垃圾治理专项行动，推进农村生活污水治理专项行动，推进农村“厕所革命”专项行动，开展农业废弃物资源化利用专项行动，推进村容村貌提升专项行动。

③ 《乡村美起来农民笑起来——我省农村人居环境整治工作进展情况调查》，《陕西日报》2019年12月3日，第5版。

“三清一改”工作。各地在农村人居环境整治工作中探索出的好经验好做法也是媒体报道重点。汉中市探索的循环产业污染治理模式和农村分类整治模式在全省范围推广；富县推进农村垃圾分类及资源化利用，水清、岸绿、景美的目标在乡村实现；西咸新区空港新城用河长制在河流治理与农村环境治理方面推动生态环境持续向好。舆论表示，在陕西省农村地区，绿色发展理念持续深入人心。

陕西在加大农村人居环境整治力度的同时，还着力创建美丽宜居示范村，全年提前完成3200个示范村创建任务，省内外媒体对此予以积极评价，称“乡村美起来，农民笑起来”。综合媒体报道，凤县红花铺镇永生村按照美丽乡村的标准对村庄进行了统一规划建设，开发了旅游观光水街，整修道路、安装路灯、修建公厕，村庄的整体品质大幅提升；西乡县城南街道五丰社区是以现代农业为主、观光休闲为辅的美丽乡村类型，有着陕南最大的生猪饲养社区，目前已形成以生猪养殖为中心，多个产业相互依托共同发展的循环产业发展模式；大荔县畅家村设立了“畅家美丽银行”，存储“文明”行为，村民争当文明标兵；长安区四皓村按照“村口有公园、沿路有花园、门口有菜园”的建设思路，积极打造村里的生态宜居景观节点，形成了亮丽的村庄风景线，乡愁乡韵油然而生。舆论称赞这些已建成的美丽村庄，村村有故事、村村有亮点，亮丽舒适的生态环境，让群众幸福感不断提升。

三　热点事件舆情分析

大荔黑布林李、礼泉甜桃悲情营销事件引舆论关切

2019年，陕西省发生多起电商平台为促销水果而进行的悲情营销事件，引发媒体和网民的关注讨论。

1. 舆情概况

2019年7月10日，微信公众号“阅农”发布文章《求助！陕西大荔黑布林遭遇市场危机！别让烈日下辛苦劳作的贫困户们血本无归，政府发函，

请求大家转发支持!》，推销大荔黑布林李子，文章称，大荔县桥镇南高迁村今年种植的黑布林李丰收却不丰价，当地农户面临着没人上门收购、每天都有果子烂掉的情况。截至2019年12月31日，该文阅读量达到7.1万次。媒体先后以“李子熟了卖不掉大荔果农盼客商”为题对大荔黑李滞销情况予以报道。7月下旬，事件舆情发生反转，众多媒体质疑此文为电商平台进行的悲情营销。“上观新闻”发文称，电商平台为了显示大荔黑布林李子滞销，拍照时将李子倒在地上。原文中，发出帮助果农销售黑布林李子的政府邀请函件的大荔县商务局已于5月份被撤销，其上落款印章的真实性存疑。大荔县有关负责人表示，没有出现滞销的情况，只是阶段性供大于求。西部网发文称，客商收购整体疲软时，电商平台有效带动了当地李子的销售，但个别电商平台存在过度宣传的情况。

8月9日，微信公众号“阅农部落”等账号发布《丰收遇天灾！陕西1000万斤脆桃遇持续暴雨，即将烂在地里，爱心接力，恳求大家帮忙!》等文章，称礼泉县有至少1000万斤桃子紧急待销。有农户称，今年桃价不行，桃子价格下跌的话，农民连本都保不住。8月26日，“@启迪时间”等用户在新浪微博发布农民将整车桃子倒掉的视频，并配文称，陕西礼泉甜桃滞销，倒掉的桃子堆积如山，果农一年的辛苦血本无归。相关信息引发网民大量关注和转发。月末，多家媒体指出礼泉甜桃滞销的信息系“悲情营销”。北京青年报客户端报道称，礼泉县当地干部表示，相关视频、文章系群众为博同情促销桃子而发，不存在桃子滞销的情况，只是价格上有所降低。新浪微博设立的微话题“官方回应桃子滞销大量倾倒”阅读量达到160万次。

2. 媒体评论

针对不断有电商平台用悲情营销手段促销农产品的现象，舆论纷纷予以批评，并给出应对建议。《新京报》表示，一些电商刻意营造果农的悲惨形象，还把销售和“扶贫”挂钩。“悲情营销”透支公众爱心，撕裂社会的信任，损害当地民众和水果品牌的整体形象。有专家指出，电商助农是好事，但是在具体操作时需要注意方式方法，宣传上要有度，组织上要有序，同时要确保真实和精确，平台发布的相关信息最好有政府背书；广大农户同时应该提升市场意识，谨防落入"盈利—扩种—滞销—减产"的恶性循环。《陕西日报》建议，政府部门应进行正确引导，监管机构及时监测虚假的宣传信息，消费者在助农的同时也要保持理性。

3. 网民评论

一是对农民卖不出水果的状况表达同情和愿意帮助。有网民说，已购买，看不得农民兄弟受苦，希望果农早日卖完；有网民说，看到这种信息就会想到父母辛勤劳作的场景，帮助农户最好的行动就是赶紧购买。二是认为农产品卖难现象普遍存在。有网民说，滞销现象其他地方也时常发生，有地方种植的韭菜，年年都是整车地倒掉；有网民说，今年的桃子确实卖不出去，果商收购也是收一半倒一半，农民辛辛苦苦一年根本卖不了多少钱；也有网民表示，一些地区种植的水果就是销路不畅，打不开市场，农民倒掉桃子是无奈之举。三是批评部分电商平台进行悲情营销。有网民表示上当了，刻意制造果农倾倒果子的假视频是奸商所为；有网民说，本来有农产品滞销情况可以在网上发起求助，但是现在大家都被套路怕了，多少次买农民滞销的产品，非但价格不便宜，质量还都不咋地。

四　舆情总结与展望

总体上看，2019 年陕西省"三农"舆情热点多，全网媒体关注度高，社交媒体互动性增强。《陕西日报》《三秦都市报》《西安日报》、西部网等省内党媒与主流网络新闻媒体依旧是相关舆情的传播主力，中央及各地方媒体积极参与舆情信息扩散。客户端、微信、微博等新媒体平台是有关机构和网民第一时间发布热门信息及参与讨论的重要平台，热点舆情甚至反向影响主流新闻媒体的舆情走向。

2020 年是决胜全面建成小康社会、实现"十三五"规划的收官之年，舆情热点话题或将集中在以下几方面：一是全面建成小康社会之年坚决打赢脱贫攻坚战、"3 + X"工程特色产业扶贫相关工作。二是新冠肺炎疫情影响下农业稳产保供，粮食、生猪等重要农产品供给，农业企业复工复产，农民工就业及农民持续增收等相关工作举措及成效。三是乡村振兴战略实施背景下加快补上“三农”领域突出短板、完成农村人居环境整治、美丽乡村建设、乡村治理等重点任务进展及成效等。

建议相关部门继续加大舆情监测力度，特别是加强对社交媒体的监测，及时发现影响舆论走向的负面因素，对网民反映的问题和诉求给予积极解答，并据此改进相关工作；对突发舆情事件予以及时回应和妥善部署。同时，加强“三农”各领域工作成绩宣传，以此凝聚民心、增强信心，为陕西农业农村健康发展营造良好舆论环境。

B.21

甘肃省“三农”舆情分析

高兴明　鲁　明　张　百　赵　婧*

摘　要： 2019年甘肃省脱贫攻坚取得决定性进展，农业生产形势总体良好，粮食再获丰收，农村社会和谐稳定。全年“三农”舆情总体平稳，舆情信息量同比增长两倍以上，其中客户端信息传播量占比超过四成。甘肃绘就乡村振兴美好画卷、奋进七十载的陇原沧桑巨变、现代农业产业结构调整新成果、产业扶贫和网络扶贫新成效、“三大革命”推进农村人居环境整治等话题受到舆论积极关注。凉州区农村新厕所成摆设、礼县花牛苹果滞销等事件引发舆论热议。

关键词： 乡村振兴　现代丝路寒旱农业　产业扶贫　农村人居环境整治　甘肃省

一　舆情概况

（一）舆情传播渠道

2019年，共监测到甘肃省“三农”舆情信息42.93万条（含转载），同比增长143%。其中，客户端信息18.89万条，占比居首位，达44.00%；

* 高兴明，甘肃省农业信息中心主任，注册会计师，高级会计师，主要研究方向为农业农村信息化；鲁明，甘肃省农业信息中心副主任，高级农艺师，主要研究方向为涉农网络舆情；张百，甘肃省农业信息中心网络舆情分析科科长，主要研究方向为涉农网络舆情；赵婧，甘肃省农业信息中心网络舆情分析科副科长，主要研究方向为涉农网络舆情。

微信信息 8.41 万条，占 19.59%；微博帖文 8.17 万条，占 19.03%；新闻舆情信息 5.61 万条，占 13.07%；论坛和博客帖文合计 1.85 万条，占 4.31%。总体看，2019 年甘肃省“三农”舆情信息中，客户端信息量增长迅猛，较 2018 年增长 8 倍，一跃成为第一大传播渠道。社交媒体平台也是重要传播渠道，舆情总量中近四成来自微信、微博等平台。新闻舆情量占比较上年略有下降，但信息量较上年增长近两倍（见图 1）。

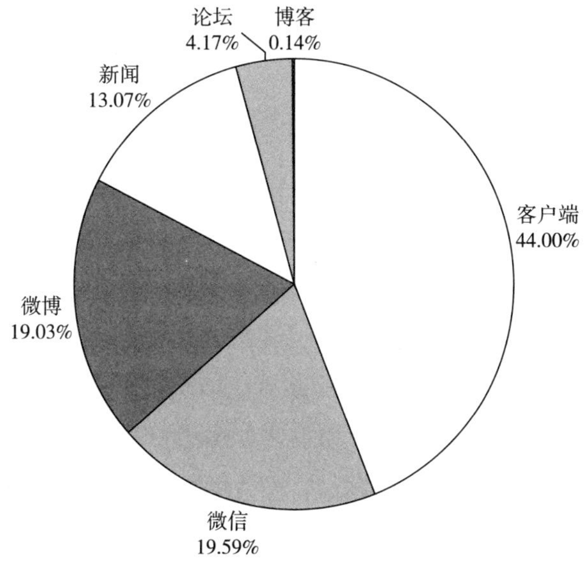

图 1　2019 年甘肃省“三农”舆情传播渠道

资料来源：甘肃省三农舆情监测管理平台、农业农村部三农舆情监测管理平台。

（二）舆情传播走势

从全年舆情走势看，受春节假期影响，2019 年 2 月舆情量最少，近 1.4 万条。之后总体呈缓慢波动增长趋势，并先后于 5 月、10 月出现舆情高峰（见图 2）。5 月，甘肃加快提升贫困地区供水保障水平、大力推进农村“风貌革命”等信息推动当月舆情量增加到 3.95 万条，为上半年高峰。10 月，礼县花牛苹果滞销事件、省委书记就学习贯彻习近平总书记视察甘肃重要讲话和指示精神发表署名文章、岷县发生非洲猪瘟疫情、“I@甘肃2019网络扶贫博览会”等引发舆论高度关注，当月舆情量达5.27万条，为全年舆情最高峰值。

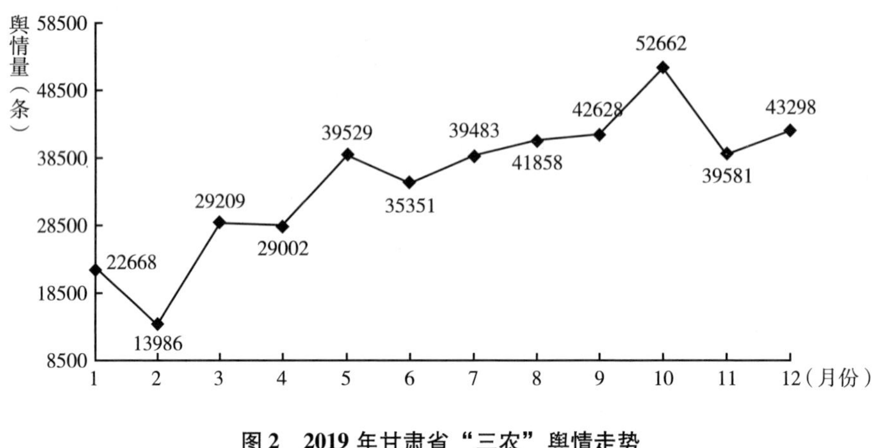

图2　2019年甘肃省“三农”舆情走势

（三）舆情话题分类

从舆情话题分类看，农业产业扶贫、农牧渔生产与粮食安全、乡村振兴战略实施是甘肃“三农”舆情量排行前三的热门话题，分别占舆情总量的27.55%、16.09%、13.29%，三者合计占比56.93%。农村社会事业、农业农村改革发展、农产品市场、农村环境、农产品质量安全、涉农贪腐、农业科技舆情热度排行分列第4～10位，占比分别为10.97%、7.47%、4.44%、4.21%、3.90%、3.37%、2.40%。其他话题占比均在2%以下（见图3）。

（四）舆情热点事件排行

从本文整理的排行前20的舆情热点事件看，“习近平深入甘肃省古浪县农村林场考察调研”“习近平参加甘肃代表团审议”“在（参加）甘肃（代表）团（审议时），习近平响鼓重锤”等中央领导关注甘肃脱贫攻坚事业的话题成为舆论关注焦点，“兰州兽医研究所布鲁氏菌阳性人数增至96人”“甘肃省庆城县发生非洲猪瘟疫情”等涉农负面事件也受到重点关注（见表1）。

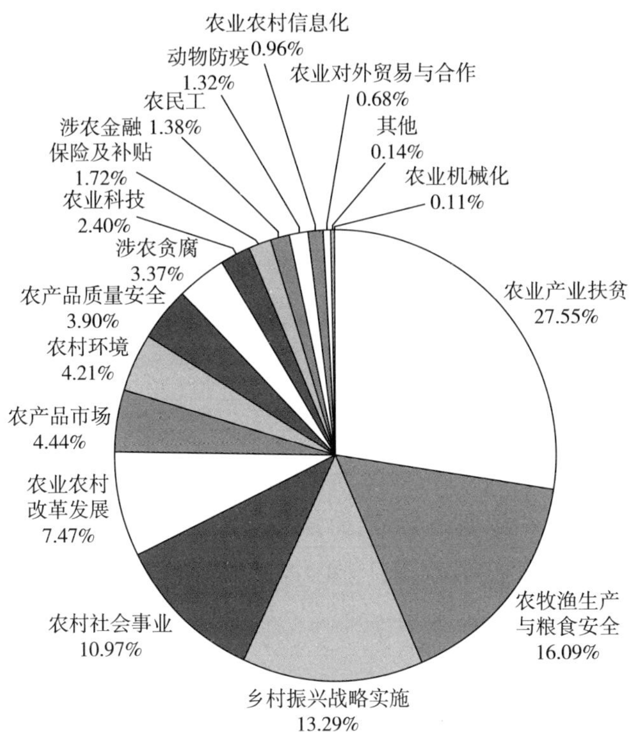

图3　2019 年甘肃省“三农”舆情话题分类

表1　2019 年甘肃省“三农”舆情热点事件 TOP 20

排名	热点事件	月份	首发媒体	舆情热度
1	习近平深入甘肃省古浪县农村林场考察调研	8	新浪微博“@新华视点”	1747.5
2	习近平参加甘肃代表团审议	3	央视网	1491.6
3	兰州兽医研究所布鲁氏菌阳性人数增至 96 人	12	央视新闻客户端	1271.7
4	在甘肃团，习近平响鼓重锤	3	新华网	749.8
5	甘肃省庆城县发生非洲猪瘟疫情	1	农业农村部网站	680.55
6	“礼县苹果，礼尚往来”	10	《甘肃经济日报》	436.4
7	甘肃扫黑除恶：调整村“两委”干部 1608 人	6	新华网	382.65
8	努力书写人类历史最成功的脱贫故事	8	央视新闻客户端	340.25
9	甘肃保障农民工工资支付	1	《人民日报》	339.7
10	甘肃省兰州市七里河区发生非洲猪瘟疫情	1	农业农村部网站	308.55
11	农业农村部将全面推进贫困地区科技服务	4	新华网	298.1

续表

排名	热点事件	月份	首发媒体	舆情热度
12	胡春华强调坚决完成深度贫困地区脱贫攻坚任务	11	新华网	294
13	"妈妈我想你"！为见外出打工母亲,12 岁留守儿童寒(冷)冬天里骑车上高速	1	新浪微博"@中国新闻网"	287.8
14	易地搬迁拔"穷根"发展产业走出致富路	9	中国甘肃网	287.75
15	习近平甘肃行丨看富民新村移民新生活	8	央视新闻客户端	287.5
16	中央第一巡视组向甘肃省委反馈巡视情况	1	中央纪委国家监委网站	283.5
17	新厕所为啥成摆设:厕所改造冲水式厕所却用不了	1	央视网	267.7
18	"洋芋开花赛牡丹"——甘肃定西马铃薯产业扶贫新模式观察	3	新华网	250.35
19	林铎:坚定不移沿着习近平总书记指引方向前进 建设幸福美好新甘肃开创富民兴陇新局面	10	《甘肃日报》	245.9
20	中央扫黑除恶第 19 督导组督导甘肃省第一次工作对接会召开	6	人民网	240.9

资料来源：甘肃省三农舆情监测管理平台、农业农村部三农舆情监测管理平台。

二　热点话题舆情分析

（一）实施规划绘就乡村振兴美好画卷　陇原大地特色活动喜庆丰收

2019 年，甘肃深入推进实施乡村振兴战略。2 月，《甘肃省乡村振兴战略实施规划（2018～2022 年）》（以下简称《实施规划》）印发，舆论纷纷以"速览""图解"等图文方式对《实施规划》进行解读，《甘肃日报》等多家媒体发表评论解读文章。"乡村振兴，甘肃要这么干""乡村振兴战略规划描绘出乡村振兴蓝图"等报道成为舆论关注焦点。舆论评价称，《实施规划》让甘肃"农业强""农村美""农民富"。

各地贯彻落实乡村振兴战略，形成的典型做法及成效被媒体积极报道。产业振兴方面，“牛羊菜果薯药”六大特色产业作为主攻方向被舆论高度关注。临夏“东乡贡羊”、兰州“高原夏菜”、武威“民勤蜜瓜”、陇南宕昌县“药香鸡”等各地大力发展的特色产业被媒体多次报道。舆论点赞称，产业兴、百姓富，乡村振兴让甘肃富民产业发展步伐不断加快，产业富民之路越走越宽。人才振兴方面，白银景泰县实施人才四大工程、张掖民乐县实施“人才强县”工程、定西安定区打造“三级人才链”等各地培养农村人才队伍的举措被媒体广泛传播，称赞人才培养为乡村振兴战略实施注入强劲“智力源”。生态振兴方面，全省把十大生态产业作为“金字招牌”，各地积极发展生态循环农业、生态旅游，推动农村厕所、垃圾和风貌“三大革命”等行动被人民网等媒体以图文形式广为传播。组织振兴方面，各地坚持以党建为统领，白银创新“党建+”模式，张掖山丹县推行“三治”融合基层治理模式，被舆论点赞称“党建富民”。文化振兴方面，甘肃对高价彩礼的治理依然是舆论关注的重点。各地推动移风易俗，民勤、岷县、天祝等地出现“零彩礼”事例，中国新闻网等媒体对此进行多次报道。舆论称，甘肃向天价彩礼开刀，遏制“天价彩礼”，保卫“乡村爱情”。

2019 年 9 月 23 日，我国迎来第二个“中国农民丰收节”，甘肃各地举办特色活动热烈庆祝节日，受到媒体热情关注。中央电视台《新闻直播间》栏目、甘肃卫视《甘肃新闻》栏目对此进行了播报。新浪微博设立微话题“我的丰收我的节·清水篇”“大地的丰收 陇原的希望”，合计阅读量达 35.5 万次。《甘肃日报》等媒体报道了各地民俗演艺、采摘活动、农事体验等形式多样的庆祝活动。其中，“甘肃戈壁滩上辣椒拼 3 万平方米巨型中国地图庆丰收”的图文消息被媒体广泛传播。舆论称，陇原大地喜庆丰收，庆祝农民丰收节活动精彩纷呈。同时，丰收节带动农产品销售及乡村旅游也是舆论关注的重点。“麦积区花牛苹果推介活动现场签订花牛苹果货约的总金额约 1.4 亿元”“有效拓宽农特产品销售渠道”“农民丰收节带火张掖临泽乡村游”等信息被媒体积极报道。甘肃网民为家乡的优秀农产品自豪，称“这是庆祝丰收最美的姿态”。

（二）砥砺奋进七十载贫瘠土地创奇迹　改革激发农村发展新活力

在新中国成立70周年之际，甘肃农业农村70年发展成就受到舆论聚焦。媒体用解读、“数”说、微动画等形式盘点甘肃农业农村70年间的巨大变化，“礼赞70年”“陇原巨变”成为媒体报道的关键词。《甘肃日报》刊发《壮丽70年奋斗新时代》系列报道，中国甘肃网开设“壮丽70年奋斗新时代”“礼赞70年甘肃奋进足迹”专题；新浪微博设立的微话题“奋进甘肃70年”阅读量达7193.1万次。2019年6月5日，国务院新闻办举行庆祝新中国成立70周年甘肃专场新闻发布会，央视《新闻联播》、甘肃卫视《甘肃新闻》对此进行播报。自8月27日开始，甘肃省政府新闻办举行“壮丽70年·奋斗新时代——新中国成立70年甘肃省发展成就巡礼”系列新闻发布会，介绍70年甘肃全省及各市州经济社会发展情况。媒体对甘肃农业农村70年的“数字变化”高度关注。与1949年相比，“甘肃粮食产量增长4.6倍”“农村居民人均可支配收入增长158倍”“累计减贫581万人”“贫困发生率下降到5.68%”等信息被媒体广泛报道。[①] 各市州的农业农村发展方面，“天水农村居民人均可支配收入是1949年的92倍”“临夏州贫困发生率下降至8.97%”“庆阳靶向施策甩穷帽”“肃州农业产业化程度明显提高”等成绩被媒体大量报道。舆论点赞称，70年来，甘肃贫瘠土地上创奇迹，从单纯“保口粮”华丽转向特色农业，农业农村经济不断实现飞跃，农民收入增长来源日趋多元化，农业现代化取得巨大成就，迈上新台阶。

2019年，甘肃继续深化农业农村改革，在“三变”改革、新型农业经营主体发展等方面均取得可喜进展，受到舆论积极关注。“三变”改革方面，平凉庄浪县利用“庄浪模式”的优势，通过国有企业农发公司吸纳多种“三变”入股资金，目前已实现全县贫困户入社入股分红全覆盖；白银

① 《甘肃贫瘠土地上创奇迹：从“保口粮”到特色农业》，中国新闻网，http://www.chinanews.com/gn/2019/10-10/8974907.shtml。

景泰县探索形成了“‘三变’+戈壁特色鱼虾”“‘三变’+戈壁特色种养殖”“‘三变’+乡村旅游”等9种改革模式，入股农户8776户；甘南夏河县推行“‘三变’+高原特色生态旅游业、特色畜牧业”的产业机制，有效壮大村集体经济，加快贫困户脱贫致富步伐。舆论称，甘肃通过实施农村“三变”改革，激发农村发展新活力，闯出扶贫新路子。舆论对甘肃农民专业合作社的发展高度关注。2019年1月，甘肃省召开加快提升农民专业合作社有效带动能力现场会；3月，印发《甘肃省农民专业合作社带头人万人培训计划实施方案（2019~2021年)》；12月，宕昌县、庄浪县等5个区县入选全国农民合作社质量提升整县推进试点单位，舆论汾汾以“了不得”“被国家选中”“甘肃这5地被确定为全国试点”等表达祝贺及称赞。农民专业合作社的带贫效果被舆论高度关注。临夏和政县全县57个贫困村引导成立215个专业合作社，做到贫困村2个以上农民专业合作社全覆盖；兰州永登县中堡镇红蒜种植专业合作社带动全社2013户通过从事劳务增收，带动周边村庄90多户贫困户通过土地流转增收；庆阳环县吉丰种植农民专业合作社带动500多户群众增收，户均年收益4000元以上。舆论称，甘肃农民专业合作社铺就百姓致富路，“小合作社”实现“大收益”，成了农民的“致富靠山”，带动农民脱贫致富。

（三）现代农业发展凯歌高奏　多措并举恢复生猪生产

2019年，甘肃持续优化农业产业结构，促进农业产业融合，推动农业机械化高效发展，现代农业发展成果丰硕，受到舆论持续关注。粮食生产方面，2019年粮食生产“稳中向好”成为媒体报道的关键词，“总产量1162.5万吨”“比2018年增长1.0%”“连续7年保持在1100万吨以上”“农作物播种面积比2018年增长1.5%”等信息被《甘肃日报》《甘肃经济日报》等多家媒体转载传播。[①] 农业高质量发展方面，2019年甘肃省质量兴农万里行活动在陇南拉开序幕，中国甘肃网等媒体对此进行图文报道；在张

① 《去年我省经济总体平稳稳中向好》，《甘肃经济日报》2020年1月21日，第1版。

掖，临泽县坚持质量兴农，进一步健全农畜产品质量安全全程可追溯体系，临泽县2019年10月入选第二批“国家农产品质量安全县”；在天水，麦积区围绕“质量兴农”和“绿色发展”主题发展绿色有机农产品，累计完成“三品一标”认证79个，认证面积达53.6万亩。特色产业发展方面，现代丝路寒旱农业作为对甘肃特色农业基本形态的最新概括和明确定位，被舆论高度聚焦。“新定位”“大力发展”“稳步推进”“拥有多重潜能”成为媒体报道的高频词。各地发力推进现代丝路寒旱农业，被媒体集中报道。张掖市“互联网+丝路寒旱农业”打造以食用菌为主的戈壁农业，白银市着力打造现代丝路寒旱农业“六大高地”，庆阳市实施“1+4”政策措施，聚焦发力推动现代丝路寒旱农业发展。农业机械化发展方面，《人民日报》（海外版）等媒体报道称，在甘肃省山丹马场，割草、摊草等程序由多款牧草收获机械共同完成作业，实现全程机械化；甘肃农垦下河清农场采取农机股份制，推广全机械化铺膜等技术，使大农机统一机耕、精量播种，铺膜率达100%；甘肃省农业科学院研发集成的旱作玉米绿色增效及机械粒收技术，破解旱作玉米全程机械化“最后一公里”难题。

甘肃贯彻落实党中央、国务院关于统筹做好非洲猪瘟防控和稳生产保供给工作决策部署，根据农业农村部出台的政策措施要求，积极恢复生猪生产发展，被舆论积极关注。甘肃省开展生猪生产农机装备购置补贴需求专项调查、召开稳定生猪生产加强非洲猪瘟防控安排部署会议、印发《关于稳定生猪生产促进转型升级的实施意见》等多项举措被新华社等媒体大量报道，“甘肃出台一系列优惠政策稳定生猪生产”“多举措恢复生猪生产”“甘肃出台政策稳定生猪生产促进转型升级”等信息被舆论广泛传播，“生猪及猪肉价格正呈现高位回落趋势”“甘肃省成生猪净调出省份”“引进6家大型现代养猪企业”等生猪市场保产稳供的积极成果被广泛传播。

（四）筑牢产业扶贫支柱　网络扶贫拓宽特色农产品销售渠道

2019年，甘肃脱贫攻坚、产业扶贫是高热话题。3月，全国两会期间，习近平总书记参加甘肃代表团审议，对脱贫攻坚提出新的要求，引发舆论高度聚焦。“在甘肃团，习近平响鼓重锤”“习近平在甘肃代表团谈脱贫攻坚：不获全胜决不收兵”等信息广泛出现在媒体报道标题中。《甘肃日报》连发六篇评论文章称，习近平总书记的重要讲话为加快推动甘肃发展指明了前进方向、提供了重要遵循、注入了强大动力。2019 年 8 月，习近平总书记深入甘肃省古浪县农村林场考察调研，媒体集中跟进报道。“看八步沙林场新面貌”“看富民新村移民新生活”“老百姓的幸福就是共产党的事业”等成为媒体报道的高频词句。《甘肃日报》等媒体对甘肃省积极学习贯彻习近平总书记视察甘肃重要讲话和指示精神进行报道。此外，舆论对“脱贫攻坚地方行”线下走访活动高度关注，新华网、人民网、央视网、中国甘肃网等发表系列报道、网评文章及采访视频，新浪微博设立的相关微话题合计阅读量达 5975.9 万次。舆论称，甘肃多措并举齐发力，脱贫致富奔小康，“美丽乡村”的蓝图正在变成现实。

甘肃各地推进产业扶贫，夯实产业发展基础，深入贯彻“六大产业”发展战略，建设产业扶贫示范园、建立产业基地、组建扶贫车间等扶贫举措被舆论高度认可。“五大体系”“四梁八柱”成为媒体报道的关键词，甘肃“31 个贫困县摘帽退出”“扶持 8.28 万户贫困群众发展‘五小’产业”“新建扶贫车间 1225 个”“依靠产业脱贫的人口达 65 万人”等产业扶贫成果信息被《甘肃日报》等媒体积极转载传播。[①] 舆论称，甘肃产业扶贫全面拉开架势，把产业扶贫推向新高度，使其成为稳定增收的“金钥匙”。各地形成的产业扶贫典型模式也被舆论广泛关注。临夏康乐县“六位一体”的康美肉牛产业扶贫模式被评为中国畜牧行业优秀模式，庆阳正宁县“4+2X”共建共享产业模式助农民户均增收 2100 元/年，陇南礼县“金鸡”产业扶贫将带动 5447 户贫困户稳定分红，陇南徽县“123 带动百千万”产业扶贫工程让每个村都有特色产业。同时，甘肃省强化扶贫领域监督也受到舆论关注，人民网、中国新闻网等多家媒体对甘肃扶贫监督平台于 7 月 10 日正式上线予以报道，舆论以“重磅”“晒谷场”“正式上线”等关键词对此进行

① 《政府工作报告》，《甘肃日报》2020 年 1 月 16 日，第 1 版。

传播。舆论评价称，该平台“晒谷场”式精准监督，让财政惠民惠农资金晒在阳光下，为精准监督、有效监督提供了新手段。

甘肃省借着网络销售的东风，积极推进贫困地区农产品上行，网络扶贫效果显著。在庆阳环县，羊肉通过电商平台走出了大山，小杂粮订单也扩大了规模；在陇南成县，借助“电商＋核桃”的“核电”发展效应，核桃种植成为富农产业里的“扛把子”；在定西通渭县，苦荞麦通过电商扶贫“搭桥”种出“甜日子”。“双十一”期间，张掖市启动“2019金张掖农特产品网上展销会”，农特产品销售额达200多万元；靖远县积极践行“电商＋扶贫”理念，农特产品网络销售总额创新高，比上年同期增长16.97%。其中，9月23日正式开幕的“I@甘肃2019网络扶贫博览会”被舆论高度关注。“我有甘货”“打造永不落幕的网上扶贫博览会”成为媒体报道的高频词句。新浪微博设立的微话题、今日头条的微头条、抖音平台短视频“我有甘货”阅读量、播放量合计达1.35亿次。“网红直播”的“带货效应”成为舆论关注的焦点。“720小时热销6.48个亿”“优质淘宝店铺产品销售活动累计销售1485万元”“达人‘高峰拍摄’带动礼县苹果销售7.5万多箱”“达人‘小六视野’在静宁现场摘果，一小时直播卖出400多箱”“达人‘IT小食哥’一场直播销售民勤人参果2000余件”“达人‘小英子’单人直播破30万”等销售“战果”被媒体频频报道。舆论点赞称，“I@甘肃2019网络扶贫博览会”搭建了贫困群众脱贫致富新平台，汇聚网络力量，让互联网成为精准扶贫的助推器。中国甘肃网发布文章称，作为甘肃首次举办的大型网络扶贫活动，“I@甘肃2019网络扶贫博览会”让“甘货”概念横空出世，向全国展现了“甘货”的多姿多彩，给世界带去了“甘货”的精气神。《甘肃日报》评价称，作为甘肃省发掘互联网和信息化在精准脱贫中的潜力的新举措，该博览会将助推网络扶贫行动向纵深发展。

（五）“三大革命”全力改善农村人居环境　“村美院净家洁”增强农民幸福感

2019年，甘肃各地围绕“环境美”，全力推动农村“厕所革命”“垃圾革命”和“风貌革命”，扎实开展全域无垃圾三年专项治理行动。2019 年 1 月，省委农村工作会议暨深入学习浙江“千万工程”经验全面扎实推进农村人居环境整治工作会议召开；4 月，出台《甘肃省农村“厕所革命”行动方案》；5 月，出台《甘肃省农村“垃圾革命”行动方案》；8 月，全省村庄清洁行动现场推进会召开。舆论称，甘肃省全力改善农村人居环境，掀起一场农村“风貌革命”。人民网等媒体对甘肃 2019 年农村人居环境整治成果予以报道，“改建新建农村卫生户厕 55.73 万座”“76.7% 的行政村建成卫生公厕”“95% 的行政村可以对生活垃圾进行收集、运输”“累计清理农村生活垃圾 178 万吨”等。① 各地农村对人居环境改善的有益探索也被舆论关注。“垃圾革命”方面，“无人机航拍”“群众‘随手拍’”等治理农村垃圾的“大招”“新招”被媒体广泛报道。甘肃省妇联在全省深度贫困村实施“巾帼家美积分超市”示范点项目，通过积分超市兑换引导村民积极参与环境卫生整治，自觉改善村容村貌；“全域无垃圾”的甘南模式让乡村生态人居环境宜居、宜游、宜业。“厕所革命”方面，“群众自主改厕”的民勤模式群众参与程度高，农户、村集体、厕具企业三方签订协议，确保“厕改”质量；“精细化管理”的中梁模式按照“四有四无”的标准进行厕所改造，因地制宜实施“厕改”方式。“风貌革命”方面，“因村施策、久久为功”美化村庄的康县模式持续改善农村人居环境，绘就“村美院净家洁”画卷；“多元化投入”的兰州模式全面改善人居环境，打造集休闲、观光等多功能于一体的美丽乡村示范村。舆论评价称，家家环境小改善，推动村村大变样。

农用地膜污染治理也受到舆论关注。甘肃扎实推进废旧农膜回收利用，“创建 45 个废旧地膜回收利用示范县”“辐射带动 2019 年全省废旧农膜回收率达到 80%”等量化目标被《甘肃日报》等媒体积极转载。舆论评价称，回收废旧农膜净化乡村环境，让“地膜”不再成为“地魔”。

① 《我省农村人居环境整治取得成效》，《甘肃日报》2020 年 2 月 3 日，第 6 版。

三　热点事件舆情分析

（一）《焦点访谈》报道凉州区新厕所成摆设

2019年1月24日，央视《焦点访谈》栏目播报"新厕所为啥成摆设：厕所改造冲水式厕所却用不了"，对甘肃武威市凉州区2018年进行农村厕所改造，但新厕所却无法使用，村民只得再度用起了旱厕进行披露，迅速引发舆论热议。

1. 舆情概况

截至2019年12月31日，相关舆情总量509条。其中，央视网、《甘肃日报》等127家新闻媒体发布和转载相关报道208条，客户端161条，微信89条，微博34条，论坛、博客217条。媒体报道的主要标题有《林铎唐仁健对〈焦点访谈〉报道武威农村厕所改造存在问题做出批示》《花了钱，费了劲，这些农村的新厕所为啥成了摆设?》《厕所改造成摆设，甘肃省委书记连发四问批形式主义》《农村厕所革命容不得丝毫虚假》等。

2. 媒体评论

有媒体对如此改厕表示谴责。《荆门日报》指出，厕所改造成了"摆设"绝非技术问题，而是作风问题。从设计盲目随意到施工粗制滥造，从监管形同虚设到验收敷衍应付，如此形式主义、官僚主义的背后，暴露的问题更值得深思。红网评论称，凉州区、临洮县等地这些号称1400元一套但实际价值不到600元的厕所，这中间800元去哪儿了，有关部门必须一追到底，给公众一个交代。有舆论对甘肃省委书记、省长对该问题做出批示表示认可。长城网评论称，当地省委省政府能及时做出回应固然值得肯定，但更重要的是彻查此事，彻底整改。唯有通过严厉问责，才能起到警示作用，避免以后再出现这种"尴尬"窘境。

3. 网民观点

网民通过新闻跟帖、微博、微信留言等方式对此展开讨论，其观点主要包括以下四个方面。一是对地方政府及时整改表示认可。有网民说，政府相关部门有问题第一时间公开通告，制定整改措施，值得点赞；有网民说，行动还算迅速！期待看到效果！二是认为地方政府没有把好政策执行好。有网民说，国家政策是好的，但是在地方具体实施的时候就不然了。老百姓支持政府的好政策，但是希望父母官们先给百姓一个保障再去实施一些政策，比如先给百姓解决好上厕所问题再拆百姓的厕所，要不然真的是无语又无奈。三是表示执行的改厕方式不适合该地区。有网民说，水厕在武威不实用啊，提前调查民意，国家的钱也不能乱花！也有网民说，对于农村来说，如果每家每户都改厕也不太现实。水厕只适合社区里整改，在村里改就不太合适，因为农家院里没有下水道。再者说，农村没有供暖设施，冬天还会结冰所以觉得不太实用。总之还是依实际需求来改，万不可花了钱买不到实在。四是质疑农村厕所革命中存在贪腐问题。有网民说，招标 1400 元，合同 600 元，剩下的 800 元呢？有网民说，农村旱厕改造猫腻不小啊，一千四的费用实际成本只有六百左右，那八百块钱缴税了吗？有网民说，改厕有补贴吗？怎么说有补贴，也没补啊？

（二）礼县花牛苹果滞销事件

2019 年 10 月 15 日，数个“助农”微信公众号发布《紧急求助！甘肃 600 万斤花牛苹果急盼销路！》文章，阅读量均达十万余次。10 月 21 日，礼县农业农村局相关负责人接受媒体采访时，否认了苹果滞销的说法。随后，“甘肃百万苹果滞销系假消息”登上微博热搜。10 月 24 日晚，央视《经济半小时》栏目报道“苦涩的丰收果”称，10 月上旬，央视记者到甘肃礼县采访看到，礼县苹果丰收却堆积如山，1 斤苹果从 2018 年的 5 元降到 3 毛钱。相关“反转”消息迅速引发舆论高度关注。

1. 舆情概况

截至 2019 年 12 月 31 日，相关舆情总量 8483 条。其中，央视网、《甘肃日报》等 412 家新闻媒体发布和转载相关报道 998 条，客户端 3078 条，微信 2601 条，微博 1664 条，论坛、博客 242 条。媒体报道的主要标题有

《主产地甘肃礼县苹果3毛钱1斤了！价格过山车，究竟怎么了?》《甘肃苹果丰收却滞销　1斤苹果从5元降到3毛钱》《甘肃礼县百万苹果滞销？当地政府：不存在滞销，但苹果价确有下降》《“礼县苹果，礼尚往来”——甘肃省委书记林铎“巧语”为礼县苹果拓销路》等。新浪微博“@新浪财经”发布的【#甘肃百万苹果滞销系假消息#：乱写不存在滞销】转评量2700余次；新浪微博“@凤凰网财经”发布的【#1斤苹果从5元降到3毛钱#！#甘肃苹果丰收却滞销#】转评量2300余次。事件相关的8个微话题合计阅读量超过2亿次。

2. 媒体评论

有媒体关注礼县苹果是否真的滞销。《南方都市报》表示，记者从甘肃礼县和文章提及的另一地区天水甘谷县相关部门处获悉，今年两地的花牛苹果都曾有过难销情况，但目前已改善。有媒体关注苹果价格的波动及其原因。“‘苹’易近人”“‘苹果自由’实现”成为媒体报道的高频词。央视《经济半小时》报道，今年是礼县多年不遇的苹果丰收年，但是苹果价格却一落千丈。价格大翻转的原因是礼县苹果种植规模逐年递增，种植技术水平不断提高，致苹果产量逐年增加。2019年预计全县苹果产量同比增长超过25%，直接影响市场价格。中国农网称，苹果滞销的原因，一个是总量供大于求，还有一个是苹果冷库商在观望，并未大量收储入库。

3. 网民观点

网民通过新闻跟帖、微博、微信留言等方式对此展开热议，其观点主要包括以下四个方面。一是表示礼县苹果确实存在滞销现象。有网民说，我们村就是花牛苹果种植大村，今年的确不好卖，滞销非常严重；有网民说，有认识的朋友在礼县做扶贫，买苹果之前特地求证过这件事，不明白为什么政府出来说是假的。二是分析苹果价低卖难原因。有网民说，苹果产地太多，一起上市肯定不好卖，又不会储存！另外中间商要赚差价。有网民说，个人看法，今年苹果滞销就是因为以往的销售模式被打破，新的营销模式也没有完全形成，以前都是果商在这个时候抢着收好苹果压在冷库，用一年的时间慢慢投进市场，现在大家都想在网上出售，就像水库开闸一样全部流向市场，市场肯定会被冲垮。三是认为其他产地苹果也存在卖难现象。有网民说，不仅是甘肃苹果滞销，山西吉县的苹果也同样滞销，吉县苹果前前后后斩获了不少有含金量的奖，照样卖不出去！有网民说，我家辽南苹果，也滞销了，老百姓真的难活，本钱能回来就不错了，一年辛辛苦苦挣不到钱。四是认为终端市场苹果价格较高。有网民说，很奇怪的一个现象，到处丰收，农民销售价很低，最终客户买得很贵。一个苹果差不多要 10 块钱，吃不起啊；有网民说，今年我在超市里见过最便宜的苹果没有低于七元（每斤）的，还是在西南四线小城市。

四　舆情总结与展望

总体看，2019 年甘肃“三农”舆情传播数量较上年大幅增长，脱贫攻坚相关信息和涉农民生事件的舆论关注度较高。《甘肃日报》《甘肃经济日报》等省级权威新闻媒体依然发挥着引导舆论走向的重要作用，在乡村振兴战略实施、产业扶贫、农村人居环境整治等重点工作的宣传中积极传播正能量、弘扬主旋律。“两微一端”助推甘肃“三农”舆情传播的能力愈加强大，信息量增长迅猛。展望 2020 年，甘肃“三农”舆情或将呈现以下几个特点。从传播渠道来看，受到 2020 年新冠肺炎疫情影响，手机作为“新农具”在“三农”工作中作用突出，“两微一端”的影响力随之持续上升，小视频平台及视频直播的影响力也将在舆情传播中占有重要地位。从舆论关注话题来看，如期全面完成脱贫攻坚任务、全面建成小康社会将成为媒体关注重点，扎实开展高标准农田建设、大力发展现代丝路寒旱农业和现代畜牧业、打造“甘味”知名农产品系列品牌、深入推进农村人居环境整治的“三大革命”和“六大行动”等仍将被舆论积极关注。建议甘肃相关部门利用好“两微一端”的影响力，继续发出“三农”政策宣传的最强音，进一步传播“三农”工作中的好经验、好做法；同时，加大对社交媒体和短视频平台的监测，全面把握热点事件的社会关切，及时回应、科学引导，在舆情传播中掌握主动权。

B.22
宁夏"三农"舆情分析

冯 前 张亿一 郭 涵*

摘 要： 2019 年，宁夏农业农村持续、稳定、健康发展。全年"三农"舆情热度高、传播广，新闻媒体是传播主渠道，客户端紧随其后，两者合计传播量占比近七成。宁夏全面实施乡村振兴战略舆论包括媒体和网民，关注该活动的不只网民成效显著，产业扶贫成绩亮眼，获得舆论高度肯定。宁夏"三农"70 年发展成就辉煌，第二个农民丰收节庆祝活动等话题吸引舆论目光。媒体聚焦农业绿色高质量发展、农业农村改革、农村人居环境整治等重点工作进展及成效。西海固贫困户借牛骗补事件引发热议。

关键词： 乡村振兴 枸杞 产业扶贫 农村人居环境整治 宁夏

2019 年，宁夏聚焦乡村振兴战略全面实施，扎实推进农业高质量发展，粮食生产实现"十六连丰"，聚力产业扶贫、农村集体产权制度改革、农村人居环境整治等重点任务，持续改善农村民生福祉。全网媒体积极报道和传播相关工作进展及成效，为宁夏农业农村经济社会发展营造了良好舆论环境。

---

* 冯前，宁夏回族自治区农业农村厅信息中心主任，主要研究方向为农业农村信息化；张亿一，宁夏回族自治区农业农村厅信息中心副主任，主要研究方向为农业农村信息化；郭涵，宁夏回族自治区农业农村厅信息中心工程师，主要研究方向为涉农网络舆情。

一　舆情概况

（一）舆情传播渠道

2019 年，共监测到宁夏“三农”舆情信息 37.5 万条（含转载）。其中，新闻舆情信息 13.2 万条，占舆情总量的 35.33%；客户端 12.3 万条，占 32.71%；微信信息 7.4 万条，占 19.73%；微博帖文 3.6 万条，占 9.48%；论坛、博客帖文合计 1.03 万条，占 2.75%（见图 1）。总体看，新闻媒体是宁夏“三农”原创信息的主要发布平台，客户端、微信等新媒体以其传播快速高效的特点，也逐步成为“三农”舆情的重要传播渠道。

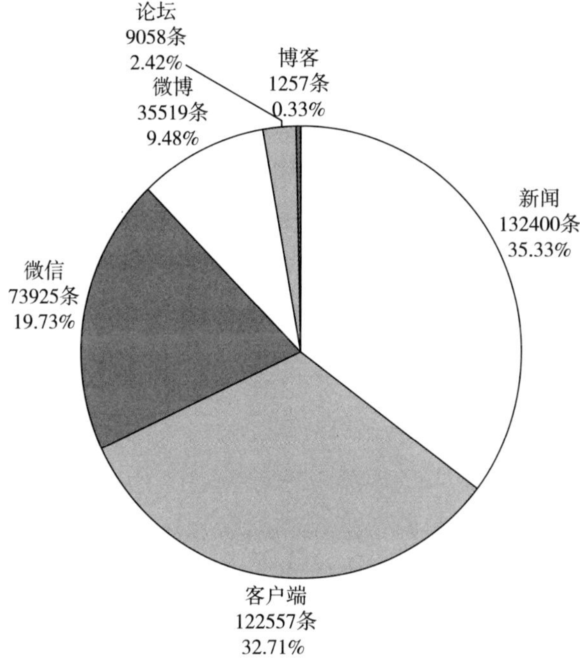

图 1　2019 年宁夏“三农”舆情传播渠道

资料来源：农业农村部三农舆情监测管理平台。

（二）舆情传播走势

从传播走势看，宁夏“三农”舆情热度2019年波动较大，1～7月呈波动上升态势，8～12月呈波动下降态势（见图2）。上半年，舆论集中关注盐池县脱贫摘帽历程、生态移民脱贫致富、六盘山山花节、厕所革命、农村饮水等议题。下半年，舆论聚焦宁夏出台推进奶业高质量发展实施意见、宁夏“三农”70年发展成就、庆祝第二个农民丰收节、举办中宁枸杞产业科技创新大会、中宁枸杞市场乱象调查等话题。其中，7月份中央网信办组织开展了“决战脱贫攻坚 决胜全面小康”网络媒体宁夏行活动，媒体对宁夏在脱贫攻坚工作中的积极探索和经验进行系列报道，引发舆论广泛关注，助推当月舆情量冲到全年最高峰值。

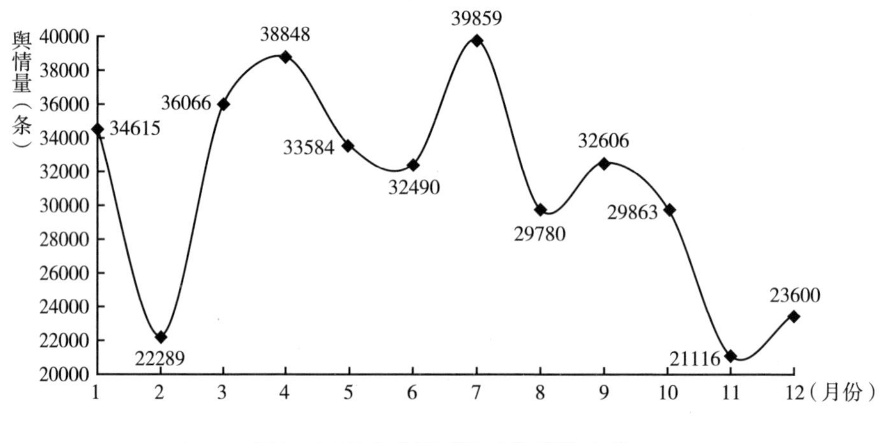

图2　2019年宁夏“三农”舆情走势

（三）舆情话题分类

从舆情话题分类看，涉及宁夏农牧渔生产与粮食安全的舆情量最大，占比16.50%。其次，农村社会事业相关舆情占比15.89%，其中农村基层扫黑除恶、饮水提质增效和危房改造是舆论关注重点。居第三位的乡村振兴战略实施相关舆情占比15.00%，其中宁夏发展乡村旅游、探索乡村治理新路子信息量较大。上述三个话题舆情量合计占比 47.39%。农业农村改革发展、农产品市场舆情量分别占比 9.79%、9.00%，居第四位、第五位。此外，农业科技、产业扶贫等话题舆论关注度也较高（见图 3）。

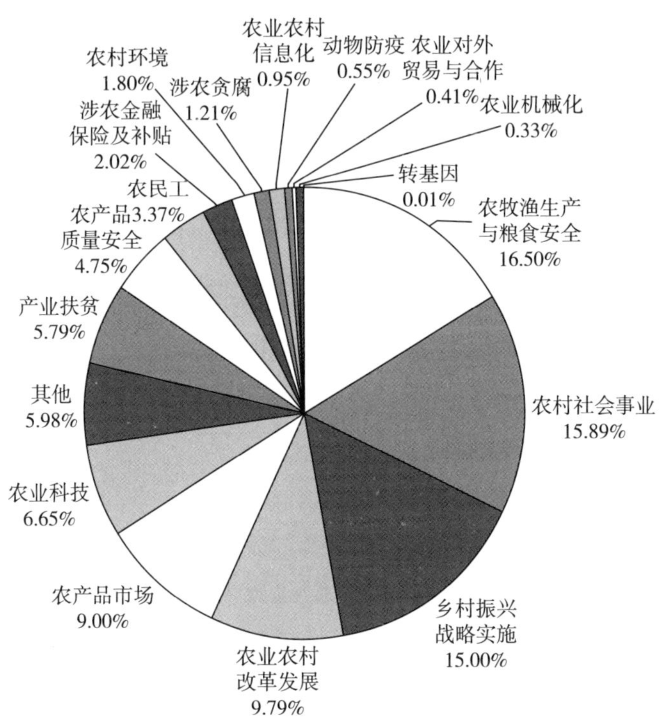

图 3　2019 年宁夏“三农”舆情话题分类

（四）舆情热点事件排行

从 2019 年宁夏“三农”舆情热点事件 TOP 20 来看，宁夏庆祝第二个中国农民丰收节舆论关注热度最高，中宁枸杞市场乱象调查居第二位。从内容分析，扶贫领域相关信息是舆论关注焦点，盐池县脱贫摘帽纪实、脱贫攻坚新闻发布会通报减贫情况、网络媒体见证宁夏脱贫攻坚、西海固贫困户借牛骗补等活动和事件均位列榜单。此外，涉及民生的美丽村庄建设、扫黑除恶、饮水、危房改造等话题也受到舆论聚焦（见表 1）。

表1　2019 年宁夏“三农”舆情热点事件 TOP 20

排名	热点事件	月份	首发媒体	舆情热度
1	宁夏庆祝第二个中国农民丰收节	9	《宁夏日报》	2066
2	宁夏中宁枸杞市场乱象调查:硫黄熏　外地枸杞贴牌销售	10	《新京报》	860
3	记住银川！在这里,葡萄成为宁夏紫色名片	10	央视网	576
4	白了滩羊　绿了草原　红了日子	4	《人民日报》	539
5	活在表格里的牛	11	《中国青年报》	499
6	宁夏 7 年累计减贫 83.4 万人	10	宁夏日报客户端	496
7	宁夏:未来 3 年推动奶牛规模化养殖比重超 99%	8	新华网	469
8	网络媒体探访宁夏盐池县王乐井乡滩羊养殖基地	7	中工网	354
9	隆德县李士村:农户变股东　土法展新风	8	中国日报网	343
10	平安产险首个国家农业农村部批复的金融支农创新试点项目落地宁夏	9	宁夏新闻网	269
11	海原县王塘村:为脱贫攻坚插上“科技翅膀”	8	宁夏新闻网	262
12	聚焦督导反馈　回应群众期待——宁夏高位推动扫黑除恶专项斗争向纵深发展	11	《宁夏日报》	257
13	宁夏扫黑除恶最新战果:打掉涉黑涉恶团伙 114 个,刑拘 1535 人	11	宁夏日报客户端	231
14	原州区彭堡镇冷凉蔬菜产业:“菜篮子”鼓起农民的“钱袋子”	8	中国日报网	223
15	宁夏中宁枸杞产业科技创新大会在中宁举办	12	宁夏新闻网	219
6	宁夏同心:红枸杞带来的火红生活	7	东南网	158
17	从毛驴驮水到手机买水,“互联网+”让宁夏彭阳解渴减负	7	新华网	144
18	宁夏建成 588 个美丽村庄	3	新华网	137
19	黄河何以富宁夏:黄河宁夏灌区探秘	9	新华网	129
20	宁夏 44.9 万户农村危房完成改造	12	《经济日报》	124

资料来源：农业农村部三农舆情监测管理平台。

二　热点话题舆情分析

（一）乡村全面振兴结硕果　妙趣横生活动喜庆丰收

2019 年，宁夏聚焦乡村全面振兴，出台《关于推进农业高质量发展促进乡村产业振兴的实施意见》《关于在全区农村开展乡村振兴“一年一村一事”行动的意见》等多个文件，着力补齐“三农”领域短板，夯实农业农村基础，让乡村富起来、强起来、美起来，受到舆论持续关注。产业振兴方面，宁夏着力发展冷凉蔬菜、枸杞、葡萄、滩羊等特色产业，“泾源‘雨养蔬菜’亩产收入过万”“宁夏枸杞产业产值达 130 亿元”“宁夏中药材产业每年吸引 9 万多劳动力就业”等产业发展成果被媒体积极报道。宁夏农旅结合大力发展乡村旅游成为舆论关注焦点，“红寺堡大棚桃树采摘开启美丽乡村游季”“宁夏海原关桥梨花节开幕　接待游客近 10 万人次”“永新村乡村民宿让村民在家门口吃上‘旅游饭’”等特色乡村游精彩纷呈，媒体竞相关注报道。舆论称，“农业 + 旅游”激活乡村振兴新动能。人才振兴方面，宁夏注重对实用型人才和新型职业农民的培养，“宁夏新时代文明实践站成农民‘手艺学堂’”“银川市培育新型职业农民 600 余人”“固原市农村电商实用型人才专训班成功举办”“原州区组织乡村妇女开展知识竞赛”等被媒体关注报道。文化振兴方面，宁夏将移风易俗工作作为重点来抓，村民文明意识普遍提高，“永宁县让文明新风入村入户入民心”“红寺堡移风易俗减轻群众负担”“张银村文明新风拂民心”等信息凸显了舆论对该项工作的肯定。宁夏各地通过组织形式多样的文化活动，丰富群众文化生活。媒体关注了中宁农民运动会、贺兰县第四届文化大集、红寺堡农民文化艺术节、杨岭乡村文化旅游节等文体活动。其中，红寺堡农民文化艺术节被舆论称作“农民文化盛宴”。生态振兴方面，美丽乡村建设和村庄清洁行动成为宁夏各地工作重点。银川市西夏区和吴忠市利通区被评为 2019 全国村庄清洁行动先进县，受到舆论广泛关注。“宁夏建成 588 个美丽村庄”“建成美丽小城镇 104 个”“整治旧村 1820 个”“全区 2258 个行政村实现村庄清洁行动全覆盖”“清理生活垃圾 52. 6 万吨”“清理农业生产废弃物 58. 3 万吨”“绿化美化村庄 200 个”等改革成果成为媒体高频报道的信息。组织振兴方面，宁夏各地积极探索乡村治理新路子，规范村民代表会议制度、乡村治理积分制度、村民议事会、村规民约“负面清单”等乡村治理新模式在塞上大地遍地开花。吴忠市红寺堡区规范村民代表会议制度入选全国 20 个乡村治理

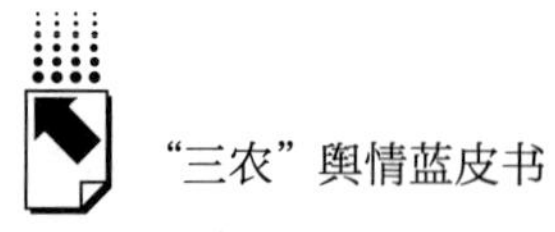

典型案例，媒体予以积极报道传播。

2019 年 9 月 23 日，宁夏喜迎第二个中国农民丰收节，舆论立体呈现农民迎丰收、晒丰收和庆丰收的喜悦。24 日，《宁夏日报》设立丰收节专版，详细介绍宁夏各地举办的一系列庆祝活动。央视《第一时间》、宁夏卫视《新闻联播》等栏目对节日活动进行播报。媒体还以图片、视频等形式展现全区各地庆祝节日的欢乐景象。"盐池县 15 项活动庆丰收""吴忠近千人'赶场'庆丰收""西夏区昊苑村 200 道菜宴宾朋""30 家企业亮相葡萄酒展"等信息以显著的报道标题形式呈现。舆论对宁夏各地举办的农民歌舞表演、非物质文化遗产展示、特色小吃品尝等活动广泛关注。贺兰山东麓国际葡萄酒博览会、宁夏（海原）第四届高端肉牛大赛、盐池滩羊选美比赛、吴忠特色农产品推介会等别具特色的丰收节活动妙趣横生，吸引媒体聚焦。"葡萄酒自酿体验活动人气高""600 多头肉牛勇争'牛王''牛后'称号""滩羊选美成亮点""走出宁夏，卖出好价"等成为主要的报道标题。《宁夏日报》发文称，宁夏农民丰收节不仅展示了农民如今的好日子，更展示了农民新时代的精神面貌。

（二）"三农"70年发展铸辉煌　农业农村改革释放新动能

宁夏"三农"70 年发展取得辉煌成就，舆论对此予以高度赞扬。国务院新闻办举行的庆祝新中国成立 70 周年宁夏专场新闻发布会介绍了宁夏"三农"发展成就。央视新闻频道《共和国发展成就巡礼》栏目对宁夏"三农"70 年发展进行了播报。《人民日报》《宁夏日报》、宁夏新闻网等多家媒体发文总结宁夏"三农"70 年发展所取得的成就。"农民人均可支配收入增长 117.4 倍""累计减贫 340 多万人""粮食产量 70 年增长 10.7 倍"等信息被媒体集中报道。舆论称，宁夏脱贫致富路正宽，一幅宁夏粮食产业欣欣向荣的画卷已然展开。媒体还从不同角度介绍宁夏农村 70 年发生的翻天覆地的变化。彭阳县探索"互联网 + 人饮"管理模式，实现农村饮水从人背驴驮到"云端取水"的历史性转变；得益于宁夏农村公路建设，彭阳县白阳镇白岔村在土路变成混凝土路基础上，发展菌草产业、特色种植养殖业等产业，实现脱贫致富的梦想；中卫市香山乡南长滩村利用国家扶贫政策积极发展种植养殖业、乡村旅游，2018 年全村人均收入超过 8000 元。舆论称赞宁夏用 70 年铸就了农业强、农村美、农民富的辉煌。[①]

2019 年，宁夏持续推进农业农村改革，相关重点工作进展及成效被舆论积极关注。农村集体产权制度改革方面，宁夏农村集体经济组织从成员身份界定，到开展股权量化，再到成立村集体经济合作社等一系列工作全面有序进行。截至 11 月，宁夏农村集体产权制度改革覆盖 735 个村，界定集体经济组织成员身份 155 万人，折股量化集体经营性资产 32 亿元，实现股金分红 6154 万元。[②] 各市县农村集体产权制度改革也取得较大成果，“石嘴山市 195 个行政村提前完成农村集体产权制度改革”“中卫农村产权制度改革产生聚合效应”“平罗农村集体产权制度改革‘激活’沉睡资产”等成为热门报道。各地发展壮大村集体经济情况也被舆论集中关注，如银川市通过整合资源扶持产业壮大村集体经济，实现 18 个村收入过百万；固原市隆德县李士村发展酿醋、榨油等传统特色产业壮大村集体经济，成立股份经济合作社，让农户变股东；中卫市沙坡头区文昌镇五里村把村民集中到条件成熟的旅游公寓中，打造红色文化展览馆项目，盘活集体资产，带领群众增收致富。农村经营制度改革方面，宁夏着重提升农民专业合作社和家庭农场质量。2019 年，宁夏国家级农民合作社示范社达到 20 家，县级以上示范合作社达到 1553 家，18 家农民合作社上榜全国 500 强。家庭农场实现从追求数量到追求质量、从小拱棚到设施温棚、从耗地到养地的转变。宁夏促进农村产业融合，大力发展农业产业化联合体。2019 年，宁夏农业产业化联合体达到 72 家、国家级农业产业化重点龙头企业达到 24 家，涌现出中宁枸杞、灵武蔬菜、红寺堡肉牛、贺兰“稻渔空间”等一批优秀示范联合体。舆论评价宁夏农业产业化联合体为农业农村经济发展注入了新要素、新动能、新

① 《农业强　农村美　农民富》，《宁夏日报》2019 年 9 月 22 日，第 4 版。

② 《宁夏深入推进农村集体产权制度改革》，宁夏广播电视台网站，http：//news. nxtv. com. cn/nxnews/tdnxnews/2019 - 11 - 13/498431. html。

活力，实现了 1 +1 +1 >3 的聚变效应。[①] 此外，宁夏整治"大棚房"问题也受到舆论关注。2019 年 4 月初，宁夏全面完成"大棚房"专项整治行动，共完成整治整改问题 12386 个，2680.5 亩耕地得以恢复。

（三）脱贫攻坚成效显著　产业扶贫交出亮眼"成绩单"

2019 年，宁夏围绕"五县一片"和 170 个深度贫困村，着力解决影响"两不愁三保障"的突出问题，累计投入各类扶贫资金 101.6 亿元[②]，持续决战脱贫攻坚取得显著成效，获得舆论高度关注。"宁夏 7 年累计减贫 83.4 万人""贫困地区人均可支配收入超 9000 元""累计培训贫困人口 19.15 万人"等信息被媒体广泛转载。《人民日报》、新华网等中央媒体发布多篇文章，讲述西海固率先脱贫的盐池县脱贫摘帽历程，一幅人进沙退、生态逆转、产业兴旺的新图景跃然纸上。[③]

宁夏以产业扶贫作为稳定脱贫的根本之策，深入推进"四个一"产业扶贫示范带动工程，大力实施产业扶贫"六大行动"，持之以恒抓好产业扶贫，媒体对扶贫产业带动 6.7 万贫困人口脱贫等可喜成绩予以积极报道。舆论对宁夏各地创新产业扶贫模式集中关注，如中卫市从树立"香山硒砂瓜"品牌入手，建成百万亩硒砂瓜产业带，小西瓜做成了大产业；永宁县金牛养殖专业合作社实施肉牛养殖托管，农户不用付出成本，每年还能从每头牛上分红 2000 元；同心县同德村配合支持企业做大做强有机枸杞产业，组织致富带头人与企业签订务工合同，组织群众成为产业工人，人均年收入可达 1 万元以上；平罗县打造"沙漠西瓜"品牌，西瓜种植面积达 2 万余亩，成为当地促农增收的支柱产业；盐池县发挥滩羊集团公司、协会、产业联合体作用，持续做好"羊文章"，使滩羊成为村民的"活期存折"。

---

① 《1 +1 +1 >3 的聚变——农业产业化联合体激发乡村振兴活力》，《宁夏日报》2019 年 6 月 17 日，第 1 版。

② 《政府工作报告》，《宁夏日报》2020 年 1 月 20 日，第 1 版。

③ 《沙漠再无盐池黄——宁夏首个脱贫摘帽县蹲点见闻》，新华网，http：//www.xinhuanet.com/politics/2019 -06/22/c_ 1124657472.htm。

宁夏各地做好金融扶贫、科技扶贫、消费扶贫相关工作，助力产业发展，受到舆论积极关注。金融扶贫方面，海原县鼓励支持企业建立“基础母牛银行”基地，引进优质基础母牛赊销给贫困农户，生产的牛犊由企业回购，农户既能还清借款又能扩大牛群规模；盐池县王乐井乡曾记畔村以村互助资金为平台，进行金融扶贫小额信贷，村民通过贷款进行滩羊养殖、小杂粮种植，生活水平不断提高。科技扶贫方面，银川市创建“扶母还犊”扶贫模式发展肉牛产业，企业免费为农户提供成年母牛疾病防控、饲养管理和技术培训等服务，以高于市场价的价格收购农户出售的犊牛、架子牛和淘汰母牛，农户户均增收 2 万元以上；海原县曹洼乡为肉牛养殖提供营养配方，让全乡 2200 头缺乏不同营养元素的肉牛吃上“定制餐”；西吉县什字乡马沟村通过实施肉牛产业提质增效技术集成示范项目，使养殖户增加了 50 户，养牛数量增加到 2600 头。舆论称，科技助力宁夏脱贫迈入“快车道”。[①] 消费扶贫方面，银川市金凤区将电商、微信、大型商超、合作社、经销商等线上线下渠道相结合，为 10 个贫困村的农产品找到销路；永宁县闽宁镇把电商扶贫车间建到群众家门口，既拓宽特色优质农产品销售渠道，又为贫困户提供就业岗位；盐池县花马池镇借助电商大会，实现“网货下乡”和“特产进城”双向流通，大力发展滩羊、黄花菜、小杂粮等多种特色优势产业。舆论表示，消费扶贫带走农产品，带来新收入。

（四）现代农业高质量发展再上新台阶　特色优质农产品畅销海内外

2019 年，宁夏围绕“1 + 4”特色优势产业，全面实施优质粮食产业优化提升行动，实施现代畜牧转型升级行动和瓜菜产业提质增效行动，坚持质量兴农、绿色兴农、品牌强农，推动农业高质量发展，受到舆论关注和肯定。质量兴农方面，宁夏加大农产品标准化生产示范基地创建力度，搭建农

---

① 《聚焦五大产业，科技助力宁夏脱贫迈入“快车道”》，中国科技网，http：//www. stdaily. com/02/ningxia/2019 -05/12/content_ 765611. shtml。

产品质量安全追溯平台，深入开展畜禽产品兽药残留及兽药专项整治行动，全面提高农产品质量安全水平。2019 年，宁夏农产品质量安全监测合格率保持在 98% 以上。① "宁夏 2019 年牛羊肉'瘦肉精'监测抽检合格率 100%""新增 9 家'放心肉菜示范超市'""灵武市获评国家农产品质量安全市"等信息被舆论集中关注。绿色兴农方面，全区全面落实"一控两减三基本"要求，探索绿色增产新模式、推广病虫害绿色防控、加快生态循环畜牧业发展，多维度推动农业绿色发展。"宁夏 10 年推广稻渔综合种养 80 万亩""建立 4 个小麦绿色增产模式攻关示范点""主要农作物化肥、农药使用量实现零增长""32 万亩枸杞实现病虫害绿色防控""畜禽粪污综合利用率达到 99.4%"等发展成果被多家媒体转载。品牌强农方面，宁夏大力实施特色产业品牌工程，加强品牌保护提升，多次组织参与对接推介活动，进一步巩固提升现有品牌，挖掘培育新品牌。2019 年，宁夏 8 种农产品登上 2019 农产品区域公用品牌榜单，盐池滩羊、中宁枸杞、青铜峡大米、西吉马铃薯、泾源黄牛肉等地理标志产品在全国的影响力明显提升。宁夏大米获得黑龙江大米节银奖，受到舆论赞誉。"宁夏有只'贵羊羊'价值 68 亿元""中宁枸杞区域公用品牌价值达 172.88 亿元""泾源黄牛肉品牌价值 5.16 亿元""宁夏紫色名片香港飘香""'青铜峡大米'凸显品牌效应""中卫富硒产业品牌影响力逐年提升"等成为热门报道。据宁夏统计局数据，2019 年宁夏实现农林牧渔业增加值 297.66 亿元，增长 3.2%；② 粮食总产量 373.15 万吨，实现"十六连丰"；蔬菜、水果、羊肉等主要农产品产量均实现增长。舆论表示，宁夏走出了一条独特的农业高质量发展之路，让农业成为有奔头的产业。

宁夏农产品因其"优质""特色"等优势，备受市场青睐。2019 年，宁夏进一步加强产销对接，宁夏农村电商综合服务平台上线运营，实现线上

---

① 《2019 年我区稳步推进农业高质量发展》，宁夏农业农村厅网站，http://nynct.nx.gov.cn/xwzx/zwdt/202002/t20200212_1952138.html。

② 《2019 年全区经济运行总体平稳、稳中有进、稳中向好》，宁夏统计局网站，http://tj.nx.gov.cn/tjxx/202001/t20200121_1929316.html。

线下齐销售，还携特色优质农产品亮相海交会、哈洽会等展会，产品知名度不断提升，销售渠道不断拓宽。宁夏农产品在国内市场取得不俗成绩，被媒体积极报道。“银川市精品蔬菜首次列入北京首农食品集团储备菜”“原州区冷凉蔬菜‘俏江南’”“贺兰蔬菜首次直供浙江商超”“宁夏农产品冬交会斩获9300万元订单”“百果园与中卫市政府签订3万吨硒砂瓜采购协议”等信息多次出现在报道标题中。依托农特产品“金字招牌”，宁夏农产品在出口方面也取得重要进展。“中宁枸杞远销40多个国家和地区”“宁夏枸杞首次亮相北欧”“首次对马来西亚出口鲜食蔬菜”“宁夏每年供港活牛近千头”等对外销售成绩被媒体积极报道。舆论称，宁夏优质农产品的华丽蜕变已经在不断参与市场竞争的过程中悄然实现。

（五）农村人居环境整治扮靓塞上江南　各地探索实践亮点频现

2019年，宁夏围绕农村垃圾治理、污水处理、厕所改造等重点工作，积极推进农村垃圾就地分类、资源化利用和处理，农村生活污水处理设施、畜禽粪污处理站建设，以及农村户厕、乡村公厕建设工程。同时，出台文件明确农村生活垃圾治理任务，修订农村生活污水处理设施水污染排放标准，明确农村厕所建设模式，相关工作取得明显成效，受到舆论关注。“新建农村卫生厕所11.8万户”“改造农村卫生厕所9.5万户”“农村卫生厕所普及率达到42%”“川区卫生厕所普及率达到66%”“65%的村庄实现生活垃圾治理”“88%的畜禽粪污得到资源化利用”等治理成果被媒体大量转载。吴忠市利通区跻身全国20个农村人居环境整治激励县名单，成为宁夏唯一上榜县（区），吸引舆论目光。舆论称赞宁夏开启农村人居环境整治“美颜”模式。

宁夏各地在农村人居环境整治上不断探索和尝试，成为媒体集中报道对象。吴忠市利通区高闸镇推行镇监管、村实施、农户负责的“1+1+N”环境卫生笑脸积分制联动机制，卫生等级与笑脸、呆脸、哭脸三种脸谱相对应，农户根据笑脸数量按月积分；泾源县建立生活垃圾资源化积分兑换机制，村民可拿积分卡在98家爱心超市兑换商品；银川市在镇北堡镇昊苑村启动乡村垃圾分类试点，一对一、面对面指导村民正确投放，实现垃圾定时定点收集；中宁县投资9000余万元建设11处污水处理设施，既有效处理农村生活污水，又实现集镇污水处理厂再生水的全回收利用，让农村集镇生活污水处理不再难；贺兰县将改厕与农村生活污水处理、饮水安全相结合，为群众提供“农户自建+企业统建”的多样化改造方式，厕改进度名列前茅；隆德县因地制宜，提供四种改厕模式供村民选择，做好技术指导和政策宣传，引导群众从“不愿改”到“主动改”。舆论认为，各地别具匠心的有益探索让环境治理维护工作由政府全面管理自然转换为群众自发管理，起到示范带动作用。①

三 热点事件舆情分析

西海固某镇贫困户借牛骗补受舆论关注

2019年11月13日，《中国青年报》发文称西海固某镇的部分贫困户通过租牛、借牛等方式套取国家扶贫补助款，引发舆论热议。当日，固原市委、市政府立即响应，召开专题会安排部署全市扶贫政策落实专项排查工作，要求彻底整治套取国家补贴资金的违规行为，表明发现问题一查到底、绝不姑息的态度。

1. 舆情概况

据监测，截至2019年12月31日，相关舆情总量944条。其中，人民网、新华网、光明网等195家新闻媒体发布和转载相关报道339条，客户端467条，微信41条，微博70条，论坛、博客27条。媒体报道的主要标题有《活在表格里的牛：贫困户借牛套取国家扶贫补贴款》《宁夏固原：连个牛毛、牛槽都没有骗养牛补贴》《村民租牛骗国家补贴：租一次1000元 有人称“反正套的也是国家的钱”》《宁夏一村庄有村民冒领养牛扶贫款：拿

① 《如何让脸谱成为农村环境卫生的晴雨表》，《宁夏日报》2019年6月18日，第11版。

了钱，家中连牛棚都没有》等。

2. 媒体评论

舆论纷纷质疑是谁让“牛活在表格里”的，“表格里的牛”如何成了真牛，用“表格里的牛”套取扶贫款为何能得逞。媒体分析认为“表格牛”出现主要有四方面原因：一是部分贫困户存在“等靠要”懒惰思想，劳动脱贫意识淡薄。二是监管部门在核查、验收、资金发放等环节存在漏洞，让少数贫困户钻了空子。三是部分干部的形式主义、官僚主义作风无形中滋养了“养牛骗补”的土壤。四是违规骗补贴成本过低。要杜绝这种现象，有媒体建议，首先要降低脱贫致富的门槛与风险，让贫困户真切感受到主动脱贫的收获与实惠，解决贫困户思想上的贫困；其次要加大监管力度，让扶贫资金运行更透明；再次要重视基层组织建设，发挥村级两委班子的作用；最后应加大对套取、私动扶贫资金行为的惩处力度，让扶贫资金精准落地。

3. 网民观点

网民通过新闻跟帖、微博、微信留言等方式展开讨论，其观点主要包括三个方面。一是呼吁加大监管力度。让扶贫工作不能有蛀虫，让监察工作不流于表面。二是讨论普遍存在的“数字贫困”现象。有网民表示，有些地方其实并不那么穷，或者穷人并没有那么多。其之所以能成为贫困县、贫困区、贫困市是因为某些人或者机构、部门为了得到更多的扶贫资金、政策。三是对基层干部乱作为表示不满。反贪、反腐败应该从村镇干部抓起，打虎不忘拍蝇。

四　舆情展望及建议

总体看，2019 年宁夏“三农”舆情热度高、传播范围广，本地媒体是多数热点话题的首发信息来源，“两微一端”在舆情传播中优势明显。从传播内容看，政府部门举办的重大涉农活动、“三农”重点工作进展及成效舆论关注度高。展望 2020 年，宁夏“三农”舆情将有以下特点：从传播渠道看，主流传统媒体将仍是原创报道的主力，“两微一端”影响力将继续提升，短视频、直播等新媒体的影响力将继续增强。从热点话题看，一是突发新冠肺炎疫情对农业生产、农产品流通、农民工就业和农业企业的影响以及政府采取的稳产保供、复产复工举措将是舆论聚焦点。二是确保如期打赢脱贫攻坚战、如期完成农村人居环境整治三年行动任务。宁夏怎么干，产业扶贫、厕所革命、村庄清洁等话题将成为媒体报道的主要切入点。三是乡村振兴中的产业振兴、乡村旅游、美丽乡村建设、乡村治理、农业结构优化调整、农产品品牌建设等话题也将受到持续关注。

根据当前舆情传播特点，建议从以下三个方面加强"三农"领域的舆情管理工作：其一，主管部门应加大对领域内相关舆情信息的监测力度，进一步加强对微博、微信、短视频等新媒体平台信息的监测；其二，建立完善的舆情应急预案，对发生的热点事件，要及时把握舆情发展动态，回应舆论关切，做好舆论正向引导；其三，增强发声主动性，统筹运用传统媒体和新媒体，主动设置议题，加大政策宣传力度，通过媒体矩阵讲好宁夏"三农"故事。

境 外 篇

Overseas Public Opinions

B.23

港澳台媒体涉大陆“三农”舆情分析

刘仲敏　边隽祺*

摘　要： 2019年，港澳台媒体涉及大陆的“三农”舆情信息量较上年明显上升，台湾《中时电子报》、“中央社”、《旺报》、香港《文汇报》、香港经济通通讯社是报道量居前五位的媒体。港澳台媒体关注的领域相对比较集中，农业贸易、农业合作、兽医及动物疫情相关的报道量居前三位，合计占总报道量的比重达65%。“中美经贸摩擦涉农议题”“中加关系紧张影响农业贸易”“‘一带一路’倡议助力跨国农业合作”等涉外话题，以及“非洲猪瘟疫情影响猪肉价格”“大陆与台湾地区加强农业合作”“中国脱贫攻坚战”等国内涉农话题是港澳台媒体报道的热点。

关键词： 港澳台媒体　农业合作　脱贫攻坚战　猪肉价格

* 刘仲敏，环球舆情调查中心舆情分析师，主要研究方向为海外舆情；边隽祺，环球舆情调查中心舆情分析师，主要研究方向为海外舆情。

一　舆情总体概况

（一）舆情走势分析

2019 年，环球舆情调查中心共监测整理 24 家港澳台媒体涉及大陆的"三农"报道 3991 篇（见图 1），数量较 2018 年大幅增加，增幅约 62%，月均报道量 333 篇。报道总量中，中文报道 3952 篇，英文报道 39 篇。

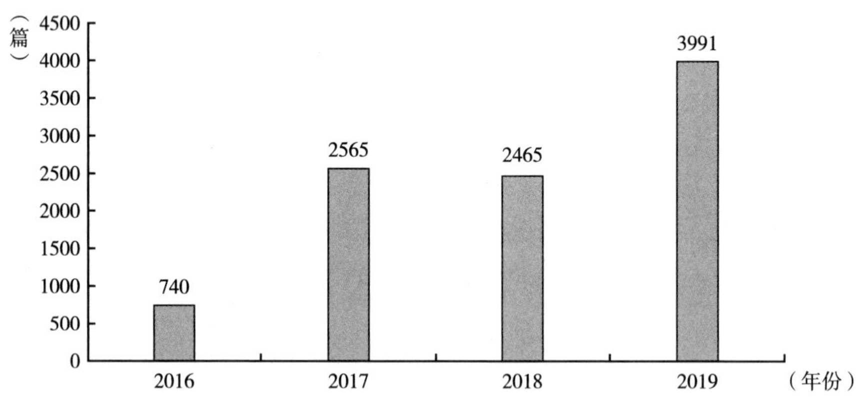

图 1　2016～2019 年港澳台媒体涉及大陆的"三农"报道量

资料来源：环球舆情境外媒体版权数据库。（图表数据下同）

纵观 2019 年，港澳台媒体涉大陆"三农"的舆情总体呈波动上升走势。上半年舆情小高峰出现在 3 月，下半年舆情高峰集中在 7 月至 9 月，其中 9 月出现全年舆情峰值（见图 2）。2019 年 3 月，台湾高雄市长韩国瑜、南投县长林明溱等多位蓝营县市长前往大陆，与大陆签订农产品订单，引发台湾媒体对两岸之间农业贸易与合作的热议。此外，大陆非洲猪瘟疫情进展情况也受到多家港澳台媒体的重点关注。2019 年下半年，中美经贸摩擦中的涉农议题成为贯穿 7 月至 9 月的舆情热点，该话题相关舆情量约占 3 个月舆情总量的一半。除中美经贸摩擦话题外，7 月，台湾《中时电子报》《台北时报》《旺报》等多家媒体持续关注两岸之间的农产品贸易与农业合作。8 月，台风利奇马导致中国多省农业生产遭受损失，受到多家媒体关注。此外，大陆农村脱贫机制建立和脱贫攻坚战成果也被港台多家媒体报道。2019 年 9 月，大陆猪肉价格受到港澳台媒体持续关注，台湾《中时电子报》、香港经济通通讯社、《星岛日报》《信报》等多家媒体聚焦财政部、农业农村部共同出台的稳定生猪生产政策。

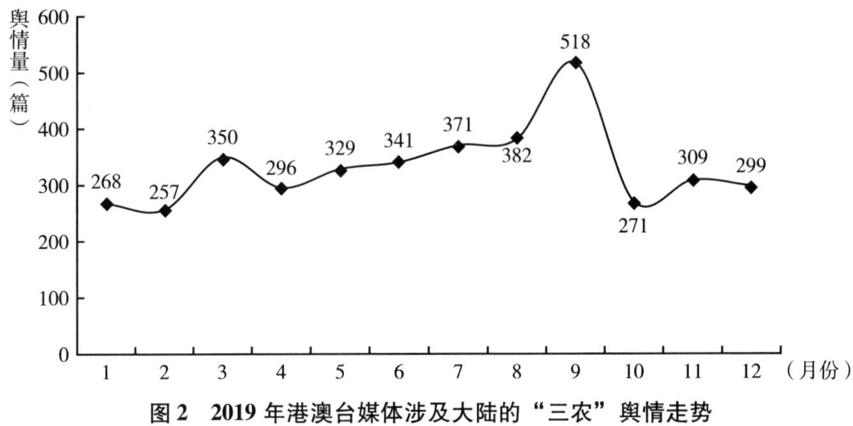

图 2　2019 年港澳台媒体涉及大陆的“三农”舆情走势

（二）媒体报道概况

在所有 3991 篇报道中，台湾媒体报道量为 2122 篇，占 53.2%；香港媒体报道 1565 篇，占 39.2%；澳门媒体报道 304 篇，占 7.6%。在报道量排列前 10 位的媒体中，香港、台湾、澳门媒体的数量分别为 5 家、4 家、1 家。其中，报道量居前三位的均为台湾媒体：台湾《中时电子报》继续保持第一，全年刊发涉大陆“三农”报道 858 篇；台湾“中央社”与台湾《旺报》的报道量分别为 366 篇和 342 篇，列第二、第三位（见图 3）。

（三）关注内容分析

从关注内容看，本研究采集的 3991 篇报道中，农业贸易相关的报道量最多，达 1538 篇；农业合作 544 篇，兽医及动物疫情 485 篇，三者合计占比超六成，达 65%（见图 4）。农业生产与粮食安全、农村社会事业居第四、五位，报道量分别为 253 篇和 203 篇；农业政策、畜牧业、农业信息化、农村一二三产业及创业创新、渔业报道量也均在百篇以上。在所有报道

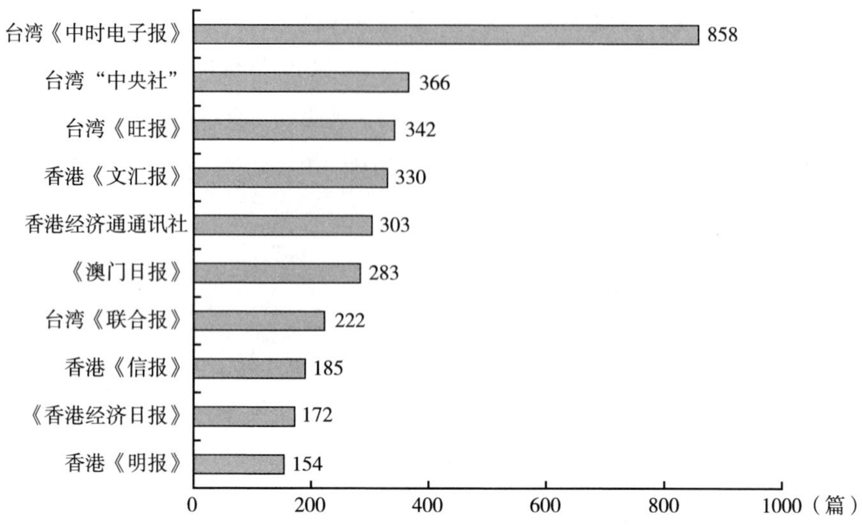

图 3　2019 年港澳台媒体涉及大陆的“三农”报道量 TOP 10

中，关注大陆“三农”动态的报道 2416 篇，占 60.5%，其中非洲猪瘟疫情防控进展及两岸农业贸易合作是媒体关注重点；涉及国际农业的报道 1575 篇，占 39.5%，其中中美经贸摩擦是关注重点。

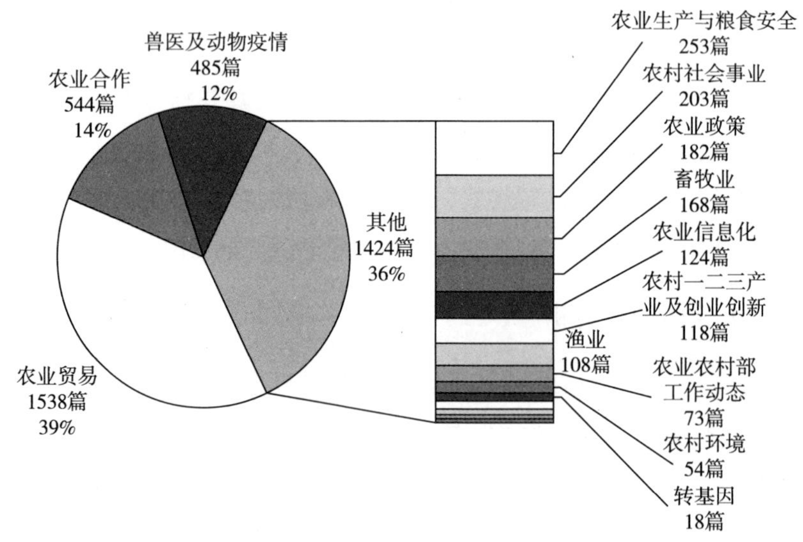

图 4　2019 年港澳台媒体涉及大陆“三农”的报道话题分布

二 热点话题分析

本研究对港澳台媒体涉大陆“三农”报道量排前五位的话题分析如下。

（一）农业贸易

2019 年港澳台媒体报道的农业贸易相关内容包括国际农业贸易、港澳台与大陆的农业贸易两部分。国际农业贸易方面，中美经贸摩擦涉农内容是热点新闻，中国对美国的农产品采购计划是两国经贸谈判的重要环节，多家媒体围绕中美涉农谈判展开追踪报道。12 月 13 日，中美达成第一阶段经贸协议。香港《文汇报》报道称，此次达成协议后，中国将大幅增加自美进口农产品，两国农业互补性非常强，进口美国农产品不会冲击中国农业。此外，中国与加拿大之间的农业贸易也受到台湾“中央社”、《中时电子报》以及《澳门日报》等17 家港澳台媒体持续关注。媒体报道称，受孟晚舟事件影响，中加关系交恶，中国自 3 月起对加拿大菜籽油及肉制品进口加强限制；11 月，中国逐步恢复对加拿大的肉制品进口。大陆与台湾地区之间的农业贸易也受到台湾媒体高度关注，台湾地区水果、水产品等农特产品销往大陆的相关信息是关注重点。

（二）农业合作

2019 年港澳台媒体报道的农业合作相关新闻主要包括国际农业合作、港澳台与大陆的农业合作。国际农业合作方面，“一带一路”倡议推动中国与法国、意大利的农业合作，引发港澳台媒体关注。香港经济通通讯社、《星岛日报》《文汇报》以及《澳门日报》等媒体报道称，中国国家主席习近平于 3 月 26 日结束对法国、意大利、摩洛哥的国事访问，取得丰硕成果，并在中欧“一带一路”倡议合作上取得历史性突破。“一带一路”倡议有望进一步加快中法、中意之间农业、科技、金融等领域的合作。此外，中俄两国元首于 6 月 5 日签署的《中华人民共和国和俄罗斯联邦关于发展新时代全面战略协作伙伴关系的联合声明》也受到媒体关注。台湾《中时电子报》

称，习近平主席出访前就强调（2018 年）中俄双边贸易额突破 1000 亿美元，创历史新高，两国政府将采取更积极的措施，争取提升双边贸易额；在农业领域，中俄双方共同签署了关于深化大豆合作的发展规划，为全面拓展和深化双方大豆贸易与全产业链合作奠定了重要的基础。在港澳台地区与大陆的农业合作方面，时任高雄市长的韩国瑜访问大陆，与大陆签订农业订单成为媒体关注热点。台湾《旺报》报道称，韩国瑜此举旨在以高雄作为领头羊，进一步加强与大陆南部省份的农业合作，实现互利共荣。此外，自 2018 年国台办发布《关于促进两岸经济文化交流合作的若干措施》（简称“31 条惠台措施”）以来，大陆各省市纷纷推出惠台政策，涉及农业经贸合作领域。台湾《联合报》《中时电子报》《旺报》等多家媒体对福建、云南、广东、四川等省的涉农惠台政策进行了关注报道。

（三）兽医及动物疫情

自 2018 年 8 月大陆发生首例非洲猪瘟病例以来，非洲猪瘟疫情对中国多省市生猪生产造成不利影响，港澳台媒体对此予以持续关注。针对非洲猪瘟疫情、“猪周期”等影响导致的猪肉价格上涨，中国政府控制猪肉价格的相关措施受到媒体关注。《澳门日报》报道称，猪肉价格上涨受到中国高层关注。中国国务院总理李克强于 2019 年 8 月 21 日主持召开国务院常务会议，确定稳定生猪生产和猪肉稳价措施。媒体对会议提出的“取消超出法律法规的生猪禁养限养规定、发展规模养殖、提升疫病防控能力、保障猪肉供应”等措施予以重点报道。与此同时，多家媒体也对中国非洲猪瘟疫苗研制进度予以关注。5 月，中国农业科学院通报称，由哈尔滨兽医研究所自主研发的非洲猪瘟疫苗取得阶段性成果；9 月，中国农业科学院表示非洲猪瘟疫苗即将进入临床试验阶段；10 月，中国科学家成功解析非洲猪瘟病毒结构助力新型疫苗开发。台湾“中央社”、《中时电子报》、香港经济通通讯社等多家媒体均对疫苗研制的进展情况进行追踪报道。

（四）农业生产与粮食安全

在农业生产与粮食安全方面，多家港澳台媒体对 2019 年危害大陆粮食生产的自然灾害予以关注：2019 年 6 月，害虫草地贪夜蛾席卷危害中国 18 省份多处农田；8 月，台风“利奇马”导致浙江、山东等省份农业生产遭受严重损失。此外，国务院新闻办于 10 月发布《中国的粮食安全》白皮书，也获得多家港澳台媒体关注。香港《文汇报》报道称，白皮书指出中国谷物自给率超过 95%，中国完全能够自给，将中国人的饭碗牢牢端在自己手上，进出口主要是品种调剂。与此同时，科技进步推动中国农业生产水平提高成为多家媒体所关注的话题。香港《文汇报》、台湾《联合报》《旺报》等媒体关注无人机播种、无人机喷洒农药等提高农业生产效率的最新无人机技术；《澳门日报》、台湾《旺报》《中时电子报》等媒体则对“北斗”卫星导航系统在农业领域的应用进行报道。《中时电子报》报道称，根据“北斗”精确导航定位功能，农业部门开发出自动化精细耕作系统，有助于提高耕种效率、减少土地浪费、增加产量。

（五）农村社会事业

2019 年，大陆农村“脱贫攻坚”成为多家港澳台媒体关注的热点话题。自脱贫攻坚战打响六年以来，中国现行标准下的农村贫困人口已降至 1660 万人（2018 年底数据），连续 6 年超额完成千万人口减贫任务。香港《文汇报》《明报》《东方日报》等多家媒体在其报道中对大陆脱贫攻坚战成果予以高度肯定，认为农村全部脱贫有望于 2020 年如期实现。香港《明报》《信报》《星岛日报》等媒体聚焦 2019 年 12 月 20～21 日召开的中央农村工作会议，刊发相关报道。报道转述会议主要精神，称 2020 年是中国全面建成小康社会的收官之年，打赢脱贫攻坚战是全面建成小康社会的重中之重，要保持脱贫攻坚政策整体稳定，抓紧研究接续推进减贫工作。在农村脱贫问题之外，港澳台媒体还对农村留守儿童予以关注。台湾《旺报》称，近年来大陆农村留守儿童数量有所下降，这与政府持续推动农民工返乡创业有关，进一步解决留守儿童问题，仍需要更多制度上的支撑与民众观念的更新。

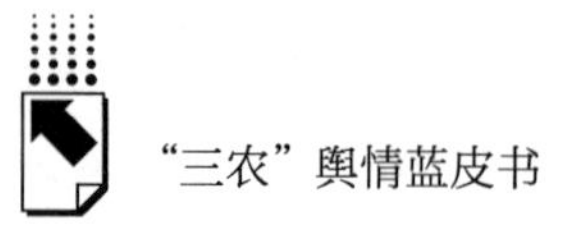

三　热点事件解读

2019 年港澳台媒体涉及大陆的“三农”舆情热点事件涉及包括农业贸易、农业合作、农村社会事业在内的多个领域，大陆的农业农村发展引发港澳台媒体跟进报道。针对本研究所采集的 3952 条港澳台媒体关于大陆的“三农”中文报道标题做词频分析（见图 5），可以看出港澳台媒体对大陆重大国际农业贸易与合作事件关注度极高，其中“农产品贸易成中美经贸争端焦点”“‘一带一路’推进跨国农业合作”等话题报道量较高；国内农业贸易话题“大陆与台湾地区加强农业合作”也受到较多媒体关注。同时，部分港澳台媒体聚焦中国农村社会事业与相关政策，“中国脱贫攻坚战”“乡村振兴战略”“留守儿童”等话题成为报道热点。此外，港澳台媒体也密切关注大陆突发性涉农事件，“非洲猪瘟”“草地贪夜蛾”等关键词在报道标题中出现频率较高。

图 5　2019 年港澳台媒体涉及大陆的“三农”中文报道标题（3952 条）高频词

表 1　2019 年港澳台媒体涉及大陆的“三农”舆情热点事件 TOP 10

序号	事件	报道数量（条）	媒体数量（家）	所属领域
1	中美经贸摩擦涉农议题	1158	19	农业贸易
2	非洲猪瘟疫情	461	20	兽医及动物疫情
3	大陆与台湾地区加强农业合作	268	12	农业合作
4	中国脱贫攻坚战	110	15	农村社会事业
5	中国猪肉价格持续上涨后于年末回落	97	17	畜牧业
6	中加关系紧张影响农业贸易	95	18	农业贸易
7	“一带一路”倡议助力农业跨国合作	49	13	农业合作
8	中国全面推动乡村振兴战略实施	42	14	农业政策
9	各界关注农村留守儿童问题	28	10	农村社会事业
10	草地贪夜蛾席卷内地多处农田	25	9	农业生产与粮食安全

（一）大陆与台湾地区持续推进农业合作，促进两岸共同发展

2019 年，港澳台媒体对两岸之间农业贸易、农业交流活动等多类涉农合作议题进行持续关注与报道。3 月底，高雄市长韩国瑜开启大陆“经济之旅”，率团赴香港、澳门、深圳、厦门等地访问，签下农渔产品订单，价值累计突破 50 亿新台币。多家港澳台媒体对韩国瑜此行的成果与影响进行深入解读与分析。台湾《中国时报》称，韩国瑜此行为高雄带来利益和实惠，这些成果展现两岸应尽早实现应通尽通，打造共同市场，共享发展机遇。《香港经济日报》、台湾《旺报》及《澳门日报》等媒体在报道中称，韩国瑜此行在“九二共识”的护航下顺利进行。韩国瑜强烈支持“九二共识”，认为这是两岸交流的定海神针；有了“九二共识”后，两岸才能交往。在“九二共识”基础上，台湾南投县长林明溱、台中副市长令狐荣达等多位蓝营县市长也相继率团前往大陆寻求包括农业在内的多领域的贸易合作机会。在蓝营人士推动两岸农业贸易合作的同时，台湾内部产生部分质疑的声音，民进党当局不承认“九二共识”，意图加剧两岸对抗，阻碍包括农业在内的多领域交流。对此，《澳门日报》发表社评文章称，（2019 年）以来，多个蓝营执政县市组团赴大陆推销农渔产品，收获丰富，这足以证明两岸社会经

济融合发展才是两岸民众共同愿望和主流民意。民进党当局倒行逆施，企图闭关锁岛，阻断两岸交流，无异于自断台湾民众活路。

在农业贸易活动之外，两岸之间还围绕“乡村振兴”进行了丰富的交流合作活动，受到港澳台媒体关注。2019 年 11 月，两岸农业文创高峰论坛暨“丽水山耕奖”农业文创大赛颁奖典礼在浙江丽水举行，“2019 两岸农业文创高峰论坛”与颁奖典礼同时举行，论坛围绕“农业文创”主题展开讨论，为乡村振兴赋能。对此，台湾《联合报》报道称，2019 两岸农业文创高峰论坛，整合了大陆和台湾地区优秀农业文创人才和农业文创经验，切合两岸均有需求的乡村振兴工作热点。此外，坐落于福建省的闽台农民创业园、两岸农业创业示范点也受到多家媒体关注。台湾《中时电子报》在关于福建漳平台湾农民创业园的报道中称，在两岸农业合作中，台湾高优精致农业的精耕细作和土地经营理念，能够有效结合大陆多元多样的土地资源和广大市场，从而实现优势互补，促进乡村振兴。

（二）信息化与大数据助力农村脱贫，中国减贫经验为世界提供借鉴

2019 年，中国 1000 多万农村贫困人口摆脱贫困，脱贫攻坚取得决定性胜利，为 2020 年全面打赢脱贫攻坚战奠定坚实基础。在实现脱贫的过程中，信息化与大数据技术为扶贫工作提供重要助力，受到港澳台媒体广泛关注。在信息化扶贫方面，台湾《旺报》报道称，大陆电商平台为协助农村脱贫，启动“村播计划”，帮助贫困县建立电商直播运营团队，实现可持续的农产品电商运营。河南省南阳市镇平县副县长王洪涛“以身作则”进行直播，为县里的土鸡蛋、桃子等产品代言，起到极好的助销效果。电商扶贫对镇平县的成功脱贫起到很大作用。在大数据技术扶贫方面，香港《信报》报道称，服务于贵州省政协脱贫攻坚“百千万”行动的大数据公益平台于 4 月 25 日上线。该平台是一个大数据与脱贫攻坚深度融合、与农村产业革命互相促进、与乡村振兴有机衔接的互联网运营平台。平台将促进“百千万”行动更加规范化、智能化，进一步提高政协参与脱贫攻坚的质量水平和工作效率。

据多家港澳台媒体报道，中国的信息化大数据扶贫受到海外专家和官员的广泛认可，对世界扶贫有重要借鉴意义。香港《文汇报》报道称，世界银行和阿里巴巴共同发布报告《电子商务发展：来自中国的经验》。报告称，中国农村电商的发展经验表明，数字技术不仅能使高收入国家和城市地区受益，也可用于推动发展中国家和农村地区快速发展，成为重要的减贫工具。《澳门日报》在报道中援引联合国开发计划署驻华代表处戴文德于 5 月 27 日中国国际大数据产业博览会“大数据与全球减贫”高端对话中的发言，戴文德称，贵州作为中国首个大数据综合实验区和中国脱贫攻坚主战场，近年来积极推动大数据与脱贫攻坚的深度融合，加快脱贫进程；中国运用大数据精准定位贫困人口，精准找到致贫原因并提供解决方案，这对世界减贫具有借鉴意义。

（三）猪肉价格受非洲猪瘟疫情等因素影响较快上涨，中国政府采取强力应对措施

非洲猪瘟疫情发生以来，中国生猪存栏量一路下跌，加之“猪周期”等因素影响，猪肉价格于 2019 年下半年以来出现较快上涨。政府为稳定猪肉价格，及时采取各项措施，受到港澳台媒体高度关注。在国家政策层面，8 月 31 日以来农业农村部会同国家发改委、财政部等部门，相继印发文件，出台 17 条政策扶持生猪养殖、控制猪肉价格上涨。多家媒体对相关政策进行持续关注报道。香港《明报》指出，中央高层将猪肉产量视作“重大的政治任务”，国务院召开常务会议提出落实猪肉保供稳价措施；财政部、农业农村部等各部门出台相关政策。中国多个省份响应 17 条政策号召，出台支持生猪养殖政策。香港《星岛日报》报道称，中央政府不断使出“新招”支援养猪行业，国家发改委、农业农村部于 9 月 9 日联合发布《关于做好稳定生猪生产中央预算内投资安排工作的通知》，对 2020 年底前新建、改建、扩建种猪场、规模猪场等给予一次性补助。该报道援引业内人士观点称，此《通知》有利于提高生猪养殖行业集中度及平滑猪价波动，但养猪行业要形成标准化、工业化的大规模生产，仍有很多功课要做。

除17条政策之外，港澳台媒体还对政府投放冷冻猪肉以缓解猪肉市场供应压力的措施进行报道。香港经济通通讯社报道称，2019年9月19日以来，商务部分三批共投放中央储备猪肉3万吨。报道援引商务部相关负责人的发言，称商务部有信心也有能力保障肉类市场供应，保持猪肉价格基本稳定。台湾“中央社”称，进入11月后，大陆猪肉批发价格首次出现连续5天下跌，冷冻猪肉投放市场的措施奏效，批发市场放开冷冻猪肉销售，在一定程度上抑制了肉价上涨。

在中国政府出台一系列措施稳定猪肉市场之际，一些不法商人结成的“炒猪团”，瞄准生猪价差大且省际难以监管的地区，采取非法手段跨省偷运生猪，操纵猪肉价格，从中牟取暴利。对此，政府部门予以严厉打击。台湾“中央社”、香港《明报》多家港澳台媒体对该事件予以关注。香港《明报》报道称，为切实维护猪肉市场秩序，农业农村部印发《关于打击和防范“炒猪”行为 保障生猪养殖业生产安全的通知》，称“炒猪”行为涉嫌严重影响非洲猪瘟疫情防控工作正常开展，严重破坏生猪生产秩序，要求严厉打击，发现涉嫌犯罪的，须按有关规定及时移送公安机关处理。

B.24

国外媒体涉中国“三农”舆情分析

刘仲敏　边隽祺*

摘　要： 2019年环球舆情调查中心监测46个国家111家权威媒体刊发关于中国“三农”的报道3460篇，同比增长43.0%。农业贸易、兽医及动物卫生、农业合作、乳业、农业生产与粮食安全是报道量前五的话题，英国、加拿大、美国是媒体报道量居前三的国家。国际舆论聚焦中美经贸摩擦涉农内容、非洲猪瘟疫情影响中国猪肉价格等话题，中国乡村振兴的顶层战略部署与各环节具体工作以及“一带一路”框架下的国际农业合作也是国外媒体报道的热点。

关键词： 中美经贸摩擦　非洲猪瘟疫情　猪肉价格　“一带一路”倡议　乡村振兴

一　舆情总体概况

（一）舆情走势分析

2019年，环球舆情调查中心监测整理111家国外权威媒体涉及中国“三农”的报道3460篇，监测媒体较上年增加7家，报道量较上年增加

---

* 刘仲敏，环球舆情调查中心舆情分析师，主要研究方向为海外舆情；边隽祺，环球舆情调查中心舆情分析师，主要研究方向为海外舆情。

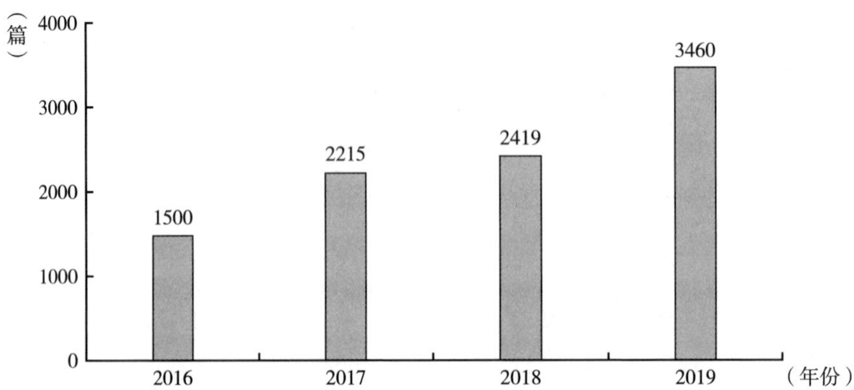

图 1　2016～2019 年国外媒体涉及中国的“三农”中英文报道量

资料来源：环球舆情境外媒体版权数据库。（图表数据下同）

1041 条，增幅 43.0%（见图 1）。

从 2019 年全年看，舆情走势波动较大，上半年舆情信息量多于下半年。年度舆情峰值出现在 3 月份，相关报道量达 397 篇（见图 2）。从各月重点关注内容看，中美经贸摩擦涉农内容以及中国非洲猪瘟疫情进展情况和防控措施是贯穿全年的舆情热点。此外，3 月和 6 月，多家海外媒体集中关注中国与加拿大的跨国农业贸易动态，两个月的热点话题分别为“中国禁止进口加拿大油菜籽”“中国暂停进口加拿大肉类产品”；4 月，巴基斯坦总理伊姆兰·汗来华访问，中巴共议中巴经济走廊建设第二阶段，两国在第二阶段将致力于农业等多领域合作，成为舆情热点；6 月，多家媒体聚焦中国农业

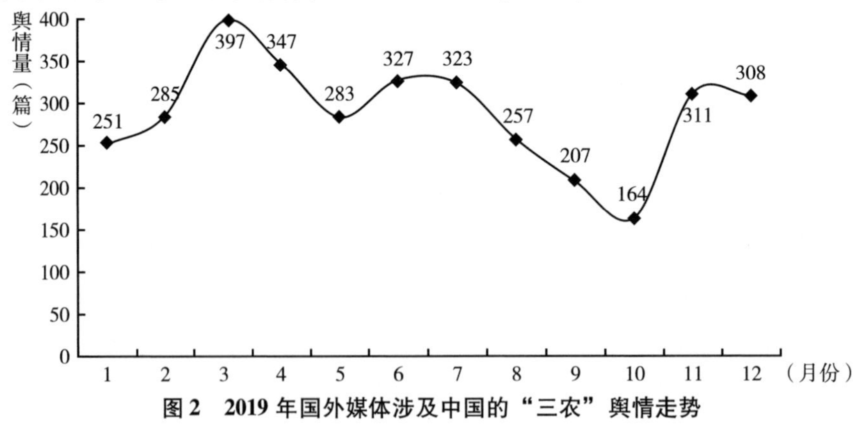

图 2　2019 年国外媒体涉及中国的“三农”舆情走势

农村部副部长屈冬玉当选联合国粮农组织新任总干事；2019 年 8 月，A2 牛奶公司在中国市场取得成功、业务营收大涨的消息，以及 9 月俄罗斯对华禽肉出口额有望突破 1 亿美元等消息也被外国媒体关注。

（二）媒体国别分布

在监测整理的 3460 篇报道中，英文报道有 3256 篇，占比超九成（94.1%）；中文报道 204 篇，占比 5.9%。在参与报道的 111 家国外媒体中，共有 102 家媒体做出英文报道，平均每家媒体报道量 31.9 篇；10 家中文媒体平均每家报道量 20.4 篇①。英文媒体对 2019 年中国“三农”话题的关注程度高于中文媒体。

上述 111 家媒体共来自 46 个国家。其中，有 15 个国家的媒体报道量超过 40 篇（见表 1）。从报道量国别排名情况看，英国排第一，9 家媒体共做出 1198 篇报道，仅路透社一家就做出 1138 篇报道。加拿大和美国的报道量分居第二、三位，分别为 332 篇和 331 篇；两国媒体本年度涉及中国“三农”报道总量与 2018 年（加拿大 18 篇，美国 76 篇）相比均大幅提升，加、美媒体共同聚焦“中美经贸摩擦涉农谈判与政策”和“中加关系紧张影响农业贸易”话题，相关报道分别占两国媒体中国“三农”总报道量的八成和六成以上。

表 1　2019 年国外媒体涉及中国“三农”报道的国别分布及数量统计

所属国家	媒体个数	报道篇数	所属国家	媒体个数	报道篇数
英国	9	1198	乌克兰	2	79
加拿大	4	332	新加坡	3	76
美国	8	331	日本	4	69
澳大利亚	10	258	法国	1	62
新西兰	3	231	巴基斯坦	3	58
俄罗斯	6	214	德国	2	53
哈萨克斯坦	5	115	南非	2	42
马来西亚	3	107	其他	47	235
合计			46 个	111	3460

① 英国广播公司（BBC）分别刊发英文和中文涉农报道，该媒体分别计入英文媒体和中文媒体的统计中。

（三）报道媒体排行

从报道量媒体排名情况看，位列前10的媒体来自9个国家。其中，英国路透社以1138篇的报道数量，再次占据榜首，与上年的1164篇相比略有下降。新西兰国外事务网位居第二，报道量为201篇；加拿大通讯社、美国《华尔街日报》、《澳大利亚人报》分列第三、四、五位，报道量均在百篇之上；俄罗斯国际文传电讯社和马来西亚《南洋商报》的报道量分别为91篇、88篇，排在第六、七位；加拿大《环球邮报》、乌克兰《全球商业》杂志和哈萨克斯坦新闻专线的报道量也均超过70篇（见图3）。

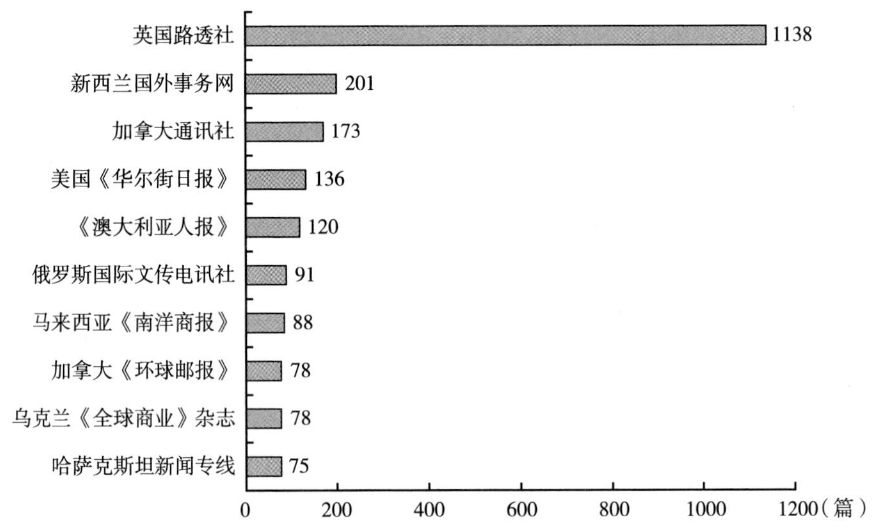

图3　2019年国外媒体涉及中国的“三农”报道量TOP 10

（四）关注话题分析

2019年所有涉及中国“三农”的3460篇报道中，农业贸易类信息共计2112篇，占报道总量的61.0%。其中“中美经贸摩擦涉农谈判与政策”“中加关系紧张影响农业贸易”“俄罗斯对华农产品出口量增加”等议题被国外媒体大量报道。非洲猪瘟疫情情况及相关防控措施引发国外媒体持续跟踪报道。2019 年，兽医及动物卫生相关信息与上年（407 篇）相近，共有 397 篇，占总量的 11.4%。中外农业合作相关信息亦是国外媒体报道重点，信息总计 286 篇，其中“‘一带一路’框架下的农业合作”“中巴致力于在经济走廊第二阶段展开农业合作”等在国际舆论场有较大声量。此外，乳业、畜牧业、农业生产与粮食安全、渔业、农业政策、农业信息化、农业农村部工作动态等其他农业信息共计 665 篇，占总量的 19.2%（见图 4）。

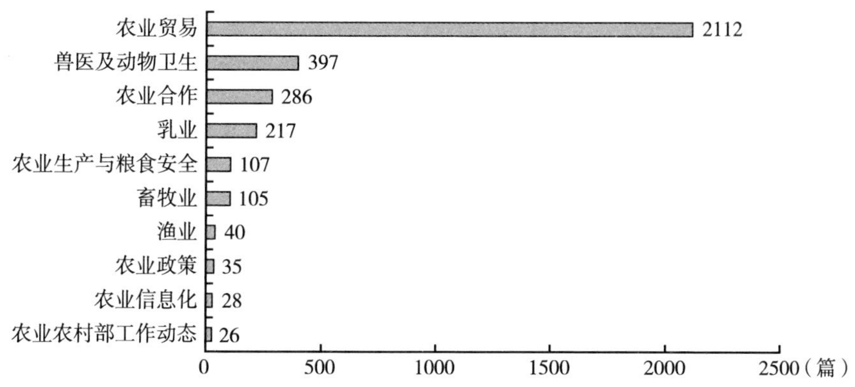

图 4　2019 年国外媒体涉及中国的“三农”舆情议题舆情量排行 TOP 10

上述信息共涉及 82 个国家。其中，中国与美国、加拿大、俄罗斯、澳大利亚、哈萨克斯坦、巴西、马来西亚、新西兰、巴基斯坦、菲律宾（排名分先后）等 10 个国家贸易与合作相关内容的报道量居前 10 位。美国方面，“中美经贸摩擦涉农业谈判与政策”是国外媒体报道的重中之重；加拿大方面，媒体聚焦中加关系紧张给两国农业贸易带来的影响，“中国禁止进口加拿大油菜籽”与“中国暂停进口加拿大肉类产品”被媒体重点关注报道；俄罗斯方面，“中俄致力于增强农业领域合作”“俄罗斯对华农产品出口量增加”等话题受到较多关注；澳大利亚方面，媒体重点关注乳业相关信息，“澳大利亚乳业企业在华发展状况”“中国乳业企业在澳收购计划”等话题的报道量较多；哈萨克斯坦方面，得益于“一带一路”倡议的推进，“哈萨克斯坦对华粮食出口逐年增长”“中国与哈萨克斯坦签署出口农产品检验检疫要求协议”“中国企业在哈投资建设农产品加工园区”等内容受到媒体关注；巴西方面，“巴西暂停向中国出口牛肉”“巴西多家肉类加工厂获中国出口许可”等农业贸易议题成为媒体关注热点；马来西亚方面，媒体重点关注“中国成为马来西亚猫王山榴梿重要市场”“‘一带一路’促进中马双边农业贸易”等话题；新西兰方面，“新西兰 A2 牛奶对华出口量增加”被关注；巴基斯坦方面，“中巴经济走廊第二阶段或促双边农业合作”“中企将协助巴基斯坦农业发展”等话题被媒体报道；菲律宾方面，“菲律宾严格控制中国肉类产品入境”被重点关注。

二　热点话题分析

本研究就 2019 年国外媒体关于中国“三农”的报道数量排前五位的话题分析如下。

（一）农业贸易

2019 年监测的 2112 篇国际农业贸易相关报道涉及 63 个国家。其中，中美、中加涉农贸易分别以 1109 篇和 368 篇居前两位。中国与俄罗斯涉农贸易相关报道量列第三位，有 123 篇。

中美经贸摩擦涉农议题是本年度国际媒体的关注重点。2019 年上半年，中美经贸摩擦经过年初的休战阶段后，于 5 月再次升级发酵。在围绕中美经贸摩擦展开的谈判过程中，大豆等农产品贸易成为两国争论的焦点，中国停购美国农产品对美国金融市场带来的冲击被多家海外媒体关注报道。据英国路透社报道，5～7 月，受中美经贸摩擦影响，美国玉米、大豆期货价格均不断下跌。美国《华尔街日报》在其 8 月报道中称，在中国宣布暂停所有美国农产品进口后，美国农产品供应公司股价随之下跌。此外，部分媒体还对中美经贸摩擦为美国当地农民带来的不利影响进行关注。美联社 5 月报道称，密苏里州大约三分之一的大豆销往中国，5 月初中美谈判的破裂，使得当地农民为自己的未来“感到忧虑”。据外媒报道，除豆农之外，美国猪肉、小麦、樱桃等农产品生产者亦因中美经贸摩擦遭受损失。经中美两国持续磋商，两国贸易局势于2019年9月开始渐趋缓和，并于12月13日就第一阶段经贸协议文本达成一致。新加坡《海峡时报》在报道中指出，协议达成后，中美双方会分阶段取消关税，中方会加购美国农产品；中美双方的协议从长远来看符合两国人民和世界人民的根本利益。

自2019年1月起，中国陆续对加拿大油菜籽、猪肉、牛肉等农产品发布进口禁令，被外国媒体集中报道。加拿大媒体称，中国的禁令可能对加拿大相关的农产品行业带来“灾难性的影响”。在关注中加农业贸易的媒体中，英国路透社、法国法新社、加拿大通讯社等多家媒体宣称中国暂停采购加拿大农产品是中国对其扣押孟晚舟事件的报复。事实上，中国方面停止采购加拿大油菜籽是因为中国海关从进口加拿大油菜籽中检出检疫性有害生物；中国发布肉类进口禁令则是因为中国海关在一批加拿大猪肉中检测出“瘦肉精”成分，并发现该批猪肉的官方兽医卫生证书系伪造。在加拿大方面实施整改计划并修复两国肉类交易中现存的安全漏洞后，中国于当年11月恢复了加拿大对华肉类出口。

在“一带一路”框架下，中国与俄罗斯致力于发展两国新时代全面战略协作伙伴关系，在包括农业在内的多领域展开合作；随着两国农业合作稳步发展，农业贸易成为双边贸易的重要增长点，受到大量媒体关注。据多家俄罗斯媒体报道，俄罗斯对华出口的农产品品类丰富，包括大豆、小麦、玉米、家禽等；2019年上半年，俄罗斯对华农产品出口同比增长27%，达19亿美元。俄罗斯国际文传电讯社报道，在中俄总理第24期定期会晤中，俄罗斯总理梅德韦杰夫称，中俄两国一直在努力消除阻碍农产品贸易发展的障碍。在中俄农业贸易中，两国大豆贸易受到集中关注。中国海关总署于7月29日发布《关于允许俄罗斯全境大豆进口的公告》，允许俄罗斯境内所有产区种植的用于加工的大豆，在经检验检疫合格后进口到中国。俄罗斯卫星通信社报道称，中美经贸摩擦背景下，美国降低供给中国的大豆量；从俄罗斯进口更多大豆将为中国提供有力保障，帮助中国填补粮食上的不足。

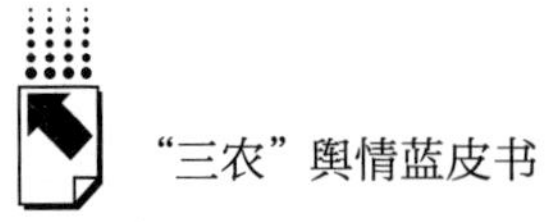

（二）兽医及动物卫生

2019 年，共有 40 家国外媒体对中国兽医及动物卫生相关动态予以报道，非洲猪瘟疫情为中国及国际社会带来的影响和相关疫情防控工作成为热点舆情话题。据德国德新社、美国《华尔街日报》、加拿大《多伦多星报》等多家海外媒体报道，受非洲猪瘟疫情影响，中国 2019 年猪肉产量较上年下降 20% ~30%，猪肉供应量的减少导致中国猪肉价格的大幅上涨。此外，非洲猪瘟疫情对中国养猪产业带来较大冲击。英国路透社报道称，中国的中小型养猪户和大型畜禽类养殖集团均遭受严重打击并面临亏损。在国际影响方面，非洲猪瘟疫情扩大了中国对猪肉进口的需求。美国《华尔街日报》在报道中称，中国需进口更多的猪肉、牛肉及禽类产品来填补非洲猪瘟疫情带来的庞大市场缺口，这带动了美国本地猪肉零售价格及猪肉期货价格的上涨。此外，中国对欧洲猪肉的需求急剧上升，亦推动德国猪肉价格上涨。在非洲猪瘟疫情的防控措施方面，国际媒体集中关注中国对非洲猪瘟疫苗的研制工作。英国路透社、新西兰国外事务网等媒体报道称，中国哈尔滨兽医研究所已于 5 月份在非洲猪瘟疫苗的自主研发方面取得阶段性成果。为防止非洲猪瘟疫情进一步蔓延，中国与周边多国就防疫工作展开协商与合作。俄罗斯国际文传电讯社报道称，中国农业农村部副部长于康震于 9 月份率代表团访问俄罗斯并参观了俄罗斯联邦兽医和植物卫生监督局的核心实验室，俄罗斯专家在实验室就俄罗斯对非洲猪瘟疫情的防控体系与相关措施进行分享。日本时事通信社报道称，为防止非洲猪瘟疫情通过中国进入日本，日本农林水产省于 11 月同中国检疫当局签署备忘录，两国将加强在机场和港口对猪肉制品不当携带入境与携带出境的检查，深化双方在非洲猪瘟疫情检疫方面的合作。

（三）农业合作

2019 年，外媒关于中国对外农业合作的报道共有 286 篇，涉及 58 个国家。中国与哈萨克斯坦依托“一带一路”倡议，不断深化在农业领域的合作，受到多家国外媒体关注。4 月，哈萨克斯坦新闻专线报道称，哈萨克斯坦小麦等粮食对华出口量有所上升。在数年前，哈萨克斯坦运输能力有限，物流成本高昂。这导致当地公司的优质小麦主要销往欧洲，对华粮食出口数量相对较少。然而，在中国“一带一路”倡议的引领下，中欧班列于近年开通，极大促进了中哈两国之间的粮食贸易与农业合作。2019 年 4 月，哈萨克国际文传电讯社报道称，哈萨克斯坦农业部和中国海关总署于 4 月 26 日在“一带一路”国际合作高峰论坛框架下签署了双边农产品出口检验检疫要求协议，30 家哈萨克斯坦谷物粉企业和 4 家肉产品企业将进入中国进口企业名单。6 月，哈萨克国际通讯社报道称，中国国家主席习近平在比什凯克会见哈萨克斯坦总统托卡耶夫。会见中，习近平主席强调，中方希望依托“一带一路”倡议，加深与哈萨克斯坦在农业、高技术等多领域的合作。9 月，该社报道称，哈萨克斯坦总统托卡耶夫于 11 日在北京出席了哈中企业家委员会第 6 次全体会议，并发表讲话。他表示，哈中两国在农业领域有巨大的合作潜力，广大的中国市场能为哈萨克斯坦出口领域带来巨大机遇。

此外，国外媒体对中国与俄罗斯之间的农业合作亦有所关注。哈萨克斯坦新闻专线、新西兰国外事务网等多家媒体就中俄两国元首于 6 月 5 日签署的《中华人民共和国和俄罗斯联邦关于发展新时代全面战略协作伙伴关系的联合声明》刊发报道。报道援引《声明》称，两国将致力于发展中俄新时代全面战略协作伙伴关系，并加强两国在金融、农业等多领域的合作；俄罗斯方面愿意加强对华出口大豆等农产品，并加快经济联盟同“一带一路”的对接。9 月，新加坡《联合早报》报道称，中国总理李克强自 16 日起对俄罗斯进行为期三天的访问。在中美经贸摩擦冲击美国对华农产品出口的大背景下，农业合作已经成为中俄合作的新热点之一，加强农业合作或将进一步巩固两国经贸乃至战略合作关系。

有部分国外媒体亦对中国与马来西亚之间的农业合作进行报道关注。据马来西亚《中国报》、马来西亚《南洋商报》报道，7 月，马来西亚农业及农基工业部部长拿督沙拉胡丁称，马来西亚的猫王山榴梿、燕窝等农产品出口至中国市场，两国农业经贸合作加强。他还称，随着中国农业农村部副部长屈冬玉担任为联合国粮农组织总干事，中国在向他国开放农产品市场和寻求农业合作上将扮演更重要的角色，这对马来西亚而言至关重要。

（四）乳业

2019 年，在 217 篇涉华乳业报道中，有 172 篇关注国外乳企在华的生存与发展，有 45 篇关注中国乳业发展状况。其中，澳大利亚和新西兰乳业企业在华的市场表现成为国际媒体关注重点。2019 年，澳洲婴幼儿奶粉持续受到中国消费者的欢迎，澳大利亚婴儿奶粉企业 Bubs 寻求扩大在华市场，与中国婴儿食品生产商贝因美签署合作协议，并获得中国电子商务巨头阿里巴巴集团的支持，被多家媒体集中关注报道。与此同时，新西兰 A2 牛奶公司亦将战略市场转向中国，并在中国婴幼儿配方奶粉市场取得成功；中国市场的成功使 A2 牛奶公司年度利润获得 47% 的大幅度增长。此外，多家国外媒体对蒙牛乳业、伊利乳业、科迪乳业、飞鹤乳业等多家中国乳企在华运营及海外并购情况予以关注。

（五）农业生产与粮食安全

2019 年，害虫草地贪夜蛾首次入侵中国，其影响范围不断扩大，害虫灾害在中国的进展情况受到媒体持续关注。外媒报道称，截至 9 月，对玉米作物破坏性极强的草地贪夜蛾已侵入中国 25 个省份，超过 1500 万亩土地受到影响；及时预防和控制虫灾对中国实现粮食年产目标、保持经济和社会稳定起到至关重要的作用。英国路透社于 9 月中旬刊发报道称，中国对草地贪夜蛾灾害的防控取得成效，害虫未到达位于中国东北的全国最重要玉米产区。然而害虫将于冬季在中国西南地区定居，并于 2020 年再度对中国粮食生产产生危害。报道援引中国农业农村部相关负责人的发言称，中国政府将总结经验，尽早部署来年的防治工作并制定害虫防治长期战略。

此外，中国建设高标准农田以推动粮食生产与粮食安全的相关信息亦被外媒关注。据外媒报道，中国将在 2022 年建成高标准农田 10 亿亩，并以此稳定保障粮食产能在 1 万亿斤以上，这将对中国保障国家粮食安全起到基础支撑作用。今日俄罗斯电视台分析称，中国建造高标准、高产量农田的同时，其农业机械化水平不断提高、农作物品种不断优化，这将确保中国在全球粮食市场上取得更加有利、更加主动的地位。在建设高标准农田之外，中国还通过治理农田污染的方法不断优化农田质量。英国路透社报道称，中国重金属至少污染了1亿亩农田并导致每年粮食减产100亿公斤。自“十三五”以来中国已关停1300多家重金属企业，这是一项遏制土壤污染的长期计划，将有利于保障中国的粮食生产与安全。

三 热点事件解读

本研究对2019年所采集的3256篇英文报道标题做词云图分析，可以看出，农业贸易相关内容是国外媒体报道的热点（见图5）。其中，“中美、中加、中俄贸易”“谷物、大豆、玉米、肉制品进口”等关键词是报道高频词。此外，“非洲猪瘟”“猪肉价格”也有较高的出现频率。

以报道量排序，2019年国外媒体涉及中国的“三农”舆情十大热点事件如表2所示。

表2 2019年国外媒体涉及中国的“三农”舆情热点事件TOP 10

序号	事件	报道数量（篇）	媒体数量（家）	所属领域
1	中美经贸摩擦涉农议题	1109	59	农业贸易
2	中国非洲猪瘟疫情动态及防控举措	378	39	兽医及动物卫生
3	中国暂停加拿大油菜籽、肉类制品等农产品进口	368	24	农业贸易
4	中国猪肉价格持续上涨后于年末回落	106	23	农产品市场
5	俄罗斯增加对华农产品出口	73	11	农业贸易
6	中国全面部署乡村振兴战略	42	15	农业政策
7	新西兰A2乳业开拓在华市场	36	10	乳业
8	“一带一路”倡议促进跨国农业合作	33	22	农业合作
9	巴西多家肉类加工厂获中国出口许可	22	4	农业贸易
10	屈冬玉当选联合国粮农组织总干事	19	11	农业农村部工作动态

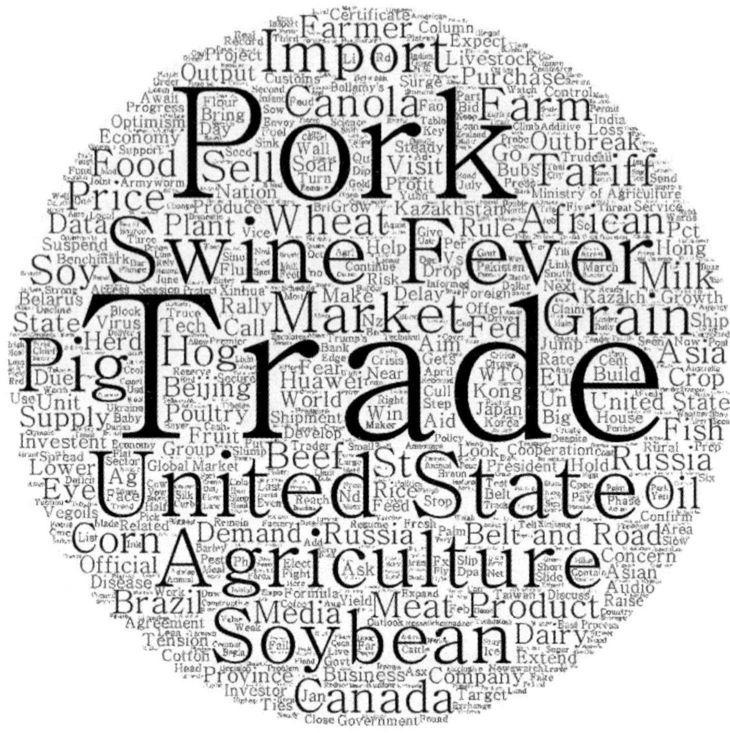

图 5　2019 年国外媒体涉及中国的“三农”英文报道标题（3256 篇）词云图

（一）中国乡村振兴战略的顶层部署与实施进展受到国外媒体持续关注

2019 年，中国持续推进乡村振兴战略实施，改善农村面貌，相关的顶层战略部署工作受到国外媒体持续关注。2018 年 12 月 28 ~ 29 日，中共中央农村工作会议在北京召开，会议对各地乡村振兴战略经验进行总结，并对 2019 年农业农村工作进行部署。新加坡《联合早报》在 1 月份的报道中对此次会议予以解读。报道援引专家观点称，此次中央农村工作会议在会上专门讨论了《中共中央、国务院关于坚持农业农村优先发展做好“三农”工作的若干意见（讨论稿）》，牢固树立了“坚持农业农村优先发展”的政策导向，这将有助于缩小中国城乡差距，增强人民获得感，拉动内需，在政治、经济上都有其必要性与紧迫性。2 月 19 日，中央一号文件发布，再次聚焦“三农”议题。英国路透社题为《中国将深化农业改革以促进农村经济》的报道称，中国面临经济下行压力与复杂的外部环境，做好“三农”工作对中国发展至关重要。

国外媒体还对中国乡村振兴的各个方面予以关注报道。在乡村产业振兴方面，乡村地区金融服务发展被多家媒体关注。为提升金融服务乡村振兴的效率和水平，农业农村部等五部门于 2019 年 2 月 11 日联合发布《关于金融服务乡村振兴的指导意见》。对此，英国路透社报道称，金融服务及配套的支持是中国经济和社会进步的关键，发展乡村金融服务是中国乡村振兴的必由之路。中国农村电商在乡村产业振兴中日益重要的助力作用也成为国外媒体报道的重点。《菲律宾商报》报道称，阿里研究院发布的《中国淘宝村研究报告（2009～2019）》显示，截至 2019 年，中国“淘宝村”数量已从 3 个增加到 4310 个；“淘宝镇”数量达到 1118 个，覆盖 2.5 亿人口。农村电商在中国发展迅猛，架起了连接农户和市场的桥梁；这有助于促进农村当地产业发展，从而带动乡村经济。德国之声在关于“淘宝村”的报道中写到，中国经济发展如今面临压力，经济降温或将导致失业率上升；而中国遍地开花的“淘宝村”能够缓解失业压力，促进当地产业发展。在乡村生态振兴方面，中国农村的“厕所革命”引发媒体关注。新西兰国外事务网就山东农村“厕所革命”的报道称，山东淄博市临淄区是厕所改造较早的试点区，现在厕所改造率达 90% 以上；在过去，人和动物的排泄物得不到妥善处理，污染了土壤和水资源，而经过厕所改造后，这些排泄物可以得到适当的循环利用，用于生产肥料和沼气发电，产生环境和经济效益。在乡村人才振兴方面，农村青年返乡就业受到媒体关注。据英国路透社报道，中国共青团中央于 4 月发布红头文件《关于深入开展乡村振兴青春建功行动的意见》，计划实施农村青年创业致富“领头雁”培养计划，到 2022 年，力争使县级青年创业组织建成率达 80% 以上。路透社评论称，该计划的顺利实施将有助于缩小中国城乡差距，但政府将采取何种激励措施来吸引青年回乡却仍未明确。

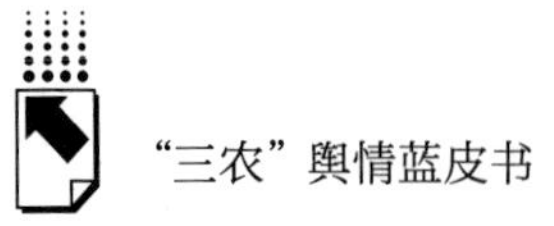

（二）中国猪肉保供稳价措施受到国外媒体聚焦

民以食为天，猪粮安天下。在非洲猪瘟疫情以及“猪周期”影响下，2019 年下半年以来中国猪肉价格大幅度上升。中国政府及时采取一系列猪肉保供稳价的相关措施，受到国外媒体关注。英国路透社对相关的政策与措施进行持续性跟踪报道。路透社报道称，3 月，中国农业农村部印发《关于稳定生猪生产保障市场供给的意见》，重点支持种猪场和规模猪场尽快恢复生产，鼓励中小型养猪场扩大生产规模并帮助养猪场改善消毒和生物安全相关的基础设施建设；9 月，国家发改委、农业农村部联合发布《关于做好稳定生猪生产中央预算内投资安排工作的通知》，对 2020 年底前新建、改建、扩建种猪场、规模猪场等给予一次性补助；12 月，农业农村部会同国务院扶贫办举行“龙头企业带万户生猪产业扶贫项目”集中签约活动，该项目预计可新增年出栏生猪 2200 万头，带动贫困地区 3.3 万农户发展生猪养殖及相关产业。对此，路透社评论称，中国近 50% 的猪肉供应来自年生猪产量不足 500 头的养猪场，对小型养猪场依赖严重，中国帮扶小型养猪场对保障猪肉供应至关重要。

中国政府向市场投放冷冻猪肉以保证猪肉供给亦受到国外媒体关注报道。美国有线电视新闻网、美联社、德国之声等媒体报道称，9 月份，中国政府组织实施了 1 万吨中央储备冻猪肉向市场投放的相关工作，缓解猪肉价格上涨。德国之声在报道中评论称，在通货膨胀危机下，中国的猪肉价格保卫战不仅关系民生，更关系政局稳定和“中国梦”；近期监测显示，国庆节前夕的猪肉价格已因投放冷冻猪肉等措施而趋于稳定。

此外，中国亦通过扩大海外进口猪肉以保供稳价，多家国外媒体对相关措施进行报道。英国路透社援引荷兰合作银行的报告称，2019 年中国的猪肉进口总量预计达到 310 万～330 万吨，超过中国猪肉进口量的历史纪录。巴西作为中国主要的猪肉供应国之一，其对华猪肉出口表现突出，受到媒体集中关注。根据巴西《经济价值报》等媒体相关报道，中国 2019 年陆续向多家巴西肉类加工厂发放了出口许可证。9 月，25 家巴西猪肉加工厂获得对华出口猪肉许可；11 月，7 家巴西猪肉加工厂获出口猪内脏许可；同月，另外 5 家巴西工厂获得猪肉出口许可。英国路透社报道称，由当地肉类生产商及进口商组成的巴西动物蛋白协会（ABPA 协会）对中国增加对巴西猪肉进口许可证发放表示振奋。该协会会长发言称，这表示中国和巴西正在粮食安全和农业贸易方面建立良好的伙伴关系。

（三）“一带一路”合作框架下中国农业技术和经验“走出去”使多国受益获赞

2019 年，“一带一路”合作框架下的国际农业合作持续推进，取得实质性进展，受到多家国外媒体的重点关注。中国与巴基斯坦的农业合作进一步深化，中巴经济走廊作为“一带一路”的旗舰工程，受到媒体热议。巴基斯坦《黎明报》报道称，3 月，巴基斯坦规划发展和改革部部长巴赫蒂亚尔接见由 13 位经济领域专家组成的中国代表团，双方官员及专家就中巴经济走廊新领域的试行项目和实施机制进行了讨论。巴赫蒂亚尔表示，巴方殷切希望中巴经济走廊的发展能够扩展至社会民生和农业领域，也期待在中国的支持下开展相关领域的项目；他还强调，与中国的农业合作对巴基斯坦而言至关重要，中巴的农业合作项目预计会使两国在肉类供给、食品供应链、畜牧业、渔业、种子质量提升和灌溉系统等多方面开展合作。4 月，巴基斯坦《论坛快递报》报道称，第二届“一带一路”国际合作高峰论坛将于北京举行，巴基斯坦方面热切期待参与此次论坛，并积极展开全面的准备工作。4 月底，巴基斯坦总理伊姆兰・汗来华访问并参加“一带一路”峰会，中巴共议中巴经济走廊第二阶段，两国确定在第二阶段将致力于农业等多领域合作。巴基斯坦《民族报》报道称，11 月，第五届中国（巴基斯坦）农化、农机及种业展览会在巴基斯坦拉合尔国际展览中心举办，巴基斯坦总统阿里夫・阿尔维在会议发言中高度赞扬了中国在中巴农业合作领域开展的相关工作，并称中巴经济走廊将对巴基斯坦相关地区的和平与繁荣发展发挥重要作用，而中国的农业技术亦可为巴基斯坦农业带来革命性的进步。

“一带一路”合作在全球多国范围内逐步推进与深化，中国先进的农业生产经验和技术也随之“走出去”，使多个合作国家从中受益。巴基斯坦《论坛快递报》报道称，巴基斯坦 - 中国工商业联合会会长在12月的一次智库会议上表示，中巴在农业领域的合作能令巴基斯坦从中获益良多，巴基斯坦应更深入地学习并运用中国“生态农业”的生产模式。此外，非洲多国参与“一带一路”的共建，中国与非洲之间的农业合作亦日渐深化。南非泛非通讯社在2月的报道中称，中国近日敦促津巴布韦在农业生产领域使用无人机技术以提高农业生产效率及产量。报道评论称，中国新疆此前已使用无人机技术向棉花田喷洒农药，一天中无人机喷洒农药能覆盖的农田范围是人工喷洒的40倍。使用中国的无人机技术，能够使津巴布韦农民从中获益，并对当地多种农业生产活动产生极大的助力作用。新西兰国外事务网报道称，3月，由中国农业大学和中国网联合制作的《小技术，大丰收》视频短片，于“第二次联合国南南合作高级别会议”边会“南南合作农业发展——中国农业发展对南南合作的启示”上首发。短片介绍了中国农业大学运用“政府支持农业发展”和“劳动密集型农业技术”两个中国农业生产经验在坦桑尼亚推行的玉米示范项目。联合国南南合作办公室主任 Jorge Chediek 在观看短片后表示：“在这个视频中，我看到中非间的合作可以使这个世界变得更好，微小的改变可以产生非凡的结果。这表明合作对于发展中国家至关重要，中国的经验对非洲和世界其他地区的发展极具价值。”

Abstract

The year 2019 marks the 70th anniversary of the founding of the People's Republic of China, and it is also a vital year for realizing the goal of building a moderately prosperous society in all respects and winning the tough battle against poverty. There has been much remarkable progress and encouraging news on the issues related to agriculture, rural areas, and farmers. Based on the monitoring, compilation and analysis of agriculture-related big data throughout the year, this report studies the online public opinions on agriculture, rural areas, and farmers in China by subject and region, comprehensively reviews and analyzes major events and hot topics and forecasts the potential hotspots and trends in 2020.

It's found that in 2019, China's agricultural and rural development has been steady with continuous progress, as well as good momentum for growth. Precision poverty alleviation has generated impressive results, grain production has reached a record high, agricultural and rural reforms have been pushed forward, farmers' livelihood has been further improved and rural society remained harmonious and stable. In 2019, the volume of information reflecting public opinions on agriculture, rural areas and farmers grew significantly over the previous year. The total number of agriculture-related media reports and blogs reached 9446200 pieces, up by 46. 11 percent year-on-year.

In terms of content, the most interested subjects included the implementation of rural revitalization strategy, agricultural production, livestock production, fishery production and food security, agricultural product market, agricultural and rural reforms, rural social undertakings and agricultural technology. The top three hotspots were celebration of the second Chinese Farmers' Harvest Festival, the global popularity of Li Ziqi's rural lifestyle short videos and Yuan Longping, "father of hybrid rice" receiving the Medal of the Republic.

Interms of communication patterns, advancement of media technology and integration of different types of media brought about new channels and diversified reporting and communication of agricultural-related news, and thus more attention was drawn to the issues related to agriculture, rural areas, and farmers.

In terms of government's role, its publicity on the issues related to agriculture, rural areas, and farmers was effective, which also showcased its capacity in administrating news-based policy implementation and benefiting farmers through information sharing. It also fostered strong positive energy among the public, with patriotism and hardworking being the dominant theme of agriculture-related news reports.

This report makes in-depth analysis on the following 6 hot topics: agricultural production, livestock production, fishery production and food security; rural revitalization; quality and safety of agricultural products; application of information technology in agriculture and rural areas; development-oriented poverty alleviation; improvement of rural living environment. As the monitoring and research showed,

In the area of agricultural production and food security, the policy of "emphasizing agriculture and crop production" received much attention, China's remarkable achievements in food security came in the spotlight in the past 70 years since the founding of P. R. C, the "secret recipe" for good harvests triggered heated discussion from multiple angles, and actions taken by related departments across the country to "stabilize production of hogs and ensure supply" produced positive results and gained recognition from the public.

In the area of rural revitalization, the sustained and steady development of agricultural industryacross the country attracted wide attention, the positive roles played by agricultural and rural reforms in activating rural resources was widely recognized, and the distinctive models of governance emerged in rural communities sparked strong interest.

In the area of quality and safety of agricultural products, the overall situation remained stable and there were no major scandals throughout the year. Several measures were introduced consecutively to guarantee the quality and safety of agricultural productsand innovative practices were adopted to invigorate agriculture through high-quality products development, which also received public attention.

In the area of improvement of rural living environment, the "rural toilet revolution", garbage and sewage treatment in rural areas and other key projects were carried out, bringing about significant improvements to rural landscape. The public highly recognized that through these efforts, the beauty of rural landscape has changed from "momentary" to "permanent".

In the area of development-oriented poverty alleviation, innovative practices and concrete results in various regions aroused close attention, and the general model of pro-consumption poverty alleviation formed across the country was highly recognized. In media coverage on poverty alleviation, various types of media carried out cross-border cooperation with diversified interaction, which promoted the communication of poverty-alleviation news stories.

In the area of promoting the application of information technology in agriculture and rural areas, the policy deployment of digital villages attracted public attention, the application of smart technology and information technology in agricultural production and operation as well as governance of rural communities gained strong public interest and featured sales models designed by e-commerce platforms to assist farmers gained recognition.

This report focuses on five hot issues in 2019, including Li Ziqi's internationally popular rural lifestyle short videos, local villagers' plundering of student entrepreneur's prawn pond, the strictest village rules in Chideng Village, farmers ordered to harvest wheat by hand to prevent pollution in Shangcai County and water pollution at Yangcheng Lake. Overall speaking, the public discussed a wider variety of agriculture-related hot issues across China. Regarding the hot issues that triggered negative public opinions, the government paid special attention and responded in real time with appropriate measures. Li Ziqi's international popularity evoked in-depth thinking regarding international communication studies. Moreover, short video could be used as a powerful tool to support and promote the development of agricultural industry.

The report analyzes online opinions concerning agriculture, rural areas and farmers in10 provinces (municipalities and autonomous regions) in 2019, including Tianjin, Hebei, Jilin, Jiangsu, Shandong, Guangxi, Chongqing, Shaanxi, Gansu and Nigxia, and reviews online hot issues and hotspot incidents about agriculture, rural areas and farmers in various areas. According to the report, the innovative practices of comprehensive rural revitalization taken by the above provinces (municipalities and autonomous regions) attracted continuous public attention. Tremendous achievements in agriculture and rural areas over the past 70 years since the founding of P. R. C. were reported enthusiastically. Measures taken in laying solid foundations for specialty industries in poor areas, as well as active exploration of models with local characteristics and progress in development-oriented poverty alleviation were widely spread among the public. Optimistic outlook on the high-quality development of modern agriculture boosted confidence, and the fact that villages were turned more beautiful, thanks to the improvement of rural living environment was commended by the public.

The report also analyses the media reports from foreign countries and Hong Kong, Macao and Taiwan, interpreting the hot issues and focuses of overseas public opinions on China's agriculture, rural areas and farmers. In General, agricultural-related issues in Sino-US trade friction and China pork prices affected by African swine fever and other factors gained widespread attention. China's continuous implementation of rural revitalization strategy and itsinternational cooperation in agriculture under the Belt and Road framework were also among the international hotspots, as well as China's experience in utilizing information technology and big data to reduce poverty in rural areas.

Keywords: Public Opinions over China's Agriculture, Rural Areas and Farmers; Food Security; Rural Revitalization; Poverty Alleviation; IT Application in Agriculture and Rural Areas

Contents

I General Report

Abstract: In 2019, the volume of information reflecting public opinions on agriculture, rural areas and farmers grew significantly over the previous year. The relevant topics such as rural revitalization strategy, agricultural production, livestock production and fishery production, food security, agricultural product market, agricultural and rural reform and poverty alleviation attracted strong public interest. Thanks to media convergence and new media technologies, information on agriculture-related was spread in various forms through more diversified channels. Content platforms characterized by short video companies continued to target various types of users, igniting people's enthusiasm in discussing issues and sharing premium contents to various types of users. The role models who made special contributions to agricultural development, impressed and encouraged people with their love for home country and willingness to shoulder responsibilities. The publicity of the governmenton the issues related to agriculture, rural areas, and farmerswas effective, which also showcased its capacity in administrating news-based policy implementation and benefiting farmers through information sharing. It also fostered strong positive energy among the public. Looking into 2020, a year when regular measures will need to be taken to prevent and control the outbreak of COVID－19, the topics will focus on stable supply of agricultural products, growth in farmers' income and people's well-being. It is expected that some other topics will also attract public attention, including the development of digital agriculture and villages driven by accelerated application of new information technologies, governance of rural communities and wild life protection and wildlife farmers' livelihood in the context of ecological security.

Keywords: Public Opinions over China's Agriculture, Rural Areas and Farmers; Food Security; Poverty Alleviation; Digital Villages; Governance of Rural Communities

Ⅱ Sub-reports

B. 2 Report on Public Opinions Concerning Agricultural Production, Livestock Production, Fishery Production and Food Security in 2019

Abstract: In 2019, China's production in agriculture, animal husbandry and fishery grew steadily, and it enjoyed the "sixteenth consecutive bumper year" in terms of crop production. Elements of modern agriculture were the major content of hotspots of public opinions, and new forms of public opinion guidance injected stronger impetus into public communication. Ensuring supply of important agricultural products has been a core topic throughout the year, and the policy of "emphasizing agriculture and crop production" has received much attention. As the year of 2019 marked the 70th anniversary of the founding of P. R. C, remarkable achievements in food security was also in the spotlight, and the "secret recipe" for good harvests triggered heated discussion from multiple angles. The production of hogs became the focus of attention in the second half of the year, and actions to "stabilize production and ensure supply" taken by related departments across the country produced positive results and gained general recognition.

Keywords: Food Security; Production of Hogs; Agricultural Invigoration through Quality Improvement; High-standard Cropland; New Types of Agricultural Operating Entity

Abstract: In 2019, the implementation of rural revitalization Strategy attracted strong public interest. Industrial revitalization policies increasingly gained momentum. The sustainable development of rural industries across the country was widely discussed among the public. Two new terms, Xiangzihao and Tuzihao, both referring to agricultural products from rural areas, were selected as Top 10 new terms in "Mandarin Inventory 2019". With reform on agriculture and rural areas speeding up, top-level design and legislative guarantee of the reform became popular social topics. Demonstration projects for rural reform pilot zone were also extensively reported. The policies regarding the governance of rural communities were promulgated consecutively, and governance measures with distinctive local characteristics attracted strong public interest. In terms of the overall trend, rural revitalization strategy was steadily implemented. As a result, plentiful high-quality media contents were generated under this theme. The technological advances and publicity mechanism brought about new changes in media communication.

Keywords: Rural Revitalization; Industrial Revitalization; Rural Tourism; Rural Reform Pilot Zone; Governance of Rural Communities

B. 4 Report on Public Opinions Concerning Development-oriented Poverty Alleviation in 2019

Li Tingting, Wang Yanfei / 056

Abstract: In 2019, significant progress has been made in alleviating poverty through developing local industries. Innovative practices in various regions aroused close attention, the general model of pro-consumption poverty alleviation formed across the country was highly recognized, and "promoting agricultural development and alleviating poverty" became a key trend in e-commerce. However, some regions were subject to common problems during consolidating and expanding the results of poverty alleviation, which should be guarded against. Concerted efforts made to win the tough battle against poverty and the development of new media technology brought about diversified interaction between various types of media, which promoted the communication of poverty-alleviation news stories. Stories of role models in poverty alleviation gained strong public resonance, indicating that appealing narratives are needed to create consensus and pool energy.

Keywords: Poverty Alleviation; Development-oriented Poverty Alleviation; Pro-consumption Poverty Alleviation; Poverty-relief Cadre

B. 5 Report on Public Opinions Concerning Quality and Safety of Agricultural Product in 2019

Zhang Shan, Zou Dejiao and Jin Xin / 069

Abstract: In 2019, public opinions on the quality and safety of China's agricultural products were overall positive, and 60% of the public - opinions were circulated through Sina Weibo. Both national and regional agricultural news attracted public attention. The year of 2019 witnessed the implementation of several national policies to ensure the quality and safety of agricultural products, including national traceability platform for agricultural products, etc. Regionally, innovative measures were taken to invigorate agriculture through quality improvement. Regarding persistent rumors on poor-quality and unsafe agricultural products, the authority and media made clarifications and shared relevant knowledge in real time. Some certain rumors, which threatened the development of relevant industries, were condemned. Frequent quality tests were administered on a variety of agricultural products, bringing unsafe brand agricultural products, anti-counterfeit agricultural materials campaign and treatment for counterfeit and substandard food in rural areas under the spotlight. Overseas food safety scandals also aroused people's concern.

Keywords: Agricultural Invigoration through Quality Improvement; Taceability System for Quality and Safety of Agricultural Products; Anti-counterfeit Agricultural Materials Campaign; Edible Agro-product Certificate; Treatment for Rural Counterfeit and Substandard Food

B. 6 Report on Public Opinions Concerning IT Application in Agriculture and Rural Areas in 2019

Abstract: In 2019, information technology continued to be steadily applied in the development of agriculture and rural areas, contributing to transformation and upgrading of modern agriculture. The policy deployment of digital villages attracted public attention and stimulated expectations for more digital opportunities in rural areas. The application of smart technology and information technology in agricultural production and operation as well as governance of rural communities gained strong public interest, and the new momentum injected by Internet Plus into Mass Entrepreneurship and Innovation in rural areas received positive public opinions. Featured sales models designed by e-commerce platforms to assist farmers gained recognition. Regarding problems such as logistics and lack of talent in rural e-commerce, in-depth thinking was evoked and suggestions were generated among the public. In terms of communication channels, new media facilitated information dissemination through a variety of channels, and short videos served as the new platform for communication of news reports of Mass Entrepreneurship and Innovation in rural areas. The communication of entertainment contents promoted the online sales of agricultural products.

Keywords: IT Application in Agriculture and Rural Areas; Digital Villages; Rural E-Commerce; Short Videos; Entrepreneurship and Innovation in Rural Areas

B.7 Report on Public Opinions Concerning Improvement of Rural Living Environment in 2019

Li Tingting, Wang Yanfei / 096

Abstract: In 2019, rural living environment remained both a priority in the work related to agriculture, rural areas and farmersand a hot issue in public discussion. Ministry of Agriculture and Rural Affairs worked together with relevant departments to deploy work comprehensively and took measures in several sub-areas, with the aim of improving rural living environment. The combination of policies in different areas was put in the spotlight and localities responded actively through innovative practices and concrete measures, which were praised by the public for their achievements. However, in some rural areas, formalism and subsidy fraud attracted public attention. In terms of the overall trend, mainstream media, the main distributor of information, played an active role in sharing good practices and reporting negative cases in improving rural living environment. The potential for communication of social media remained to be tapped, in which short video and livestreaming could become the useful communication tools.

Keywords: Improvement of Rural Living Environment; Rural Toilet Revolution; Rural Household Garbage Sorting; Rural Sewage Treatment; Beautiful Villages

Ⅲ Hot Topics

Abstract: On 4 December 2019, Sina Weibo user "Raist" posted a microblog, stating that We-Media content provider Li Ziqi's short videos featuring her village life in China went viral on foreign social media, and that Li Ziqi's works "deserve to be called a form of culture export". An online debate was then sparked regarding whether or not Li Ziqi's videos exported Chinese culture, and a number of discussions surged to an all-time high on 6 December. On 10 December, the official Weibo account of China Central Television News opened a micro topic hashtagged "CCTV's comment: why did Li Ziqi gain global popularity", pushing online discussions to a new climax. On 14 December, China News Weekly of CCTV also gave positive comments on Li Ziqi. As a result, public enthusiasm in Li Ziqi's short videos rebounded slightly on 15 December and then gradually declined. Public opinions on Li Ziqi and her short videos were overall positive. Li Ziqi's international popularity evoked in-depth thinking regarding international communication studies. Moreover, short videos could be used as a powerful tool to support and promote the development of agricultural industry.

Keywords: Li Ziqi; Short Videos; Culture Export; Traditional Culture; Agrarian Civilization

Abstract: On 1 November 2019, a piece of news was published on the website of Huaxia Morning Newspaper that Liu Zhengxuan, a college graduate who opened a prawn farming business in his hometown, had his prawns plundered by local villagers repeatedly for a dozen times in the last two years, resulting in an economic loss of nearly 800, 000 RMB yuan. On 21 October, some villagers looted prawns that Liu's company had fished from the pond. Clashes broke out when company staff attempted to talk villagers out of looting, after which local police intervened and launched an investigation. On 2 – 3 November, "Beijing News We Video" on Sina Weibo and "First Hand Video" on Miaopai (a short video platform) interviewed both parties and published follow-up reports. The key issue of whether local villagers plundered Liu's prawn attracted public attention. Liu Zhengxuan, contractor of the prawn farm, recalled that "villagers ignored ourstaff's warning and insisted on robbing prawns". Local government, however, stated that "Villagers did not necessarily loot Liu's prawn farm. Instead, they collected leftover prawns." Social discussions on this issue focused on a variety of topics, including protecting the right of entrepreneurs who started businesses back in rural areas, rule of law in villages, spiritual poverty alleviation, etc.. Public interest started declining on 4 November, and gradually diminished on 6 November.

Keywords: College Graduate; Business Start-up in Hometown; Prawn Farming; Spiritual Poverty Alleviation; Rule of Law in Villages

Abstract: On 1 October 2019, Chideng Village in Xiangfen County, Shanxi

and received increasing public attention. On 7 June, Publicity Department of Shangcai County Party Committee responded to the news, and arranged environmentally-friendly harvester. Henan Provincial Office of Leading Group on Pollution Prevention and Control issued a circular on the incident, as well as an emergency notice voicing strong opposition to formalism in environmental protection. The official response drove public opinions to its height on that day, which declined significantly on 8 June and subsided on 10 June. Formalism in environmental protection was criticized. The fact was discussed that the farmland which was laid idle for a long time after its expropriation and the evaluation of environmental protection was reflected on.

Keywords: Shangcai County Wheat; Environmental Protection; Pollution Prevention and Control; Formalism

B. 12 Analysis of Public Opinions Concerning Water Pollution of Yangcheng Lake

Liu Wenshuo, Mu Yao and Ye Qing / 152

Abstract: On 11 – 12 November 2019, the programme "Half-Hour Economy" of CCTV presented serial reports on water pollution at Yangcheng Lake, where crab farms and farmer-run resorts discharged waste water into the Lake without any treatment. The reports quickly drew public attention. Suzhou Municipal Government launched a campaign for comprehensive rectification targeting farmer-run resorts located around Yangcheng Lake, of which 71 unlicensed ones were shut down. Public opinions subsided on 17 November. The balance between economic development and environmental protection was the core issue of public opinions on this incident. Local related departments were called upon to enhance accountability in supervision and management of environmental protection, safeguard the bottom line of ecological protection and protect the brand value of Yangcheng Lake.

Keywords: Yangcheng Lake; Hairy Crab; Agricultural Branding; Farmer-run Resort; Water Pollution

Ⅳ Regional Public Opinions

Abstract: In 2019 in Tianjin, rural revitalization strategy was steadily implemented, rural reform was pushed forward, development of modern urban agriculture was accelerated and rural living environment continued to improve. Positive information dominated the year's agriculture-related coverage. The year of 2019 witnessed a total of 142, 900 pieces of coverage related to agriculture, rural areas and farmers, nearly 70% of which were carried by mobile APPs and social media. Widely reported stories focused on five major achievements in rural revitalization, dramatic changes in the past 70 years since the founding of P. R. C, progress in agricultural and rural reform, highlights in developing modern urban agriculture, a new round of efforts to help the poor areas to achieve high-quality development and more actions to protect rural environment to build beautiful villages. The introduction of a new policy to resume production of hogs once sparked heated public discussion.

Keywords: Public Opinions over Agriculture, Rural Areas and Farmers; Rural Revitalization; Modern Urban Agriculture; Xiaozhan Rice; Tian Jin

Abstract: In 2019, Hebei province prioritized the implementation of rural revitalization strategy and pushed ahead with the high-quality agricultural development and improvement of rural living environment. As a three-level principle was followed, i. e. to focus on key issues, shore up weakness and facilitates transformation, its agricultural and rural development was steady with continuous progress, as well as good momentum for growth. Throughout the year, the volume of information reflecting public opinions on agriculture, rural areas and farmers totaled 198, 000. Conventional news media was the main channel of communication, accounting for over 50% , and Sina Weibo closely followed. The following topics attracted strong public interest: five major achievements in rural revitalization, significantchanges in the past 70 years since the founding of P. R. C, agricultural and rural reform, modern agriculture development, highlights of leading local brands of agriculture products, targeted poverty alleviation through developing specialty industries, customized policies in villages with the aim of improving living environment and building ecologically-friendly villages. Moreover, the news that some businessmen applied "make-up" on fake rural organic eggs was made public in a 3 · 15 Evening Gala organized by China Central Television on 15 March, World Consumer Rights Day. It sparked heated public discussion.

Keywords: Rural Revitalization; Agricultural and Rural Reform; Agricultural Brand; Revitalization of Dairy Industry; Hebei

Abstract: In 2019, Jilin Province steadily advanced the implementation of rural revitalization strategy and fought the tough battle against poverty. Its agricultural industry and rural areas developed steadily towards modernization, with a bumper harvest in crop production and sustained increase in farmers' income.

The volume of information reflecting public opinions on agriculture, rural areasand farmers increased significantly over the previous year. Widely reported stories focused on the implementation of rural revitalization strategy and achievements in agriculture in the past 70 years since the founding of P. R. C.. Moreover, agricultural modernization, brand building of local agricultural products and achievements in reducing poverty through developing industries remained the hotspots of media attention. The role models in the campaign of improving rural living environment received wide coverage.

Keywords: Rural Revitalization; Development-oriented Poverty Alleviation; Agricultural Modernization; Village Leader; Ji Lin

Abstract: In 2019, Jiangsu province planned and pushed forward the implementation of rural revitalization policy, focusing on the nurturing of advantageous and specialized industries and improving the weakness in agriculture. As a result, economic and social development in agricultural and rural areas remained steady all year round. The volume of information reflecting public opinions on agriculture, rural areas and farmers increased significantly over the previous year, and mainstream media played a significant role in leading public discussions. Positive coverage focused on some major topics, including five major achievements in rural revitalization, achievements in agriculture and rural areas in the past 70 years since the founding of P. R. C. , improvement of efficiency and quality of modern agriculture, product competitiveness enhanced by hundred-billion-Yuan-level industry, improvement of rural living environment to build beautiful villages, etc. In a fishing village in Lianyungang City, 200 to 300 people live – streamed their local life and posted short video clips online. After being reported by China Central Television, this village aroused widespread discussion over the Internet.

Keywords: Rural Revitalization; Agricultural and Rural Reform, Industrialization of Agriculture; Rural Living Environment; Jiangsu

B. 17 Analysis of Public Opinions Concerning Agriculture, Rural Areas and Farmers in Shandong Province

Ren Wanming, Li Wenjing and Li Zhi / 220

Abstract: In 2019, Shandong kicked rural revitalization into full gear by setting a new record for grain production, accelerating rural value chain integration, and making notable progress in high-quality agricultural development. Public communication on agricultural and rural programs was sufficient and effective. Efforts to build "Shandong model" of rural revitalization remained in the spotlight, especially policies related to agricultural production, rural reform, agricultural market and disaster response and relief. The media reported positively on a number of initiatives taken by the government, including its concrete actions to improve specialized agricultural services, create a brand marketing system for agricultural productsand build the rural financial systems. At the same time, a talk show Politics Shandong played its role as a watchdog and drew public attention to sensitive issues , such as hiking agricultural prices, to which the Department of Agriculture and Rural Affairs of Shandong province responded swiftly. The Department handled the issues properly and communicated in a timely manner to calm the public, so as to ensure an enabling environment for agricultural and rural development in the province.

Keywords: Shandong; Public Opinions over Agriculture, Rural Areas and Farmers; Shandong Model for Rural Revitalization; Smart Agriculture; Supervision by Public Opinion

B. 18 Analysis of Public Opinions Concerning Agriculture, Rural Areas and Farmers in Guangxi

Abstract: In 2019, with the tough battle against poverty and the implementation of rural revitalization strategy as the guiding method, Guangxi steadily pushed forward the high-quality development of its modern specialty agriculture. Throughout the year, positive information dominated the year's agriculture-related coverage, with public attention steadily increasing. The following topics attracted public interest: economic growth and improvement of rural living environment driven by the implementation of rural revitalization strategy, and great achievements in agriculture and rural areas in the past 70 years since the founding of P. R. C.. There was extensive coverage on Guangxi's measures in giving full play to its resources, innovation in business-driven poverty alleviation, enhancement of quality and performance of modern agriculture and improvement of rural living environment. Public concerns were raised over the plummeting price of Xiangzhou citrus and villages' contamination by "poisonous water" from Debao County.

Keywords: Rural Revitalization; Development-oriented Poverty Alleviation; High-quality Agricultural Development; Improvement of Rural Living Environment

B. 19 Analysis of Public Opinions Concerning Agriculture, Rural Areas and Farmers in Chongqing

Abstract: In 2019, the guidelines on prioritizing development of agriculture and rural areas were comprehensively implemented in Chongqing. Its work focused on the key issues and strived to shore up weakness, and agricultural and rural development was steady with continuous progress, as well as good momentum for growth. The volume of information reflecting public opinions on agriculture, farmers and rural areas totaled 396, 000 pieces throughout the whole year, among which over a third were online news reports and one quarter were from mobile APPs. It was the first time that the proportion of mobile APPs accounted for such a high percentage. A variety of topics attracted public interest, including implementation of rural revitalization strategy, achievements in agriculture and rural areas in the past 70 years since the founding of P. R. C., etc. Other local issues continuously received much attention, including specialty agriculture in mountainous region, regional public brand building, e-commerce poverty alleviation through specialized industries and improvement of rural living environment. Some Bed and Breakfast service providers in rural areas who repeatedly were violating ecological principles were extensively commented on by the public.

Keywords: Rural Revitalization; Agricultural and Rural Reform; Development-oriented Poverty Alleviation; Specialty Agriculture in Mountainous Region; Chong Qing

B. 20 Analysis of Public Opinions Concerning Agriculture, Rural Areas and Farmers in Shaanxi Province

Ai Qing and Yin Hua / 263

Abstract: In Shaanxi province, the year of 2019 witnessed crucial progress in poverty eradication, further efforts in supply-side agriculture structural reform, and harmonious and stable rural communities. Public opinions related to agriculture, rural areas, and farmers over the year were mostly positive, and the volume was much bigger than the previous year. The media reported positively on the province's good performance on priority programs such as "Shaanxi Solution" for collaboration on business-driven poverty alleviation, practices on comprehensive rural revitalization, outcomes of "3 + X" specialty industry scheme, enhanced agricultural quality and efficiency through modernization, improvement of rural living environment and the building of beautiful villages. The achievements in agricultural and rural areas over the past 70 years were also hugely covered. The media also paid attention to how exaggerated sad stories were used to sell black plums of Dali County and nectarines of Liquan County.

Keywords: Rural Revitalization; Specialty Industry; Collaboration on Development-oriented Poverty Alleviation; Shaanxi Apple

Abstract: In Gansu province, the year of 2019 witnessed critical progress in eliminating poverty, good performance in agricultural production, another big output of grains, and stable and harmonious rural communities. Public opinions related to agriculture, rural areas, and farmers was steady throughout the year, with the total volume more than twice as much as the previous year and over 40% of public opinions were circulated by mobile Apps. Positive coverage focused on the following topics: rural revitalization, the extraordinary changes that had taken place in rural areas over the past seven decades, progress in agriculture sector restructuring, new outcomes of business-driven and internet-powered poverty alleviation programs, improvement of rural living environments through "three revolutions" (toilet, garbage and landscape revolutions) and local governments' efforts in developing modern agriculture in cold and dry areas along the Silk Road, etc.. The incidents, including the abandoned new toilets in Liangzhou District and overstocked Huaniu apples of Li County triggered heated discussion.

Keywords: Rural Revitalization; Modern Agriculture Development along the Silk Road; Development-oriented Poverty Alleviation; Improvement of Rural Living Environment

B. 22 Analysis of Public Opinions Concerning Agriculture, Rural Areas and Farmers in Ningxia

Feng Qian, Zhang Yiyi and Guo Han / 294

Abstract: In 2019, Ningxia secured another year of stable and healthy development in agricultureand rural areas. News reports related to agriculture, rural areas and farmers were widely circulated and drew wide attention. While conventional news media covered these stories most heavily, mobile Apps followed closely, the two combined representing nearly 70% of the total coverage. The stories highlighted good performance in implementing rural revitalization strategy and reducing poverty through business growth. The media also reported profusely on extraordinary achievements in agricultural and rural development over the past seven decades, as well as celebrations of the second Chinese Farmers' Harvest Festival. Other widely covered stories reflected the progress and outcomes of key programs such as green and high quality agricultural development, agricultural and rural reformand the improvement of rural living environment. The reports on poor households' claim for livestock subsidies on borrowed cattle in Xihaigu area sparked heated public discussion.

Keywords: Rural Revitalization; Wolfberry; Development-oriented Poverty Alleviation; Agricultural and Rural Reform; Improvement of Rural Living Environment

Ⅴ Overseas Public Opinions

Abstract: News stories on agriculture, rural areas and farmers on the Chinese mainland carried by the media from Hong Kong, Macao and Taiwan increased year-on-year in 2019. Chinatimes. com of Taiwan, "CNA", Want Daily of Taiwan, Wen Wei Po of Hong Kong and ETNet. were the five media carrying the most reports. The interest areas of the media in Hong Kong, Macao and Taiwan were rather concentrated, with the top three fields—agricultural trade, agricultural cooperation and veterinary service and animal disease outbreaks—accounting for as much as 65 percent of all agriculture-related coverage. The most reported agriculture-related foreign affairs were agriculture-related Sino-US trade friction, Sino-Canadian agricultural trade influenced by diplomatic tensions and transnational agricultural cooperation driven by the Belt and Road initiative, and the most reported domestic ones were pork prices affected by African swine fever and other factors, enhanced agricultural cooperation between the mainland and Taiwan and poverty alleviation campaign.

Keywords: Media from Hong Kong, Macao and Taiwan; Agricultural Cooperation; Poverty Alleviation Campaign; Pork Prices

Abstract: In 2019, a total of 3, 460 pieces of coverage related to China's agriculture, rural areas and farmers were collected from the 111 media in 46 countries included in the monitoring programme, representing a year-on-year increase of 43.0 percent. The top five topic fields were agricultural trade, veterinary service and animal health, agricultural cooperation, dairy and agricultural production and food security. The top three countries in which the most reports were carried by the media are UK, Canada and America. The major focus among the foreign media were agriculture-related Sino-US trade friction and pork prices affected by African swine fever and other factors. The attention of the international community was also drawn to China's rural revitalization strategy, and international agricultural cooperation under the Belt and Road framework.

Keywords: Sino-US Trade Friction; African Swine Fever; Pork Prices; the Belt and Road Initiative; Rural Revitalization

声　明

基于“三农”舆情分析和研究的公益性需要，本书对舆论在相关问题上所阐述的内容及观点进行了如实引用和客观呈现。这并不代表编者赞同其内容或观点，也不代表编者对上述内容或观点的真实性予以保证和负责。对于直接引用文字，谨向有关单位和个人表示衷心感谢。如有关单位及个人认为本书引用文字涉及著作权等问题，请与本书编者联系解决。

联系电话 010－59192791。

本书编委会

皮 书

智库报告的主要形式
同一主题智库报告的聚合

皮书定义

皮书是对中国与世界发展状况和热点问题进行年度监测，以专业的角度、专家的视野和实证研究方法，针对某一领域或区域现状与发展态势展开分析和预测，具备前沿性、原创性、实证性、连续性、时效性等特点的公开出版物，由一系列权威研究报告组成。

皮书作者

皮书系列报告作者以国内外一流研究机构、知名高校等重点智库的研究人员为主，多为相关领域一流专家学者，他们的观点代表了当下学界对中国与世界的现实和未来最高水平的解读与分析。截至 2020 年，皮书研创机构有近千家，报告作者累计超过 7 万人。

皮书荣誉

皮书系列已成为社会科学文献出版社的著名图书品牌和中国社会科学院的知名学术品牌。2016 年皮书系列正式列入“十三五”国家重点出版规划项目；2013~2020 年，重点皮书列入中国社会科学院承担的国家哲学社会科学创新工程项目。

中国皮书网

（网址：www.pishu.cn）

发布皮书研创资讯，传播皮书精彩内容
引领皮书出版潮流，打造皮书服务平台

栏目设置

◆ **关于皮书**

何谓皮书、皮书分类、皮书大事记、
皮书荣誉、皮书出版第一人、皮书编辑部

◆ **最新资讯**

通知公告、新闻动态、媒体聚焦、
网站专题、视频直播、下载专区

◆ **皮书研创**

皮书规范、皮书选题、皮书出版、
皮书研究、研创团队

◆ **皮书评奖评价**

指标体系、皮书评价、皮书评奖

◆ **互动专区**

皮书说、社科数托邦、皮书微博、留言板

所获荣誉

◆ 2008 年、2011 年、2014 年，中国皮书网均在全国新闻出版业网站荣誉评选中获得“最具商业价值网站”称号；

◆ 2012 年，获得“出版业网站百强”称号。

网库合一

2014年，中国皮书网与皮书数据库端口合一，实现资源共享。

中国社会发展数据库（下设 12 个子库）

整合国内外中国社会发展研究成果，汇聚独家统计数据、深度分析报告，涉及社会、人口、政治、教育、法律等 12 个领域，为了解中国社会发展动态、跟踪社会核心热点、分析社会发展趋势提供一站式资源搜索和数据服务。

中国经济发展数据库（下设 12 个子库）

围绕国内外中国经济发展主题研究报告、学术资讯、基础数据等资料构建，内容涵盖宏观经济、农业经济、工业经济、产业经济等 12 个重点经济领域，为实时掌控经济运行态势、把握经济发展规律、洞察经济形势、进行经济决策提供参考和依据。

中国行业发展数据库（下设 17 个子库）

以中国国民经济行业分类为依据，覆盖金融业、旅游、医疗卫生、交通运输、能源矿产等 100 多个行业，跟踪分析国民经济相关行业市场运行状况和政策导向，汇集行业发展前沿资讯，为投资、从业及各种经济决策提供理论基础和实践指导。

中国区域发展数据库（下设 6 个子库）

对中国特定区域内的经济、社会、文化等领域现状与发展情况进行深度分析和预测，研究层级至县及县以下行政区，涉及地区、区域经济体、城市、农村等不同维度，为地方经济社会宏观态势研究、发展经验研究、案例分析提供数据服务。

中国文化传媒数据库（下设 18 个子库）

汇聚文化传媒领域专家观点、热点资讯，梳理国内外中国文化发展相关学术研究成果、一手统计数据，涵盖文化产业、新闻传播、电影娱乐、文学艺术、群众文化等 18 个重点研究领域。为文化传媒研究提供相关数据、研究报告和综合分析服务。

世界经济与国际关系数据库（下设 6 个子库）

立足“皮书系列”世界经济、国际关系相关学术资源，整合世界经济、国际政治、世界文化与科技、全球性问题、国际组织与国际法、区域研究 6 大领域研究成果，为世界经济与国际关系研究提供全方位数据分析，为决策和形势研判提供参考。

法律声明